譯註

禮記類編大全

❺

譯註
禮記類編大全

⑤

최석정崔錫鼎 저
정병섭鄭秉燮 역

본 역서는 조선후기 학자인 최석정(崔錫鼎)의『예기유편대전(禮記類編大全)』을 번역한 것이다. 최석정은 예학이나 조선사에서 자주 거론되는 인물이므로, 별도로 설명을 덧붙이지는 않겠다. 역자가 이 책을 번역한 것은 최석정의 학문적 업적을 밝히려거나 조선 예학사의 특징을 규명하고자 하는 거창한 의도에 의한 것이 아니다. 또 그럴 만한 그릇도 안 된다. 이 책을 번역하게 된 것은 아주 사소한 이유 때문이다. 모교에 있는 한국유경편찬센터에 잠시 들렀다가 책장에 꽂혀 있는『예기유편』과『예기유편대전』을 보게 되었다. 호기심에 책을 뽑아 펼쳐보니『예기』에 대한 주석서인 것 같은데, 경문(經文) 순서가 내가 알고 있던 것과 전혀 달라서 유심히 살펴보게 되었다. 내용을 읽어나가다 보니 최석정이 자신의 견해에 따라『예기』전체 문장을 재배열하였다는 것을 알게 되었다. 그 당시는 때마침이라는 표현이 적합할 정도로 강의가 끝난 방학 중이었고 밀린 일거리도 없어서 약간의 휴식기에 접어들던 참이었다. 휴식이라고 해보았자 한없이 나태해질 것이 뻔하였으므로, 이 책을 펼친 김에 번역을 시작하게 되었다. 이것이 내가 이 책을 번역한 지극히도 사소하고 자잘한 이유이다.

최석정의『예기유편(禮記類編)』은 본래『예기』의 경문(經文)만 수록하고, 간단한 음주(音註) 등을 덧붙인 책이다. 이후 진호(陳澔)의『집설(集說)』과 최석정의 부주(附註)가 덧붙여져『예기유편대전(禮記類編大全)』이 편찬되었는데, 역자가 번역한 것은 바로『예기유편대전』이다. 이 책의 가장 큰 특징은『예기』경문의 배열을 재배치했다는 점이다. 권근(權近)의『예기천견록(禮記淺見錄)』또한 경문의 배열을 바꾸고 있지만, 하나의 편 안에서만 이루어진 작업이었다. 반면 이 책은 편의 구분에 구애되지 않고 동일한 주제에 따라 경문을 새롭게 배열했다는 점에서, 예학사와 경학사적 측면에서 중요한 자료가 된다. 또 『효경(孝經)』을 『예기』의 부류라고 여겨서, 하나의 편으로 삽입한 것 또한 주목해볼 점이다.

나는 재질도 보잘것없고 성격도 게을러서 학문도 깊지 못하다. 따라서 번역서를 내놓을 때마다 항상 부끄럽고 또 부끄럽다. 이 책에 나온 오역은 모두 역자의 실력이 부족해서이다. 다른 사람에게 도움이 되고자 출판하는 것이 번역서인데, 보잘것없는 재주로 인해 오히려 해를 끼치고 있지 않은가 반성하게 된다. 다만 이 책을 발판으로 더 좋은 번역서가 나왔으면 하는 바람이다. 끝으로 『예기유편대전』을 출판할 수 있도록 허락해주신 학고방의 하운근 사장님께 감사를 전한다.

- 본 책은 역주서(譯註書)로써,『예기유편대전(禮記類編大全)』을 완역하고, 자세한 주석을 첨부했다.

- 『예기유편대전』은 진호(陳澔)의 『예기집설(禮記集說)』에 대한 주석서로,『예기』의 경문(經文)과 진호의 『집설』을 수록하고 자신의 견해를 덧붙이고 있다.

- 『예기유편대전』의 가장 큰 특징은 경문 배열을 수정한 것이다. 각 편의 구분에 구애되지 않고, 각 문장들을 주제별로 묶어서 순서를 바꾼 것이 많다. 이러한 점들을 나타내기 위해, 각 편의 첫 부분에는 『예기집설』의 문장순서와 『예기유편대전』의 문장순서를 비교하여 도표로 제시하였고, 각 경문 기록 뒤에는 〈001〉·〈002〉·〈003〉 등으로 표시하여, 이 문장이 『예기집설』에서는 몇 번째 문장에 해당하는지 나타내었다. 또 다른 편에서 가져온 기록인 경우, 숫자 앞에 각각의 편명을 제시하였다.

- 『예기』 경문 해석은 진호의 『집설』에 따랐다. 최석정의 부주(附註)에는 진호의 해석에 대해 이견을 나타낸 것이 많은데, 특별한 경우를 제외하면 주석을 통해 최석정의 경문 해석을 확인할 수 있으므로, 최석정의 주석에 따른 새로운 경문 해석은 별도로 제시하지 않았다.

- 『예기유편대전』은 수권(首卷), 1~40권, 말권(末卷)으로 구성되어 있다. 말권에는 예류혹문(禮類或問)과 부록(附錄)이 수록되어 있다. 그러나 혹문과 부록의 원문이 입력되지 않은 상태여서 번역을 하지 못했다. 따라서 이 책은 수권으로부터 40권까지를 번역한 것이며, 혹문과 부록의 원문이 이후 입력된다면 나중에 보권으로 출판할 계획이다.

- 본 역서의 『예기유편대전(禮記類編大全)』 원문과 표점은 한국유경편 찬센터(http://ygc.skku.edu)의 자료를 사용하였다.

- 『예기유편대전』의 주석 대상이 되는 『예기집설』의 저본은 다음과 같다.

『禮記』, 서울 : 保景文化社, 초판 1984 (5판 1995)

- 經文 으로 표시된 것은 『예기』의 경문 기록이다.

- 集說 로 표시된 것은 진호의 『집설』 기록이다.

- 類編 으로 표시된 것은 『예기유편』의 본래 주석이다.

- 附註 로 표시된 것은 『예기유편』을 『예기유편대전』으로 출판하며 덧 붙여진 최석정의 부주이다.

禮記類編大全卷之二十五 『예기유편대전』 25권

禮記類編大全卷之二十

『예기유편대전』 20권

◇ 禮器第十八 / 「예기」 18편

類編 此卽禮運之下篇, 通論制禮之義. 取首章二字名篇.

이 편은 『예기』「예운(禮運)」의 하편에 해당하는데, 예를 제정한 뜻을 통괄적으로 논의하고 있다. 수장의 두 글자에 따라 편명을 정했다.

類編 本居禮運之下. 凡八章.

본래는 『예기』「예운」편 뒤에 수록되어 있었다. 모두 8개 장이다.

「예기」편 문장 순서 비교		
『예기집설』	『예기유편대전』	
	구분	문장
001		002
002		001中
003		001前·後
004		003
005		004
006		學記-027前
007		005
008		006
009		007
010		008
011		009
012		010
013		011
014		012
015		013
016		014
017		015
018		016
019		017
020		018

「예기」편 문장 순서 비교		
『예기집설』	『예기유편대전』	
	구분	문장
021		019
022		020
023		021
024		022
025		023
026		024
027		025
028		026
029		027
030		028
031		029
032		030
033		031
034		032
035		033
036		034
037		035
038		036
039		037
040		038
041		039
042		043
043		044
044		045
045		046
046		048
047		047
048		050
049		051
050		052
051		053
052		040
053		054
054		055

「예기」편 문장 순서 비교		
『예기집설』	『예기유편대전』	
	구분	문장
055		056
056		祭義-031前
057		祭義-031中
058		祭義-031後
059		057
060		058
061		059
062		061
063		069
064		郊特牲-069
065		070
066		
067		
068		
069		
070		
071		
072		

14 譯註 禮記類編大全

【001】

先王之立禮也, 有本有文. 忠信, 禮之本也, 義理, 禮之文也. 無本不
立, 無文不行.〈002〉[本在"鬼神饗德"下.] 二者居天下之大端矣.〈001〉¹⁾ [本
在"松栢之有心"下.]

선왕이 예를 확립함에 근본이 생겨났고 형식이 생겨났다. 충심과 신의는
예의 근본에 해당하며, 의리와 이치는 예의 형식에 해당한다. 근본이 없다
면 예는 확립될 수 없고, 형식이 없다면 예는 시행될 수 없다. [본래는 "귀신들
도 그의 덕성을 흠향하게 된다."²⁾라고 한 문장 뒤에 수록되어 있었다.] 두 가지는 천하에
통용되는 큰 법도이다. [본래는 "소나무나 잣나무에 굳건한 목심이 있다."라고 한 문장
뒤에 수록되어 있었다.]

集說 先王制禮, 廣大精微, 惟忠信者能學之. 然而纖悉委曲之間,
皆有義焉, 皆有理焉. 無忠信, 則禮不可立. 昧於義理, 則禮不可行.
必內外兼備而本末具擧, 則文因於本而飾之也, 不爲過, 本因於文而
用之也, 中其節矣.

선왕이 예를 제정함에 그 예의 규모는 매우 광대하면서도 세부 절목은
정밀하였으니, 오직 충심을 갖추고 신의를 갖춘 자만이 그것을 배울 수가
있었다. 그런데 그 세밀하고 정밀한 절목의 사이마다 모두 의리를 갖추고
있고, 또한 이치를 갖추고 있었다. 따라서 충심과 신의가 없다면 예는
확립될 수 없고, 의리와 이치에 몽매하다면 예를 시행할 수 없다. 따라서
반드시 내외를 겸비하고 본말을 모두 거행할 때에만 형식은 근본에 따라

---

1) 『예기』「예기」 001장 : 禮器, 是故大備. 大備, 盛德也. 禮釋回, 增美質, 措則正,
　施則行. 其在人也, 如竹箭之有筠也, 如松栢之有心也. <u>二者居天下之大端矣</u>,
　故貫四時而不改柯易葉. 故君子有禮, 則外諧而內無怨. 故物無不懷仁, 鬼神饗
　德.
2) 『예기』「예기」 001장 : 禮器, 是故大備. 大備, 盛德也. 禮釋回, 增美質, 措則正,
　施則行. 其在人也, 如竹箭之有筠也, 如松栢之有心也. 二者居天下之大端矣,
　故貫四時而不改柯易葉. 故君子有禮, 則外諧而內無怨. 故物無不懷仁, <u>鬼神饗
　德</u>.

꾸며지게 되어 지나치지 않게 되며, 근본은 형식에 따라 사용하게 되어 절도에 맞게 되는 것이다.

二者居天下之大端, 本在松栢竹箭之下, 文理不倫, 當是"無文不行"下脫文, 今正之. 蓋忠信, 禮之本. 義理, 禮之文. 情‧文二者, 爲天下之大端. 仍接"禮器是故大備", 言禮之用, 待二者而大備也.

‘이자거천하지대단(二者居天下之大端)’이라는 말은 본래 ‘송백(松栢)’과 ‘죽전(竹箭)’이라는 내용 뒤에 수록되어 있었는데, 문리상 맞지 않고, ‘무문불행(無文不行)’이라는 말 뒤의 누락된 문장에 해당하므로, 지금 이를 바로잡는다. 충신은 예의 근본이다. 의리는 예의 형식이다. 정과 문 두 가지는 천하의 큰 법도가 된다. 이에 ‘예기시고대비(禮器是故大備)’라는 문장을 접하게 되니, 예의 작용은 두 가지 것을 기다려 크게 갖춰진다는 뜻이다.

【002】

禮器, 是故大備. 大備, 盛德也. 禮釋回, 增美質, 措則正, 施則行. 其
在人也, 如竹箭之有筠[勻]也, 如松栢之有心也. 故貫四時而不改柯
易葉. 故君子有禮, 則外諧而內無怨. 故物無不懷仁, 鬼神饗德.〈00
1)1) [本篇首段]

예는 자신을 다스리는 도구이다. 이러한 까닭으로 자신을 완성하는 행실을
완비할 수 있다. 이처럼 완비를 하게 되면 융성한 덕성을 이루게 된다. 예
는 사벽한 마음을 없애고, 아름다운 본질을 증진시키니, 사람에게 적용하
면 올바르게 되고, 사물에게 적용하면 두루 통용이 된다. 사람에게 있어서
예라는 것은 마치 큰 대나무와 가는 대나무에 푸른 껍질이['筠'자의 음은 '勻
(균)'이다.] 있는 것과 같고, 소나무나 잣나무에 굳건한 목심이 있는 것과 같
다. 그러므로 사계절의 변화를 두루 겪게 되더라도 줄기나 잎이 변하지
않는다. 그렇기 때문에 군자는 이러한 예를 갖추고 있으니, 관계가 소원한
사람들은 모두 화합되고, 친근한 자들 또한 원망하는 마음을 품지 않게
된다. 그러므로 만물은 그의 인자함을 흠모하지 않는 것이 없게 되고, 귀신
들도 그의 덕성을 흠향하게 된다. [본래는 편 첫 단락에 수록되어 있었다.]

集說 以禮爲治身之器, 故能大備其成人之行. 至於大備, 則其德盛
矣. 禮之爲用, 能消釋人回邪之心, 而增益其材質之美. 措諸身則無
往不正, 施諸事則無往不達. 以人之一身言之, 如竹箭之有筠, 足以
致飾於外; 如松栢之有心, 足以貞固於內. 箭, 竹之小者也. 筠, 竹之
靑皮也. 二物比他草木有此大節, 故能貫串四時, 而柯葉無所易也.
君子之人, 惟其有此禮也, 故外人之疎遠者無不諧協, 內人之親近者
無所怨憾. 人歸其仁, 神歆其德也.

예는 자신을 다스리는 도구이기 때문에, 사람을 이루는 행실을 완비할

---

1) 『예기』「예기」 001장 : 禮器, 是故大備. 大備, 盛德也. 禮釋回, 增美質, 措則正,
施則行. 其在人也, 如竹箭之有筠也, 如松栢之有心也. 二者居天下之大端矣.
故貫四時而不改柯易葉. 故君子有禮, 則外諧而內無怨. 故物無不懷仁, 鬼神饗
德.

수 있는 것이다. 이처럼 완비하는 경지에 이르게 되면, 그의 덕성 또한 융성해진다. 예의 작용은 사람이 가지고 있는 사벽한 마음을 소멸시키고, 그가 본래부터 가지고 있었던 본바탕의 아름다움을 증가시킬 수 있다. 이것을 자신에게 적용시키게 되면, 어디를 가든 바르지 않는 경우가 없게 되고, 사물에게 적용시키게 되면, 무엇을 하든 통달되지 않는 경우가 없게 된다. 한 개인을 기준으로 예를 언급하자면, 마치 큰 대나무와 가는 대나무가 푸른 껍질을 가지고 있어서, 이것을 통해 충분히 겉면을 꾸밀 수 있는 것과 같으며, 소나무와 잣나무가 단단한 목심을 가지고 있어서, 이것을 통해 내면을 견고하게 할 수 있는 것과 같다. '전(箭)'은 대나무 중에서도 크기가 작은 것이다. '균(筠)'은 대나무의 푸른 껍질을 뜻한다. 대나무와 소나무를 다른 초목들과 비교해보면, 이러한 법도를 갖추고 있기 때문에, 사계절의 변화를 두루 겪더라도, 줄기와 잎에 변함이 없는 것이다. 군자됨을 갖춘 사람들만이 오직 이러한 예를 갖추고 있기 때문에, 관계가 소원한 외인들이라 하더라도 화합되지 않는 자가 없게 되며, 관계가 친근한 내인들이라 하더라도 원망하는 감정을 품는 자가 없게 된다. 따라서 사람들은 그의 인자함에 귀의하고, 신들도 그의 덕성을 흠향하게 된다.

【003】

禮也者, 合於天時, 設於地財, 順於鬼神, 合於人心, 理萬物者也. 是故天時有生也, 地理有宜也, 人官有能也, 物曲有利也. 故天不生, 地不養, 君子不以爲禮, 鬼神不饗也. 居山以魚鼈爲禮, 居澤以鹿豕爲禮, 君子謂之不知禮.〈003〉[本在"無文不行"下.]

예라는 것은 천시의 운행에 부합되게 하며, 땅의 도리가 생산하는 재화에 맞춰서 시행하고, 귀신의 뜻에 따르며, 사람의 마음에 합치되어, 만물을 이치에 따르도록 하는 것이다. 이러한 까닭으로 천시의 운행은 생장함이 있게 되며, 땅의 도리는 합당함이 있게 되고, 인간세상의 관직은 시행능력이 있게 되며, 만물은 세부적으로 제각각 이로움이 있게 된다. 그러므로 천시의 운행이 생장시키지 않고, 땅의 도리가 양육시키지 않는 것을 군자는 이것을 예로 여기지 않는 것이고, 귀신 또한 그것을 흠향하지 않는 것이다. 산악지역에 거주하는데도 물고기나 자라를 제물로 바치는 것을 예로 여기며, 연못 지역에 거주하는데도 사슴이나 돼지를 제물로 바치는 것을 예로 여기는 것을 군자는 예를 알지 못한다고 평한다. [본래는 "형식이 없다면 예는 시행될 수 없다."[2]라고 한 문장 뒤에 수록되어 있었다.]

集說 合於天時, 天時有生也, 謂四時各有所生之物, 取之當合其時. 設於地財, 地理有宜也, 謂設施行禮之物, 皆地之所産財利也. 然土地各有所宜之産, 不可强其地之所無. 如此, 自然順鬼神, 合人心, 而萬物各得其理也. 人官有能, 謂助祭執事之官, 各因其能而任之. 蓋人各有能, 有不能也. 物曲有利者, 謂物之委曲各有所利, 如麴蘗利於爲酒醴, 桐竹利於爲琴笙之類也. 天不生, 謂非時之物. 地不養, 如山之魚鼈, 澤之鹿豕之類.

"천시의 운행에 부합한다."는 말과 "천시의 운행에는 생장함이 있다."는 말은 사계절마다 각각 생산되는 사물이 있어서, 그 사물들을 취할 때에는 마땅히 해당하는 시기에 합치시켜야 한다는 뜻이다. "땅의 재화에 기준을 두고 시행을 한다."는 말과 "땅의 도리에는 합당함이 있다."는 말은 어떤 일을 시행하고 예를 행할 때 사용되는 물건들은 모두 땅에서 생산된 재화들이다. 그런데 토지마다 각각 그 토지에 합당한 생산품들이 있으니, 억지로 그 땅에서 생산되지 않는 것으로 강요할 수 없다는 뜻이다. 이와 같이 한다면, 자연적으로 귀신의 뜻에 순종하게 되고, 사람의 마음에 합치되며, 만물이 각각 해당하는 이치를 얻게 된다. "인간세상의 관직에는 유능함이 있다."는 말은 제사를 돕고 일을 집행하는 관리들은 각각 그들이 가진 능력에 따라서 임명을 한다는 뜻이다. 무릇 사람들은 제각각 유

---

2) 『예기』「예기」 002장 : 先王之立禮也, 有本有文. 忠信, 禮之本也, 義理, 禮之文也. 無本不立, 無文不行.

능한 점도 있고 유능하지 못한 점도 있기 때문이다. "만물은 세부적으로 제각각의 이로움이 있다."는 말은 개개의 사물들은 각각 이롭게 사용되는 점이 있다는 뜻이다. 예를 들어 누룩은 술을 담그는데 이롭고, 오동나무나 대나무는 거문고나 생황 등을 만드는데 이로운 경우와 같은 것들이다. "천시의 운행이 생장시키지 않는다."는 말은 해당 시기의 사물이 아니라는 뜻이다. "땅의 도리가 양육시키지 않는다."는 말은 예를 들어 산악지역에서 나오지 않는 물고기나 자라 또 하천지역에서 나오지 않는 사슴이나 돼지 등의 경우와 같은 것이다.

【004】

故必擧其定國之數, 以爲禮之大經. 禮之大倫, 以地廣狹, 禮之薄厚, 與年之上下. 是故年雖大殺[色介反], 衆不匡懼, 則上之制禮也節矣.〈004〉

그러므로 반드시 나라를 건국했을 때의 조세수입 양을 가지고 예의 큰 틀을 삼는다. 예의 큰 기준은 소유하고 있는 땅의 넓이에 맞추고, 예의 시행 수위는 그 해의 작황에 맞춘다. 이러한 까닭으로 그 해에 비록 큰 기근이['殺'자의 음은 '色(색)'자와 '介(개)'자의 반절음이다.]든다 하더라도, 대중들이 두려워하지 않게 된다면, 위정자가 예를 제정한 것이 절도에 맞는 것이다.

集說 定, 猶成也. 數, 稅賦所入之數也. 王制言: "祭用數之仂", 禮非財不行. 故必以此數爲行禮經常之法也. 禮之大倫, 以去也之廣狹. 天子·諸侯·卿·大夫地有廣狹, 故禮之倫類不同. 地廣者禮備, 地狹者禮降也. 禮之厚薄, 則與年之上下爲等. 王制言: "豊年不奢, 凶年不儉." 是專言祭禮, 此兼言諸禮耳. 大殺, 謂年凶而稅斂之入大有減殺也. 匡, 與惟通, 恐也. 衆不匡懼, 謂無溝壑之憂也. 此其制禮有節, 財不過用, 故能如此.

'정(定)'자는 "건국한다."는 뜻이다. '수(數)'자는 거둬들이는 조세수입의 수치이다. 『예기』 「왕제(王制)」편에서 말하길, "제사에는 국가의 1년 치

조세수입 중 10분의 1을 사용한다."라고 하였으니, 예는 재화가 없으면 시행할 수 없다. 그렇기 때문에 반드시 이러한 조세수입의 수치로 예를 시행할 때의 기준이 되는 법도로 정하는 것이다. 예의 큰 틀은 땅의 넓이에 따른다고 하였는데, 천자·제후·경·대부들이 소유하고 있는 땅에는 넓이의 차이가 있다. 그렇기 때문에 예의 종류도 동일하지 않은 것이다. 소유하고 있는 땅이 넓은 자들은 예를 성대하게 갖추고, 소유하고 있는 땅이 좁은 자들은 예를 간소하게 시행한다. 예의 시행에 있어서 풍성한 정도는 곧 그 해의 경작 수위에 맞춘다. 「왕제」편에서는 "풍년에는 사치하지 않고, 흉년에도 너무 검소하게 하지 않는다."라고 하였다. 이처럼 두 기록이 다소 차이를 보이는 이유는 「왕제」편의 기록은 전적으로 제례를 기준으로 언급한 말인데, 이곳의 문장은 여러 예들을 두루 포함하여 말했기 때문이다. '대쇄(大殺)'는 그 해에 흉년이 들어서 조세수입에 큰 감소가 있다는 뜻이다. '광(匡)'자는 광(恇)자와 통용되는데, 두려워한다는 뜻이다. 대중들이 두려워하거나 걱정하지 않는다는 말은 기근이 들어 도랑이나 골짜기에 시체가 나뒹굴게 되는 우환이 없다는 뜻이다. 이 문장에서 말하고 있는 뜻은 예를 제정함에 절도가 갖춰져 있어서, 재화가 소비한도를 초과하지 않기 때문에, 이처럼 할 수 있게 된다는 뜻이다.

【005】

君子曰: "大德不官, 大道不器, 大信不約, 大時不齊." 〈學記-027〉3) [學記. 本在"弗得不親"下.]

군자가 말하길, "큰 덕은 하나의 직무에만 국한되지 않고, 큰 도리는 하나에만 제한되지 않으며, 큰 신의는 굳이 기약하지 않고, 자연의 시간은 하나로 통일시킬 수 없다."라고 했다. [「학기」편의 문장이다. 본래는 "스승을 얻지 못하

---

3) 『예기』「학기(學記)」 027장 : 君子曰: "大德不官, 大道不器, 大信不約, 大時不齊. 察於此四者, 可以有志於本矣."

면 서로 친근하게 될 수 없다."⁴⁾라고 한 문장 뒤에 수록되어 있었다.]

集說 大德·大道·大信, 皆指聖人而言. 大時, 天時也. 不官, 不拘
一職之任也. 不器, 無施而不可也. 不約, 不在期約之末也. 元化周
流, 一氣屈伸, 不可以截然分限求之, 故方榮之時而有枯者焉, 寂之
時而有勇者焉. 惟其不齊, 是以不可窮.

큰 덕, 큰 도리, 큰 신의는 모두 성인을 가리켜서 한 말이다. '대시(大時)'
는 자연의 시간을 뜻한다. '불관(不官)'은 한 가지 직무의 임무에만 얽매
이지 않는다는 뜻이다. '불기(不器)'는 베풀지 못하는 것이 없다는 뜻이
다. '불약(不約)'은 정해진 기한과 약속에 속박되지 않는다는 뜻이다. 크
게 조화롭고 두루 흘러서 하나의 기운이 굽히고 펴는 것은 분명하게 구분
지을 수 없다. 그렇기 때문에 영화롭게 될 시기인데도 쇠하는 것이 있고,
고요해질 시기인데도 무성하게 되는 것이 있다. 하나로 가지런히 할 수
없기 때문에 다할 수 없는 것이다.

【006】

禮, 時爲大, 順次之, 體次之, 宜次之, 稱[去聲]次之. 堯授舜, 舜授禹,
湯放桀, 武王伐紂, 時也. 詩云: "匪革[棘]其猶, 聿追來孝."〈005〉 [本在
"制禮也節矣"下.]

예에서는 시(時)가 가장 중대하며, 순(順)이 그 다음이고, 체(體)가 또 그
다음이며, 의(宜)가 또 그 다음이고, 칭(稱)이['稱'자는 거성으로 읽는다.] 가장
마지막이다. 요임금이 순임금에게 천자의 지위를 물려주고, 순임금이 우임
금에게 천자의 지위를 물려주며, 탕임금이 걸을 내쫓고, 무왕이 주를 정벌
한 것 등이 바로 시(時)에 해당한다. 『시』에서는 "자신이 계획했던 사업을

---

4) 『예기』「학기(學記)」 026장 : 古之學者, 比物醜類. 鼓無當於五聲, 五聲弗得不
和; 水無當於五色, 五色弗得不章; 學無當於五官, 五官弗得不治; 師無當於五
服, 五服弗得不親.

재촉하기[‘革’자의 음은 ‘棘(극)’이다.] 위해서가 아니니, 오직 조상들이 이루었던 사업을 추진하고, 효도를 다하고자 하였을 뿐이다.”라고 했다. [본래는 “예를 제정한 것이 절도에 맞는 것이다.”5)라고 한 문장 뒤에 수록되어 있었다.]

集說 時者, 天之所爲, 故爲大. 堯·舜·湯·武之事, 不同者, 各隨 其時耳. 聖王受命得天下, 必定一代之禮制, 或因或革, 各隨時宜, 故 云時爲大也. 順·體·宜·稱四者, 下文析之. 詩, 大雅·文王有聲 之篇. 革, 急也. 猶, 與猷通, 謀也. 聿, 惟也. 言文王之作豐邑, 初非 急於成己之謀, 惟欲追先人之事, 而致其方來之孝, 以不墜先業耳. 今詩文作“匪棘其欲, 遹追來孝.”

‘시(時)’라는 것은 하늘이 운행하는 것이다. 그렇기 때문에 위대한 것이 된다. 요·순·탕·무가 시행했던 일들이 서로 다른 이유는 각기 그들에 게 알맞은 시의를 따랐기 때문이다. 성왕은 하늘로부터 명령을 받아서 천하를 소유하게 된 자이니, 반드시 한 시대를 아우를 수 있는 예와 제도를 확정하게 되는데, 어떤 자들은 이전 왕조의 것을 따르고, 또 어떤 자들은 그것을 고쳤으니, 각각 시의에 따랐던 것이다. 그렇기 때문에 “시의가 위대함이 된다.”고 말한 것이다. 순(順)·체(體)·의(宜)·칭(稱)이라는 네 가지 것들에 대해서는 다음 문장에서 나누어 설명하였다. 여기에서 말하는 시(詩)는 『시』「대아(大雅)·문왕유성(文王有聲)」편에 기록된 시이다. ‘혁(革)’자는 “급급하다.”는 뜻이다. ‘유(猶)’자는 유(猷)자와 통용되니, “모의하다.”는 뜻이다. ‘율(聿)’자는 오직이라는 뜻이다. 즉 이 구문은 문왕이 풍읍을 건립함에 애초부터 자신의 뜻을 완성하려는 계획을 이루는데 급급하지 않았고, 오직 선대 조상들의 사업을 쫓고자 하여, 자신이 시행해야 될 효를 다함으로써, 선대 조상들의 사업을 실추시키지 않고자 하였을 뿐이라는 뜻이다. 오늘날 『시』의 문장에서는 “비극기욕, 휼추

---

5) 『예기』「예기」 004장 : 故必擧其國之數, 以爲禮之大經. 禮之大倫, 以地廣狹, 禮之薄厚, 與年之上下. 是故年雖大殺, 衆不匡懼, 則上之制禮也節矣.

래효(匪棘其欲, 遹追來孝)."라고 기록되어 있다.6)

【007】
天地之祭, 宗廟之事, 父子之道, 君臣之義, 倫也. 〈006〉
천지에 대한 제사, 종묘에 대한 제사, 부자 관계에서 지켜야 하는 도리,
군신 관계에서 지켜야 하는 의리는 인륜에 해당한다.

集說 王者父事天, 母事地, 故天地 · 宗廟 · 父子 · 君臣四者, 乃自
然之序, 故曰倫也. 倫不可紊, 故順次之.

천자는 부친을 섬기듯 하늘을 섬기고, 모친을 섬기듯 땅을 섬긴다. 그렇
기 때문에 천지 · 종묘 · 부자 · 군신 등의 관계에서 지켜야 하는 네 가지
도리는 곧 자연의 질서이다. 그래서 '인륜[倫]'이라고 말한 것이다. 인륜
은 문란하게 만들 수 없다. 그렇기 때문에 인륜에 순종[順]하는 것이 그
다음에 놓이는 것이다.

【008】
社稷 · 山川之事, 鬼神之祭, 體也. 〈007〉
사직 · 산천에 대한 제사와 귀신에 대한 제사 등 대상에 따라 경중을 구별
하는 것은 체에 해당한다.

集說 社稷 · 山川 · 鬼神之禮, 各隨其體之輕重, 而爲禮之隆殺, 故
曰體次之.

사직 · 산천 · 귀신 등에게 지내는 제례에서는 각각의 대상에 따른 경중에
의해 예법을 융성하게 하느냐 아니면 낮춰서 하느냐를 결정하게 된다.

---

6) 『시』 「대아(大雅) · 문왕유성(文王有聲)」 : 築城伊淢, 作豐伊匹, 匪棘其欲, 遹
追來孝. 王后烝哉.

그렇기 때문에 "체(體)가 그 다음이다."라고 말한 것이다.

【009】

喪祭之用, 賓客之交, 義也.〈008〉

상제 때 사용하는 것들과 빈객들과 교우할 때 사용하는 것들은 의에 해당한다.

集說 既於義不得不然, 必須隨事合宜, 故曰宜次之.

이미 의리[義]상 부득불 사용해야만 한다면, 반드시 해당 사안에 따라서 합당함[宜]에 맞춰야 한다. 그렇기 때문에 "의(宜)가 그 다음이다."라고 말한 것이다.

【010】

羔豚而祭, 百官皆足, 大牢而祭, 不必有餘, 此之謂稱也. 諸侯以龜爲寶, 以圭爲瑞. 家不寶龜, 不藏圭, 不臺門, 言有稱也.〈009〉

새끼 양과 새끼 돼지를 사용하여 제사를 지냄에, 그 밑에 속해 있는 모든 관리들은 충분히 나눠 받을 수가 있고, 태뢰를 사용하여 제사를 지낼 때에도 고기를 남기지 않고 모든 사람들에게 골고루 돌아가게 하니, 이것을 칭이라고 부른다. 제후는 점칠 때 사용하는 거북껍질을 보배로 삼고, 규를 서신(瑞信)[7]으로 삼는다. 대부는 거북껍질을 보배로 삼지 않고, 규를 자신의 집에 보관할 수 없으며, 대문에 대를 만들 수가 없으니, 이처럼 지키는 것을 칭을 갖추고 있다고 말한다.

集說 諸侯有國, 宜知占詳吉凶, 故以龜爲寶也. 家, 謂大夫也. 大夫

---

7) 서신(瑞信)은 천자가 제후에게 나눠주는 서옥(瑞玉)을 뜻한다. 그를 제후로 임명하는 징표가 되기 때문에 '서신'이라고 부르는 것이다.

卑, 不當寶藏. 五等諸侯, 各有圭璧以爲瑞信. 又以天子所賜, 如祥
瑞之降於天, 故以爲瑞. 大夫非爲君使不得執, 故不當藏之. 臺門者,
門之兩旁, 築土爲臺, 於其上起屋. 大夫不然, 各稱其分守也, 故曰稱
次之.

제후는 자신의 국가를 소유하고 있으므로, 마땅히 점을 쳐서 길흉에 대해
상세하게 살펴야 한다. 그렇기 때문에 거북껍질을 보배로 여기는 것이다.
'가(家)'는 대부를 뜻한다. 대부들은 신분이 상대적으로 낮으므로, 거북껍
질을 보배로 여기거나 규를 보관할 수 없다. 다섯 등급의 제후들은 각각
자신의 신분에 맞는 규벽을 소유하여, 이것을 서신으로 삼게 된다. 또한
천자가 하사를 해주는 것은 마치 하늘로부터 상서로운 징조물을 받는 것
과 같다. 그렇기 때문에 이것을 '상서로움[瑞]'으로 삼는 것이다. 대부들
은 군주를 대신하여 사신으로 가는 경우가 아니라면, 이러한 규벽을 손에
들 수 없다. 그렇기 때문에 마땅히 보관할 수 없는 것이다. '대문(臺門)'
이라는 것은 문의 양쪽 기둥에 흙을 쌓아서 관망대[臺]를 만들고, 그 위에
지붕을 올린 것을 뜻한다. 대부들이 제후들처럼 하지 않는 것은 각자 자
신의 분수에 걸맞도록 처신하기 때문이다. 그래서 "칭(稱)이 그 다음이
다."라고 말한 것이다.

【011】
禮有以多爲貴者, 天子七廟, 諸侯五, 大夫三, 士一. 〈010〉
예에서는 수가 많은 것을 귀한 것으로 삼는 경우가 있으니, 예를 들어 천자
는 7개의 묘를 두고, 제후는 5개의 묘를 두며, 대부는 3개의 묘를 두고,
사는 1개의 묘를 두는 경우이다.

集說 一廟, 下士也. 適士則二廟.
1개의 묘(廟)를 두는 경우는 하사(下士)[8]에 해당한다. 적사의 경우라면
2개의 묘를 둔다.

【012】

天子之豆, 二十有六.〈011〉

천자가 음식을 먹을 때 사용하는 두의 개수는 26개이다.

集說 此言天子朔食之豆數.

이 문장은 삭식(朔食)[9) 때 차려내는 두의 수를 뜻한다.

【013】

諸公十有六.〈012〉

상공의 경우, 서로에게 음식을 대접할 때 사용하는 두의 개수는 16개이다.

集說 上公也. 更相朝時堂上之豆數.

이 문장의 내용은 상공의 경우를 뜻한다. 서로 번갈아가며 회동을 할 때, 당상에 차려내는 두의 개수를 뜻한다.

【014】

諸侯十有二.〈013〉

제후들의 경우, 제후들끼리 서로에게 음식을 대접할 때 사용하는 두의 개

---

8) 하사(下士)에 대해서 설명하자면, 고대의 사(士) 계급은 상(上) · 중(中) · 하(下)의 세 부류로 구분되기도 하였는데, 하사(下士)는 사 계급 중에서도 가장 낮은 등급의 부류이다.

9) 삭식(朔食)은 고대의 예법 중 하나이다. 제왕 및 신분이 높은 자들은 매월 초하루에 평상시보다 음식을 풍성하게 차려내서, 먹게 된다. 천자의 경우에는 '삭식' 때 태뢰(太牢)를 사용하고, 제후는 소뢰(少牢)를 사용하며, 대부(大夫)는 한 마리의 돼지를 바치고, 사(士)는 한 마리의 새끼 돼지를 바치기도 한다. 『예기』「내칙(內則)」편에는 "男女夙興, 沐浴衣服, 其視朔食."이라는 기록이 있고, 이에 대한 정현의 주에서는 "朔食, 天子大牢, 諸侯少牢, 大夫特豕, 士特豚也."라고 풀이했다.

수는 12개이다.

通侯·伯·子·男也. 亦相朝時堂上之豆數.

여기에서 말하는 '제후(諸侯)'는 제후에 대한 다섯 등급 중 후작·백작·
자작·남작을 통괄하는 말이다. 이 문장의 내용 또한 제후들끼리 서로
회동을 할 때, 당상에 차려내는 두의 개수를 뜻한다.

【015】
上大夫八, 下大夫六.〈014〉
상대부의 경우, 음식을 먹을 때 사용하는 두의 개수는 8개이고, 하대부의
경우에는 6개이다.

皆謂主國食使臣堂上之豆數.

이 두 경우는 모두 빙문을 받는 나라에서 사신들에게 음식을 대접할 때,
당상에 차려내는 두의 개수를 가리킨다.

【016】
諸侯七介七牢, 大夫五介五牢.〈015〉
제후가 천자를 찾아뵐 때에는 7명의 부관을 데려가고, 천자는 찾아온 제후
에게 7개의 태뢰를 사용하여 대접하며, 대부는 5명의 부관을 데려가고, 천
자는 찾아온 대부에게 5개의 태뢰를 사용하여 대접한다.

介, 副也. 上介一人, 餘爲衆介. 牢, 大牢也, 謂諸侯朝天子時,
天子以太牢之禮賜之. 周禮公九介九牢, 侯·伯七, 子·男五. 今言
七, 擧中以言之也. 大夫五介五牢者, 諸侯之大夫爲君使而來, 各降
其君二等. 此五介五牢, 謂侯·伯之卿, 亦擧中言之也.

'개(介)'는 부관이다. 상개는 1명이고, 나머지 개들은 중개가 된다. '뇌(牢)'는 태뢰를 뜻하니, 이 문장의 내용은 제후가 천자를 조회했을 때, 천자가 태뢰의 예물을 그에게 하사하는 상황을 뜻한다. 『주례』에서는 공작은 9명의 개를 두고 9개의 뇌를 사용하며, 후작과 백작은 7명의 개를 두고 7개의 뇌를 사용하며, 자작과 남작은 5명의 개를 두고 5개의 뇌를 사용한다고 했다.10) 그런데 이곳 문장에서 7이라고만 언급한 것은 9·7·5 중에서도 중간에 해당하는 7을 거론하여 말한 것이다. 대부가 5명의 개를 두고 5개의 뇌를 한다고 말한 이유는 제후의 대부가 군주의 사신이 되어 찾아온 경우, 각각 그들의 주군보다 2등급씩 낮추기 때문이다. 따라서 이곳에서 5명의 개를 두고 5개의 뇌를 한다는 말은 곧 후작과 백작의 신하인 경을 가리키니, 이 또한 여러 등급 중 중간에 해당하는 후작·백작의 경우에 기준을 두고 언급한 것이다.

【017】

天子之席五重[平聲], 諸侯之席三重, 大夫再重.〈016〉

천자의 자리는 5겹으로[重'자는 평성으로 읽는다.] 깔고, 제후의 자리는 3겹으로 깔며, 대부의 자리는 2겹으로 깐다.

---

10) 『주례』「추관(秋官)·대행인(大行人)」: 上公之禮, 執桓圭九寸, 繅藉九寸, 冕服九章, 建常九斿, 樊纓九就, 貳車九乘, 介九人, 禮九牢, 其朝位, 賓主之間九十步, 立當車軹, 擯者五人, 廟中將幣三享, 王禮再祼而酢, 饗禮九獻, 食禮九擧, 出入五積, 三問三勞. 諸侯之禮, 執信圭七寸, 繅藉七寸, 冕服七章, 建常七斿, 樊纓七就, 貳車七乘, 介七人, 禮七牢, 朝位賓主之間七十步, 立當前疾, 擯者四人, 廟中將幣三享, 王禮壹祼而酢, 饗禮七獻, 食禮七擧, 出入四積, 再問再勞. 諸伯執躬圭, 其他皆如諸侯之禮. 諸子執穀璧五寸, 繅藉五寸, 冕服五章, 建常五斿, 樊纓五就, 貳車五乘, 介五人, 禮五牢, 朝位賓主之間五十步, 立當車衡, 擯者三人, 廟中將幣三享, 王禮壹祼不酢, 饗禮五獻, 食禮五擧, 出入三積, 壹問壹勞. 諸男執蒲璧, 其他皆如諸子之禮.

天子祫祭, 其席五重. 諸侯席三重者, 謂相朝時, 賓主皆然也. 三重則四席, 再重則三席.

천자가 협제를 지낼 때에는 설치하는 자리를 5겹으로 한다. "제후의 자리를 3겹으로 깐다."는 말은 제후들끼리 서로 조회를 했을 경우 빈객과 주인이 되는 제후들이 모두 이처럼 한다는 뜻이다. 3겹으로 한다는 말은 곧 자리를 4개로 만든다는 뜻이며, 2겹으로 한다는 말은 곧 자리를 3개로 만든다는 뜻이다.

天子之席五重, 註以爲六重, 亦恐未然.

'천자지석오중(天子之席五重)'에 대해 주에서는 육중(六重)으로 여겼는데, 아마도 그렇지 않을 것이다.

【018】

天子崩, 七月而葬, 五重八翣[所甲反], 諸侯五月而葬, 三重六翣, 大夫
三月而葬, 再重四翣. 此以多爲貴也. 〈017〉

천자가 죽게 되면, 7개월이 지나고서야 장례를 치르는데, 항목과 인은 5겹
으로 하며, 휘장막인 삽은('翣'자는 '所(소)'자와 '甲(갑)'자의 반절음이다.] 8개로 하
고, 제후의 경우에는 5개월이 지나고서야 장례를 치르는데, 항목과 인은
3겹으로 하며, 삽은 6개로 하고, 대부의 경우에는 3개월이 지나고서야 장례
를 치르는데, 항목과 인은 2겹으로 하며, 삽은 4개로 한다. 이러한 것들이
바로 많은 것을 귀하게 여기는 경우이다.

集說 五重者, 謂抗木與茵也. 茵以藉棺, 用淺色緇布夾爲之, 以茅
秀及香草著其中, 如今褥子中用絮然. 縮者二, 橫者三, 爲一重抗木,
所以抗載於土. 下棺之後, 置抗木於椁之上, 亦橫者三, 縮者二, 上如
抗席三, 此爲一重. 如是者五, 則爲五重也. 翣, 見檀弓.

"5겹으로 한다."는 말은 항목과 인에 해당하는 내용이다. '인(茵)'은 관
밑에 깔아두는 것으로, 옅은 색의 치포를 겹쳐서 자루모양으로 만들고,
띠풀 중 꽃을 피운 것과 향기 나는 풀 등으로 그 중간을 채우니, 마치
오늘날 어린아이의 침구를 깔 때 중간에 솜을 사용하는 것과 같다. 세로
로 2개를 대고 가로로 3개를 대는 것이 바로 1겹의 항목이니, 흙이 덮치
는 것을 보호하는 것이다. 관을 무덤에 내린 후에는 외관 위에 항목을
설치하게 되는데, 또한 가로로 3개를 대고 세로로 2개를 대며, 그 위에
또 항석 3개를 대니, 이것이 바로 1겹이 된다. 이와 같이 5번을 반복한다
면, 이것은 곧 5겹이 된다. '삽(翣)'에 대한 설명은 『예기』「단궁(檀弓)」
편에 자세히 나온다.

附註 天子五重, 諸侯三重, 似是棺重之數. 檀弓曰: "天子之棺四
重." 此云"五重", 雖稍異, 若以水牛·兕牛二革, 與杝棺二合計, 則爲
五重矣. 或云: "革棺一, 杝棺一, 梓棺二, 竝與柏椁而爲五重."

"천자는 오중(五重)이고 제후는 삼중(三重)이다."라 했는데, 아마도 이것은 관이 몇 겹인가를 뜻하는 수치인 것 같다. 『예기』「단궁(檀弓)」편에서는 "천자가 사용하는 관은 4겹으로 만든다."1)라 했고, 이곳에서는 5겹이라고 하여 비록 차이가 조금 나지만 물소와 들소 등 두 동물의 가죽으로 만든 것과 피나무로 만든 관 1겹, 가래나무로 만든 관 2겹을 합산하게 되면 모두 5겹이 된다. 혹자는 "가죽으로 만든 관이 1겹이고, 피나무로 만든 관이 1겹이며, 가래나무로 만든 관이 2겹인데, 측백나무로 만든 외관까지 합하면 5겹이 된다."라고 말한다.

---

1) 『예기』「단궁상(檀弓上)」 137장 : <u>天子之棺四重</u>, 水兕革棺被之, 其厚三寸, 杝棺一, 梓棺二. 四者皆周.

【019】

有以少爲貴者, 天子無介, 祭天特牲.〈018〉

예에서는 수가 적은 것을 귀한 것으로 삼는 경우도 있으니, 천자의 의례에
서는 개가 없으며, 하늘에 대한 제사를 지낼 때에는 한 마리의 희생물을
사용하는 것 등이 그 예시이다.

[集說] 介所以佐賓, 天子之以天下爲家, 無爲賓義, 故無介也. 特, 獨
也.

'개(介)'는 빈객을 돕는 자인데, 천자는 천하를 자신의 통치영역으로 삼기
때문에, 천자에게는 빈객이 되는 도리가 없다. 그렇기 때문에 빈객을 돕
는 개 또한 없는 것이다. '특(特)'자는 한 마리를 뜻한다.

【020】

天子適諸侯, 諸侯膳以犢. 諸侯相朝, 灌用鬱鬯, 無籩豆之薦. 大夫
聘禮以脯醢.〈019〉

천자가 제후에게 찾아가는 경우, 제후는 한 마리의 송아지를 잡아서 음식
을 바친다. 제후들끼리 서로 찾아가 만나볼 때에는 울창주를 이용해서 술
을 따르지만, 변이나 두와 같은 그릇들에 음식물을 담아서 올리는 일은
없다. 대부가 빙례를 시행할 때에는 빙문을 받는 상대방 나라에서는 사신
으로 온 대부에게 술도 따라주고 포나 젓갈 등의 음식도 함께 차려준다.

[集說] 天子祭天, 惟用一牛. 若巡守而過諸侯之境, 則諸侯奉膳, 亦
止一牛. 其尊君之禮, 亦如君之尊天也. 諸侯相朝, 享禮畢, 主君酌
鬱鬯之酒以獻賓, 不用籩豆之薦者, 以其主於相接以芬芳之德, 不在
殽味也. 大夫出使行聘禮, 主國禮之, 酌以酒, 而又有脯醢之薦. 此
見少者貴, 多者賤也.

천자가 하늘에 대한 제사를 지낼 때에도 오직 한 마리의 소만을 사용한

다. 만약 순수를 하게 되어 제후국의 국경을 지나치게 된다면, 제후는 음식을 바치게 되는데, 이때에도 한 마리의 소만을 사용한다. 군주를 존귀하게 받드는 예를 또한 군주가 하늘을 존귀하게 받드는 것과 동일하게 하는 것이다. 제후들끼리 서로 찾아가 만나볼 경우, 향례(享禮)[1]가 끝나면, 방문을 받은 나라의 제후는 울창주를 따라서 빈객인 제후에게 따라주는데, 이때에는 변과 두에 음식을 담아서 바치지 않는다. 그 이유는 서로 만나보는 의식은 아름다운 덕성으로 서로 사귀는데 주안점을 두고, 맛있는 음식을 맛보는데 있지 않기 때문이다. 대부가 타국에 사신으로 찾아가 빙례를 시행하는 경우, 사신을 맞이하는 제후국에서는 그를 예우하게 되어, 술을 따라주게 되며, 또한 육포나 젓갈 등의 음식들도 차려서 내주게 된다. 이러한 용례들은 수가 적은 것이 귀하며, 많은 것이 상대적으로 천한 것임을 나타낸다.

【021】

天子一食, 諸侯再, 大夫・士三, 食力無數.〈020〉

천자는 한 번 수저를 뜨고 나서 배가 부르다고 알리고, 제후는 두 번 수저를 뜨고 나서 배가 부르다고 알리며, 대부와 사는 세 번 수저를 뜨고 나서 배가 부르다고 알리고, 노동자들은 밥을 먹을 때, 수저를 뜨는 수치가 정해져 있지 않다.

集說 食, 飧也. 位尊者德盛, 其飽以德, 不在於食味, 故每一飧輒告飽, 須御食者勸侑乃又飧, 故云一食也. 諸侯則再飧而告飽, 大夫・

---

1) 향례(享禮)는 본래 조빙(朝聘)을 하기 위해 사신을 간 신하가 그 나라의 군주에게 예물(禮物)을 바치는 의식을 뜻한다. 또한 향례(享禮)는 연례(宴禮)보다 높은 의식으로, 초대한 손님을 접대하는 잔치를 뜻하기도 한다. 만약 천자가 제후를 초대하게 되면 '향례'를 베풀었고, 제후의 신하인 경(卿)을 초대하면 '연례'를 베풀었다. 그리고 '향례'에서는 희생물을 통째로 올렸지만, '연례'에서는 잘게 썰어서 올렸다.

士則三餐而告飽, 皆待勸侑則再食. 食力, 自食其力之人, 農・工・商・賈・庶人之屬也, 無德不仕, 無祿代耕. 禮不下庶人, 故無食數, 飽則自止也.

'식(食)'자는 "먹는다."는 뜻이다. 지위가 존귀한 자는 덕 또한 높은데, 이러한 자들은 덕을 통해 포만감을 느끼게 되므로, 음식을 맛보는데 뜻을 두지 않는다. 그렇기 때문에 매번 한 수저를 뜨게 되면, 번번이 배가 부르다고 알리게 되는데, 식사 때 시중을 드는 자들이 더 드시기를 권유해야만, 재차 수저를 뜨게 된다. 그렇기 때문에 "한 번 먹는다."라고 말한 것이다. 제후의 경우에는 두 번 수저를 뜨고 나서 배가 부르다고 알리고, 대부와 사 계급은 세 번 수저를 뜨고 나서 배가 부르다고 알리는데, 이들 모두 식사 때 시중을 드는 자가 재차 드시기를 권유해야만 다시 수저를 뜨게 된다. '식력(食力)'이라는 말은 제 스스로 자신의 힘을 써서 벌어먹는 사람들이니, 농부・공인・행상인・상인・서인 등의 부류들에 해당하며, 이러한 자들은 남다른 덕이 없어서, 관직에 등용되지도 못한 자들이며, 경작을 대신할 만한 녹봉이 없는 자들이다. 예는 서인에게까지는 적용되지 않기 때문에, 식사를 할 때에도 수저를 뜨는 수치가 정해져 있지 않은 것이니, 배불리 먹은 뒤에야 곧 제 스스로 멈추게 된다.

附註 按: 王日一舉, 日中而餕, 此所謂一食也. 諸侯朝服以食特牲祭肺, 夕深衣祭牢肉, 此所謂再食也. 大夫朝・晝・夕三時.

살펴보니, 천자는 날마다 아침에 한 차례 성찬을 먹고,[2] 점심에는 아침에 먹고 남은 음식들을 먹는데,[3] 이것이 이른바 '일식(一食)'이란 것이다. 제후는 조복을 입고 아침식사를 하며, 특생을 사용하고 희생물의 폐로 음식에 대한 제사를 지내고, 저녁에는 심의를 입고 특생으로 마련했던

---

2) 『주례』「천관(天官)・선부(膳夫)」: 王日一舉, 鼎十有二, 物皆有俎. 以樂侑食.
3) 『예기』「옥조(玉藻)」004장: 皮弁以日視朝, 遂以食; 日中而餕, 奏而食. 日少牢, 朔月大牢. 五飮: 上水・漿・酒・醴・酏.

고기로 제사를 지내는데,[4] 이것이 이른바 '재식(再食)'이란 것이다. 대부
는 아침·점심·저녁 세 차례 먹는다.

---

4) 『예기』「옥조(玉藻)」 008장 : 又<u>朝服以食, 特牲三俎祭肺</u>; 夕深衣, 祭牢肉. 朔月
   少牢, 五俎四簋. 子卯稷食菜羹. 夫人與君同庖.

【022】

大路繁盤纓一就, 次路繁纓七就.〈021〉

대로에는 말에 채우는 복대와 가슴걸이를 1취로 하고, 차로에는 복대와
가슴걸이를 7취로 한다.

集說 殷世尙質, 其祭天所乘之車, 木質而已, 無別雕飾, 謂之大路.
繁, 馬腹帶也. 纓, 鞅也, 在馬膺前. 染絲而織以爲罽, 五色一匝曰就.
就, 猶成也. 繁與纓, 皆以此罽爲之. 車朴素, 故馬亦少飾也. 大路之
下有先路 · 次路. 次路, 殷之第三路也, 供卑雜之用, 故就數多. 郊特
牲云: "次路五就." 此蓋誤爲七就.

은나라 때에는 질박함을 숭상하여서, 당시 하늘에 대한 제사를 지낼 때
탔던 수레는 나무를 기본 틀로 제작하여 단순하게 만들었을 따름이다.
그러므로 별다른 장식이나 꾸밈도 없었고, 이 수레를 '대로(大路)'라고
불렀다. '번(繁)'은 말에 채우는 복대이다. '영(纓)'은 가슴걸이인데, 이것
은 말의 가슴 쪽 전면에 위치하게 된다. 실을 염색하고 또 그 실을 직조하
여 촘촘한 천으로 만들게 되는데, 다섯 가지 색깔로 구성하여 한 번 두른
것을 '취(就)'라고 부른다. '취(就)'자는 "완성하다."라는 의미이다. 번과
영은 모두 이러한 촘촘한 천으로 만들게 된다. 수레 자체가 소박하기 때
문에 말에 대해서도 장식을 적게 하는 것이다. 대로 밑으로는 선로(先路)
와 차로(次路)가 있었다. 차로(次路)는 은나라 때 사용하던 수레 중에서
도 세 번째 등급의 수레인데, 상대적으로 미천하고 잡스러운 용도로 사용
하였다. 그렇기 때문에 취의 수도 많아지는 것이다. 『예기』「교특생(郊特
牲)」편에서는 "차로(次路)에는 5취를 한다."라고 하였으니, 이곳 문장은
아마도 잘못하여 '칠취(七就)'로 기록한 것 같다.

【023】

圭璋, 特.〈022〉

제후가 천자를 찾아뵐 때에는 규와 장을 한 개씩만 가져간다.

集說 圭璋, 形制見考工記. 諸侯朝王以圭, 朝后則執璋. 玉之貴者, 不以他物儷之, 故謂之特, 言獨用之也. 周禮小行人掌合六弊. 圭以馬, 璋以皮, 然皮與馬皆不升堂, 惟圭璋特升於堂, 亦特之義也.

‘규(圭)’와 ‘장(璋)’은 그 형태와 제작 방법이 『고공기(考工記)』에 기록되어 있다. 제후가 천자에게 조회를 할 때에는 규를 들고서 하며, 왕후에게 조회를 할 때에는 장을 들게 된다. 옥 중에서도 귀중한 것은 다른 물건과 동일한 수준으로 놓을 수 없다. 그렇기 때문에 한 개라고 말한 것이니, 이 말은 곧 하나만 사용한다는 뜻이다. 『주례』에 기록된 소행인(小行人)이라는 관리는 여섯 가지 예물에 대한 규정을 일정하게 맞추는 일을 담당했다. 그 기록에 따르면 규를 가져갈 때에는 말도 함께 가져갔고, 장을 가져갈 때에는 호랑이나 표범의 가죽을 함께 가져갔는데,1) 가죽이나 말들은 모두 당 위로 가져가지 않고, 오직 규나 장만을 가지고 당 위에 오르게 되니, 이 또한 한 개라는 말이 가진 의미에 해당한다.

【024】

琥璜, 爵.〈023〉

호(琥)2)나 황(璜)3)을 건넬 때에는 술잔과 함께 건넨다.

---

1) 『주례』「추관(秋官) · 소행인(小行人)」: <u>合六幣: 圭以馬, 璋以皮</u>, 璧以帛, 琮以錦, 琥以繡, 璜以黼. 此六物者, 以和諸侯之好故.

2) 호(琥)는 호랑이를 새겨 넣은 옥(玉)을 뜻한다. 백색의 옥으로 만들었기 때문에 백호(白琥)라고 부르며, 오행(五行)의 관념에 따라서, 서쪽 지역에 대한 제사 때 사용하기도 하였다.

3) 황(璜)은 반원형의 벽(璧)을 뜻한다. 검은색의 옥으로 만들었기 때문에 현황(玄

集說 琥, 爲虎之形. 璜, 則半環之形也. 此二玉下於圭璋, 不可專達, 必待用爵. 蓋天子享諸侯, 及諸侯自相享, 至酬酒時, 則以幣將送酬爵, 又有琥璜之玉以將幣, 故云琥璜爵也.

'호(琥)'는 호랑이의 형상이 새겨져 있는 옥이다. '황(璜)'은 반원의 형태를 하고 있는 옥이다. 이 두 가지 옥은 규와 장보다는 등급이 낮으므로, 이것만으로는 상대방에게 전달할 수 없다. 그래서 반드시 술잔을 곁들이게 된다. 무릇 천자가 제후들에게 향연을 베풀 때이거나 제후들끼리 서로에게 향연을 베풀 때, 술을 주고받는 때가 되면, 폐물을 곁들여서 술잔을 보내고, 또는 호나 황 등의 옥을 포함시켜서 폐물을 보내게 된다. 그렇기 때문에 호나 황을 줄 때에는 술잔도 함께 건넨다고 말한 것이다.

【025】
鬼神之祭單[丹]席. 〈024〉
귀신에 대한 제사에서는 귀신이 앉는 자리는 홑겹으로['單'자의 음은 '丹(단)'이다.] 된 자리로 설치한다.

集說 鬼神異於人, 不假多重以爲溫暖也.
귀신은 사람과는 다르므로, 여러 겹으로 자리를 설치하여 따뜻하게 할 필요가 없다.

【026】
諸侯視朝, 大夫特, 社旅之. 此以少爲貴也. 〈025〉
제후가 조회를 받을 때, 찾아뵙는 자가 대부인 경우에는 대부가 인사를

璜)이라고도 부르며, 오행(五行)의 관념에 따라서, 북쪽 지역에 대한 제사 때 사용하기도 하였다.

하게 되면, 개개인마다 인사를 하고, 사인 경우에는 묶어서 한 번만 인사를 한다. 이상의 것들이 바로 적은 것을 귀하게 여기는 경우에 해당한다.

集說 君視朝之時, 於大夫則特揖之, 謂每人一揖也. 旅, 衆也. 士卑, 無問人數多少, 君一揖而已.

군주가 조회를 받을 때, 대부에게 받는 경우라면, 대부에게 단독으로 인사를 하니, 이 말은 곧 대부 개개인마다 한 번씩 인사를 한다는 뜻이다. '여(旅)'자는 무리라는 뜻이다. 사 계층은 상대적으로 신분이 낮으므로, 사람의 수가 많거나 또는 적거나에 상관없이, 군주는 한 번만 인사를 할 따름이다.

【027】

有以大爲貴者, 宮室之量[去聲], 器皿之度, 棺槨之厚, 丘封之大, 此以大爲貴也. 有以小爲貴者, 宗廟之祭, 貴者獻以爵, 賤者獻以散[去聲], 尊者擧觶[志], 卑者擧角. 五獻之尊, 門外缶, 門內壺. 君尊瓦甒[武]. 此以小爲貴也. 〈026〉

예에서는 큰 것을 귀한 것으로 삼는 경우도 있으니, 궁실의 규모['量'자는 거성으로 읽는다.] 기물이나 그릇들의 치수, 관곽의 두께, 무덤의 크기 등이 이러한 경우에 해당하니, 이것들이 바로 큰 것을 귀하게 여기는 경우이다. 반대로 예에서는 작은 것을 귀한 것으로 삼는 경우도 있으니, 종묘에서 지내는 제사에서는 신분이 존귀한 자는 작을 사용하여 술을 바치고, 신분이 낮은 자는 산을['散'자는 거성으로 읽는다.] 사용하여 술을 바치며, 신분이 존귀한 자는 술을 마실 때 치를['觶'자의 음은 '志(지)'이다.] 들고, 신분이 낮은 자는 술을 마실 때 각을 든다. 또 다섯 차례 술잔을 바칠 때 사용하는 술동이에 있어서, 문 밖에는 부를 두고, 문 안에는 호를 둔다. 그리고 군주가 사용하는 술동이는 와무이다.['甒'자의 음은 '武(무)'이다.] 이러한 것들이 바로 작은 것을 귀하게 여기는 경우이다.

集說 爵一升, 觚二升, 觶三升, 角四升, 散五升.

작(爵)의 용적은 1승(升)[4]이고, 고(觚)는 2승이며, 치(觶)는 3승이고, 각(角)은 4승이며, 산(散)은 5승이다.

集說 疏曰: 特牲云: 主人獻尸用角, 佐食洗散以獻尸. 是尊者小, 卑者大. 按天子·諸侯及大夫昏獻尸以爵, 無賤者獻以散之文. 禮文散亡, 不具也. 特牲主人獻尸用角者, 下大夫也. 特牲·少牢禮尸入, 擧奠觶, 是尊者擧觶. 特牲主人受尸酢, 受角飮者, 是卑者擧角, 此是士禮耳. 天子·諸侯祭禮亡. 五獻, 子男之享禮也. 凡王享臣, 及其自相享, 行禮獻數各隨其命. 子·男五命, 故知五獻是子·男列尊之法. 門外缶者, 缶, 尊名, 盛酒在門外. 壺亦尊也, 盛酒在門內. 君尊, 子·男之尊也. 子·男用瓦甒爲尊, 不云內外, 則陳之在堂, 人君面尊而專惠也, 其壺缶但飮諸神. 小尊近君, 大尊在門, 是以小爲貴. 壺大一石, 瓦無五斗, 缶又大於壺.

소에서 말하길, 『의례』「특생궤식례(特牲饋食禮)」편에서는 주인이 시동에게 술을 바칠 때 각을 사용하고, 좌식은 산을 씻어서 시동에게 술을 바친다고 했다.[5] 이 기록이 바로 신분이 존귀한 자가 작은 것을 사용하고, 신분이 낮은 자가 보다 큰 것을 사용한다는 예시가 된다. 살펴보니, 천자와 제후 및 대부들은 모두 시동에게 술을 바칠 때 작을 사용하는데, 신분이 낮은 자가 술을 바칠 때 산을 사용한다는 기록은 없다. 이것은 예와 관련된 기록들이 망실되어서 관련 기록들이 모두 남아 있지 않기 때문이다. 「특생궤식례」편에서 주인이 시동에게 각을 사용하여 술을 바친다는 말은 하대부에게 해당하는 내용이다. 「특생궤식례」편과 「소뢰궤

---

[4] 승(升)은 용량을 재는 단위이다. 지역 및 각 시대마다 다소 차이를 보이는데, 고대에는 10합(合)을 1승(升)으로 여겼고, 10승(升)을 1두(斗)로 여겼다. 『한서(漢書)』「율력지상(律曆志上)」편에는 "合龠爲合, 十合爲升."이라는 기록이 있다.

[5] 『의례』「특생궤식례(特牲饋食禮)」: 主人洗角, 升, 酌酳尸. …… 利洗散, 獻于尸.

식례(少牢饋食禮)」편에서는 시동이 들어서면, 진설해둔 치를 든다고 했는데,[6] 이 기록은 존귀한 자가 치를 든다는 사실을 나타낸다. 「특생궤식례」편에서 시동이 따라준 술잔을 주인이 받을 때, 각으로 받아서 마신다는 내용[7]은 바로 신분이 낮은 자가 각을 든다는 내용에 해당하는데, 이러한 기록들은 사 계층에 해당하는 예일 따름이다. 천자와 제후에게 해당하는 제례는 망실되어서 현재 남아 있지 않다. "다섯 차례 술잔을 바친다."는 말은 제후들 중 자작과 남작이 시행하는 향례에 해당한다. 천자가 신하들에게 향례를 베풀거나 군왕들이 서로에게 향례를 시행할 경우, 예법의 시행에 있어서 술잔을 바치는 수치는 각각 그들이 가지고 있는 작위의 명 등급에 따르게 되어 있다. 자작과 남작은 작위의 등급이 5명이기 때문에, 다섯 차례 술잔을 바치는 일이 자작과 남작이 술동이를 나열하는 예에 해당한다는 사실을 알 수 있다. "문 밖에 부를 둔다."고 하였는데, 이때의 '부(缶)'는 술동이의 명칭이며, 이 술동이는 술을 채워서 문 밖에 두게된다. '호(壺)' 또한 술동이에 해당하며, 이 술동이는 술을 채워서 문 안에두게 된다. 이 문장에서 군주의 술동이라는 말은 자작과 남작이 사용하는술동이를 뜻한다. 자작과 남작이 와무를 술동이로 삼는다고 하였는데,이곳 기록에서는 문의 안팎을 언급하지 않았으니, 이 술동이들은 당에진설하는 것이며, 군주는 술동이를 정면으로 바라보고, 술을 따라주는은혜를 군주가 독식하게 된다. 그리고 호와 부는 단지 여러 신들에게 따르는 용도로 사용하게 된다. 그런데 이처럼 배치를 시키게 되면, 와무와같은 작은 술동이는 군주와 가까운 곳에 위치하게 되고, 부나 호와 같은큰 술동이들은 문 쪽에 위치하게 되니, 이것이 바로 작은 것을 귀하게여기는 경우이다. 호는 그 용적이 1석(石)[8]이며, 와무는 5두(斗)[9]에 해

---

6) 『의례』「특생궤식례(特牲饋食禮)」: 尸升, 入. …… 尸左執觶, 右取菹擩于醢, 祭于豆間. / 『의례』「소뢰궤식례(少牢饋食禮)」: 主人實觶. 尸拜受爵. 主人反位, 答拜. 尸北面坐, 奠爵于薦左.

7) 『의례』「특생궤식례(特牲饋食禮)」: 祝酌授尸, 尸以醋主人. 主人拜受角.

8) 석(石)은 용량을 재는 단위이다. 지역 및 각 시대마다 다소 차이를 보이는데, 고대

당하고, 부는 또한 호보다 크다.

【028】

有以高爲貴者, 天子之堂九尺, 諸侯七尺, 大夫五尺, 士三尺. 天子 · 諸侯臺門. 此以高爲貴也.〈027〉

예에서는 높은 것을 귀한 것으로 삼는 경우도 있으니, 예를 들어 천자에게 있는 당은 그 높이가 9척이고, 제후에게 있는 당은 그 높이가 7척이며, 대부에게 있는 당은 그 높이가 5척이고, 사에게 있는 당은 그 높이가 3척이다. 또 예를 들자면 천자와 제후의 경우에는 대문을 건설한다. 이러한 것들이 바로 높은 것을 귀하게 여기는 경우이다.

集說 九尺以下之數, 皆謂堂上高於堂下也. 考工記堂崇三尺是殷制, 此周制耳. 臺門, 見前章.

9척이라는 수치부터 그 이하의 수치들은 모두 당하로부터 당상까지의 높이를 뜻한다. 『고공기』의 기록에서는 당의 높이는 3척이라고 했는데,[10] 이것은 은나라 때의 제도에 해당하니, 이곳 경문에서 말한 내용들은 주나라 때의 제도에 해당할 따름이다. '대문(臺門)'에 대한 설명은 앞 장에 나온다.

【029】

有以下爲貴者, 至敬不壇[徒丹反], 埽[去聲]地而祭. 天子諸侯之尊廢禁, 大夫士棜[於據反]禁. 此以下爲貴也.〈028〉

에는 10두(斗)를 1석(石)으로 여겼다.

9) 두(斗)는 곡식 등의 양을 재는 기구이자 그 수량을 표시하는 단위이다. 지역 및 각 시대마다 다소 차이를 보이는데, 고대에는 10승(升)이 1두였다.

10) 『주례』「동관고공기(冬官考工記) · 장인(匠人)」: 殷人重屋, 堂脩七尋, 堂崇三尺, 四阿重屋.

예에서는 낮은 것을 귀한 것으로 삼는 경우도 있으니, 지극히 공경을 다해야 하는 제사에 있어서는 별도의 제단을['壇'자는 '徒(도)'자와 '丹(단)'자의 반절음이다.] 만들지 않고, 단지 땅만 쓸어내고['埽'자는 거성으로 읽는다.] 그곳에서 제사를 지낸다. 또 예를 들자면 천자와 제후가 사용하는 술동이는 밑받침인 금을 두지 않고, 반대로 대부와 사들은 밑받침인 어와['棜'자는 '於(어)'자와 '據(거)'자의 반절음이다.] 금을 둔다. 이러한 것들이 바로 낮은 것을 귀하게 여기는 경우이다.

集說 封土爲壇, 郊祀則不壇, 至敬無文也. 禁與棜, 皆承酒樽之器, 木爲之. 禁長四尺, 廣二尺四寸, 通局足高三寸, 漆赤中, 畫靑雲氣菱苕華爲飾, 刻其足爲襃帷之形. 棜長四尺, 廣二尺四寸, 深五寸, 無足, 亦畫靑雲氣菱苕華爲飾也. 棜是舉名. 禁者, 因爲酒戒也. 天子 · 諸侯之尊廢禁者, 廢去其禁而不用也. 大夫士棜禁者, 謂大夫用棜, 士用禁也. 棜, 一名斯禁, 見鄕飮酒禮.

흙을 쌓아서 제단을 만들게 되는데, 교사를 지내는 경우에는 제단을 쌓지 않으니, 지극히 공경을 다해야 하는 제사에서는 화려한 꾸밈을 하지 않기 때문이다. '금(禁)'과 '어(棜)'는 모두 술동이를 받치는 받침인데, 나무로 이것들을 만든다. 금은 그 길이가 4척이며, 너비는 2척 4촌으로, 상판과 다리를 통틀어 그 높이는 3촌이며, 옻칠을 하여 붉게 하고, 그 속에는 청색 구름의 기운과 능초라는 식물의 꽃을 그려서 장식을 하고, 다리 부위에는 조각을 새겨서 휘장을 두른 형태로 만든다. 어는 그 길이가 4척이며, 너비는 2척 4촌이고, 깊이는 5촌인데, 다리가 없지만, 또한 청색 구름의 기운과 능초의 꽃을 그려서 장식을 한다. 어는 본래 수레의 명칭이다. 금이라고 이름을 붙인 이유는 이 글자를 통해서 술에 대한 경계를 하기 위해서이다. "천자와 제후의 술동이를 차릴 때, 금을 폐지한다."는 말은 금을 치워버리고 사용하지 않는다는 뜻이다. "대부와 사가 어와 금을 사용한다."고 했는데, 이 말은 대부는 어를 사용하고, 사는 금을 사용한다는 뜻이다. 어는 '사금(斯禁)'이라고도 부르는데, 『의례』「향음주례(鄕飮酒

禮)」편에 그 단어가 나온다.[11)

【030】

禮有以文爲貴者, 天子龍袞, 諸侯黼, 大夫黻, 士玄衣纁裳. 天子之
冕朱綠藻, 十有二旒, 諸侯九, 上大夫七, 下大夫五, 士三. 此以文爲
貴也.⟨029⟩

예에서는 화려하게 꾸민 것을 귀한 것으로 삼는 경우도 있으니, 천자는
곤룡포를 착용하고, 제후는 보가 수놓인 옷을 착용하며, 대부는 불이 수놓
인 옷을 착용하고, 사의 경우에는 상의는 검은색 옷을 입고, 하의는 적색
옷을 입는다. 또 예를 들자면, 천자가 쓰는 면류관의 경우, 구슬을 꿰는
줄은 적색과 녹색의 끈을 엮어서 만드는데, 천자의 경우에는 12줄이 들어
가고, 제후는 9줄이 들어가며, 상대부는 7줄이 들어가고, 하대부는 5줄이
들어가며, 사는 3줄이 들어간다. 이러한 것들이 바로 화려하게 꾸민 것을
귀하게 여기는 경우이다.

集說 龍袞, 畫龍於袞衣也. 白與黑謂之黼, 黼如斧形, 刺之於裳. 黑
與青謂之黻, 其狀兩己相背, 亦刺於裳也. 纁, 赤色. 冕, 祭服之冠也.
上玄下纁, 前後有旒, 前低一寸二分, 以其略俛而謂之冕. 冕同而服
異, 一袞冕, 二鷩冕, 三毳冕, 四絺冕, 五玄冕, 各以服之異而名之耳.
冕之制雖同, 而旒有多少. 朱綠藻者, 以朱綠二色之絲爲繩也. 以此
繩貫玉而垂於冕以爲旒. 周用五采, 此言朱綠, 或是前代之制. 十有
二旒者, 天子之冕, 前後各十二旒, 每旒十二玉, 玉之色以朱白蒼黃
玄爲次, 自上而下, 徧則又從朱起. 袞冕十二旒, 鷩冕九旒, 毳冕七
旒, 絺冕五旒, 玄冕三旒. 此數雖不同, 然皆每旒十二玉, 纔玉五采
也. 此皆周時天子之制. 諸侯九, 上大夫七, 下大夫五, 士三, 此亦非
周制. 周家旒數隨命數, 詳見儀禮冕弁圖.

---

11) 『의례』「향음주례(鄕飮酒禮)」: 尊兩壺於房戶間, 斯禁, 有玄酒在西.

'용곤(龍袞)'은 곤룡포에 용을 그려 넣은 옷이다. 백색과 흑색의 실로 수놓은 무늬를 '보(黼)'라고 부르는데, 보라는 무늬는 도끼 모양과 비슷하며, 치마에 수놓는다. 흑색과 청색의 실로 수놓은 무늬를 '불(黻)'이라고 부르는데, 불이라는 무늬는 두 개의 기(己)자가 서로 등을 지고 있는 모습으로, 이 또한 치마에 수놓는다. '훈(纁)'은 적색의 비단을 뜻한다. '면(冕)'은 제복에 쓰는 관이다. 면류관의 윗면은 검은색으로 만들고, 아랫면은 적색으로 만든다. 면류관의 앞뒤에는 구슬을 꿴 줄이 있게 되며, 앞면은 1촌 2분만큼 앞으로 기울어져 있는데, 그 모습이 약간 굽어[俛]있기 때문에, '면(冕)'이라고 부른다. 그런데 면류관은 같지만 착용하는 복장이 다르게 되어, 첫 번째를 곤면(袞冕)이라 부르고, 두 번째를 별면(鷩冕)이라고 부르며, 세 번째를 취면(毳冕)12)이라 부르고, 네 번째를 치면(絺冕)13)이라 부르며, 다섯 번째를 현면(玄冕)이라 부르는 것이니,14) 각각 착용하는 복장이 다르기 때문에, 이처럼 이름을 붙인 것일 따름이다. 면류관의 제작 방법이 비록 동일하다고 하지만, 늘어트리는 술의 양에는

---

12) 취면(毳冕)은 취의(毳衣)와 면류관을 뜻한다. 천자가 사망(四望) 등 산천(山川)에 대한 제사 때 착용했던 복장이다. '취의'에는 호랑이와 원숭이를 수놓게 되는데, 이 무늬를 종이(宗彛)이라고도 부른다. 상의에는 3종류의 무늬를 수놓고, 하의에는 2종류의 무늬를 수놓게 되어, 총 5가지 무늬가 들어가게 된다. 『주례(周禮)』「춘관(春官)·사복(司服)」편에는 "祀四望山川則毳冕."이라는 기록이 있고, 이에 대한 정현의 주에서는 "毳畫虎蜼, 謂宗彛也. 其衣三章, 裳二章, 凡五也."라고 풀이했다.

13) 치면(絺冕)은 희면(希冕)·치면(黹冕)이라고도 부른다. 치의(絺衣)와 면류관을 뜻한다. 천자 및 제후가 사직(社稷) 및 오사(五祀)에 대한 제사를 지낼 때 착용하던 복장이다. '치의'에는 쌀 모양의 무늬를 수놓았고, 다른 그림을 그려 넣지 않았다. 상의에는 1개의 무늬를 수놓고, 하의에는 2개의 무늬를 수놓게 되어, 총 3개의 무늬가 들어가게 된다. 『주례(周禮)』「춘관(春官)·사복(司服)」편에는 "祭社稷·五祀則希冕."이라는 기록이 있고, 이에 대한 정현의 주에서는 "希刺粉米, 無畫也. 其衣一章, 裳二章, 凡三也."라고 풀이했다.

14) 『주례』「춘관(春官)·사복(司服)」: 掌王之吉凶衣服, 辨其名物, 辨其用事. 王之吉服, 祀昊天上帝, 則服大裘而冕, 祀五帝亦如之. 享先王則袞冕. 享先公, 饗射則鷩冕. 祀四望山川則毳冕. 祭社稷五祀則希冕. 祭群小祀則玄冕.

차이가 있다. '주록조(朱綠藻)'라는 것은 붉은색과 녹색의 두 가지 실로 끈을 엮은 것이다. 이러한 끈으로 옥을 꿰어서 면류관에 늘어트려 '유(旒)'를 만들게 된다. 주나라 때에는 유를 만들 때, 다섯 가지 채색의 실을 사용하였다. 그런데 이곳 경문에서 붉은색과 녹색 두 가지만 언급하였으니, 아마도 이 제도는 주나라 이전 왕조에서 사용하던 제도에 해당하는 것 같다. 12개의 유라는 것은 천자의 면류관에 해당하는데, 앞뒤에 각각 12개의 유를 다는 것이며, 매 유마다 12개의 옥을 꿰게 되고, 옥의 색깔은 붉은색·백색·청색·황색·검은색 순으로 순서를 정해서, 위에서부터 아래로 꿰어나가고, 다섯 가지 색깔의 옥이 모두 들어가게 되면, 재차 붉은색 옥부터 순서대로 끼게 된다. 곤면에는 앞뒤로 각각 12개의 유가 들어가고, 별면에는 9개의 유가 들어가며, 취면에는 7개의 유가 들어가고, 치면에는 5개의 유가 들어가며, 현면에는 3개의 유가 들어간다. 이처럼 들어가는 유의 수치가 비록 서로 다르지만, 모든 면류관에 있어서 매 유마다 끼우는 옥은 12개이며, 유에 꿰는 옥의 색깔 또한 다섯 가지 색상을 사용한다. 그런데 이러한 것들은 모두 주나라 때 천자에게 해당했던 제도이다. 제후가 9개의 유가 들어가는 것을 사용하고, 상대부는 7개, 하대부는 5개, 사는 3개가 들어간 것을 사용한다는 말은 또한 주나라 때의 제도가 아니다. 주나라의 제도에서 유의 숫자는 각각 그들이 가진 작위의 명 등급에 따랐으니, 자세한 설명은 「의례면변도(儀禮冕弁圖)」에 나타나 있다.

集說 疏曰: 諸侯雖九章, 七章以下, 其中有黼也. 孤絺冕而下, 其中有黻, 故特擧黼黻而言耳. 詩采菽云, "玄衮及黼", 是特言黼. 終南云, "黻衣繡裳", 是特言黻也.

소에서 말하길, 제후의 의복에는 비록 9개의 무늬를 새겨 넣는다고 하지만, 7개의 무늬를 수놓는 나머지 등급의 의복에 있어서도, 보(黼)가 포함된다. 고(孤)[15]가 착용하는 치면(絺冕) 이하의 복장에도 불(黻)이 포함

된다. 그렇기 때문에 다만 그 중에서도 '보(黼)'와 '불(黻)'만을 거론했을 따름이다. 『시』「채숙(采菽)」편에서는 "검은색 곤룡포와 보(黼)가 수놓인 하의를 입는다."[16]라고 하였으니, 이 기록에서도 다만 '보(黼)'만을 언급하고 있다. 그리고 「종남(終南)」편에서는 "불(黻)이 수놓인 상의와 수놓인 하의를 입는다."[17]라고 하였는데, 이 기록에서도 다만 '불(黻)'만을 언급하고 있다.

集說 陳氏曰: 藻潔而文, 衆采如之, 故曰藻.

진상도가 말하길, 조(藻)라는 것은 선명하면서도 아름다운 결이 있는 것이니, 여러 채색을 사용하여 이처럼 만들기 때문에, 그 끈을 '조(藻)'라고 부르는 것이다.

【031】

有以素爲貴者, 至敬無文, 父黨無容. 大圭不琢[篆], 大[泰]羹不和[去聲], 大路素而越[活]席, 犧[莎]尊疏布鼏[莫力反], 樿[展]杓[市約反]. 此以素爲貴也.〈030〉

예에서는 소박한 것을 귀한 것으로 삼는 경우도 있으니, 예를 들자면, 지극히 공경한 태도를 취해야 하는 곳에서는 화려한 꾸밈을 하지 않고, 부친의 친족들을 뵐 때에는 너무 딱딱하게 격식을 갖추지 않는다. 또 대규에는 조각을['琢'자의 음은 '篆(전)'이다.] 하지 않고, 태갱에는['大'자의 음은 '泰(태)'이다.] 조미료를['和'자는 거성으로 읽는다.] 가미하지 않으며, 대로는 소박하게 만들어

---

15) 고(孤)는 고대의 작위이다. 천자에게 소속된 '고'는 삼공(三公) 밑의 서열에 해당하며, 육경(六卿)보다 높았다. 고대에는 소사(少師)·소부(少傅)·소보(少保)를 삼고(三孤)라고 불렀다.

16) 『시』「소아(小雅)·채숙(采菽)」: 采菽采菽, 筐之筥之. 君子來朝, 何錫予之. 雖無予之, 路車乘馬. 又何予之, <u>玄袞及黼</u>.

17) 『시』「진풍(秦風)·종남(終南)」: 終南何有, 有紀有堂. 君子至止, <u>黻衣繡裳</u>. 佩玉將將, 壽考不亡.

서 별다른 장식을 하지 않고 부들포로「'越'자의 음은 '活(활)'이다.」짠 자리를 얹
으며, 사준에는「'犧'자의 음은 '莎(사)'이다.」거친 베로 만든 덮개틀「'冪'자는 '莫(막)'
자와 '力(력)'자의 반절음이다.」하고, 흰 나무로「'棜'자의 음은 '展(전)'이다.」술을 뜨는
국자틀「'杓'자는 '市(시)'자와 '約(약)'자의 반절음이다.」만든다. 이러한 것들이 바로
소박한 것을 귀한 것으로 삼는 경우이다.

敬之至者, 不以文爲美, 如祭天而服黑羔裘, 亦是尙質素之意.
折旋揖讓之禮容, 所以施於外賓, 見父之族黨, 自當以質素爲禮, 不
爲容也. 大圭, 天子所搢者, 長三尺, 不琢, 不爲鐫刻文理也. 大羹,
太古之羹也, 肉汁無醢梅之和. 後王存古禮, 故設之, 亦尙玄酒之意.
大路, 殷祭天之車, 朴素無飾, 以蒲越爲席. 犧尊, 刻爲犧牛之形. 讀
爲娑音者, 謂畫爲鳳羽娑娑然也. 此尊以麤疏之布爲覆冪. 棜,白木
之有文理者. 杓, 沃盥之具也.

공경함을 지극히 나타내는 곳에서는 화려한 꾸밈을 아름답다고 여기지
않는다. 이것은 마치 하늘에 대한 제사를 지내면서 흑색의 새끼 양가죽으
로 만든 복장을 착용하는 것과 같으니, 또한 이것은 질박하고 소박함을
숭상한다는 뜻에 해당한다. 굽히고 돌며 읍하고 상대방에게 양보하는 등
의 예법에 따른 행동거지들은 외부에서 찾아온 손님들에게 시행하는 것
들이며, 부친의 친족 어른들을 뵐 때에는 제 스스로 마땅히 질박하고 소
박한 것을 예법으로 삼게 되어, 이러한 행동거지를 따르지 않게 된다.
'대규(大圭)'는 천자가 차고 다니는 옥으로, 그 길이는 3척이다. "조각을
하지 않는다."는 말은 무늬를 새겨 넣지 않는다는 뜻이다. '태갱(大羹)'은
태고 때 사용하던 국으로, 고기로 육수를 만들기만 하고, 그곳에 소금이
나 매화 등으로 양념을 하지 않은 것이다. 후세의 제왕들은 고대의 예법
을 보존하고 있었기 때문에, 이러한 국을 진설했던 것이니, 이 또한 현주
를 숭상하는 뜻과 같은 것이다. '대로(大路)'는 은나라 때 하늘에 제사지
내며 사용하던 수레인데, 소박하여 별다른 장식이 없었고, 부들로 자리를
만들었다. '사준(犧尊)'은 술동이에 희생물로 사용하던 소의 모습을 새긴

것이다. '희(犧)'자를 읽을 때 사(娑)자의 음으로 읽는 것은 봉황의 날개를 '너울거리며 춤을 추는 듯[婆娑]'한 모양으로 그려 넣었다는 뜻에서 붙은 명칭이다. 이러한 술동이에는 거친 베로 술동이의 덮개를 만든다. '전(樿)'은 흰 나무에 무늬와 결이 있는 것이다. '작(杓)'은 술을 뜰 때 사용하는 도구이다.

【032】

孔子曰: "禮不可不省[息井反]也. 禮不同, 不豐·不殺", 此之謂也. 蓋言稱也. 〈031〉

공자가 말하길, "예에 대해서는 자세히 살피지['省'자는 '息(식)'자와 '井(정)'자의 반절음이다.] 않아서는 안 된다. 예는 등급별로 다르니, 너무 풍요롭게 해서는 안 되고, 너무 줄여서도 안 된다."라고 했다. 이 말이 바로 앞에서 말한 뜻을 나타낸다. 즉 이 말은 각각의 계층과 상황에 알맞도록 해야 한다는 뜻이다.

> **集說** 省, 察也. 禮之等雖不同, 而各有當然之則, 豊則踰, 殺則不及, 惟稱之爲善.

'성(省)'자는 "살핀다."는 뜻이다. 예의 등급 차이는 비록 다르지만, 각각 합당한 법칙이 있는데, 풍요롭게만 하면 넘치게 되고, 줄이기만 하면 미치지 못하게 되니, 오직 알맞게 하는 것만이 최선이 된다.

【033】

禮之以多爲貴者, 以其外心者也. 德發揚, 詡萬物, 大理物博, 如此則得不以多爲貴乎? 故君子樂[吾敎反]其發也. 〈032〉

예에서 많은 것을 귀한 것으로 삼는 이유는 그것들에 대해서는 마음을 외부에 두어야 하기 때문이다. 천지의 덕이 발양하여, 만물에게 두루 미쳐서

['詡'자의 음은 '許(허)'이다.] 이치가 크게 갖춰지고, 만물이 확장되니, 그 사실이 이와 같다면, 많은 것을 귀한 것으로 삼지 않을 수가 있겠는가? 그렇기 때문에 군자는 만물이 발양되는 것을 좋아하는['樂'자는 '吾(오)'자와 '敎(교)'자의 반절음이다.] 것이다.

集說 用心以致備物之享, 則心在於物, 故曰外心. 然所以貴於備物者, 聖人蓋見夫天地之德, 發揚昭著, 盛大溥徧於萬物, 是其理之所該者大, 故物之所成者博, 如此豈得不以多爲貴乎? 此制禮之君子, 所以樂其用心於外以致備物也.

마음을 써서 물건을 다양하게 갖춰서 바치는 것에 치중하게 된다면, 마음은 사물에 있게 된다. 그렇기 때문에 "마음을 외부에 둔다."라고 말한 것이다. 그런데 사물을 다채롭게 갖추는 것을 귀하게 여기는 이유는 성인은 대체로 천지의 덕을 보았기 때문이니, 무릇 천지의 덕이라는 것은 발양하여 현저히 드러나며, 만물에 두루 미쳐서 성대하게 만드니, 이에 갖춰진 이치가 커지고, 또한 그 연장선에서 완성되는 사물도 많아지기 때문이다. 이와 같다면 어찌 많은 것을 귀하게 여기지 않을 수가 있겠는가? 이것은 곧 예를 제정한 군자가 외부에 마음을 써서, 만물을 최대한 다채롭게 갖추도록 한 것을 좋아했던 이유이다.

附註 德發揚詡萬物, 今改以"揚詡"句. "大理"句, "如此"句.

'덕발양후만물(德發揚詡萬物)'은 이제 '양후(揚詡)'에서 구문을 끊는 것으로 고친다. '대리(大理)'에서 구문을 끊고 '여차(如此)'에서 구문을 끊는다.

【034】

禮之以少爲貴者, 以其內心者也. 德産之致[直二反]也精微, 觀天下之
物無可以稱[去聲]其德者, 如此則得不以少爲貴乎? 是故君子愼其獨
也. 〈033〉

예에서 적은 것을 귀한 것으로 삼는 이유는 그것들에 대해서는 마음을 내
부에 두어야 하기 때문이다. 천지의 덕으로 생산되는 결과물들은['致'자는
'直(직)'자와 '二(이)'자의 반절음이다.] 지극히 정미하니, 천하의 모든 사물들을 두
루 살펴서, 온갖 것들을 바쳐 제사를 지내더라도, 천지의 덕성에 걸맞도록
['稱'자는 거성으로 읽는다.] 할 수 있는 것이 없으니, 그 사실이 이와 같다면,
적은 것을 귀한 것으로 삼지 않을 수가 있겠는가? 이러한 까닭으로 군자는
홀로 있을 때에도 항상 신중히 행동하는 것이다.

集說 散齊·致齋, 祭神如在, 皆是內心之義. 惟其主於存誠以期感
格, 故不以備物爲敬. 所以然者, 蓋有見夫天地之德, 所以發生萬彙
者, 其流行賦予之理, 密緻而精微, 卽大傳所言天地絪縕, 萬物化醇
也. 縱使徧取天下所有之物以祭天地, 終不能稱其德而報其功. 不若
事之以誠敬之爲極致. 是以行禮之君子, 主於存誠於內以交神朋也.
愼獨者, 存誠之事也.

산제와 치제를 하고, 신에게 제사를 지내면서 실재로 신이 있는 것처럼
하는 일 등은 모두 마음을 안으로 두는 뜻에 해당한다. 오직 정성스러움
을 간직하여, 이로써 신이 감응하여 도래함을 기약하는데 주안점을 두는
것이다. 그렇기 때문에 물건을 다채롭게 갖추는 것을 공경스러운 태도로
삼지 않는다. 그 까닭은 성인은 천지의 덕성을 봄이 있었기 때문이니,
무릇 천지의 덕이라는 것은 모든 부류의 생명체를 발생시키는 것이며,
그것이 흘러 움직이며 부여한 이치는 매우 세밀하면서도 정미하기 때문
이니, 이 말은 곧 『주역』에서 말한 천지의 두 기운이 서로 교감하여 만물
이 변화하여 순일하게 되는 것[1])에 해당한다. 설령 천하에 존재하는 모든
사물들을 두루 갖춰서, 천지에게 제사를 지낸다 하더라도, 끝내 천지의

덕성에 걸맞게 하여 천지의 공덕에 보답을 할 수 없으니, 진실하고 공경스러운 태도를 극진히 하여 섬기는 것만 같지 못하다. 이러한 까닭으로 예를 시행하는 군자는 자신의 내면에 진실을 보존하여 신들과 교감하는 것에 주안점을 둔다. '신독(愼獨)'이라는 것은 곧 진실함을 간직하는 사안에 해당한다.

附註 德産之致, 言德之極致也精微. 註: 致, 以密緻爲解, 而音直二反, 未當. 觀天下之物無可以稱其德, 言萬事萬物之中, 心德最貴, 猶言惟道無對也, 故以誠敬爲主. 註義似失.

'덕산지치(德産之致)'라는 말은 덕의 극치는 정미하다는 뜻이다. 주에서는 '치(致)'자를 세밀하다는 뜻으로 풀이하고, 그 음이 '直(직)'자와 '二(이)'자의 반절음이라고 했는데, 타당하지 않다. '관천하지물무가이칭기덕(觀天下之物無可以稱其德)'이라는 말은 만사만물 중에서 심덕이 가장 존귀하다는 뜻이니, 오직 덕만이 상대할 것이 없기 때문에 성경을 위주로 삼는다고 말하는 것과 같다. 따라서 주의 뜻은 아마도 잘못된 것 같다.

---

1) 『역』「계사하(繫辭下)」: 天地絪縕, 萬物化醇, 男女構精, 萬物化生.

【035】

古之聖人, 内之爲尊, 外之爲樂[洛], 少之爲貴, 多之爲美, 是故先王
之制禮也, 不可多也, 不可寡也, 唯其稱也.〈034〉

고대의 성인들은 내면에 있는 것을 존숭할 것으로 여겼고, 외면에 있는
것을 즐거움으로[「樂」자의 음은 '洛(락)'이다.] 삼아서, 내면에 치중할 때에는 사
물이 적은 것을 귀한 것으로 삼았고, 외면에 치중할 때에는 사물이 많은
것을 아름다움으로 삼았으니, 이러한 까닭으로 선왕이 예를 제정할 때에는
적게 해야 할 곳에 많이 할 수 없도록 하였고, 많게 해야 할 곳에 적게
할 수 없도록 하였으니, 오직 그 알맞음에 맞게끔 한 것이다.

集說 尊, 如中庸尊德性之尊, 恭敬奉持之意也. 尊其在内之誠敬,
故少物亦足以爲貴, 樂其在外之儀物, 必多物乃可以爲美. 宜少者不
可多, 宜多者不可寡, 或稱其内, 或稱其外也.

'존(尊)'자는 마치 『중용』에서 덕성을 존숭한다고 할 때의 '존(尊)'자와
같은 뜻이니,[1] 공경스럽게 받들어 지닌다는 뜻이다. 즉 내면에 있는 진실
함과 공경함을 존숭하는 것이다. 그렇기 때문에 사물을 적게 쓰는 것 또
한 충분히 귀하게 여길 수 있는 것이며, 또한 외부에 있는 형식과 사물들
을 즐거워하므로, 반드시 사물을 많이 준비해야만, 곧 아름답다고 할 수
있는 것이다. 마땅히 적게 해야 하는 것에 대해서는 많게 할 수 없고,
마땅히 많게 해야 하는 것에 대해서는 적게 할 수 없으니, 어떤 경우에는
내면에 수위를 맞추고, 또 어떤 경우에는 외면에 수위를 맞추게 된다.

【036】

是故, 君子大牢而祭, 謂之禮, 匹士大牢而祭, 謂之攘.〈035〉

이러한 까닭으로 군자의 경우 태뢰를 갖춰서 제사를 지내는 것을 예에 맞

---

1) 『중용』「27장」: 故君子尊德性而道問學, 致廣大而盡精微, 極高明而道中庸, 溫
　故而知新, 敦厚以崇禮.

54 譯註 禮記類編大全

다고 부르고, 사의 경우 태뢰를 갖춰서 제사를 지내는 것을 예에 맞지 않다고 부른다.

集說 謂之禮, 稱也. 謂之攘, 不稱也.
"예라고 부른다."는 말은 곧 수위에 알맞다는 뜻이다. "양이라고 부른다."는 말은 곧 수위에 맞지 않다는 뜻이다.

集說 疏曰: 匹, 偶也. 士賤不得特使, 爲介乃行, 故謂之匹士. 庶人稱匹夫者, 惟與妻偶耳.
소에서 말하길, '필(匹)'자는 짝을 이룬다는 뜻이다. 사 계급은 신분이 미천하여, 단독으로 사신이 될 수 없고, 개의 신분이 되어야만 곧 사신행차에 오를 수 있다. 그렇기 때문에 이러한 뜻에서 '짝을 이루어야만 하는 사'라고 부른 것이다. 서인들의 경우 이들을 필부라고 부르는데, 그 이유는 단지 서인의 남자들은 곧 그의 아내와만 짝을 이룬다는 뜻에서 붙여진 말일 따름이다.

【037】
管仲鏤簋朱紘[宏], 山節藻梲[拙], 君子以爲濫矣. 〈036〉
관중은 마치 자신이 군주인 것처럼 궤에 조각 장식을 하고, 면류관의 끈인 굉도['紘'자의 음은 '宏(굉)'이다.] 붉은 색으로 하였으며, 기둥머리의 두공 부분에 산 모양을 새기고, 들보 위의 단주 부분에['梲'자의 음은 '拙(졸)'이다.] 수초풀을 그렸는데, 군자는 이것을 두고 예법을 참람되게 범한 경우라고 여겼다.

集說 管仲, 齊大夫. 鏤簋, 簋有雕鏤之飾也. 紘, 冕之繫, 以組爲之, 自頷下屈而上, 屬於兩旁之笄, 垂餘爲纓. 天子朱, 諸侯靑, 大夫·士緇. 山節, 刻山於柱頭之斗拱也. 藻, 水草也. 藻梲, 畫藻於梁上之短柱也. 此皆管仲僭禮之事. 濫, 放溢也.

'관중(管仲)'은 제나라의 대부였던 자이다. '누궤(鏤簋)'는 궤에 조각 장
식이 있는 것이다. '굉(紘)'은 면류관에 매다는 목 끈으로, 엮은 끈으로
그것을 만들며, 목 아래에서부터 구부려 위로 올려서, 양쪽 옆면에 있는
비녀에 연결하고, 나머지 부분을 늘어트린 것을 영(纓)이라고 한다. 천자
의 경우 굉은 적색으로 만들고, 제후는 청색으로 만들며, 대부와 사들은
검은색으로 만든다. '산절(山節)'은 기둥머리의 두공 부분에 산 모양을
새긴 것이다. '조(藻)'는 물가에 사는 식물이다. '조절(藻梲)'은 들보 위의
단주 부분에 수초풀을 그린 것이다. 이것들은 모두 관중이 예법을 참람되
게 범한 사안에 해당한다. '남(濫)'은 분수에 넘쳤다는 뜻이다.

【038】

晏平仲祀其先人, 豚肩不揜豆, 澣衣濯冠以朝, 君子以爲隘矣.〈037〉
안평중은 조상에게 제사를 지냄에 희생물로 올린 돼지고기의 어깨 부위가
두만큼도 다 채우지 못했고, 세탁한 의복과 관을 쓰고서 조회에 참여하였
으니, 군자는 이것을 두고 예를 너무 줄여서 남루하게 한 경우라고 여겼다.

集說 晏平仲, 亦齊大夫. 大夫祭用少牢, 不合用豚. 周人貴肩, 肩在
俎不在豆, 此但喩其極小, 謂倂豚兩肩, 亦不足以掩豆, 故假豆言之
耳. 上言不豊不殺, 此擧管·晏之事以明之. 管仲豊而不稱, 晏子殺
而不稱者也. 隘, 陋也.

'안평중(晏平仲)' 또한 관중과 마찬가지로 제나라의 대부였던 사람이다.
대부가 제사를 지낼 때에는 소뢰를 사용하니, 돼지고기를 사용하는 방법
과는 합치되지 않는다. 주나라 사람들은 희생물의 주요 부위 중에서도
어깨 부위를 귀중하게 여겼는데, 어깨 부위를 올릴 때에는 조에 올렸지,
두에 올리지는 않았다. 따라서 이 말은 단지 매우 소박하게 차렸다는 사
실을 비유한 말이며, 이 말의 표면적인 뜻은 돼지의 양쪽 어깨 부위를
모두 합치더라도 또한 두를 가리기에도 부족하다는 의미이다. 따라서 이

러한 측면에서 '두(豆)'라는 명칭으로 바꿔서 기록을 했던 것일 뿐이다. 앞 문장에서는 너무 풍요롭게 해서도 안 되고, 너무 줄여서도 안 된다고 하였으니, 이곳 문장에서 두 가지 사안에 맞게 관중과 안평중의 일화를 들어서 그 사실을 증명하고 있는 것이다. 관중은 너무 풍요롭게 하여 신분에 걸맞지 않았던 것이고, 안평중은 너무 줄여서 신분에 걸맞지 않았던 것이다. '애(隘)'자는 남루하다는 뜻이다.

附註 豚肩不掩豆, 倂豚兩肩, 亦不掩豆, 未見此意.

'돈견불엄두(豚肩不掩豆)'에 대해, 돼지의 양쪽 어깨 부위를 합치더라도 두를 가릴 수 없다고 했는데, 이러한 뜻에 대해서는 아직까지 보지 못했다.

【039】

是故, 君子之行禮也, 不可不愼也, 衆之紀也. 紀散而衆亂. 〈038〉

이러한 까닭으로 군자가 예를 시행할 때에는 신중하지 않을 수가 없으니,
이러한 예는 백성들의 기강이 되기 때문이다. 기강이 흐트러지게 되면, 백
성들은 문란해진다.

集說 禮所以防範人心, 綱維世變, 前篇言壞國·喪·家·亡人, 必
先去其禮.

예는 사람의 마음이 벗어나지 못하도록 방비하고 규범화하는 수단이며,
세상의 변화를 통제하고 유지하는 수단이니, 앞의 『예기』「예운(禮運)」
편에서도 "그러므로 나라를 패망시키고, 영지를 잃으며, 자신을 망친 자
들은 반드시 먼저 그 예를 버렸기 때문이다."라고 했다.

【040】

孔子曰: "我戰則克, 祭則受福". 蓋得其道矣. 〈039〉

공자가 말하길, "나는 전쟁을 하게 되면 반드시 이길 것이고, 제사를 지내
게 되면 복을 받게 될 것이다."라고 했으니, 무릇 공자는 예를 시행하는
도리들을 얻었기 때문이다.

集說 記者引孔子之言而釋之曰, 夫子所以能此二者, 蓋以得其行
之之道也.

『예기』를 기록한 자가 공자의 말을 인용하고, 그 말을 다시 풀이하며,
공자가 전쟁과 제사라는 두 가지 분야에 대해 잘 할 수 있었던 이유는
무릇 그것들을 시행하는 도리들을 터득하였기 때문이라고 한 것이다.

【041】

君子曰[補]: "禮也者, 猶體也." 體不備, 君子謂之不成人. 設之不當[去聲], 猶不備也. 禮有大有小, 有顯有微. 大者不可損, 小者不可益, 顯者不可揜, 微者不可大也. 故經禮三百, 曲禮三千, 其致一也. 未有入室而不由戶者. 〈043〉 [本在"尊於瓶"下.]

군자가 말하길, 「'군자왈(君子曰)' 세 글자를 보충해 넣었다.] "예라는 것은 사람의 신체와 같은 것이다."라 했다. 신체가 온전하지 못한 자에 대해서, 군자는 그를 가리켜 "온전한 사람이 되지 못했다."고 부른다. 따라서 예를 시행할 때 그것이 부당하다면['當'자는 거성으로 읽는다.] 이것은 마치 사람의 신체가 온전히 갖춰지지 못한 것과 같다. 또한 예에는 본래부터 커야 하는 것이 있고, 반대로 작아야 하는 것이 있으며, 또는 본래부터 드러내야 하는 것이 있고, 반대로 은미하게 숨겨야 하는 것이 있다. 따라서 본래부터 커야 하는 것은 덜어내서는 안 되고, 본래부터 작아야 하는 것은 보태서는 안 되며, 본래부터 드러내야 하는 것은 가려서는 안 되고, 본래부터 은미하게 숨겨야 하는 것은 드러내서는 안 된다. 그러므로 경례는 300가지이고, 곡례는 3,000가지라고 하지만, 그것들이 지향하는 점은 공경일 따름이다. 따라서 방에 들어갈 때에 방문을 경유하지 않은 자가 없는 것처럼, 예를 시행할 때에도 공경함을 따르지 않는 경우가 없는 것이다. [본래는 "병에 술을 담아서 지낼 뿐이다."[1]라고 한 문장 뒤에 수록되어 있었다.]

集說 體, 人身也. 先王經制大備, 如人體之全具矣, 若行禮者設施或有不當, 亦與不備同也. 大者損之, 小者益之, 揜其顯, 著其微, 是不當也. 禮以敬爲本, 一者敬而已. 未有入室而不由戶者, 豈有行禮而不由敬乎?

'체(體)'자는 사람의 인체를 뜻한다. 선왕들이 국가를 다스리는 제도를 완비했던 것은 마치 인체가 온전히 갖춰진 것과 같으니, 만약 예를 시행하는 자가 그것을 시행하는 과정에 혹여 부당한 점이 있다면, 이것은 또

---

1) 『예기』「예기」 042장 : 燔柴於奧. 夫奧者, 老婦之祭也. 盛於盆, 尊於瓶.

한 신체가 온전하지 못한 것과 동일한 것이다. 본래 커야할 것에 대해서 덜어내고, 본래 작아야할 것에 대해서 보태고, 혹은 본래 드러내야 하는 것을 가리고, 본래 은미하게 숨겨야 하는 것을 드러내는 것이 바로 부당한 경우이다. 예에서는 공경함을 근본으로 삼으니, '일(一)'이라는 것은 공경함을 가리킬 따름이다. 방에 들어감에 방문을 경유하지 않고 들어갈 수 있는 자가 없으니, 어찌 예를 시행하면서, 공경함을 따르지 않는 경우가 있겠는가?

集說 朱子曰: 禮儀三百, 便是儀禮中士冠 · 諸侯冠 · 天子冠禮之類. 此是大節, 有三百條. 如始加再加三加, 又如坐如尸 · 立如齊之類, 皆是其中小目. 呂與叔云, "經便是常行底, 緯便是變底." 恐不然. 經中自有常有變, 緯中亦自有常有變.

주자가 말하길, 예의(禮儀)는 300가지라고 했는데, 이것은 곧 『의례』 중에 나타나는 사 계급의 관례, 제후 계급의 관례, 천자의 관례 등의 부류에 해당한다. 이것들은 큰 절목에 해당하며, 거기에는 300가지의 조목이 있다. 또한 관례에서 첫 번째 관을 주고, 다시 두 번째 관을 주며, 마지막으로 세 번째 관을 주는 것과 같은 일 또는 앉을 때 시동이 앉은 것처럼 근엄하게 앉고, 서 있을 때 재계를 한 것처럼 엄숙하게 서 있는 일 등의 부류는 모두 그 중에서도 작은 절목에 해당한다. 여여숙이 말하길, "경도(經道)는 항상 시행되는 것이며, 위도(緯道)는 변화된 상황에 맞춰서 시행되는 것이다."라고 했다. 그러나 아마도 그렇지 않을 것이다. 경도(經道) 자체에도 항상 시행되는 것도 있고, 변화된 상황에 맞춰서 시행되는 것도 있으며, 위도(緯道) 자체에도 또한 항상 시행되는 것도 있고, 변화된 상황에 맞춰서 시행되는 것도 있다.

集說 趙氏曰: 經禮如冠 · 昏 · 喪 · 祭 · 朝 · 覲 · 會 · 同之類, 曲禮如進退 · 升降 · 俯仰 · 揖遜之類.

조씨가 말하길, '경례(經禮)'는 예를 들어 관례 · 혼례 · 상례 · 제례 · 조
례 · 근례 · 회례 · 동례와 같은 부류이며, '곡례(曲禮)'는 예를 들어 나아
가고 물러나며, 당에 오르고 내리며, 몸을 숙이고 들며, 읍을 하고 사양하
는 부류이다.

【042】

君子之於禮也, 有所竭情盡愼, 致其敬而誠若, 有美而文而誠若.〈044〉

군자가 예를 시행할 때, 어떤 경우에는 자신의 정감을 모두 발휘하고, 신중
함을 다하며, 공경함을 지극하게 해서 내적으로 진실하게 하고, 또 어떤
경우에는 아름답고 화려하게 하여, 외적으로 진실하게 한다.

集說 誠, 實也. 若, 語辭. 謂以少者 · 小者 · 下者 · 素者爲貴, 是內
心之敬, 無不實者. 以多者 · 大者 · 高者 · 文者爲貴, 美而有文, 是
外心之實者.

'성(誠)'자는 진실됨이다. '약(若)'자는 어조사이다. 즉 이 말은 예에서는
적은 것, 작은 것, 낮은 것, 소박한 것 등을 귀중한 것으로 여기는 경우가
있는데, 이것은 곧 마음을 안으로 향하게 하는 공경함에 대해서, 진실하
지 않은 것이 없게 하는 것이다. 그리고 예에서는 많은 것, 큰 것, 높은
것, 화려한 것을 귀중한 것으로 여기는 경우도 있는데, 이것은 아름답게
하여, 화려함을 나타내는 것으로, 곧 마음을 외부로 향하게 했을 때의
진실함에 해당한다.

【043】

**君子之於禮也, 有直而行也, 有曲而殺[色介反]也, 有經而等也, 有順
而討也, 有摲[芟]而播也, 有推而進也, 有放[上聲]而文也, 有放而不致
也, 有順而擖也.**〈045〉

군자가 예를 시행할 때, 곧바로 진솔한 감정을 그대로 드러내어 그에 따라 행동하는 경우가 있고, 완화시켜서 줄이는['殺'자는 '色(색)'자와 '介(개)'자의 반절음이다.] 경우가 있으며, 일정한 기준이 되는 예법에 따라서 모두 똑같이 시행하는 경우가 있고, 예법의 순차에 따라서 차등적으로 줄이는 경우가 있으며, 상위 계층의 것들을 가져다가['撕'자의 음은 '뜻(삼)'이다.] 하위 계층에게 베푸는 경우가 있고, 신분이 낮은 자의 예법을 끌어올려서 그들로 하여금 그들보다 신분이 높은 자가 따르는 예법을 시행할 수 있게 하는 경우가 있으며, 현상을 본떠서['放'자는 상성으로 읽는다.] 무늬를 넣는 경우가 있고, 형상을 본뜨되 무늬를 모두 갖추지 않는 경우가 있으며, 상위 계층이 시행하는 예법을 그대로 따라서 취하는 경우가 있다.

集說 親始死而哭踊無節, 是直情而徑行也, 故曰直而行. 父在則爲母服期, 尊者在則卑者不杖, 是委曲而減殺之也, 故曰曲而殺. 父母之喪, 無貴賤皆三年, 大夫士魚俎皆十五, 是經常之禮, 一等行之也, 故曰經而等. 順而討者, 順其序而討去之, 若自天子而下, 每等降殺以兩, 是也. 撕而播者, 芟取在上之物而播施於下, 如祭俎之肉及群臣, 而胞翟之賤者, 亦受其惠, 是也. 推而進者, 推卑者使得行尊者之禮, 如二王之子孫得用王者之禮, 及旅酬之禮, 皆得擧觶於其長, 是也. 冕服旗常之章采, 尊罍之刻畫, 是放而文也. 公侯以下之服, 其文采殺於天子而不敢極致, 是放而不致也. 撫, 猶拾取也. 雖拾取尊者之禮而行之, 不謂之僭逆, 如君沐粱, 士亦沐粱, 又有君·大夫·士一節者, 是順而撫也. 言君子行禮有此九者, 不可不知也.

부모가 이제 막 돌아가셨을 때에는 곡을 하고 용을 함에 절제함이 없는데, 이것은 곧 감정을 그대로 드러내어 그에 따라 행동하는 것이다. 그렇기 때문에 곧바로 드러내어 행동한다고 말한 것이다. 부모 중 부친이 아직 생존해 있는 경우라면, 돌아가신 모친을 위해서는 1년상을 지내며, 존귀한 자가 생존해 있는 경우라면, 상대적으로 신분이 낮은 자가 돌아가셨을 때 그를 위해 지팡이를 잡지 않는데, 이것은 곧 완화시켜서 줄이고 낮추는 것이다. 그렇기 때문에 굽혀서 줄인다고 말한 것이다. 부모의 상을 치를 때에는 신분의 귀천에 상관없이 모두 3년상으로 치르고, 대부와 사는 제사 때 물고기를 담는 도마를 비롯해서, 모두 15개의 도마를 사용하는데, 이것은 곧 일정한 기준이 되는 예법으로, 모두 똑같이 시행하는 것들이다. 그렇기 때문에 변함이 없게 동등하게 한다고 말한 것이다. 따르되 줄인다는 말은 예법의 질서에 따르되 제거하는 것이니, 마치 천자로부터 그 이하의 계층에서 매 등급마다 2만큼씩 개수나 횟수를 줄이는 것이 바로 이러한 경우에 해당한다. 가져다가 베푼다는 말은 상위 계층의 물건을 가져다가 하위 계층에게 베푼다는 뜻으로, 마치 제사 때 도마에 올린 희생물의 고기를 뭇 신하들에게 베풀고, 포(胞)[2]나 적(翟)[3]과 같은 하급 관리들에게까지 주어서, 그들에게도 은택이 베풀어지도록 하였으니, 바로 이러한 경우들을 가리킨다. 미루어 나아간다는 말은 신분이 낮은 자의 예법을 끌어올려서, 그들로 하여금 그들보다 신분이 높은 자가 따르는 예법을 시행할 수 있게 한다는 뜻으로, 마치 하나라와 은나라의 후손들이 천자의 예법을 시행할 수 있도록 하는 것과 여수의 예법에 있어서, 모두가 치를 들어서 그들의 연장자에게 술잔을 바칠 수 있는 것 등이 바로 이러한 경우에 해당한다. 면류관과 예복 및 의식에 사용하는 깃발 등에 들어가는 무늬와 채색, 준과 뇌에 새기는 조각과 그림들이 바로 형상을 모방하여 무늬를 새기는 것이다. 공작과 후작 이하의 복장에서는 들어가는 무늬와 채색을 천자보다 낮추게 되어, 감히 무늬를 모두 새길 수 없으니, 이것이 바로 형상을 본뜨되 무늬를 모두 새기지 않는다는 것이다. '척(撫)'자는 가져다 취한다는 뜻이다. 비록 존귀한 자에게 해당하는 예법을 그대로 가져다가 시행한다 하더라도, 그것을 두고 참람되게

---

2) 포(胞)는 제사 때 사용되는 고기를 담당하는 말단 관리이다. 『예기』「제통(祭統)」 편에는 "胞者, 肉吏之賤者也."라는 기록이 있다.

3) 적(翟)은 우무(羽舞)의 교육을 담당했던 말단 관리이다. 『예기』「제통(祭統)」 편에는 "翟者, 樂吏之賤者也."라는 기록이 있고, 이에 대한 정현의 주에서는 "翟謂教羽舞者也."라고 풀이했다.

규정을 거스른다고 부르지 않으니, 예를 들어 시신의 머리를 감길 때 군주의 경우에는 쌀뜨물을 사용하는데, 사 또한 쌀뜨물을 사용하며, 또한 군주·대부·사에게 동일하게 적용되는 예법도 있으니, 이것들이 바로 그대로 가져다가 시행하는 것이다. 따라서 이 문장의 내용은 군자가 예법을 시행할 때에는 위에서 언급한 것과 같이 아홉 가지 등의 경우가 있으니, 자세히 파악하지 않을 수 없다는 뜻을 말하고 있다.

【044】

三代之禮一也, 民共由之, 或素或靑, 夏造殷因.〈046〉

하·은·주 삼대 때 각각 시행되었던 예는 동일하니, 백성들이 모두 그것에 연유하여 따랐던 것이다. 그런데 어떤 때에는 백색을 숭상하고, 또 어떤 때에는 흑색을 숭상하였는데, 이것은 지엽적인 부분에 불과할 따름이다. 근원적인 측면에서 봤을 때 하나라에서 그것들을 창조하였고, 은나라에서도 하나라의 것을 따랐던 것이다.

集說 殷尙白, 夏尙黑. 素卽白也, 靑近於黑, 不言白黑而言素靑, 變文耳. 此類皆制作之末, 擧此以例其餘, 則前之創造, 後之因仍, 皆可知矣.

은나라는 백색을 숭상하였고, 하나라는 흑색을 숭상하였다. 흰색[素]은 곧 백색[白]에 해당하고, 청색[靑]은 흑색[黑]에 가까운데, 백색[白]과 흑색[黑]이라고 언급하지 않고, 흰색[素]과 청색[靑]이라고 언급한 것은 단지 글자를 바꿔서 쓴 것일 뿐이다. 이러한 부류들은 모두 예법을 제정하고 제작한 것들 중 지엽적인 것에 해당하는데, 이러한 예시에 기준을 두고 그 나머지 것에 대해서도 적용을 해본다면, 앞서 그것들을 창조했고 그 이후에는 그것들을 그대로 따랐던 것임을 모두 알 수 있다.

集說 朱子曰: 三綱五常, 禮之大體. 三代相繼, 皆因之而不能變. 其所損益, 不過文章制度, 小過不及之間而已.

주자가 말하길, 삼강과 오상은 예의 큰 틀에 해당한다. 하·은·주 삼대
는 서로 계승을 하며, 모두들 이러한 예의 큰 틀을 그대로 따라서 변화시
킬 수가 없었던 것이다. 다만 그 중 가감이 된 것은 형식적인 제도의
측면에서 지나치거나 미치지 못한 차이가 있었던 것에 불과할 따름이다.

【045】

夏立尸而卒祭, 殷坐尸. 〈048〉 [本在"其道一也"下.]

하나라에서 시동에게 적용했던 예는 시동을 제 자리에 세워두게 되며, 세
워둔 상태에서 제사를 끝냈다. 그러나 은나라에서는 시동이 시행해야 할
일들이나 그 외의 다른 절차와 상관없이 시동을 계속 자리에 앉혀두었다.
[본래는 "그것에 담겨진 도리 또한 동일하였다."[4]라고 한 문장 뒤에 수록되어 있었다.]

集說 夏之禮, 尸當飮食則暫坐, 若不飮食, 則惟立以俟祭祀之終也.
殷則尸雖無事亦坐.

하나라의 예에서는 시동이 음식을 먹게 되어야만 잠시 자리에 앉았던 것
이니, 만약 음식을 먹는 경우가 아니라면, 단지 제 자리에 서서 제사의
절차들이 끝나기를 기다렸다. 그러나 은나라의 경우에는 시동이 비록 직
접 시행해야 할 일 없던 때라도 계속 자리에 앉아 있었다.

【046】

周坐尸, 詔侑武[無]方, 其禮亦然, 其道一也. 〈047〉 [本在"夏造殷因"下.]

주나라에서 시동에게 적용했던 예는 시동을 인도하여 자리에 나아가 앉게
하며, 시동에게 아뢰고 시동에게 음식을 권유하는 일에 있어서는 이전 왕

---

4) 『예기』「예기」 047장 : 周坐尸, 詔侑武方, 其禮亦然, 其道一也.

조의 예와 달리 그것을 고정적으로 담당하는 사람이 없었으나['武'자의 음은 '無(무)'이다.] 그 예들은 또한 은나라 때의 예와 동일한 것이며, 그것에 담겨진 도리 또한 동일하였다. [본래는 "근원적인 측면에서 봤을 때 하나라에서 그것들을 창조하였고, 은나라에서도 하나라의 것을 따랐던 것이다."[5)]라고 한 문장 뒤에 수록되어 있었다.]

集說 承上夏造殷因, 而言三代尸禮之異. 周之禮, 尸卽位而坐, 詔者, 告尸以威儀之節, 侑者, 勸尸爲飮食之進. 詔與侑, 皆祝官之職, 祝不止一人. 無方, 謂無常人也. 宗廟中可告之事, 皆得告之也. 亦然, 亦如殷之禮也. 禮同本於道之同, 故云其道一也.

앞 문장에서 "하나라에서 예를 만들었고, 은나라는 그것에 따랐다."는 내용을 이어서, 삼대에서 시행했던 시동과 관련된 예의 차이점을 언급하고 있다. 주나라의 예에서는 시동이 자신의 자리로 나아가 앉게 되는데, '조(詔)'를 하는 자는 시동에게 위엄 있는 거동의 예절을 알려주는 사람이고, '유(侑)'를 하는 자는 시동에게 권유를 하여 음식을 더 먹도록 하는 사람이다. 조와 유는 모두 축관이 하는 직무인데, 축관은 단지 한 사람에 그치지 않았다. '무방(無方)'은 고정된 사람이 없었다는 뜻이다. 축관들은 종묘 안에서 알려줄 수 있는 사안들을 모두 알려줄 수 있었다. '역연(亦然)'은 또한 은나라 때의 예와 같았다는 뜻이다. 예가 같은 도리에 동일하게 근본을 두고 있기 때문에, "그 도리가 동일하다."고 말한 것이다.

【047】

君子曰: "禮之近人情者, 非其至者也. 郊血, 大饗腥, 三獻爓[潛], 一獻孰."〈050〉 [本在"其猶醲與"下.]

군자가 말하길, "예 중에서도 사람의 정감과 친근한 것들은 예법을 지극하

---

5) 『예기』「예기」046장 : 三代之禮一也, 民共由之, 或素或靑, <u>夏造殷因</u>.

게 갖춘 것이 아니다. 교제사를 지낼 때에는 희생물의 피를 가장 먼저 진설하고, 대향을 할 때에는 희생물의 피와 생고기를 동시에 진설하며, 삼헌에 해당하는 제사를 지낼 때에는 희생물의 피와 생고기뿐만 아니라 데친 고기['燗'자의 음은 '潜(잠)'이다.] 또한 함께 진설하고, 일헌에 해당하는 제사를 지낼 때에는 단지 삶은 고기만을 진설하게 된다."라고 했다. [본래는 "돈을 갹출하여 균평하게 술을 마시는 일과 같다."[6]라고 한 문장 뒤에 수록되어 있었다.]

集說 近者爲褻, 遠者爲敬. 凡行禮之事, 與人情所欲者相近, 則非禮之極至者. 其事本多端, 此獨擧血・腥・燗・孰四者之祭以明之者, 禮莫重於祭故也. 郊, 祭天也. 郊祀與大饗・三獻, 皆有血・腥・燗・孰. 此各言者, 據先設者爲主也. 郊則先設血, 後設腥・燗・孰. 大饗, 祫祭宗廟也. 腥, 生肉也, 去人情稍近. 郊先薦血, 大饗, 則迎尸時, 血與腥同時薦. 獻, 酌酒以薦獻也. 祭社稷及五祀, 其禮皆三獻, 故因名其祭爲三獻也. 燗, 沉內於湯也. 其色略變, 去人情漸近矣. 此祭, 血・腥與燗一時同薦, 但當先者設之在前, 當後者設之居後. 據宗伯社稷・五祀, 初祭降神時已埋血, 據此則正祭薦燗時又薦血也. 一獻, 祭群小祀也. 祀卑, 酒惟一獻, 用孰肉, 無血・腥・燗三者. 蓋孰肉, 是人情所食, 最爲褻近, 以其神卑則禮宜輕也.

대체로 사람의 감정과 가까운 것은 친근함으로 여기고, 거리가 먼 것은 공경함으로 여긴다. 무릇 예를 시행하는 사안이 사람의 정감상 바라는 것과 서로 가깝게 된다면, 지극한 예가 아니다. 그 사안에는 본래부터 많은 단서가 포함되어 있는데, 이곳 문장에서 유독 피・생고기・데친 고기・삶은 고기 등 네 가지를 바치는 제사를 거론하여 그 내용들을 나타내고 있다. 그 이유는 예 중에서 제사보다 중대한 것은 없기 때문이다. '교(郊)'자는 하늘에 대한 제사를 뜻한다. 교제사와 대향, 그리고 삼헌을 하는 제사에서는 모두 피・생고기・데친 고기・삶은 고기를 갖추게 된다.

---

6) 『예기』「예기」 049장: 周旅酬六尸. 曾子曰: "周禮其猶醲與."

그런데 이곳 문장에서는 이것들을 각각 나눠서 언급하고 있다. 그 이유는 먼저 진설되는 것을 위주로 기록했기 때문이다. 교제사를 지내게 되면, 먼저 희생물의 피를 진설하고, 그 이후에 생고기·데친 고기·삶은 고기를 진설하게 된다. '대향(大饗)'은 종묘에서 협제사를 지낸다는 뜻이다. '성(腥)'자는 생고기를 뜻하는데, 사람의 정감과의 거리가 희생물의 피보다는 좀 더 가까운 것이 된다. 교제사 때 먼저 희생물의 피를 바치게 되는데, 대향에서는 시동을 맞이할 때, 희생물의 피와 생고기를 동시에 바친다. '헌(獻)'이라는 것은 술잔에 술을 따라서 시동에게 바친다는 뜻이다. 사직 및 오사에 대한 제사를 지내게 되면, 해당 예에서는 모두 세 차례의 헌을 하게 된다. 그렇기 때문에 이러한 이유에 따라서 그 제사들을 '삼헌(三獻)'이라고도 부르는 것이다. '섬(爓)'은 끓는 물에 고기를 데친 것이다. 그 색깔이 대략적으로 변하게 되니, 사람의 정감과의 거리가 생고기보다는 점차 더 가깝게 된다. 이러한 제사에서는 희생물의 피와 생고기, 그리고 데친 고기를 동시에 바치게 되는데, 다만 먼저 바치는 것에 해당하는 것은 앞쪽에 진설하고, 뒤에 바치는 것에 해당하는 것은 뒤쪽에 진설한다. 『주례』「종백(宗伯)」편에 기록된 사직과 오사에 대한 제사 기록에 근거해보면, 제사 초반부에서 신들을 강림시킬 때 이미 희생물의 피를 땅에 매장하게 되는데,[7] 이곳 기록에 근거해보면, 제사의 본식에서 데친 고기를 바칠 때 또한 희생물의 피도 바치게 된다. '일헌(一獻)'이라는 것은 뭇 소사에 해당하는 신들에게 제사를 지낸다는 뜻이다. 제사 대상들의 서열이 비교적 낮으므로, 술에 있어서도 오직 한 번만 바치는 것이며, 삶은 고기만 사용하고, 희생물의 피·생고기·데친 고기 등의 세 가지는 없게 된다. 무릇 삶은 고기라는 것은 사람의 정감상 먹을 수 있는 상태가 되어, 가장 친근한 것이 되니, 제사를 받는 신들의 서열이 낮다면, 해당하는 예 또한 마땅히 가벼워야 하기 때문이다.

---

7) 『주례』「춘관(春官)·대종백(大宗伯)」: 以血祭祭社稷·五祀·五嶽, 以貍沈祭山林·川澤, 以疈辜祭四方百物.

【048】

是故, 君子之於禮也, 非作而致其情也, 此有由始也. 是故, 七介以
相見也, 不然則已愨[殻], 三辭三讓而至, 不然則已蹙[蹴].〈051〉

이러한 까닭으로 군자는 예에 대해서 인위적으로 만들어내어 사람의 정감
을 지극히 하는 것이 아니니, 여기에는 고대로부터 유래되어 옴이 있었기
때문이다. 이러한 까닭으로 선왕은 7명의 개를 두게 해서 서로 만나보게
했던 것이니, 이처럼 하지 않는다면 너무 소박한['愨'자의 음은 '殻(각)'이다.] 것
처럼 되며, 세 차례 사양을 하고 또 세 차례 양보를 하게 하여 종묘로 들어
서게 했던 것이니, 이처럼 하지 않는다면 너무 재촉하는['蹙'자의 음은 '蹴(축)'
이다.] 것처럼 된다.

集說 作, 如作聰明之作, 過意爲之也. 言先王制禮之初, 一以誠敬
爲本, 乃天理人情之極致, 後世守而行之, 非過意而故爲極致之情
也. 比由始於古也. 上公之介九人, 侯·伯七人, 子·男五人, 此擧其
中而言之. 兩君相見, 必有介副之人以伸賓主之情. 不如此, 則大愿
愨而無禮之文矣. 已, 太也. 三辭三讓者, 賓初至大門外, 交擯之時,
有三辭之禮, 及入大門, 主君每門一讓, 則賓一辭, 凡三辭三讓而後
至廟中也. 不如此, 則太迫蹙而無禮之容矣.

'작(作)'자는 "총명함을 인위적으로 발휘한다."[8]라고 할 때의 작(作)자의
뜻이니, 자신의 뜻을 지나치게 나타내어 그러한 일들을 시행하는 것이다.
즉 선왕이 예를 제정했을 초기에는 일관되게 정성과 공경을 근본으로 삼
았으니, 이것은 곧 천리와 인정이 지극한 것이어서, 후세 사람들은 그것
을 묵묵히 지키며 그대로 따랐던 것으로, 그 뜻을 지나치게 해서 일부러
정감을 지극히 나타낸 것이 아니라는 의미이다. 이것은 곧 고대에서 유래
하여 시작된 것이다. 상공은 개를 9명 두고, 후작과 백작은 7명 두며,
자작과 남작은 5명 두는데,[9] 이곳 문장에서는 그 중간에 해당하는 7이라

---

8) 『서』「주서(周書·채중지명(蔡仲之命)」: 率自中, 無作聰明, 亂舊章, 詳乃視聽,
   罔以側言改厥度.

는 숫자를 제시하여 말한 것이다. 두 명의 군주가 서로 만나볼 때에는 반드시 개와 같은 부관들을 두어서, 빈객과 주인의 정감을 펼칠 수 있게 해야 한다. 이처럼 하지 않는다면 너무 소박하게 되어 예의 형식이 없게 된다. '이(已)'자는 너무라는 뜻이다. 세 차례 사양하고 세 차례 양보하는 것은 빈객이 최초 상대방 집 대문 밖에 당도하게 되면, 빈과 개가 양측 사이에 늘어서서 말을 전달하게 되는데, 이때 세 차례 사양을 하는 예법이 있게 된다. 또 대문 안으로 들어섰을 때 주인이 매 문마다 멈춰 서서 빈객에게 먼저 들어가라고 한 차례 양보를 하게 되면, 빈객은 한 차례 사양을 하니, 모두 세 차례 사양을 하고 세 차례 양보를 한 이후에야 종묘 안으로 들어가게 된다. 이처럼 하지 않는다면 너무 재촉하는 것처럼 되어 예에 따른 행동거지를 갖출 수 없게 된다.

【049】

故魯人將有事於上帝, 必先有事於頖[判]宮; 晉人將有事於河, 必先有事於惡[呼]池[徒河反]; 齊人將有事於泰山, 必先有事於配林. 三月繫, 七日戒, 三日宿, 愼之至也.〈052〉

그러므로 노나라 사람들은 상제에게 제사를 지내고자 할 때, 반드시 그보다 앞서서 반궁에서['頖'자의 음은 '判(판)'이다.] 제사를 지냈고, 진나라 사람들

---

9) 『주례』「추관(秋官)·대행인(大行人)」: 上公之禮, 執桓圭九寸, 繅藉九寸, 冕服九章, 建常九斿, 樊纓九就, 貳車九乘, 介九人, 禮九牢, 其朝位, 賓主之間九十步, 立當車軹, 擯者五人, 廟中將幣三享, 王禮再祼而酢, 饗禮九獻, 食禮九擧, 出入五積, 三問三勞. 諸侯之禮, 執信圭七寸, 繅藉七寸, 冕服七章, 建常七斿, 樊纓七就, 貳車七乘, 介七人, 禮七牢, 朝位賓主之間七十步, 立當前疾, 擯者四人, 廟中將幣三享, 王禮壹祼而酢, 饗禮七獻, 食禮七擧, 出入四積, 再問再勞. 諸伯執躬圭, 其他皆如諸侯之禮. 諸子執穀璧五寸, 繅藉五寸, 冕服五章, 建常五斿, 樊纓五就, 貳車五乘, 介五人, 禮五牢, 朝位賓主之間五十步, 立當車衡, 擯者三人, 廟中將幣三享, 王禮壹祼不酢, 饗禮五獻, 食禮五擧, 出入三積, 壹問壹勞. 諸男執蒲璧, 其他皆如諸子之禮.

은 황하에 제사를 지내고자 할 때, 반드시 그보다 앞서서 호타에['惡'자의 음은 '呼(호)'이다. '池'자는 '徒(도)'자와 '河(하)'자의 반절음이다.] 제사를 지냈으며, 제 나라 사람들은 태산에 제사를 지내고자 할 때, 반드시 그보다 앞서서 배림에 제사를 지냈다. 상제에게 사용할 소를 3개월 동안 우리에 묶어두고, 7일 동안 산제를 하며, 3일 동안 치제를 하는 것은 신중함의 지극함이다.

集說 此因上章言兩君相見之禮漸次而進, 故言祭祀之禮亦有漸次, 由卑以達尊者. 魯人將祭上帝, 必先有事頖宮. 頖宮, 諸侯之學也. 魯郊祀以后稷配, 先於頖宮告右稷, 然後郊也. 虖池, 并州川之小者, 河之從祀也. 配林, 林名, 泰山之從祀也. 帝牛必在滌三月. 繫, 繫牲 于牢也. 七日戒, 散齊也. 三日宿, 致齊也. 敬愼之至如此, 故以積漸 爲之, 何敢迫蹙而行之乎?

앞 문장에서는 양국의 군주가 서로 만나볼 때의 예에서 점차적으로 개진 되는 점이 있음을 언급하고 있으므로, 이곳 문장에서도 그에 따라 제사의 예에서도 점차적으로 개진되는 점이 있음을 언급하였으니, 곧 낮은 곳으 로부터 높은 곳에 도달한다는 점이다. 노나라 사람들은 상제에게 제사를 지내고자 할 때 반드시 그보다 앞서서 반궁에서 제사를 지냈다. '반궁(頖 宮)'은 제후국에 있는 태학을 뜻한다. 노나라에서는 교사를 지낼 때, 후직 을 함께 배향하였는데, 그보다 앞서 반궁에서 후직에게 아뢰었고, 그런 뒤에야 교제사를 지냈다. '호타(虖池)'는 병주에 있는 작은 하천인데, 그 제사는 황하에 대한 제사를 지내게 되어 미리 지내게 되는 제사이다. '배 림(配林)'은 숲 이름인데, 그 제사는 태산에 대한 제사를 지내게 되어 미리 지내게 되는 제사이다. 제우는 반드시 3개월 동안 척에 가둬두어야 한다. '계(繫)'자는 우리에 희생물을 매어둔다는 뜻이다. 7일 동안 재계를 하는 것은 '산제(散齊)'를 뜻한다. 3일 동안 머무른다는 것은 '치제(致齊)' 를 뜻한다. 공경과 신중의 지극함이 이와 같기 때문에, 점진적으로 그러 한 일들을 시행하는 것이니, 어찌 감히 그것들을 급박하게 시행할 수 있 겠는가?

【050】

故禮有擯詔, 樂有相[去聲]步, 溫[於糞反]之至也. 〈053〉

그러므로 예에서는 부관을 두어서 그를 통해 아뢰는 일을 하도록 했고,
악공에 대해서는 부축해주는['相'자는 거성으로 읽는다.] 자를 두었으니, 온화함
의['溫'자는 '於(어)'자와 '糞(분)'자의 반절음이다.] 지극함이다.

> **集說** 禮容不可急遽, 故賓主相見, 有擯相者以詔告之; 樂工無目,
> 必有扶相其行步者. 此二者, 皆溫藉之至也. 溫藉之義, 如玉之有承
> 藉然, 言此擯詔者, 是承藉賓主, 相步者, 是承藉樂工也.

예에 따른 용모와 행동거지에 있어서는 급작스럽게 할 수 없다. 그렇기
때문에 빈객과 주인이 서로 만나볼 때에는 보좌하여 도와주는 자를 두어
서, 그를 통해 이런저런 사안들을 알려주도록 한 것이다. 한편 악공들은
맹인이므로, 반드시 부축해주는 자를 두어야 한다. 이러한 두 가지 배려
사항들은 모두 온화함의 지극함이다. 온화함의 도리는 마치 옥을 바칠
때 받치는 깔개를 두는 것과 같으니, 이 말은 부관이 아뢰는 것은 빈객과
주인이 격식에 맞춰 행동할 수 있도록 바탕을 마련해주는 것과 같으며,
이동할 때 부축하며 도와주는 것은 악공이 연주를 잘 할 수 있도록 바탕
을 마련해주는 것과 같다는 뜻이다.

【051】

君子曰: "祭祀不祈, 不麾[揮]蚤[早], 不樂[洛]葆[保]大, 不善嘉事, 牲不
及肥大, 薦不美多品." 〈040〉 [本在"得其道矣"下.]

군자가 말하길, "제사에서는 개인적인 복을 기원하지 않고, 정해진 시기보
다 빨리['蚤'자의 음은 '무(조)'이다.] 치르는 것을 기쁜 일로['麾'자의 음은 '揮(휘)'이
다.] 여기지 않으며, 제기나 폐물에 있어서도 높거나['葆'자의 음은 '保(보)'이다.]
크게만 만드는 것을 기쁜 일로['樂'자의 음은 '洛(락)'이다.] 여기지 않고, 관례나
혼례와 같은 경사스러운 일을 좋게 꾸미고자 하여, 별도의 제사를 시행하

지 않으며, 희생물에 있어서는 각각의 제사마다 정해진 크기와 기준이 있으니, 무조건 비대한 것으로 사용하지 않고, 제사 때 바치는 음식들에도 정해진 수량이 있으니, 무조건 많이 하는 것을 좋게 여기지 않는다."라고 했다. [본래는 "도리들을 얻었기 때문이다."[10]라고 한 문장 뒤에 수록되어 있었다.]

集說 君子曰, 記者自謂也. 祭有常禮, 不爲祈私福也. 周禮大祝掌六祈, 小祝有祈福祥之文, 皆是有故則行之, 不在常祀之列. 麾, 快也. 祭有常時, 不以先時爲快. 葆, 猶褒也. 器幣之小大長短, 自有定制, 不以褒大爲可樂也. 嘉事, 冠昏之禮, 奠告有常儀, 不爲善之而更設他祭. 牲不及肥大, 及, 猶至也. 如郊牛之角繭栗, 宗廟角握, 社稷角尺, 各有所宜用, 不必須竝及肥大也. 薦祭之品味有定數, 不以多品爲美也.

'군자왈(君子曰)'이라는 말은 『예기』를 기록한 자가 스스로 이처럼 말했다는 뜻이다. 제사를 지낼 때에는 변함없는 예의 규정이 있으니, 제사를 지내며 개인적으로 복을 내려달라고 빌지 않는다. 『주례』「대축(大祝)」편에서는 육기(六祈)[11]를 담당한다고 했고,[12]「소축(小祝)」편에는 기도를

---

10) 『예기』「예기」 039장 : 孔子曰: "我戰則克, 祭則受福. 蓋得其道矣.
11) 육기(六祈)는 재앙이나 변고가 발생했을 때, 신에게 기도문을 올리며 그것들이 물러나기를 간청하는 여섯 가지 제사들이다. 여섯 가지 제사는 류(類), 조(造), 회(禬), 영(禜), 공(攻), 설(說)을 뜻한다. 정사농(鄭司農)은 '류'는 상제(喪祭)에게 지내는 제사이며, '조'는 선왕(先王)들에게 지내는 제사이고, '영'은 일월(日月)·성신(星辰)·산천(山川)에게 지내는 제사라고 설명한다. 정현은 '류'와 '조'를 지낼 때에는 정성과 엄숙함을 더욱 가중하여, 뜻한 바를 얻고자 하는 것이고, '회'와 '영'은 당시에 발생한 재앙과 변고에 대해서 아뢰는 것이며, '공'과 '설'은 기도문을 읽어서 그것을 일으킨 요망한 기운을 책망하는 것이라고 설명한다. 또한 정현은 '조'·'류'·'회'·'영'을 지낼 때에는 희생물을 사용하였고, '공'과 '설'을 지낼 때에는 폐물만 바쳤다고 설명한다. 정현은 '회'에 대해서는 자세한 내용을 들어보지 못했다고 설명한다. 『주례』「춘관(春官)·대축(大祝)」편에는 "掌六祈, 以同鬼神示, 一曰類, 二曰造, 三曰禬, 四曰禜, 五曰攻, 六曰說."라는 기록이 있고, 이에 대한 정현의 주에서는 "鄭司農云, '類·造·禬·禜·攻·說, 皆祭名也. 類祭于上帝.

하며 복과 상서로움을 바라는 문장이 기록되어 있는데,13) 이들은 모두 연고가 있기 때문에 시행하는 것이니, 정규적인 제사의 용례에는 해당하지 않는다. '휘(麾)'자는 "기뻐한다."는 뜻이다. 제사를 지낼 때에는 정해진 시기가 있으니, 정해진 시기보다 앞서서 지내는 것을 기쁜 일로 여기지 않는다. '보(葆)'자는 "높다."는 뜻이다. 제사 때 사용하는 제기나 폐물에 있어서 그 크기와 길이는 그것 자체에 정해진 제도가 있으니, 높고 크게만 하는 것을 기뻐할 수 있는 일로 여기지 않는다. '가사(嘉事)'는 관례나 혼례와 같은 경사스러운 예식으로, 제수를 진설하고 아뢰는 절차에는 항상 따르게 되는 의식절차가 있으니, 그것들을 좋게 꾸미고자 하여, 다시금 별도의 다른 제사를 시행하지 않는다. 희생물에 있어서는 비대한 데에 급하지 않는다고 하였는데, 이때의 '급(及)'자는 "~이르다."는 뜻이다. 예를 들어 교제사 때 희생물로 사용되는 소의 뿔은 누에고치나 밤톨만한 크기의 것을 사용하고, 종묘의 제사에서는 그 뿔이 한 줌 정도의 것을 사용하며, 사직에 대한 제사에서는 그 뿔이 한 척 정도의 것을 사용하니, 각각 합당하게 사용될 것들이 정해져 있으므로, 모든 제사에 비대한 것으로만 사용할 필요는 없다. 제사 때 진설하는 음식들에는 정해진 수량이 있으니, 음식을 많이 하는 것을 아름다운 것이라 여기지 않는다.

附註 社稷角尺, 誤. 當云: "賓客之牛, 角尺." 或曰: "君子曰當刪, 而合於上節."

······ 司馬法曰, 將用師, 乃告于皇天上帝 · 日月星辰, 以禱于后土 · 四海神祇 · 山川冢社, 乃造于先王. ······ 禜, 日月星辰山川之祭也.' 玄謂類造, 加誠肅, 求如志. 禬禜, 告之以時有災變也. 攻說, 則以辭責之. ······ 禬, 未聞焉. 造類禬禜皆有牲, 攻說用幣而已."라고 풀이했다.

12) 『주례』「춘관(春官) · 대축(大祝)」: <u>掌六祈</u>, 以同鬼神示, 一曰類, 二曰造, 三曰禬, 四曰禜, 五曰攻, 六曰說.

13) 『주례』「춘관(春官) · 소축(小祝)」: 小祝, 掌小祭祀, 將事侯禳禱祠之祝號, 以<u>祈福祥, 順豐年, 逆時雨, 寧風旱, 彌災兵, 遠罪疾</u>.

'사직각척(社稷角尺)'이라 했는데 이것은 잘못된 설명이다. 마땅히 "빈객에게 사용하는 소는 그 뿔이 한 척 정도이다."라 말해야 한다. 혹자는 "군자왈(君子曰)이라는 말은 삭제해서 앞 문절에 붙여야 한다."라 한다.

【052】

禮也者, 反本脩古, 不忘其初者也. 故凶事不詔, 朝[潮]事以樂[岳].
〈054〉[本在"溫之至也"下.]

예라는 것은 근본을 돌이켜보고 옛것을 정비하여, 그 시초를 잊지 않는
것이다. 그러므로 흉사를 치를 때에는 누가 알려주지 않아도, 저절로 가슴
을 치고 발을 구르며, 또 곡을 하며 눈물을 흘리는 것이다. 한편 조정에서
['朝'자의 음은 '潮(조)'이다.] 시행하는 의례에서는 음악을['樂'자의 음은 '岳(악)'이다.]
연주하여, 사람들의 마음을 흡족하게 만드는 것이다. [본래는 "온화함의 지극함
이다."[1]라고 한 문장 뒤에 수록되어 있었다.]

集說 本心之初, 天所賦也, 貴於反思而不忘; 禮制之初, 聖所作也,
貴於脩擧而不墜. 二者皆有初, 故曰不忘其初. 擗踊哭位, 不待詔告,
以其發於本心之自然也. 朝廷養者尊賢之事, 必作樂以樂之, 亦以愜
其本心之願望也. 此二者, 是反本之事.

최초의 본심은 하늘이 부여해준 것이니, 되돌아 생각하여 잊지 않는 것이
귀중한 것이며, 최초의 예제는 성인이 제정한 것이니, 정비하여 시행하며
실추시키지 않는 것이 귀중한 것이다. 이 두 가지 것들에는 모두 시작됨
이이 있다. 그렇기 때문에 "그 시초를 잊지 않는다."고 말한 것이다. 가슴
을 치고 발을 구르며 곡을 하고 눈물을 흘리는 것은 누가 알려주길 기다
려서 하는 것이 아니니, 자연스러운 본심에서 드러나기 때문이다. 조정에
서 노인을 봉양하고 현명한 자를 우대하는 일들에는 반드시 음악을 연주
하게 해서 그들을 즐겁게 하는데, 이 또한 본래의 마음이 소망하는 것을
흡족하게 만들기 위해서이다. 이 두 가지 것들은 근본을 돌이키는 일에
해당한다.

附註 反本脩古, 註以凶事 · 朝事爲反本, 玄酒 · 鸞刀爲脩古, 恐失

---

1) 『예기』「예기」053장 : 故禮有擯詔, 樂有相步, <u>溫之至也</u>.

之太朾.

'반본수고(反本脩古)'에 대해 주에서는 흉사와 조사를 반본으로 여기고 현주와 난도를 수고로 여겼는데, 아마도 너무 자잘하게 분석한 데에서 잘못을 저지른 것 같다.

【053】

醴酒之用, 玄酒之尙; 割刀之用, 鸞刀之貴; 莞[官]簟[徒點反]之安, 而
槀[古老反]鞂[江八反]之設.〈055〉

단술을 사용하기는 하지만 그것보다 현주를 더 존귀하게 여겨서 보다 상위
의 자리에 설치하고, 현재 사용하고 있는 할도가 고기를 자를 때 편리하긴
하지만 고대에 사용했던 난도를 더 귀중하게 여겨서 제사를 지낼 때에는
난도를 사용하며, 왕골과['莞'자의 음은 '官(관)'이다.] 대자리를['簟'자는 '徒(도)'자와
'點(점)'자의 반절음이다.] 겹친 자리가 편안하긴 하지만, 교사 등을 지낼 때에는
고대에 사용했던 볏짚으로['槀'자는 '古(고)'자와 '老(로)'자의 반절음이다. '鞂'자는 '江
(강)'자와 '八(팔)'자의 반절음이다.] 짠 자리를 설치한다.

集說 醴酒之美用矣, 而列尊在玄酒之下; 今世割刀之利便於用矣,
而宗廟中乃不用割刀而用古之鸞刀; 下莞上簟, 可謂安矣, 而設槀鞂
之麤者爲郊祀之席. 此三者是脩古之事. 鸞, 鈴也. 刀鐶有鈴, 故名
鸞刀, 割肉欲中其音節, 郊特牲云: "聲和而後斷也." 莞, 蒲之細者可
爲席. 簟, 竹席也. 槀鞂, 除去穀之稈也. 鞂與禹貢秸字同.

단술의 감미로운 맛을 사용하기는 하지만, 술동이를 진설할 때에는 현주
의 아래에 놓아두고, 현재 사용하고 있는 날카로운 할도는 사용하기에는
편리하지만, 종묘 안에서는 곧 할도를 사용하지 않고 고대에 사용했던
난도를 사용하는 것이며, 아랫면은 왕골로 되어 있고 윗면은 대나무로
되어 있는 것은 앉기에 편안한 자리라 할 수 있지만, 고갈로 짠 거친 자리
를 깔아서 교사 때 깔아두는 자리로 삼게 된다. 이러한 세 가지 것들은
모두 옛것을 정비하는 일에 해당한다. '난(鸞)'은 방울을 뜻한다. 칼 손잡
이 끝부분 고리에 방울이 달려 있기 때문에, 그 칼을 '난도(鸞刀)'라 부르
는 것이며, 방울을 단 이유는 고기를 자를 때 그 음률에 맞추고자 해서이
다. 『예기』「교특생(郊特牲)」편에서는 "소리가 조화를 이룬 이후에야 자
른다."라고 했다. '완(莞)'은 부들 중에서도 가는 것으로, 자리를 짤 수
있는 것을 뜻한다. '점(簟)'은 대자리를 뜻한다. 고갈은 알곡을 털고 남은

볏짚이다. '갈(鞂)'자는 『서』「우공(禹貢)」편에 나오는 '갈(秸)'자[1]와 같
은 글자이다.

【054】

是故, 先王之制禮也, 必有主也, 故可述而多學也. 〈056〉

이러한 까닭으로 선왕이 예를 제정할 때에는 반드시 근본을 돌이키고 옛것
을 정비하는데 주안점을 둠이 있었다. 그렇기 때문에 이러한 것에 기준을
두고 다방면에서 탐구를 해본다면, 예를 자세히 서술하며 여러 모로 배울
수 있을 것이다.

集說 有主, 主於反本脩古也. 但以此二者求之, 則可以稱述而學之
不厭矣.

"주됨이 있다."는 말은 근본을 돌이키고 옛것을 정비하는데 주안점을 두
었다는 뜻이다. 다만 이 두 가지 것들을 통해서 예를 탐구해본다면, 예에
알맞게 기술할 수 있고, 또한 배우는 일에 대해서도 싫증을 느끼지 못할
것이다.

【055】

君子曰: "禮樂不可斯須去身." 致樂以治心, 則易・直・子[慈]・諒[良]
之心油然生矣. 易・直・子・諒之心生, 則樂; 樂則安, 安則久, 久則
天, 天則神. 天則不言而信, 神則不怒而威, 致樂以治心者也. 〈祭義
-031〉[2]

---

1) 『서』「하서(夏書)・우공(禹貢)」: 五百里甸服. 百里賦納總. 二百里納銍. 三百
　里納秸服. 四百里粟, 五百里米. 五百里侯服.

2) 『예기』「제의(祭義)」 031장: <u>君子曰: "禮樂不可斯須去身. 致樂以治心, 則易・</u>
　<u>直・子・諒之心油然生矣. 易・直・子・諒之心生, 則樂; 樂則安, 安則久, 久</u>

군자는 "예악은 자신에게서 잠시도 떨어트려 놓을 수 없다."라고 했다. 악(樂)을 지극히 연구하여 마음을 다스린다면, 온화하고 곧으며 자애롭고['子'자의 음은 '慈(자)'이다.] 참된['諒'자의 음은 '良(양)'이다.] 마음이 융성하게 생겨난다. 온화하고 곧으며 자애롭고 참된 마음이 생겨나면 즐겁게 되고, 즐거우면 편안하게 되며, 편안하면 오래할 수 있고, 오래할 수 있으면 하늘의 이치를 깨달으며, 하늘의 이치를 깨달으면 신묘하게 된다. 하늘의 이치를 깨닫게 되면 말을 하지 않아도 사람들이 믿고, 신묘하게 되면 화를 내지 않아도 저절로 위엄이 생기니, 이것이 바로 악(樂)을 지극히 연구하여 마음을 다스린다는 것이다.

【056】

致禮以治躬則莊敬, 莊敬則嚴威. 心中斯須不和不樂, 而鄙詐之心入之矣; 外貌斯須不莊不敬, 而慢易之心入之矣. 樂也者, 動於內者也; 禮也者, 動於外者也. 樂極和, 禮極順, 內和而外順, 則民瞻其顔色而不與爭也, 望其容貌而衆不生慢易焉. 故德煇動乎內, 而民莫不承聽; 理發乎外, 而衆莫不承順. 故曰: "致禮樂之道, 而天下塞焉, 擧而措之無難矣."〈祭義-031〉3)

則天, 天則神, 天則不言而信, 神則不怒而威, 致樂以治心者也. 致禮以治躬則莊敬, 莊敬則嚴威. 心中斯須不和不樂, 而鄙詐之心入之矣; 外貌斯須不莊不敬, 而慢易之心入之矣. 樂也者, 動於內者也; 禮也者, 動於外者也. 樂極和, 禮極順, 內和而外順, 則民瞻其顔色而不與爭也, 望其容貌而衆不生慢易焉. 故德煇動乎內, 而民莫不承聽; 理發乎外, 而衆莫不承順. 故曰致禮樂之道, 而天下塞焉, 擧而措之無難矣." 樂也者, 動於內者也; 禮也者, 動於外者也. 故禮主其減, 樂主其盈. 禮減而進, 以進爲文; 樂盈而反, 以反爲文. 禮減而不進, 則銷; 樂盈而不反, 則放. 故禮有報而樂有反, 禮得其報則樂, 樂得其反則安. 禮之報, 樂之反, 其義一也.

3) 『예기』「제의(祭義)」 031장: 君子曰: "禮樂不可斯須去身. 致樂以治心, 則易·直·子·諒之心油然生矣. 易·直·子·諒之心生, 則樂; 樂則安, 安則久, 久則天, 天則神. 天則不言而信, 神則不怒而威, 致樂以治心者也. 致禮以治躬則莊敬, 莊敬則嚴威. 心中斯須不和不樂, 而鄙詐之心入之矣; 外貌斯須不莊不敬, 而慢易之心入之矣. 樂也者, 動於內者也; 禮也者, 動於外者也, 樂極和, 禮極

예(禮)를 지극히 연구하여 몸을 다스린다면 장엄하고 공경스럽게 되고, 장엄하고 공경스럽게 되면 위엄을 갖추게 된다. 마음이 잠시라도 조화롭지 못하고 즐겁지 못하다면, 비루하고 거짓된 마음이 침입하게 된다. 모습이 잠시라도 장엄하지 못하고 공경스럽지 못하다면, 태만한 마음이 침입하게 된다. 그러므로 악(樂)이라는 것은 내적으로 움직이게 하는 것이다. 예(禮)라는 것은 외적으로 움직이게 하는 것이다. 악(樂)을 통해 조화로움을 지극히 하고, 예(禮)를 통해 순종함을 지극히 하여, 내적으로 조화롭고 외적으로 순종하게 되면, 백성들이 그의 안색을 살펴서 서로 다투지 않게 되고, 그 모습을 바라보면, 백성들에게 태만함이 생겨나지 않는다. 그렇기 때문에 덕이 마음에서 빛나게 움직이면 백성들 중에는 그의 말을 받들어 따르지 않는 자가 없게 되고, 이치가 밖으로 발현되면, 백성들 중에는 그를 받들고 순종하지 않는 자가 없게 된다. 그래서 "예악의 도리를 지극히 하여, 천하에 가득하니, 이것을 시행하는 데에는 어려움이 없다."고 했다.

【057】

樂也者, 動於內者也; 禮也者, 動於外者也. 故禮主其減, 樂主其盈. 禮減而進, 以進爲文; 樂盈而反, 以反爲文. 禮減而不進, 則銷; 樂盈而不反, 則放. 故禮有報而樂有反, 禮得其報則樂, 樂得其反則安. 禮之報, 樂之反, 其義一也.〈祭義-031〉[4] [祭義. 本在"敬之至也"下.]

極順, 內和而外順, 則民瞻其顔色而不與爭也, 望其容貌而衆不生慢易焉, 故德煇動乎內, 而民莫不承聽; 理發乎外, 而衆莫不承順. 故曰致禮樂之道, 而天下塞焉, 擧而措之無難矣." 樂也者, 動於內者也; 禮也者, 動於外者也. 故禮主其減, 樂主其盈. 禮減而進, 以進爲文; 樂盈而反, 以反爲文. 禮減而不進, 則銷; 樂盈而不反, 則放. 故禮有報而樂有反, 禮得其報則樂, 樂得其反則安. 禮之報, 樂之反, 其義一也.

4) 『예기』「제의(祭義)」031장 : 君子曰: "禮樂不可斯須去身. 致樂以治心, 則易‧直‧子‧諒之心油然生矣. 易‧直‧子‧諒之心生, 則樂; 樂則安, 安則久, 久則天, 天則神. 天則不言而信, 神則不怒而威, 致樂以治心者也. 致禮以治躬則莊敬, 莊敬則嚴威. 心中斯須不和不樂, 而鄙詐之心入之矣; 外貌斯須不莊不敬, 而慢易之心入之矣. 樂也者, 動於內者也; 禮也者, 動於外者也. 樂極和, 禮極順, 內和而外順, 則民瞻其顔色而不與爭也, 望其容貌而衆不生慢易焉. 故德

악(樂)이라는 것은 내적으로 움직이게 하는 것이다. 예(禮)라는 것은 외적으로 움직이게 하는 것이다. 그러므로 예(禮)는 줄임을 위주로 하고 악(樂)은 채움을 위주로 한다. 예(禮)는 줄이되 나아가니 나아감을 형식으로 삼고, 악(樂)은 채우되 되돌리니 되돌림을 형식으로 삼는다. 예(禮)가 줄이기만 하고 나아가지 않는다면 사라지게 되고, 악(樂)이 채우기만 하고 되돌리지 않는다면 방만하게 된다. 그렇기 때문에 예(禮)에는 보답함이 있고 악(樂)에는 되돌림이 있다. 예(禮)가 보답함을 얻는다면 즐겁게 되고, 악(樂)이 되돌림을 얻는다면 편안하게 된다. 예(禮)의 보답함과 악(樂)의 되돌림은 의미가 동일하다. [「제의」편의 문장이다. 본래는 "공경함이 지극한 것이다."[5]라고 한 문장 뒤에 수록되어 있었다.]

集說 說見樂記.

자세한 설명은 『예기』 「악기(樂記)」편에 나온다.

【058】

君子曰: "無節於內者, 觀物弗之察矣. 欲察物而不由禮, 弗之得矣. 故作事不以禮, 弗之敬矣; 出言不以禮, 弗之信矣, 故曰: '禮也者, 物之致也.'"〈057〉[本在"多學也"下.]

군자가 말하길, "자신의 내면에 예법을 가지고 있지 않은 자는 어떤 사물에 대해 살펴본다 하더라도 그것의 잘된 점과 잘못된 점을 살펴볼 수 없다. 또한 사물을 살펴보고자 한다 하더라도 예에 따라서 하지 않는다면, 시비

煇動乎內, 而民莫不承聽; 理發乎外, 而衆莫不承順. 故曰致禮樂之道, 而天下塞焉, 擧而措之無難矣." 樂也者, 動於內者也; 禮也者, 動於外者也, 故樂主其減, 樂主其盈, 禮減而進, 以進爲文; 樂盈而反, 以反爲文, 禮減而不進, 則銷; 樂盈而不反, 則放. 故禮有報而樂有反, 禮得其報則樂, 樂得其反則安. 禮之報, 樂之反, 其義一也.

5) 『예기』 「제의(祭義)」 030장 : 及良日, 夫人繅, 三盆手, 遂布于三宮夫人·世婦之吉者, 使繅. 遂朱綠之, 玄黃之, 以爲黼黻文章. 服旣成, 君服以祀先王先公, 敬之至也.

의 실상을 터득할 수 없다. 그렇기 때문에 일을 추진하더라도 예에 따라서 하지 않는다면, 공경의 마음을 보존할 수 없으며, 말을 하더라도 예에 따라서 말하지 않는다면, 자신의 말을 믿게 만들 수 없다. 그러므로 '예라는 것은 모든 사물에 대한 최상의 기준이다.'"라고 하였다. [본래는 "여러 모로 배울 수 있을 것이다."[6]라고 한 문장 뒤에 수록되어 있었다.]

集說 無節於內, 言胷中不能通達禮之節文也. 觀物弗之察, 言雖見行禮之事, 不能審其得失也. 察物而不由禮以察之, 何以能得其是非之實? 作事而不由禮, 何以能存其主敬之心? 出言而不由禮, 何以能使人之信其言? 故曰, 禮者, 事物之極致也.

"내면에 절이 없다."는 말은 마음으로 예의 법칙과 형식을 통달하지 못했다는 뜻이다. "사물을 살펴보더라도 찰할 수 없다."는 말은 비록 예를 시행하는 사안에 대해 살펴보더라도, 그것의 잘된 점과 잘못된 점을 살펴볼 수 없다는 뜻이다. 사물에 대해 살펴보더라도 예에 따라서 그것을 살피지 않는다면, 어떻게 시비의 실상을 터득할 수 있겠는가? 또한 어떤 일을 추진하더라도 예에 따라서 하지 않는다면, 어떻게 공경을 위주로 하는 마음을 보존할 수 있겠는가? 또한 말을 하게 되더라도 예에 따라서 하지 않는다면, 어떻게 사람을 부리면서 자신의 말을 신용하도록 만들 수 있겠는가? 그렇기 때문에 "예라는 것은 모든 사물에 대한 최상의 기준이다."라고 말한 것이다.

【059】
是故, 昔先王之制禮也, 因其財物而致其義焉爾. 故作大事必順天時, 爲朝[潮]夕必放[上聲]於日月, 爲高必因丘陵, 爲下必因川澤. 是故, 天時雨澤, 君子達, 亹[尾]亹焉. 〈058〉

---

6) 『예기』「예기」 056장 : 是故, 先王之制禮也, 必有主也, 故可述而多學也.

이러한 까닭으로 옛날에 선왕이 예를 제정함에는 그것에 사용되는 재화와 물건을 통해서 해당하는 사안의 도의를 지극히 하였을 따름이다. 그러므로 제사를 지낼 때에는 반드시 천시에 따라서 했고, 조일을['朝'자의 음은 '潮(조)' 이다.] 하고 석월을 할 때에는 반드시 해와 달의 성향에 따라서['放'자는 상성으로 읽는다.] 했으며, 높은 곳에 위치한 신들에 대해 제사를 지낼 때에는 반드시 구릉 지역에서 지냈고, 낮은 곳에 위치한 신들에 대해 제사를 지낼 때에는 천택 지역에서 지냈다. 이러한 까닭으로 천시는 항상 때에 맞게 비를 내려주어 온 세상을 윤택하게 만들었고, 군자는 이러한 뜻을 알고 있어서, 더욱 근면성실하게['亹'자의 음은 '尾(미)'이다.] 임했던 것이다.

集說 財物, 幣玉·牲牢·黍稷之類. 無財無物, 不可以行禮, 故先王制禮, 必因財物而致其用之之義焉. 然財物皆天時之所生, 故祭祀之大事, 亦必順天時而行之. 如啓蟄而郊, 龍見而雩, 始殺而嘗, 閉蟄而烝, 皆是也. 大明生於東, 故春朝朝日必於東方; 月生於西, 故秋莫夕月必於西方. 爲高上之祭, 必因其有丘陵而祭之; 爲在下之祭, 必因其有川澤而祭之. 一說, 爲高, 爲圓丘也; 爲下, 爲方丘也. 祭有輕重, 皆須財物, 故當天時之降雨澤也. 君子知夫天地生成財物之功, 如此乎勉勉而不已也. 則安得不用財物爲禮, 以致其報本之誠乎?

'재물(財物)'은 패옥·희생물·곡식 등의 부류를 뜻한다. 이러한 재화나 사물이 없다면 예를 시행할 수 없다. 그렇기 때문에 선왕이 예를 제정할 때에는 반드시 재화나 사물에 따라서 그 쓰임을 다하는 도의를 지극히 하였던 것이다. 그런데 재화나 사물은 모두 하늘의 운행에 따라 생성되는 것이다. 그렇기 때문에 제사처럼 중대한 사안에 대해서는 또한 반드시 천시에 따라서 시행해야만 하는 것이다. 예를 들어 계칩(啓蟄)[7]이 있고

---

7) 계칩(啓蟄)은 경칩(驚蟄)이라고도 부른다. 24절기 중 하나이다. 동물 및 곤충들은 겨울 동안 숨죽여 지내거나 겨울잠을 자게 되는데, 봄이 도래하게 되면, 다시 활동을 시작한다. 그렇기 때문에 깨운다는 의미에서 '계(啓)'자나 '경(驚)'자를 붙여서 '계칩' 또는 '경칩'이라고 부르는 것이다. 한편 한(漢)나라 때에는 태초력(太初曆)이 시행되면서, '경칩'을 우수(雨水)라는 절기 뒤에 두어서, 하(夏)나라 때의 역법

난 뒤에 교제사를 지냈고, 용현(龍見)[8]을 한 뒤에 기우제를 지냈으며, 음기가 처음으로 숙살하는 기운을 뿜어내면 상제사를 지냈고, 폐칩(閉蟄)[9]이 있고 난 뒤에는 증제사를 지냈다고 했으니,[10] 이러한 것들이 바로 위에서 언급하는 뜻에 해당한다. 대명(大明)[11]은 동쪽에서 생겨난다. 그렇기 때문에 봄철의 아침에는 조일(朝日)[12]을 하면서 반드시 동쪽에

으로는 2월에 놓이는 절기가 되었지만, 고대의 '경칩'은 우수 전에 위치하여, 하나라 때의 역법으로는 1월에 놓이는 절기였다.

8) 용현(龍見)은 하늘에 창룡칠수(蒼龍七宿)가 출현한다는 뜻으로, 건사(建巳: 음력 4월)을 가리킨다. 『춘추좌씨전』「환공(桓公) 5년」편에는 "龍見而雩."라는 기록이 있는데, 이에 대한 두예(杜預)의 주에서는 "龍見, 建巳之月. 蒼龍宿之體, 昏見東方, 萬物始盛. 待雨而大, 故祭天. 遠爲百穀祈膏雨也."라고 풀이하였다. 즉 창룡칠수가 출현하는 것은 음력 4월로써, 만물(萬物)이 왕성하게 자라날 때이므로, 비를 구원하며 하늘에 제사를 지내고, 백곡(百穀)이 잘 여물도록 기원하는 것이다.

9) 폐칩(閉蟄)은 동물 및 곤충들이 동면(冬眠)에 들어가는 시점을 뜻한다. 하(夏)나라 때의 역법에 따르면, '폐칩'은 10월인 맹동(孟冬)의 계절에 해당한다.

10) 『춘추좌씨전』「환공(桓公) 5년」: 秋, 大雩. 書, 不時也. 凡祀, 啓蟄而郊, 龍見而雩, 始殺而嘗, 閉蟄而烝. 過則書.

11) 대명(大明)은 태양[日]을 가리킨다. 태양은 밝음[明] 중에서도 가장 큰 밝음에 해당함으로, '대명'이라고 부르게 되었다. 『역』「건괘(乾卦)」편에는 "雲行雨施, 品物流行, 大明終始, 六位時成."이라는 기록이 있는데, 이에 대한 이정조(李鼎祚)의 『집해(集解)』에서는 후과(侯果)의 설을 인용하여, "大明, 日也."라고 풀이했다. 한편 '대명'은 달[月]을 가리키기도 하고, 해와 달을 모두 가리키기도 한다. 또한 태양을 군주에 비유했으므로, '대명'은 군주를 지칭하는 용어로도 사용되었다. 이곳 문장에서는 첫 번째 뜻으로 사용되었다.

12) 조일(朝日)은 고대에 제왕이 해에 대해서 지낸 제사를 뜻한다. 해가 떠오를 무렵에 해에게 절을 하였기 때문에 '조(朝)'자를 붙여서 부른 것이다. 『한서(漢書)』「교사지상(郊祀志上)」편에는 "十一月辛巳朔旦冬至. 昒爽, 天子始郊拜泰一, 朝朝日, 夕夕月, 則揖."이라는 기록에 있고, 이에 대한 안사고(顔師古)의 주에서는 "以朝旦拜日爲朝."라고 풀이하였다. 또한 '조일'은 각 계절의 기운이 도래할 때, 교외(郊外)에서 지낸 제사를 뜻하기도 한다. 『주례』「천관(天官)·장차(掌次)」편에는 "朝日, 祀五帝, 則張大次小次, 設重帟重案."이라는 기록이 있는데, 이에 대한 정현의 주에서는, "朝日, 春分拜日於東門之外."라고 풀이하였다. 한편 제왕이 조정에서 정사를 듣는 행위 또는 그러한 날을 뜻하기도 한다. 『전국책(戰國策)』「제책육(齊策六)」편에는 "王至朝旦, 宜召田單而揖之於庭, 口勞之."라는 기록

서 제사를 지냈던 것이다. 달은 서쪽에서 생겨난다. 그렇기 때문에 가을 철의 저녁에는 석월(夕月)13)을 하면서 반드시 서쪽에서 제사를 지냈던 것이다. 높은 곳에 위치한 신들에 대해서 제사를 지낼 때에는 반드시 구릉 지역이 있는 장소에서 제사를 지냈고, 아래에 있는 신들에 대해서 제사를 지낼 때에는 반드시 천택 지역이 있는 장소에서 제사를 지냈다. 일설에는 '위고(爲高)'라는 말은 원구를 만든다는 뜻이고, '위하(爲下)'는 방구(方丘)14)를 만든다는 뜻으로 풀이한다. 제사에는 그 대상에 따라 경중의 차이가 있지만, 모든 경우에 있어서 재화와 사물을 필요로 하게 된다. 그렇기 때문에 이러한 재화와 사물을 얻기 위해서라도, 천시가 비를 내려서 만물을 윤택하게 해주는 작용에 맞춰야 한다. 군자는 천지가 재화와 사물을 생성하고 성숙하게 만드는 공덕이 이처럼 근면성실하며 끊임이 없었다는 사실을 알고 있었다. 따라서 어찌 재화와 사물을 이용하여 예를 시행하고 이것을 통해 근본에 보답하는 정성을 다하지 않을 수 있었겠는가?

【060】
是故, 昔先王尚有德, 尊有道, 任有能, 擧賢而置之, 聚衆而誓之. 是

이 있다.
13) 석월(夕月)은 고대에 제왕이 달에 대해서 지낸 제사를 뜻한다. 춘분(春分) 때에는 조일(朝日)을 하고, 추분(秋分) 때에는 '석월'을 했고, 서쪽 성문 밖에서 지낸 제사라고 설명하기도 한다. 『국어(國語)』「주어상(周語上)」편에는 古者, 先王旣有天下, 又崇立於上帝·明神而敬事之, 於是乎有朝日·夕月以敎民事君."이라는 기록이 있고, 이에 대한 위소(韋昭)의 주에서는 "禮, 天子搢大圭·執鎭圭, 繅藉五采五就, 以春分朝日, 秋分夕月, 拜日於東門之外, 然則夕月在西門之外也." 라고 풀이했다.
14) 방구(方丘)는 방택(方澤)과 같은 말이다. 고대에 제왕이 땅에 제사를 지냈던 제단이다. 그 모양이 사각형이었기 때문에 '방(方)'자를 붙이고, 언덕처럼 흙을 쌓아서 만들었기 때문에 '구(丘)'자를 붙여서 부르는 것이다.

故, 因天事天, 因地事地, 因名山升中于天, 因吉土以饗帝于郊. 升中于天, 而鳳皇降, 龜龍假[格]; 饗帝于郊, 而風雨節, 寒暑時. 是故, 聖人南面而立, 而天下大治.〈059〉

이러한 까닭으로 옛날에 선왕은 유덕한 자를 숭상하였고, 도를 갖춘 자를 존숭하였으며, 유능한 자를 임명하였고, 현명한 자를 등용해서 해당하는 지위에 앉혔으며, 여러 관리들을 모아서 맹세를 하였던 것이다. 이러한 까닭으로 하늘이 높은 곳에 위치한다는 사실에 따라서 하늘을 섬기는 예법을 제정하여 섬겼고, 땅이 낮은 곳에 위치한다는 사실에 따라서 땅을 섬기는 예법을 제정하여 섬겼으며, 순수를 하여 명산을 지나치게 되면 그 기회를 빌미로 그 산에 올라가서 그 지역을 다스리는 제후의 공적을 하늘에 아뢰었고, 수도를 건립한 땅에서는 남쪽 교외에서 상제에게 제사를 지냈던 것이다. 하늘에 그 공적을 아뢰게 되니, 봉황이 내려오고, 신령스러운 거북과 용이 찾아오며['假'자의 음은 '格(격)'이다.] 교외에서 상제에게 제사를 지내게 되니, 바람과 비가 적절하게 되고, 추위와 더위가 때에 맞게 되었다. 이러한 까닭으로 성인은 남면을 하고 서 있음에 천하가 크게 다스려졌다.

集說 置, 如置諸左右之置, 謂使之居其位也. 禮莫重於祭, 當大事之時, 必擇有道德才能者執其事, 又從而誓戒之, 周禮冢宰掌百官之誓戒, 是也. 因天之尊而制爲事天之禮, 因地之卑而制爲事地之禮, 郊社是也. 中, 平也, 成也. 巡守而至方岳之下, 必因此有名之大山, 升進此方諸侯治功平成之事以告於天, 舜典柴岱宗, 卽其禮也. 吉土, 王者所卜而建都之地也, 兆於南郊. 歲有常禮, 其瑞物之臻, 休徵之應, 理或然耳. 而后世封禪之說, 遂根著於此, 牢不可破, 皆鄭氏祖緯說啓之也.

'치(置)'자는 좌우에 둔다고 할 때의 둔다라는 뜻이니, 그로 하여금 해당하는 지위에 머물도록 한다는 의미이다. 예 중에는 제사보다 중요한 것이 없으니, 제사를 지내야 할 때에는 반드시 도덕과 재능을 갖춘 자를 가려내서, 그 일들을 맡아보도록 해야 하고, 또한 그 일에 따라 맹세를 하였다. 『주례』에서 총재가 백관들의 맹세에 대한 일을 담당한다고 한 말[15]

이 바로 그 뜻에 해당한다. 하늘이 높은 곳에 위치함에 따라서 하늘을
섬기는 예법을 제정한 것이며, 땅이 낮은 곳에 위치함에 따라서 땅을 섬
기는 예법을 제정한 것이니, 교사(郊社)가 바로 그 예법에 해당한다. '중
(中)'자는 다스린다는 뜻이며, 이룬다는 뜻이다. 즉 천자가 순수를 하여,
방악(方岳)16)의 아래에 당도하게 되면, 반드시 그곳의 저명한 큰 산에
당도한 것에 따라서 그곳에 올라가 그 지역의 제후가 그 나라를 다스린
공적과 국가를 통치하는 사안들을 알려서, 하늘에게 아뢰게 되니, 『서』
「순전(舜典)」편에서 대종에게 시제를 하였다는 일17)이 곧 그 예법에 해
당한다. '길토(吉土)'는 천자가 점을 쳐서 수도로 정한 땅을 뜻하니, 남쪽
교외에 조(兆)18)를 설치한다. 해마다 정규적으로 지내는 제례가 있는데,

---

15) 『주례』「천관(天官)·대재(大宰)」: 祀五帝, 則掌百官之誓戒, 與其具脩.
16) 방악(方岳)은 '방악(方嶽)' 또는 '사악(四嶽)'이라고도 부르며, 사방의 주요 산들을
뜻한다. 고대인들이 주요 산들로 오악(五嶽)을 두었는데, 그 중 중앙에 있는 숭산
(嵩山)은 천자의 수도 부근에 있었으므로, '숭산'을 제외한 나머지 4개의 산을 '방
악'이라고 부른 것이다. 동쪽 지역의 주요 산인 동악(東嶽)은 태산(泰山)이고, 남
악(南嶽)은 형산(衡山: =霍山), 서악(西嶽)은 화산(華山), 북악(北嶽)은 항산(恒
山)이 된다. 『춘추좌씨전』「소공(昭公) 4년」에 기록된 '사악(四嶽)'에 대해, 두예
(杜預)의 주에서는 "東嶽岱, 西嶽華, 南嶽衡, 北嶽恒."이라고 풀이했다.
17) 『서』「우서(虞書)·순전(舜典)」: 歲二月, 東巡守至于岱宗, 柴, 望秩于山川, 肆
覲東后, 協時月正日, 同律度量衡, 修五禮, 五玉, 三帛, 二生, 一死, 贄, 如五器,
卒乃復.
18) 조(兆)는 고대에 사교(四郊)에 설치했던 일종의 제단(祭壇)이다. 또한 사교(四郊)
에서 제사를 지내는 장소를 뜻한다. 『예기』「표기(表記)」편에는 "詩曰, 后稷兆祀,
庶無罪悔, 以迄于今."이라는 기록이 있고, 이에 대한 정현의 주에서는 "兆, 四郊
之祭處也."라고 풀이했다. 한편 『예기』「예기(禮器)」편에는 "有以下爲貴者, 至
敬不壇, 埽地而祭."라는 기록이 있다. 즉 지극히 공경을 표해야 하는 제사에서는
제단을 쌓지 않고, 단지 땅만 쓸고서 제사를 지낸다는 뜻이다. 이 문장에 대해
진호(陳澔)의 『집설(集說)』에서는 "封土爲壇, 郊祀則不壇, 至敬無文也."라고
풀이한다. 즉 흙을 높게 쌓아서 제단을 만들게 되는데, 교사(郊祀)와 같은 경우는
지극히 공경을 표해야 하는 제사에 해당하므로, 제단을 만들지 않는다. 그 이유는
이러한 제사에서는 화려한 꾸밈을 하지 않기 때문이다. 한편 『예기』「예기」편의
문장에 대해 공영달(孔穎達)의 소(疏)에서는 "此謂祭五方之天, 初則燔柴於大

그때 상서로운 사물들이 모여들고, 상서로운 조짐들이 나타난다는 말은
이치상 혹여 그러하기도 할 따름이다. 후세의 봉선(封禪)[19]에 대한 주장
들은 결국 이곳 문장에 근거를 두게 되어, 그 구속력을 깨트릴 수가 없게
되었는데, 이러한 병폐들은 모두 정현이 위서의 주장들에 근본을 두고
설명을 한 것에서 비롯되었다.

【061】

禮也者, 反其所自生; 樂也者, 樂[洛]其所自成. 是故先王之制禮也以
節事, 脩樂以道志. 故觀其禮樂, 而治亂可知也. 蘧伯玉曰: "君子之
人達." 故觀其器而知其工之巧, 觀其發而知其人之知[去聲]. 故曰:
"君子愼其所以與人者."〈061〉[本在"和之至也"下.]

예라는 것은 유래되어 생겨나게 된 것을 반추하는 것이고, 악이라는 것은
완성을 이룬 원인을 흥겹게['樂'자의 음은 '洛(락)'이다.] 한 것이다. 이러한 까닭
으로 선왕이 예를 제정할 때에는 인사의 의로운 준칙으로써 했고, 악을
정비함에는 마음속에 있는 답답한 뜻을 밖으로 표출하도록 했던 것이다.
그러므로 그 나라의 예악을 관찰해보면, 그 나라가 다스려지는지 또는 혼
란스러운지를 알 수 있다. 거백옥은 "군자라는 사람은 그 마음이 밝아서
사리에 통달한 자이다."라고 했다. 그러므로 기물을 살펴보면, 그것을 만든
공인의 솜씨가 좋은지 또는 조잡한지를 알 수 있는 것이고, 그 사람의 행동

壇, 燔柴訖, 於壇下掃地而設正祭, 此周法也."라고 설명한다. 즉 지극히 공경을
표해야 하는 제사는 오방(五方)의 천신(天神)들에게 지내는 제사를 뜻하는데, 제
사 초반부에는 태단(太壇)에서 섶을 태워서 신들에게 알리고, 섶 태우는 일이 끝
나면, 제단 아래에서 땅을 쓸고, 본격적인 제사를 지내게 되는데, 이것은 주(周)나
라 때의 예법에 해당한다.
19) 봉선(封禪)은 고대의 제왕들이 천지(天地)에 대한 제사를 지낼 때 따르게 되었던
규범을 뜻한다. 태산(泰山)에 흙으로 제단을 쌓고, 제사를 지내며 하늘의 공덕(功
德)에 보답을 하였는데, 이것을 '봉(封)'이라고 부르는 것이며, 태산 밑에 있는
양보산(梁父山)에서 땅을 정돈하여, 땅에 대한 제사를 지내며, 땅의 공덕에 보답
을 하였는데, 이것을 '선(禪)'이라고 부른다.

을 살펴보면, 그 사람이 지혜로운지[`知'자는 거성으로 읽는다.] 또는 어리석은지를 알 수 있는 것이다. 그러므로 "군자는 다른 사람과 더불어 교류하는 것들에 대해서 신중을 기한다."라고 했다. [본래는 "조화로움의 지극함이다."[20]라고 한 문장 뒤에 수록되어 있었다.]

集說 萬物本乎天, 人本乎祖, 禮主於報本反始, 不忘其所由生也. 王者功成治定, 然後作樂, 以文德定天下者, 樂文德之成; 以武功定天下者, 樂武功之成, 非泛然爲之也. 節事, 爲人事之儀則也. 道志, 宣其湮鬱也. 世治則禮序而樂和, 世亂則禮慝而樂淫, 故觀禮樂而治亂可知也. 蘧伯玉, 衛大夫名瑗. 言君子之心, 明睿洞達, 觀器用, 則知工之巧拙; 觀人之發動擧措, 則知其人之智愚. 豈有觀禮樂而不知治亂乎? 禮樂者, 與人交接之具, 君子致謹於此, 以其所關者大也. 故曰, 蓋古有是言, 而記者稱之耳.

만물은 하늘에 근본을 두고 있고, 사람은 조상에 근본을 두고 있는데, 예가 근본에 보답하고 시초로 되돌리는 것을 위주로 하는 것도 그 유래되어 생겨나게 된 바를 잊을 수 없기 때문이다. 천자가 된 자들은 공덕을 완성하고 정치를 안정시킨 연후에야 음악을 제작하게 된다. 그런데 문덕으로 천하를 안정시킨 경우에는 문덕을 완성한 것을 즐거워한 것이며, 무공으로 천하를 안정시킨 경우에는 무공을 완성한 것을 즐거워한 것이니, 아무렇게나 음악을 만들었던 것이 아니다. '절사(節事)'라는 것은 사람과 관련된 일의 의로운 준칙으로 삼는 것을 뜻한다. '도지(道志)'라는 것은 마음에 있는 답답함을 밖으로 펼친다는 뜻이다. 세상이 다스려지면 예에는 질서가 잡히고 악은 조화롭게 된다. 그 반면 세상이 혼란스러우면 예는 사특해지고 악은 음란해진다. 그렇기 때문에 예악을 관찰해보면,

---

20) 『예기』 「예기」 060장 : 天道至敎, 聖人至德. 廟堂之上, 罍尊在阼, 犧尊在西; 廟堂之下, 縣鼓在西, 應鼓在東. 君在阼, 夫人在房, 大明生於東, 月生於西, 此陰陽之分, 夫婦之位也. 君西酌犧象, 夫人東酌罍尊. 禮交動乎上, 樂交應乎下, 和之至也.

그 나라가 제대로 다스려지는지 또는 혼란스러운지를 알 수 있다. '거백옥(邊伯玉)'은 위나라의 대부로 이름은 원이다. 그의 말은 군자의 마음은 밝고 사리에 통달되어 있다는 뜻이니, 기구 및 도구들을 살펴보면, 그것을 만든 공인의 솜씨가 정교한지 또는 조잡한지를 알 수 있고, 사람의 행동거지를 살펴보면, 그 사람이 지혜로운지 또는 어리석은지를 알 수 있다. 그러므로 어찌 예악을 관찰하고도 그 나라가 다스려지는지 또는 혼란스러운지를 모르는 일이 있겠는가? 예악이라는 것은 타인과 교류할 때의 수단이 되므로, 군자는 여기에 정성과 신중을 다하였으니, 예악은 매우 중요한 관건이 되기 때문이다. '고왈(故曰)'이라는 두 글자를 덧붙인 이유는 아마도 고대에 이러한 말들이 있어서, 『예기』를 기록한 자가 그 말을 일컫게 되었기 때문일 것이다.

附註 觀其發, 謂射之發矢也.
'관기발(觀其發)'이라고 했은데, '발(發)'자는 활을 쏘아 화살을 발사한다는 뜻이다.

君子曰: "甘受和[去聲], 白受采. 忠信之人, 可以學禮. 苟無忠信之人, 則禮不虛道. 是以得其人之爲貴也."〈069〉 [本在"禮其本也"下.]

군자가 말하길, "단맛은 모든 맛의 조화를['和'자는 거성으로 읽는다.] 받아들이고, 백색은 모든 채색을 받아들인다. 이를 통해 비유하자면, 단맛과 백색은 충과 신에 해당하니, 충과 신을 갖춘 사람만이 예를 배울 수 있다. 충과 신이 없는 사람이라면, 예는 헛되이 시행되지 않는다. 이러한 까닭으로 충과 신을 갖춘 사람을 얻는 것이 매우 중요한 일이다."라고 했다. [본래는 "예는 그것들의 근본이 된다."[1]라고 한 문장 뒤에 수록되어 있었다.]

集說 甘於五味屬土, 土無專氣, 而四時皆王, 故惟甘味能受諸味之和; 諸采皆以白爲質, 所謂繪事後素也. 以此二者況忠信乃可學禮. 道, 猶行也. 道路人所共行者, 人無忠信, 則每事虛僞, 禮不可以虛僞行也. 大傳曰: "苟非其人, 道不虛行."

단맛은 오미 중에서 토에 속하고, 토는 다른 기운들에 두루 관여하여, 하나의 기운에만 전적으로 함이 없으니, 사계절 속에서 모두 주관을 한다. 그렇기 때문에 오직 단맛만이 여러 맛들의 조화로움을 받아들일 수 있는 것이다. 여러 색깔들은 모두 백색을 바탕으로 삼으니, 이른바 "그림을 그리는 일은 흰색 바탕을 마련한 뒤의 일이다."[2]라고 한 말에 해당한다. 이러한 두 가지 것을 충과 신에 비유를 한 것이니, 이것들을 갖추게 되면 예를 배울 수 있다. '도(道)'자는 "시행한다."는 뜻이다. 도로는 사람들이 함께 걸어 다니는 길이니, 사람에게 충과 신이 없다면, 매사에 허황되고 거짓스럽게 되는데, 예는 허황되고 거짓되게 시행할 수 없다. 『대전』에서는 "진실로 걸맞은 사람이 아니라면, 도는 헛되이 시행되지 않는다."[3]라고

---

1) 『예기』「예기」 068장 : 祀帝於郊, 敬之至也; 宗廟之祭, 仁之至也; 喪禮, 忠之至也; 備服器, 仁之至也; 賓客之用幣, 義之至也. 故君子欲觀仁義之道, 禮其本也.
2) 『논어』「팔일(八佾)」 : 子夏問曰, "'巧笑倩兮, 美目盼兮, 素以爲絢兮.'何謂也?" 子曰, "繪事後素." 曰, "禮後乎?" 子曰, "起予者商也! 始可與言詩已矣."

했다.

【063】

禮之所尊, 尊其義也. 失其義, 陳其數, 祝史之事也. 故其數可陳也,
其義難知也. 知其義而敬守之, 天子之所以治天下也.〈郊特牲-069〉[郊
特. 本在"死無謐"下.]

예가 존귀한 것은 그 의를 존귀하게 여기기 때문이다. 그 의를 놓치고 의례
에 사용되는 각종 기물들을 진열하는 것은 축관이나 사관들에게 해당하는
일이다. 그렇기 때문에 각종 기물들은 누구나 진열할 수 있지만, 그 의는
파악하기가 어렵다. 그 의를 알고 공경스럽게 지키는 것은 천자가 천하를
다스리는 방법이다. [「교특생」편의 문장이다. 본래는 "죽어서도 시호를 짓지 않았다."[4]
라고 한 문장 뒤에 수록되어 있었다.]

集說 先王制禮, 皆有精微之理, 所謂義也. 禮之所以爲尊, 以其義
之可尊耳. 玉帛俎豆, 各有多寡厚薄之數. 數之陳列者, 人皆可得而
見. 義之精微者, 不學則不能知也, 祝史其能知之乎? 中庸曰: "明乎
郊社之禮, 禘嘗之義, 治國其如示諸掌乎?"

선왕이 제정한 예에는 모두 정밀하고 은미한 이치가 포함되어 있으니,
이것을 이른바 '의(義)'라고 부른 것이다. 예가 존귀하게 되는 이유는 그
의를 존귀하게 여길 수 있기 때문이다. 옥이나 비단 및 도마와 두 같은
것들은 각각 많이 하고 적게 하며 두텁게 하고 얇게 하는 차등이 있다.
그것들을 진열하는 것은 사람들이 모두 살펴볼 수 있다. 그러나 의의 정
밀하고 은미한 부분은 배우지 않는다면 알아차릴 수 없으니, 축관이나
사관들이 알아차릴 수 있겠는가? 『예기』「중용(中庸)」편에서는 "교사의

---

3) 『역』「계사하(繫辭下)」: 初率其辭, 而揆其方, 旣有曲常. 苟非其人, 道不虛行.
4) 『예기』「교특생(郊特牲)」 068장: 天子之元子, 士也. 天下無生而貴者也. 繼世
以立諸侯, 象賢也. 以官爵人, 德之殺也. 死而諡, 今也. 古者生無爵, 死無諡.

예 및 체상의 의에 밝다면, 나라를 다스리는 것이 그 손바닥을 보는 것과
같을 것이다!"라고 했다.

【064】

孔子曰: "誦詩三百, 不足以一獻, 一獻之禮, 不足以大饗; 大饗之禮,
不足以大旅; 大旅具矣, 不足以饗帝. 毋輕議禮."〈070〉[本在"爲貴也"下.]

공자가 말하길, "시 삼백여 편을 암송한다고 하더라도 예에 대해서 배우지
못한다면, 일헌을 하는 것처럼 아주 사소한 예도 시행할 수 없다. 그 자로
하여금 일헌의 예를 할 수 있게끔 한다 하더라도, 대향의 예는 시행할 수
없다. 그 자로 하여금 대향의 예를 할 수 있게끔 한다 하더라도, 대려의
예는 시행할 수 없다. 대려의 예에 대해서 충분히 알게끔 한다 하더라도,
상제에게 향례를 지낼 수 없다. 따라서 예에 대한 의론은 가볍게 다뤄서는
안 된다."라고 했다. [본래는 "매우 중요한 일이다."5)라고 한 문장 뒤에 수록되어 있었
다.]

集說 不學詩, 無以言. 然縱使誦三百篇之多, 而盡言語之長, 其於
議禮, 猶懜乎未有所聞也, 一獻小禮, 亦不足以行之. 使能一獻, 不能
行大饗之禮, 謂祫祭也. 能大饗矣, 不能行大旅之禮, 謂祀五帝也.
能具知大旅之禮矣, 不能行饗帝之禮也. 謂祀天也. 禮其可輕議乎?

시를 배우지 않으면 말을 제대로 할 수 없다.6) 그러나 가령 삼백여 편의
많은 시를 암송하여, 언어의 장점을 모두 발휘하다 하더라도, 예를 의론
하는 것에 있어서 오히려 들어서 배운바가 있지 않다면, 일헌을 하는 매

---

5) 『예기』「예기」 069장 : 君子曰: "甘受和, 白受采. 忠信之人, 可以學禮. 苟無忠
信之人, 則禮不虛道. 是以得其人之爲貴也."

6) 『논어』「계씨(季氏)」: 陳亢問於伯魚曰, "子亦有異聞乎?" 對曰, "未也. 嘗獨立,
鯉趨而過庭. 曰, '學詩乎?' 對曰, '未也.' '不學詩, 無以言.' 鯉退而學詩. 他日,
又獨立, 鯉趨而過庭. 曰, '學禮乎?' 對曰, '未也.' '不學禮, 無以立.' 鯉退而學禮.
聞斯二者."

우 사소한 예에 있어서도 제대로 시행할 수 없게 된다. 그 자로 하여금 일헌의 예를 시행할 수 있게끔 하더라도, 대향의 예를 시행할 수 없으니, 여기에서 말하는 '대향(大饗)'은 곧 협제사를 뜻한다. 그리고 대향을 시행할 수 있게끔 하더라도, 대려의 예를 시행할 수 없으니, 여기에서 말하는 '대려(大旅)'7)는 오제(五帝)8)에 대한 제사를 뜻한다. 그리고 대려의 예를 모두 충분히 알게끔 하더라도, 상제에게 향례를 시행할 수 없으니, 여기에서 말하는 '향제(饗帝)'는 하늘에 대한 제사를 뜻한다. 그러므로 예에 대해서 가벼이 의론할 수 있겠는가?

---

7) 대려(大旅)는 제천(祭天) 의식 중 하나이다. 원구(圓丘)에서 하늘에 대한 제사를 지내는 것을 뜻한다. 국가의 변고가 발생했을 때 제사를 지냈기 때문에 '려(旅)'자를 붙여서 부르는 것이다. '려'자는 제사를 지내게 된 원인을 진술한다는 뜻이다. 『주례』「천관(天官)·장차(掌次)」편에는 "至大旅上帝, 則張氈案·設皇邸."라는 기록이 있고, 이에 대한 정현의 주에서는 "大旅上帝, 祭天於圓丘. 國有故而祭亦曰旅."라고 풀이했다.

8) 오제(五帝)는 천상(天上)의 다섯 신(神)을 가리킨다. 오행설(五行說)과 참위설(讖緯說)에 영향을 받은 것으로, 중앙의 황제(黃帝)인 함추뉴(含樞紐), 동쪽의 창제(蒼帝)인 영위앙(靈威仰), 남쪽의 적제(赤帝)인 적표노(赤熛怒), 서쪽의 백제(白帝)인 백소구(白昭矩. =白招拒), 북쪽의 흑제(黑帝)인 협광기(叶光紀)를 가리킨다.

禮記類編大全卷之二十一

『예기유편대전』 21권

◇ 坊記第十九 / 「방기」 19편

類編 此篇記聖人之言以禮防閑之義.

이 편은 성인이 예로 방지하고 금했던 뜻을 기록하고 있다.

類編 本居孔子間居之下. 凡五節四十章.

본래는 『예기』 「공자한거(孔子閒居)」편 뒤에 수록되어 있었다. 모두 5개
절 40장이다.

「방기」편 문장 순서 비교		
『예기집설』	『예기유편대전』	
	구분	문장
001	統言	001
002		002
003		003前
004	明上下之分	004
005		003後
006		005前
007		005後
008		024
009		025
010		026
011		027
012		028
013	明辭讓之義	006
014		007前
015		007後
016		008
017		029
018		030
019		009
020		010
021		011

「방기」편 문장 순서 비교		
『예기집설』	『예기유편대전』	
	구분	문장
022		012
023		013
024		014
025		015
026		016
027		017
028		018前
029		018中
030	明孝敬之道	018後
031		019
032		020前
033		020後
034		021
035		022
036		023
037		031
		032
		033
	明男女之別	034
		036
		037

◇ 통언(統言)

【001】

子言之: "君子之道, 辟[譬]則坊與[平聲]. 坊民之所不足者也. 大爲之坊, 民猶踰之, 故君子禮以坊德, 刑以坊淫, 命以坊欲."⟨001⟩

공자가 말하길, "군자의 도는 비유하자면['辟'자의 음은 '譬(비)'이다.] 제방과 같을 것이다.['與'자는 평성으로 읽는다.] 백성들의 부족하게 될 점을 미리 방비하는 것이다. 그들을 위해 크게 방비대책을 세우더라도 백성들은 오히려 그것을 뛰어넘으려고 한다. 그러므로 군자는 예를 통해 덕이 부족해질 것을 방지하고, 형벌을 통해 정감이 방탕하게 흐를 것을 방지하며, 명령을 통해 욕심이 제멋대로 날뛰는 것을 방지한다."라고 했다.

集說 辟, 讀爲譬; 坊, 與防同, 言君子以道防民之失, 猶以隄防遏水之流也.

'벽(辟)'자는 "비유하다."의 '비(譬)'자로 풀이하며, '방(坊)'자는 "방비하다."의 '방(防)'자와 같으니, 군자는 도를 통해 백성들이 잘못을 저지를 것에 대해 방지하는 것으로, 마치 제방으로 물이 넘치는 것을 막는 것과 같다.

集說 應氏曰: 理欲相爲消長, 人欲熾盛而有餘, 則天理消滅而不足, 禮則防其所不足, 而制其所有餘焉. 性之善爲德, 禮以防之而養其源; 情之蕩爲淫, 刑以防之而遏其流. 聖人防民之具至矣, 然人之欲無窮, 而非防閑之所能盡也, 聖人於是而有命之說焉. 命出於天, 各有分限, 而截然不可踰也. 天之命令, 人力莫施, 以是防之, 則覬覦者塞, 羨慕者止, 而欲不得肆矣.

응씨가 말하길, 도리와 욕심은 상호 줄어들게 하거나 늘어나게도 하는데, 사람의 욕심이 번성하여 넘치게 된다면 천리는 줄어들어 부족하게 되니, 예는 부족하게 될 것을 방지하고 넘치는 것을 제어하는 것이다. 본성의 선함은 덕이 되는데, 예를 통해 방지하는 것은 본원성을 배양하는 것이며, 정감이 방탕하게 되어 음란하게 흐르면 형벌을 통해 방지하여 방탕하게 흐르는 것을 막는다. 백성들이 잘못된 길로 빠지지 않도록 성인이 방지했던 도구들이 지극한데도 사람의 욕심은 끝이 없어서 방지 대책으로 다 막을 수 있는 것이 아니니, 성인은 이에 대해 명령을 내리게 된다. 명령은 하늘로부터 도출되어 각각 경계가 있고, 경계가 매우 분명하여 뛰어넘을 수 없다. 하늘의 명령은 사람의 힘으로는 제대로 시행할 수 없지만, 이를 통해 방비한다면, 기회를 엿보는 자들은 막히게 될 것이고, 탐욕을 부리는 자들은 그치게 되어, 욕심이 제멋대로 날뛰지 못하게 된다.

【002】

子云: "小人貧斯約, 富斯驕. 約斯盜, 驕斯亂. 禮者, 因人之情而爲之節文, 以爲民坊者也. 故聖人之制富貴也, 使民富不足以驕, 貧不至於約, 貴不慊口簟反於上, 故亂益亡."〈002〉

공자가 말하길, "소인은 가난하면 인색하게 되고 부유하면 교만하게 된다. 인색하면 도적질을 하게 되고 교만하면 혼란스럽게 만든다. 예라는 것은 사람의 정감에 따라 절제하여 격식을 만든 것으로, 이것을 백성들에 대한 방지대책으로 삼는다. 그러므로 성인은 부귀를 제어하여, 백성들로 하여금 부유하더라도 교만하게 만들지 않고, 가난하더라도 인색하게 만들지 않으며, 존귀하더라도 윗사람을 꺼려하지['慊'자는 '口(구)'자와 '簟(점)'자의 반절음이다.] 않도록 만든다. 그렇기 때문에 혼란이 더욱 없어지게 된다."라고 했다.

集說 方氏曰: 小人無道以安貧, 故貧斯約; 無德以守富, 故富斯驕. 約者不獲恣, 則有羨彼之志, 故約斯盜; 驕者不能遜, 則有犯上之心, 故驕斯亂. 凡此皆人之情也, 而禮則因而爲之節文, 富者不以有餘而慢於人, 貧者不以不足而窮其身, 貴者不以在上而慊於物, 皆由有禮故也. 若家富不過百乘, 所以制富而不使之驕也; 一夫受田百畝, 所以制貧而不使之約也; 伐冰之家, 不畜牛羊, 所以制貴而不使之慊也.

방씨가 말하길, 소인은 도에 따라 가난함을 편하게 여길 수 없기 때문에 가난하면 인색해지고, 덕으로 부유함을 지킬 수 없기 때문에 부유하면 교만하게 된다. 인색한 자는 자신의 뜻대로 할 수 없어서 상대의 것을 탐내는 마음이 생긴다. 그렇기 때문에 인색하게 되면 도적질을 한다. 또 교만한 자는 겸손할 수 없어서 윗사람을 범하려는 마음이 생긴다. 그렇기 때문에 교만하면 혼란스럽게 만든다. 무릇 이러한 것들은 모두 사람의 정감에 해당하는데, 예는 정감에 따라서 그것을 절제하여 격식을 만든 것이니, 부유한 자는 자신이 여유롭다는 이유로 남에게 거만하게 굴지 않고, 가난한 자는 자신이 부족하다는 이유로 자신을 곤궁하게 내몰지 않으며, 존귀한 자는 자신이 높은 자리에 있다는 이유로 상대에 대해서 편치 않게 여기지 않으니, 이 모두는 예가 있다는 데에 말미암는 것이다. 대부의 부유함이 100승(乘)을 넘지 못하게 하는 것은 바로 부유함을 제어하여 그로 하여금 교만하게 만들지 않는 것이며, 한 명의 가장이 100무(畝)의 경작지를 받는 것1)은 가난함을 제어하여 그로 하여금 인색하게 만들지 않는 것이고, 얼음을 쓰는 집에서 소와 양을 기르지 않는 것2)은 존귀함을 제어하여 그로 하여금 꺼려하도록 만들지 않는 것이다.

【003】

子云: "貧而好樂[洛], 富而好禮, 衆而以寧者, 天下其幾[上聲]矣. 詩云: '民之貪亂, 寧爲荼毒.'"〈003〉3)

---

1) 『맹자』 「만장하(萬章下)」 : 耕者之所獲, 一夫百畝, 百畝之糞, 上農夫食九人, 上次食八人, 中食七人, 中次食六人, 下食五人. 庶人在官者, 其祿以是爲差.

2) 『대학』 「전(傳) 10장」 : 孟獻子曰, "畜馬乘不察於雞豚, 伐冰之家不畜牛羊, 百乘之家不畜聚斂之臣. 與其有聚斂之臣寧有盜臣." 此謂國不以利爲利, 以義爲利也.

3) 『예기』 「방기」 003장 : 子云: "貧而好樂, 富而好禮, 衆而以寧者, 天下其幾矣.

공자가 말하길, "가난하면서도 즐김을['樂'자의 음은 '洛(락)'이다.] 좋아하고, 부유하면서도 예를 좋아하며, 구성원이 많아지는데도 편안하게 하는 자는 천하에 몇['幾'자는 상성으로 읽는다.] 되지 않는다. 『시』에서는 '백성들이 혼란이 없어지기를 바라여, 차라리 독초나 독충처럼 행동하는구나.'"라고 했다.

集說 眾而以寧, 謂家族眾盛, 而不以悖亂致禍敗也. 天下其幾, 言此三者不多見也. 詩, 大雅 · 桑柔之篇. 貪, 猶欲也; 荼, 苦菜也; 毒, 螫蟲也; 刺厲王, 言民苦政亂, 欲其亂亡, 故寧爲荼苦毒螫之行以相侵暴而不之恤也.

'중이이녕(眾而以寧)'은 가족과 족인들이 많아졌음에도 어그러지고 혼란스럽게 하여 재앙을 만들지 않는다는 뜻이다. '천하기기(天下其幾)'는 이러한 세 가지를 지키는 자를 많이 볼 수 없다는 뜻이다. 시는 『시』「대아(大雅) · 상유(桑柔)」편이다.[4] '탐(貪)'자는 "바란다."는 뜻이며, '도(荼)'자는 씀바귀를 뜻하고, '독(毒)'자는 독충을 뜻하는데, 여왕을 풍자한 것으로, 백성들이 고통스럽고 정사가 문란해져서 혼란함이 없어지기를 바라기 때문에, 차라리 씀바귀나 독충처럼 행동하여 서로를 침탈하고 흉포하게 구는데도 구휼하지 않는다는 뜻이다.

集說 石梁王氏曰: 貧而好樂, 添一好字, 恐非孔子語.

석량왕씨가 말하길, '빈이호악(貧而好樂)'은 하나의 '호(好)'자가 첨가되었으니,[5] 아마도 공자의 말이 아닐 것이다.

詩云: '民之貪亂, 寧爲荼毒.' 故制國不過千乘, 都城不過百雉, 家富不過百乘. 以此坊民, 諸侯猶有畔者."
4) 『시』「대아(大雅) · 상유(桑柔)」: 維此良人, 弗求弗迪. 維彼忍心, 是顧是復. 民之貪亂, 寧爲荼毒.
5) 『논어』「학이(學而)」: 子貢曰, "貧而無諂, 富而無驕, 何如?" 子曰, "可也, 未若貧而樂, 富而好禮者也." 子貢曰, "詩云, '如切如磋, 如琢如磨', 其斯之謂與?" 子曰, "賜也, 始可與言詩已矣, 告諸往而知來者."

類編 右統言.
여기까지는 '통언(統言)'에 대한 내용이다.

◇ 상하의 구분을 밝힘[明上下之分]

【004】

子云: "夫禮者, 所以章疑別微, 以爲民坊者也. 故貴賤有等, 衣服有別, 朝廷有位, 則民有所讓." 〈004〉

공자가 말하길, "무릇 예라는 것은 의심나는 것을 드러내고 은미한 것을 구별하여 백성들이 잘못을 저지르지 않도록 방지하는 것이다. 그러므로 귀천에 등급이 생기고, 의복에 구별이 생기며, 조정에 지위가 생긴다면, 백성들에게는 사양하는 점이 생긴다."라고 했다.

> **集說** 疑者, 惑而未決; 微者, 隱而不明. 惟禮足以章明之 · 分別之也.

'의(疑)'는 의혹이 되어 결정하지 못하는 것이며, '미(微)'는 은미하여 드러나지 않는 것이다. 오직 예만이 밝게 드러내고 분별할 수 있다.

【005】

"故制國不過千乘, 都城不過百雉, 家富不過百乘. 以此坊民, 諸侯猶有畔者." 〈003〉 1) [本在"寧爲荼毒"下.]

계속하여 공자가 말하길, "그렇기 때문에 제후국의 경계를 제정하며 1,000승(乘)의 규모를 넘지 못하도록 했고, 도성은 100치(雉)를 넘지 못하도록 했으며, 경이나 대부의 채지 규모는 100승을 넘지 못하도록 했다. 이를 통해 백성들의 잘못을 방지했는데도, 제후 중에는 오히려 배반을 계획하는 자가 있다."라고 했다. [본래는 "차라리 독초나 독충처럼 행동하는구나"라고 한 문장 뒤에 수록되어 있었다.]

---

1) 『예기』「방기」 003장 : 子云: "貧而好樂, 富而好禮, 衆而以寧者, 天下其幾矣. 詩云: '民之貪亂, 寧爲荼毒.' <u>故制國不過千乘, 都城不過百雉, 家富不過百乘, 以此坊民, 諸侯猶有畔者.</u>"

集說 千乘, 諸侯之國, 其地可出兵車千乘也. 都城, 卿·大夫都邑
之城也. 雉, 度名也, 高一丈, 長三丈爲一雉. 家富, 卿·大夫之富也.
不過百乘, 其采地所出之兵車, 不得過此數也.

'천승(千乘)'은 제후의 나라를 뜻하니, 그의 영지에서는 전쟁용 수레
1,000대를 출자할 수 있다. '도성(都城)'은 경과 대부의 도읍에 세우는
성이다. '치(雉)'자는 치수를 뜻하는 명칭으로, 높이가 1장이고 길이가 3
장인 것이 1치(雉)이다. '가부(家富)'는 경과 대부의 부유함이다. "100승
을 넘지 않는다."는 말은 그들의 채지에서 출자하는 전쟁용 수레는 이
수를 넘길 수 없다는 뜻이다.

【006】

子云: "天無二日, 土無二王, 家無二主, 尊無二上, 示民有君臣之別
也. 春秋不稱楚·越之王喪, 禮君不稱天, 大夫不稱君, 恐民之惑也.
詩云: '相[去聲]彼盍[渴]旦, 尚猶患之.'"〈005〉[2]

공자가 말하길, "하늘에는 두 개의 태양이 없고, 땅에는 두 명의 천자가
없으며, 가정에는 두 명의 주인이 없고, 존귀함에는 두 명의 윗사람이 없으
니, 백성들에게 군주와 신하의 구별이 있음을 보여주는 것이다. 『춘추』에
서는 초왕이나 월왕의 상사를 장례라고 지칭하지 않았고, 『예』에 있어서는
제후에 대해 하늘을 일컫지 않았으며, 대부에 대해 제후라고 일컫지 않으
니, 백성들이 의혹하게 될까 염려하기 때문이다. 『시』에서는 '저 아침이
오기를 울부짖는 새를['盍'자의 음은 '渴(갈)'이다.] 보니['相'자는 거성으로 읽는다.] 오
히려 사람들이 그것을 싫어하는구나.'라고 하였는데, 신하가 어찌 군주에
게 참람되게 굴겠는가?"라고 했다.

---

2) 『예기』「방기」 005장 : 子云: "天無二日, 土無二王, 家無二主, 尊無二上, 示民有
  君臣之別也. 春秋不稱楚·越之王喪, 禮君不稱天, 大夫不稱君, 恐民之惑也.
  詩云: '相彼盍旦, 尚猶患之.'" 子云: "君不與同姓同車, 與異姓同車不同服, 示
  民不嫌也. 以此坊民, 民猶得同姓以弑其君."

集說　楚・越之王喪, 書卒不書葬, 夷之也. 君不稱天, 避天子也; 大夫不稱君而稱主, 避國君也. 詩, 逸詩也. 盍旦, 夜鳴求旦之鳥, 患, 猶惡也. 言視彼盍旦之夜鳴以求曉, 是欲反夜作晝, 求所不當求者, 人尚且惡之, 況人臣而求犯其上乎?

초왕이나 월왕의 상사에 대해서 졸(卒)이라 기록하고 장(葬)을 치렀다고 기록하지 않은 것은 오랑캐로 대했기 때문이다. 제후에 대해 천(天)이라 일컫지 않은 것은 천자의 예법을 피하고자 해서이다. 대부에 대해 군(君)이라 일컫지 않고 주(主)라고 일컬은 것은 제후의 예법을 피하고자 해서이다. 여기에 인용된 시는 일실된 『시』이다. '갈단(盍旦)'은 밤에 울부짖어서 아침이 오기를 바라는 새이며, '환(患)'자는 "싫어한다."는 뜻이다. 즉 저 갈단이라는 새는 밤늦게 울어서 아침이 오기를 바라는데, 이것은 밤을 바꿔 낮을 만들고자 하는 것이니, 마땅히 구해서는 안 되는 것을 구하는 것으로, 사람들이 오히려 그것을 싫어하는데, 하물며 신하가 되어서 윗사람 범하기를 구해서야 되겠느냐는 뜻이다.

【007】
子云: "君不與同姓同車, 與異姓同車不同服, 示民不嫌也. 以此坊民, 民猶得同姓以弑其君." 〈005〉3) [本在"民有所讓"下.]
공자가 말하길, "군주는 동성인 자와는 수레에 함께 타지 않고, 이성인 자와는 수레에 함께 타더라도 의복을 동일하게 입지 않으니, 백성들에게 혐의로 둘 것이 없음을 보여주는 것이다. 이를 통해 백성들이 잘못을 저지르지 않도록 방지하더라도, 백성들 중에는 오히려 동성인 자를 추대하여 자신의 군주를 시해하는 자가 있다."라고 했다. [본래는 "백성들에게는 사양하는

---

3) 『예기』「방기」005장 : 子云: "天無二日, 土無二王, 家無二主, 尊無二上, 示民有君臣之別也. 春秋不稱楚・越之王喪, 禮君不稱天, 大夫不稱君, 恐民之惑也. 詩云: '相彼盍旦, 尚猶患之.'" 子云: "君不與同姓同車, 與異姓同車不同服, 示民不嫌也. 以此坊民, 民猶得同姓以弑其君."

점이 생긴다."⁴⁾라고 한 문장 뒤에 수록되어 있었다.]

集説 不同車, 遠害也, 篡弑之禍, 常起於同姓, 故與異姓同車則不嫌.

수레에 함께 타지 않는 것은 해를 멀리하고자 해서이니, 제위를 찬탈하고 시해하는 재앙은 항상 동성인 자에게서 발생되었기 때문에, 이성인 자와는 수레에 함께 타게 되더라도 혐의를 두지 않는다.

附註 不稱楚越之王, 王字句. 喪禮, 唯天子稱天以誄之.

'불칭초월지왕(不稱楚越之王)'이라 했는데, '왕(王)'자에서 구문을 끊는다. 따라서 왕(王)자 뒤의 구문은 "상례에 따르면 오직 천자만이 하늘의 이름을 빗대어 뇌를 할 수 있다⁵⁾."라는 뜻이다.

---

4) 『예기』「방기」 004장 : 子云, "夫禮者, 所以章疑別微, 以爲民坊者也. 故貴賤有等, 衣服有別, 朝廷有位, 則民有所讓."
5) 『예기』「증자문(曾子問)」 046장 : 賤不誄貴, 幼不誄長, 禮也. 唯天子, 稱天以誄之, 諸侯相誄, 非禮也.

【008】

子云: "升自客階, 受弔於賓位, 敎民追孝也. 未沒喪, 不稱君, 示民不
爭也. 故魯春秋記晉喪曰: '殺其君之子奚齊及其君卓.' 以此坊民, 子
猶有弑其父者." 〈024〉 [本在"有薨而不葬者"下.]

공자가 말하길, "당상으로 올라갈 때 빈객이 이용하는 서쪽 계단을 통하고,
빈객의 자리에서 조문을 받는 것은 백성들에게 효를 미루어 시행해야 함을
가르치는 것이다. 세자가 상사를 아직 끝내지 않았다면, 군이라는 칭호로
자신을 지칭하지 않으니, 백성들에게 다투지 않음을 보여주는 것이다. 그
렇기 때문에 노나라 『춘추』에서는 진나라에서 발생한 상사를 기록하며,
'그 군의 아들 해제와 그 군인 탁을 시해했다.'라고 했다. 이를 통해 백성들
의 잘못을 방지했는데도, 자식 중에는 오히려 자신의 부친을 시해하는 자
가 있다."라고 했다. [본래는 "죽었는데도 장례를 치르지 않는 자가 있다."[1]라고 한 문장
뒤에 수록되어 있었다.]

集說 魯僖公九年, 晉侯詭諸卒. 冬, 里克弑其君之子奚齊. 十年, 里
克弑其君卓子.

노나라 희공 9년에 진나라 후작인 궤제가 죽었다.[2] 겨울에 이극이 그
군주의 아들인 해제를 시해했다.[3] 희공 10년에는 이극이 그 군주인 탁자
를 시해했다.[4]

集說 方氏曰: 升自客階, 而不敢由於主人之階; 受弔於賓位, 而不
敢居於主人之位, 所以避父之尊, 盡爲子之孝而已. 父旣往而猶未忍

---

1) 『예기』 「방기」 023장: 子云: "賓禮每進以讓, 喪禮每加以遠. 浴於中霤, 飯於牖
   下, 小斂於戶內, 大斂於阼, 殯於客位, 祖於庭, 葬於墓, 所以示遠也. 殷人弔於
   壙, 周人弔於家, 示民不偝也." 子云: "死, 民之卒事也, 吾從周. 以此坊民, 諸侯
   猶有薨而不葬者."
2) 『춘추』 「희공(僖公) 9년」: 甲子, 晉侯詭諸卒.
3) 『춘추』 「희공(僖公) 9년」: 冬, 晉里克弑其君之子奚齊.
4) 『춘추』 「희공(僖公) 10년」: 晉里克弑其君卓子及其大夫荀息.

升其階·居其位焉, 故曰: "敎民追孝也." 居君之位而未敢稱君之號,
則推讓之心固可見矣, 故曰: "示民不爭也."

방씨가 말하길, 올라갈 때 빈객이 사용하는 계단을 이용하는 것은 감히
주인이 사용하는 계단으로 올라갈 수 없기 때문이며, 빈객의 자리에서
조문을 받는 것은 감히 주인이 위치하는 자리에 있을 수 없기 때문이니,
부친의 존귀함에 버금가는 것을 피하고 자식의 도리인 효를 다하기 위해
서일 따름이다. 부친이 이미 세상을 떠났더라도 아직까지 차마 부친이
사용하던 계단을 오를 수 없고 그 자리에 위치하지 못한다. 그렇기 때문
에 "백성들에게 효를 미루어 시행해야 함을 가르치는 것이다."라 했다.
군주의 자리에 올랐더라도, 아직까지 감히 군(君)이라는 칭호를 사용하
지 않는다면, 겸손히 낮춰서 사양하는 마음을 진실로 확인할 수 있다.
그렇기 때문에 "백성들에게 다투지 않음을 보여주는 것이다."라 했다.

【009】

子云: "孝以事君, 弟以事長, 示民不貳也. 故君子有君不謀仕, 唯卜
之日稱二君." 〈025〉

공자가 말하길, "효로써 군주를 섬기고 공손함으로써 연장자를 섬기는 것
은 백성들에게 두 마음을 품지 않는 것을 보여줌이다. 그렇기 때문에 군주
의 자식은 군주가 생존해 계실 때 벼슬하기를 도모하지 않고, 오직 거북점
을 치는 날에만 군주를 대신한다고 부른다."라고 했다.

集說 推事父之道以事君, 推事兄之道以事長, 皆誠實之至, 豈敢有
副貳其上之心乎? 欲貳其君, 是與尊者相敵矣, 故云: "示民不貳也."
君子, 人君之子也. 有君, 君在也. 不謀仕, 嫌欲急於爲政也. 世子他
事皆不得稱君貳, 唯命龜之時, 或君有故而己代之, 則自稱曰: "君之
貳某." 左傳"卜貳圉", 正謂君之貳, 故鄭引之云: "二當爲貳也."

부친을 섬기는 도리를 미루어서 군주를 섬기고, 형을 섬기는 도리를 미루

어서 연장자를 섬기는 것은 모두 성실함이 지극한 것인데, 어찌 감히 윗사람에 대해서 버금가려고 하며 두 마음을 품을 수 있겠는가? 자신의 군주에 대해서 두 마음을 품으려고 한다면, 이것은 존귀한 자와 서로 대적하려는 것이다. 그렇기 때문에 "백성들에게 두 마음을 품지 않는 것을 보여준다."라고 했다. '군자(君子)'는 군주의 자식이다. '유군(有君)'은 군주가 생존해 있다는 뜻이다. 벼슬하기를 도모하지 않는 것은 정치를 하는데 급급하다는 혐의를 받기 때문이다. 세자는 다른 일들에 대해서 모두 '군주를 대신하는 자'라고 지칭할 수 없는데, 오직 거북껍질에게 명령하여 점치는 시기에만 간혹 군주에게 변고가 있어서 자신이 대신하게 된다면, 스스로를 '군주를 대신하는 아무개'라고 부른다. 『좌전』에서는 "거북점에서 어(圉)를 대신 시켜라."5)라고 했으니, 이것은 바로 군주를 대신하는 자를 뜻한다. 그렇기 때문에 정현은 이 문장을 인용해서, 이(二)자는 마땅히 이(貳)자가 되어야 한다고 했다.

附註 君子有君不謀仕, 蓋君子專於所事, 不可懷二心, 以君與及一體也. 故旣己委質爲臣, 則不敢更謀仕於他國. 惟道不合, 諫不聽, 或君放逐之, 則去仕於他國. 而周時列國甚多, 故卜其所如往, 吉則往而仕之. 其卜之詞曰, "假爾泰龜有常. 某國之臣某, 獲罪於君, 不敢寧居, 將奔于某國, 奉贄爲臣"云云. 此所謂"不謀仕"·"稱二君"也. 註以君子爲君之子, 其說甚迂.

'군자유군불모사(君子有君不謀仕)'라 했는데, 무릇 군자는 섬기는 대상에 대해 전심을 다하여 두 마음을 품을 수 없으니, 군주와 부친은 한 몸이기 때문이다. 그래서 본인이 이미 충성을 맹세하여 신하가 되었다면 감히 다른 나라에서 다시 벼슬하기를 도모하지 않는다. 다만 도가 합치되지 않고 간언을 듣지 않으며, 혹은 군주가 내치는 경우여야만 그 나라를 떠

---

5) 『춘추좌씨전』 「희공(僖公) 15년」: 子金敎之言曰, "朝國人而以君命賞. 且告之曰, '孤雖歸, 辱社稷矣, 其卜貳圉也.'"

나서 다른 나라에서 벼슬을 할 수 있다. 그리고 주나라 때에는 제후국들이 매우 많았기 때문에 찾아가려는 곳에 대해서는 거북점을 쳤고, 길한 점괘가 나와야만 찾아가서 벼슬을 했다. 그리고 거북점을 치는 말에서는 "그대 귀중한 거북에 있는 신령스러움을 잠시 빌리노라. 아무개 나라의 신하 아무개는 군주에게 죄를 지어 감히 편안히 머물 수가 없어 장차 아무개 나라로 달아나 예물을 갖추고 그 나라의 신하가 되고자 한다."라고 운운한다. 이것이 바로 '불모사(不謀仕)'와 '칭이군(稱二君)'에 해당한다. 주에서 '군자(君子)'를 군주의 자식으로 여겼는데, 그 설명은 매우 우활하다.

【010】

"喪父三年, 喪君三年, 示民不疑也." 〈026〉

공자가 계속하여 말하길, "부친의 상을 치르는 기간은 3년이고, 군주의 상을 치르는 기간도 3년이니, 백성들에게 군주의 존귀함에 대해 의심하지 않음을 보여주는 것이다."라고 했다.

集說 疏曰: 君無骨肉之親, 若不爲重服, 民則疑君不尊; 今與喪父同, 示民不疑於君之尊也.

소에서 말하길, 군주와 골육지친의 관계가 없지만, 만약 그를 위해 수위가 높은 상복을 착용하지 않는다면, 백성들은 군주가 존귀하지 않다고 의심한다. 또 현재 부친의 상을 치르는 것과 동일하게 한다면, 이것은 백성들에게 군주의 존귀함에 대해 의심하지 않음을 보여주는 것이다.

附註 此段上當有子云二字.

이 단락 앞에는 마땅히 '자운(子云)'이라는 두 글자가 있어야 한다.

【011】

"父母在, 不敢有其身, 不敢私其財, 示民有上下也."〈027〉

공자가 계속하여 말하길, "부모가 생존해 계시다면, 감히 자기 몸을 제멋대로 할 수 없고, 재물을 사사로이 처리할 수 없으니, 백성들에게 상하계층의 구분이 있음을 보여주는 것이다."라고 했다.

集說 與曲禮"不許友以死, 不有私財"意同. 有上下, 謂卑當統於尊也.

『예기』 「곡례(曲禮)」편에서 "친구를 위해서 목숨을 버리지 않으며, 사사롭게 재물을 축적하지 않는다."고 한 말과 같은 뜻이다. 상하가 있다는 말은 미천한 자는 마땅히 존귀한 자에게 통솔되어야 함을 뜻한다.

【011】

"故天子四海之內無客禮, 莫敢爲主焉. 故君適其臣, 升自阼階, 卽位於堂, 示民不敢有其室也. 父母在, 饋獻不及車馬, 示民不敢專也. 以此坊民, 民猶忘其親而貳其君."〈028〉

공자가 계속하여 말하길, "그러므로 천자는 사해 이내의 땅에서 빈객으로 행동하는 예가 없으니, 나머지 사람들은 감히 자신을 주인으로 여기지 않는다. 그렇기 때문에 군주가 자신의 신하에게 찾아갈 때, 그 집에 도착하여 당상에 오르게 되면 주인이 이용하는 동쪽 계단을 사용하여, 당상의 자기 자리로 나아가니, 백성들에게 군주 이외의 사람들은 감히 그 건물을 자기 마음대로 소유할 수 없음을 보여주는 것이다. 부모가 생존해 계실 때 예물을 건넬 때에는 수레나 말까지는 보내지 못하니, 백성들에게 감히 자기마음대로 하지 않음을 보여주는 것이다. 이를 통해 백성들의 잘못을 방지했는데도, 백성 중에는 오히려 자신의 부모를 잊고 자신의 군주에 대해서 두 마음을 품는 자가 있다."라고 했다.

集說 曲禮云: "三賜不及車馬, 故州閭鄕黨稱其孝." 以上四節, 皆明事君 · 事親之道, 故摠結之曰: "忘其親而貳其君."

『예기』「곡례(曲禮)」편에서는 "삼명의 관리 등급을 받아도 말과 수레는 받지 않기 때문에, 마을사람들은 그의 효성을 칭송하게 된다."라 했다. 이상의 네 절은 모두 군주를 섬기고 부모를 섬기는 도를 나타내고 있다. 그렇기 때문에 총괄적으로 결론을 내리며, "자신의 부모를 잊고 군주에 대해서 두 마음을 품는다."라고 했다.

類編 右明上下之分.
여기까지는 '명상하지분(明上下之分)'에 대한 내용이다.

◇ 사양의 뜻을 밝힘[明辭讓之義]

【012】

子云: "君子辭貴不辭賤, 辭富不辭貧, 則亂益亡. 故君子與其使食浮
於人也, 寧使人浮於食." 〈006〉 [本在"以弑其君"下.]

공자가 말하길, "군자가 귀한 것을 사양하고 천한 것을 사양하지 않으며,
부유함을 사양하고 가난함을 사양하지 않는다면, 혼란함이 더욱 없어지게
된다. 그러므로 군자는 남보다 녹봉이 많아지기 보다는 차라리 남의 녹봉
이 나보다 많아지기를 바란다."라고 했다. [본래는 "자신의 군주를 시해하는 자가
있다."1)라고 한 문장 뒤에 수록되어 있었다.]

集說 食, 祿也. 浮, 在上也. 才德薄而受祿厚, 是食浮於人也.

'식(食)'자는 녹봉을 뜻한다. '부(浮)'자는 위에 뜬다는 뜻이다. 재주와 덕
이 옅은데도 녹봉을 많이 받는 것이 바로 녹봉이 남보다 위에 있다는
뜻이다.

【013】

子云: "觴酒‧豆肉, 讓而受惡, 民猶犯齒. 衽席之上, 讓而坐下, 民猶
犯貴. 朝廷之位, 讓而就賤, 民猶犯君. 詩云: '民之無良, 相怨一方.
受爵不讓, 至于己斯亡.'" 〈007〉2)

---

1) 『예기』「방기」005장 : 子云, "天無二日, 土無二王, 家無二主, 尊無二上, 示民有
君臣之別也. 春秋, 不稱楚‧越之王喪, 禮, 君不稱天, 大夫不稱君, 恐民之惑
也. 詩云, '相彼盍旦, 尙猶患之.'" 子云, "君不與同姓同車, 與異姓同車不同服,
示民不嫌也. 以此坊民, 民猶得同姓以弑其君."

2) 『예기』「방기」007장: <u>子云: "觴酒‧豆肉, 讓而受惡, 民猶犯齒. 衽席之上, 讓而
坐下, 民猶犯貴. 朝廷之位, 讓而就賤, 民猶犯君. 詩云: '民之無良, 相怨一方.
受爵不讓, 至于己斯亡.'"</u> 子云: "君子貴人而賤己, 先人而後己, 則民作讓. 故稱
人之君曰君, 自稱其君曰寡君."

공자가 말하길, "군자가 술과 음식에 대해 사양하여 나쁜 것을 받더라도 백성들은 오히려 연장자를 범한다. 군자가 자리에 대해 사양하여 낮은 자리에 앉더라도 백성들은 오히려 존귀한 자를 범한다. 군자가 조정의 자리에 대해 사양하여 미천한 지위로 나아가더라도 백성들은 오히려 군주를 범한다. 『시』에서 '백성들 중 양심이 없는 자는 서로 상대방만을 원망한다. 술잔을 받고도 사양을 하지 않아 자신을 망치는 지경에 이르기도 하는구나.'"라고 했다.

集說 詩, 小雅・角弓之篇. 爵, 酒器也. 嚴氏云: "兄弟有因杯酒得罪而怨者", 此爲持平之論以解之, 言凡人之不善者, 其相怨各執一偏, 而不能紊彼己之曲直, 故但知怨其上而不思己過. 然其端甚微, 或止因受爵失辭遜之節, 而或至於亡其身, 亦可念矣.

시는 『시』「소아(小雅)・각궁(角弓)」편이다.[3] '작(爵)'은 술을 따르는 잔이다. 엄씨는 "형제들 중 술을 따르다가 죄를 지어 원망하는 경우가 있다."라고 했는데, 이것은 공평하고 합리적인 논의로 풀이한 것으로, 사람들 중 불선한 자는 서로 원망하며 각각 자신의 주장만 고집하고, 상대방과 자신의 시시비비를 살필 수 없다. 그렇기 때문에 단지 윗사람만 원망할 줄 알고 자신의 과오는 생각하지 않는다. 그런데 그 단초는 매우 은미하여, 단지 술잔을 받을 때 사양의 절차를 시행하지 않은 잘못으로 인하여 자신을 망치는 지경에 이르기도 하니, 이 또한 유념할만한 일이다.

集說 方氏曰: 禮, 六十以上, 籩豆有加, 故酒肉以犯齒言; 三命不齒, 席于尊東, 故衽席以犯貴言; 族人不得戚君位, 故朝廷以犯君言.

방씨가 말하길, 예법에 따르면 60세 이상인 자는 추가적으로 차리는 변과 두의 음식들을 받는다. 그렇기 때문에 술과 고기로 연장자를 범한다고 말했다. 또 3명의 등급을 가진 자는 나이에 따라 서열을 정하지 않고,

---

3) 『시』「소아(小雅)・각궁(角弓)」: 民之無良, 相怨一方. 受爵不讓, 至于己斯亡.

술동이의 동쪽에 자리를 깔고 앉는다. 그렇기 때문에 자리로 존귀한 자를 범한다고 말했다. 또 족인들의 경우에는 군주와 친족관계라 하더라도, 그 관계를 내세워 군주에게 친근하게 대할 수 없으니, 지위가 엄격히 구분되기 때문이다. 그래서 조정의 자리로 군주를 범한다고 말했다.

【014】

子云: "君子貴人而賤己, 先人而後己, 則民作讓. 故稱人之君曰君, 自稱其君曰寡君."〈007〉⁴⁾

공자가 말하길, "군자가 남을 존귀하게 대하고 자신을 천하게 대하며, 남을 앞세우고 자신을 뒤로 물린다면, 백성들은 겸양의 도리를 시행할 것이다. 그렇기 때문에 남의 군주를 지칭할 때에는 '군(君)'이라 부르고, 자신의 군주를 지칭할 때에는 '과군(寡君)'이라 부른다."라고 했다.

【015】

子云: "利祿先死者而後生者, 則民不偝, 先亡者而後存者, 則民可以託. 詩云: '先君之思, 以畜寡人.' 以此坊民, 民猶偝死而號[平聲]無告."〈008〉

공자가 말하길, "이로움과 녹봉을 죽은 자에게 먼저 돌아가게 하고 이후에 산 자에게 돌아가게 하면, 백성들이 배반하지 않고, 없어진 자에게 먼저 돌아가게 하고 이후에 남아있는 자에게 돌아가게 하면, 백성들은 의탁할 수 있게 된다. 『시』에서는 '선군에 대한 생각으로 나를 길러주네.'라고 했다. 이를 통해 백성들의 잘못을 방지했는데도, 백성들은 여전히 죽은 자를 배반하고 부르짖는데도['號'자는 평성으로 읽는다.] 고할 데가 없게 된다."라고

---

4) 『예기』「방기」 007장 : 子云: "觴酒·豆肉, 讓而受惡, 民猶犯齒. 衽席之上, 讓而坐下, 民猶犯貴. 朝廷之位, 讓而就賤, 民猶犯君. 詩云: '民之無良, 相怨一方. 受爵不讓, 至于己斯亡.'" <u>子云: "君子貴人而賤己, 先人而後己, 則民作讓. 故稱人之君曰君, 自稱其君曰寡君."</u>

했다.

集說 詩, 邶風・燕燕之篇. 畜, 詩作勗, 勉也. 莊姜言歸, 妾戴嬀思
念先君莊公, 以婦道勗勉寡人; 寡人, 莊姜自謂. 此以勗爲畜者, 言能
容畜我於心而不忘, 是不偝死忘生之意也.

시는 『시』「패풍(邶風)・연연(燕燕)」편이다.[5] '휵(畜)'자를 『시』에서는
욱(勗)자로 기록했으니, "힘쓰다."는 뜻이다. 장강이 돌아가라고 말하여,
첩이었던 대규가 선군인 장공을 그리워하며, 부인의 도에 따라 과인(寡
人)을 독려했다는 뜻인데, '과인(寡人)'은 장강 스스로를 일컫는 말이다.
이곳에서는 욱(勗)자를 휵(畜)자로 기록했으니, 나를 마음으로 받아들이
고 길러서 잊지 않는다는 뜻으로, 이것은 죽은 자를 배반하거나 살아있는
자를 잊지 않는다는 뜻에 해당한다.

集說 疏曰: 財利榮祿之事, 假令死之與生竝合俱得, 君上則先與死
者, 後與生者, 以此化民, 則民皆不偝於死者. 亡, 謂身爲國事而出亡
在外; 存, 謂存在國內者. 君有利祿, 先與在外亡者, 而後與國內存
者, 以此化民, 民皆仁厚, 可以大事相付託也. 偝死而號無告者, 言民
偝矣死者, 其生者老弱號呼無所控告也.

소에서 말하길, 재물과 이로움 영화와 녹봉에 대한 일에 있어서, 가령
죽은 자와 산자가 모두 얻어야만 한다면, 군주는 우선적으로 죽은 자에게
부여하고 이후에 산 자에게 부여한다. 이를 통해 백성들을 교화하면 백성
들은 모두 죽은 자에 대해 배반하지 않는다. '망(亡)'자는 본인이 나라의
일을 위하여 국경을 벗어나 현재 외국에 있는 것을 뜻하며, '존(存)'자는
국내에 남아있는 자를 뜻한다. 군주에게 이로움과 녹봉이 있을 때, 먼저
외국에 나가 있는 자에게 부여하고 이후에 국내에 남아있는 자에게 부여

---

5) 『시』「패풍(邶風)・연연(燕燕)」: 仲氏任只, 其心塞淵. 終溫且惠, 淑愼其身. 先
君之思, 以勗寡人.

한다. 이를 통해 백성들을 교화하면 백성들은 모두 인자하고 덕이 두텁게 되어 큰 사업을 시행하며 서로 의지할 수 있게 된다. 죽은 자를 배반하고 부르짖는데 고할 데가 없다고 했는데, 백성들이 죽은 자를 배반하고 내버리면, 살아있는 자들 중 노약한 자들은 울부짖으며 고할 곳이 없게 된다는 뜻이다.

【016】

子云: "禮之先幣帛也, 欲民之先事而後祿也. 先財而後禮則民利, 無辭而行情則民爭, 故君子於有饋者弗能見, 則不視其饋. 易曰: '不耕穫[戶郭反], 不菑[緇]畬[余], 凶.' 以此坊民, 民猶貴祿而賤行."〈029〉 [本在 "貳其君"下.]

공자가 말하길, "폐백을 전달하는 것보다 의례의 시행을 먼저 하는 것은 백성들에게 일을 먼저 하고 이후에 녹봉을 받게끔 하기 위해서이다. 재물에 대한 것을 먼저 하고 이후에 예를 시행한다면 백성들이 이로움을 쫓고, 사양함이 없이 자신의 감정대로 시행한다면 백성들은 다투게 된다. 그렇기 때문에 군자는 예물을 보내온 자가 있는데, 자신에게 사정이 있어서 그를 만나보지 못했다면, 예물을 받지 않는다. 『역』에서는 '경작을 하지 않고도 수확을['穫'자는 '戶(호)'자와 '郭(곽)'자의 반절음이다.] 하고, 1년 된 밭을['菑'자의 음은 '緇(치)'이다.] 만들지 않고서 3년 된 밭이['畬'자의 음은 '余(여)'이다.] 되는 것은 흉하다.'라고 했다. 이를 통해 백성들의 잘못을 방지했는데도, 백성 중에는 오히려 녹봉을 귀하게 여기고 실천을 천하게 여긴다."라고 했다. [본래는 "군주에 대해서 두 마음을 품는 자가 있다."[6]라고 한 문장 뒤에 수록되어 있었다.]

集說 禮之先幣帛, 謂先行相見之禮, 後用幣帛以致其情也. 此是欲教民以先任事而後得祿之義. 若先用財而後行禮, 則民必貪於財利矣.

---

6) 『예기』「방기」 028장: "故天子四海之內無客禮, 莫敢爲主焉. 故君適其臣, 升自阼階, 卽位於堂, 示民不敢有其室也. 父母在, 饋獻不及車馬, 示民不敢專也. 以此坊民, 民猶忘其親而貳其君."

無辭, 無辭讓之節也. 行情, 直行己情也. 禮略而利行, 民不能無爭
奪矣. 人饋遺於己, 禮也, 己或以他故, 或以疾病, 不能出見其人, 則
不視其饋. 視, 猶納也, 此蓋不敢以無禮而當人之禮. 易, 无妄六二
爻辭, 今文無凶字. 田一歲曰菑, 三歲曰畬. 不耕而穫, 不菑而畬, 以
喩人臣無功而食君之祿, 引之以證不行禮而貪利也.

폐백보다 예를 먼저 한다는 말은 우선적으로 사로 만나보는 의례를 진행
하고 이후에 폐백을 사용해서 그 정감을 전달한다는 뜻이다. 이것은 백성
들이 우선적으로 그 일을 맡아서 처리하고 이후에 녹봉을 받도록 하는
뜻을 가르치고자 함이다. 만약 우선적으로 재물을 사용하고 이후에 예를
시행한다면, 백성들은 반드시 재물의 이로움을 탐하게 된다. '무사(無辭)'
는 사양하는 절차가 없다는 뜻이다. '행정(行情)'은 직접적으로 자신의
감정대로 행동한다는 뜻이다. 예를 생략하고 이로움을 추구하기 위해 행
동하면, 백성들은 다투거나 빼앗지 않을 수 없다. 어떤 자가 나에게 예물
을 보내는 것은 예의 절차에 해당하는데, 자신에게 간혹 다른 사유가 생
겼거나 질병이 있어서, 밖으로 나와 그 사람을 볼 수 없다면, 그가 보내온
예물을 받아들이지 않는다. '시(視)'자는 "받아들이다."는 뜻이니, 이것은
아마도 자신이 예를 갖추지 않았으므로, 남이 시행하는 예의 절차를 감히
감당할 수 없기 때문일 것이다. 『역』은 무망괘(无妄卦) 육이의 효사인
데,[7] 현재의 문장에는 '흉(凶)'자가 없다. 밭은 1년이 경과하면 치(菑)라
부르고, 3년이 경과하면 여(畬)라 부른다. 경작을 하지 않는데도 수확을
하고, 1년 된 밭을 만들지 않고서 3년 된 밭이 된다고 한 것은 신하에게
공적이 없는데도 군주가 주는 녹봉을 받는 것을 비유한 것이며, 이 문장
을 인용하여 예를 시행하지 않고서 이로움을 탐한다는 것을 증명하였다.

---

7) 『역』「무망괘(无妄卦)」: 六二, <u>不耕穫, 不菑畬</u>, 則利有攸往.

【017】

子云: "君子不盡利以遺民. 詩云: '彼有遺秉, 此有不斂穧[才又反], 伊
寡婦之利.' 故君子仕則不稼, 田則不漁, 食時不力珍, 大夫不坐羊
士不坐犬. 詩云: '采葑采菲, 無以下體. 德音莫違, 及爾同死.' 以此坊
民, 民猶妄義而爭利以亡其身."〈030〉

공자가 말하길, "군자는 이로움을 모두 취하지 않음으로써 백성들에게 남
겨준다. 『시』에서는 '저곳에는 한 움큼의 볏단이 남이 있고, 이곳에는 거둬
들이지 않은 볏단이[穧'자는 '才(재)'자와 '又(우)'자의 반절음이다.] 쌓여 있으니, 바
로 농사를 짓지 못하는 과부의 몫이로다.'라 했다. 그러므로 군자는 벼슬을
하면 농사를 짓지 않고, 사냥을 하면 물고기를 잡지 않으며, 사계절마다
때에 맞는 음식을 반찬으로 먹되 맛있는 것을 얻는데 힘쓰지 않고, 대부는
양가죽으로 만든 자리에 앉지 않으며, 사는 개가죽으로 만든 자리에 앉지
않는다. 『시』에서는 '순무를 따고 비를 따는 것은 뿌리 때문이 아니로다.
덕을 칭송하는 소리가 멀리 퍼져 어기는 자가 없으니, 너와 생을 함께 하리
라.'라 했다. 이를 통해 백성들의 잘못을 방지했는데도, 백성 중에는 오히
려 의로움을 잊고 이로움을 다투어 자신을 망치는 자가 있다."라고 했다.

集說 詩, 小雅・大田之篇. 秉, 禾之束爲把者. 穧鋪而未束者, 言彼
處有遺餘之秉把, 此處有不收斂之鋪穧, 寡婦之不能耕者, 取之以爲
利耳. 伊, 語辭, 與今詩文顚例不同. 仕則不稼, 祿足以代耕也; 田則
不漁, 有禽獸, 不可再取魚鱉也. 食時, 食四時之膳也. 不力珍, 不更
用力務求珍羞也. 坐羊・坐犬, 殺食而坐其皮也, 皆言不盡利之道.
詩, 衛風・谷風之篇. 葑, 蔓菁菜也. 菲, 亦菜名. 詩之意與此所引之
意不同, 詩意謂如葑菲常食之菜, 不可以其近地黃腐之莖菜, 遂棄其
上而不采, 猶夫婦之間, 亦不當以小過而棄其善. 此引以爲不盡利之
喩者, 謂采葑・菲者, 但當采取其葉, 不可以其根本之美而并取之,
如此則人君盛德之聲遠播, 無有違之者, 而人皆知親其上死其長矣,
詩則以及爾同死爲偕老也.

앞의 시는 『시』「소아(小雅)・대전(大田)」편이다.[8] '병(秉)'자는 벼의 묶

음을 손으로 움켜잡는다는 뜻이다. 볏단을 포개되 묶어두지 않는 것이 있으니, 즉 저곳에는 손으로 움켜잡을 수 있는 볏단의 묶음이 있고, 이곳에는 거둬들이지 않는 볏단이 쌓여 있는 것은 과부 중 경작을 못하는 자가 그것을 가져다가 생계를 꾸리게 한다는 뜻이다. '이(伊)'자는 어조사이니, 현재의 『시』에서는 그 문장이 뒤집혀 있어서 순서가 동일하지 않다. 벼슬살이를 하면 경작을 하지 않는 것은 녹봉으로도 충분히 경작하는 것을 대체할 수 있기 때문이며, 사냥을 하면 물고기를 잡지 않는 것은 짐승을 포획하면 재차 물고기나 자라 등까지 취할 수 없기 때문이다. '식시(食時)'는 사계절마다 나는 음식으로 반찬을 해서 먹는다는 뜻이다. '불력진(不力珍)'은 재차 힘써 노력하여 맛있는 음식을 구하지 않는다는 뜻이다. 양가죽에 앉지 않고 개가죽에 앉지 않는다는 것은 그 동물을 죽여서 고기를 먹고 그 가죽으로 짠 자리에 앉지 않는다는 뜻이니, 이 모두는 이로움을 모두 취하지 않는 도리를 설명하는 말이다. 뒤의 시는 『시』「위풍(衛風)·곡풍(谷風)」편이다.[9] '봉(葑)'자는 순무라는 채소이다. '비(菲)'자 또한 채소의 이름이다. 『시』의 본래 뜻은 이곳에서 인용한 의미와는 다른데, 『시』의 본래 의미는 순무나 비와 같은 것들은 먹기에 적합한 채소인데, 인근에서 캔 것 중 그 줄기와 잎이 썩었다고 하여 그 위를 버리고 뿌리까지도 채취하지 않아서는 안 된다는 뜻으로, 부부 사이에서도 작은 과실 때문에 그의 좋은 점을 내버려서는 안 된다는 것과 같다. 이곳에서 이 시를 인용한 의미는 이로움을 다하지 않는다는 비유로 삼은 것이니, 순무나 비를 채취할 때에는 단지 그 잎을 따야만 하며, 뿌리가 맛있다고 하여 모두 캐서는 안 된다는 뜻으로, 이처럼 한다면 군주의 융성한 덕에 대해서 그 소문이 널리 퍼져 위배하는 자가 없게 되고, 사람들

---

8) 『시』「소아(小雅)·대전(大田)」: 有渰萋萋, 興雨祈祈. 雨我公田, 遂及我私. 彼有不穫稚, 此有不斂穧, 彼有遺秉, 此有滯穗, 伊寡婦之利.

9) 『시』「패풍(邶風)·곡풍(谷風)」: 習習谷風, 以陰以雨. 黽勉同心, 不宜有怒. 采葑采菲, 無以下體, 德音莫違, 及爾同死.

은 모두 위정자를 친애하게 되며 연장자를 위해서 목숨을 던져야 함을 알게 된다는 의미이다. 그런데 『시』에서는 "너와 죽음을 함께 한다."는 말을 함께 늙어가는 뜻으로 여겼다.

【018】

子云: "有國家者, 貴人而賤祿, 則民興讓; 尙技而賤車, 則民興藝. 故君子約言, 小人先言."〈009〉 [本在"號無告"下.]

공자가 말하길, "나라를 소유한 자가 덕을 가진 자를 존귀하게 대하고, 그들에게 부여할 녹봉에 인색하지 않다면, 백성들은 사양하는 도리를 일으킨다. 또 재능을 가진 자를 숭상하고, 그들에게 부여할 수레 등에 인색하지 않다면, 백성들은 재예를 익히는 풍토를 일으킨다. 그러므로 군자는 말을 아끼고 소인은 말이 앞선다."라고 했다. [본래는 "부르짖는데도 고할 데가 없게 된다."[10]라고 한 문장 뒤에 수록되어 있었다.]

集說 貴人, 貴有德之人也. 言君能貴有德者而不吝於班祿, 則民興於讓善; 尙有能者而不吝於賜車, 則民興於習藝. 賤祿·賤車, 非輕祿器也, 特以貴賢尙能而不吝於所當與耳, 讀者不以辭害意可也. 言之不怍, 則爲之也難, 故君子之言常約, 小人則先言而後行, 不必其言行之相顧也.

'귀인(貴人)'은 덕을 갖춘 자를 존귀하게 여긴다는 뜻이다. 즉 군주가 덕을 갖춘 자를 존귀하게 여기며, 작위와 녹봉을 베푸는데 인색하지 않을 수 있다면, 백성들은 선한 이에게 사양하는 도리를 일으킨다. 또 재능을 가진 자를 숭상하고 수레를 하사하는데 인색하지 않을 수 있다면, 백성들은 재예를 익히는 풍토를 일으킨다. 녹봉을 천시하고 수레를 천시한다는 말은 녹봉과 기물을 경시한다는 뜻이 아니며, 단지 현명한 자를 존귀하게

---

10) 『예기』「방기」 008장 : 子云, "利祿先死者而後生者, 則民不偝, 先亡者而後存者, 則民可以託. 詩云, '先君之思, 以畜寡人.' 以此坊民, 民猶偝死而號無告."

대하고 능력이 있는 자를 숭상하여 마땅히 그들에게 수여할 것들에 대해 인색하지 않다는 뜻일 뿐이니, 읽는 자들은 표면적인 말에 의해 의미를 왜곡하지 않아야 옳다. 말하는 것을 부끄러워하지 않으면 그것을 시행하는 것은 어렵다.[11] 그렇기 때문에 군자는 말에 대해서 항상 아끼게 되지만, 소인은 말을 먼저 하고 행동을 뒤에 하니, 반드시 언행을 일치시키려고 서로 점검하지 않는다.

集說 鄭氏曰: 約與先互言, 君子約則小人多矣, 小人先則君子後矣. 정현이 말하길, 아끼고 먼저 한다는 말은 상호 호환이 되도록 말한 것이니, 군자가 말을 아낀다면 소인은 말을 많이 하는 것이고, 소인이 말을 먼저 한다면 군자는 말을 행동보다 뒤에 하는 것이다.

【019】
子云: "上酌民言, 則下天上施[去聲]. 上不酌民言, 則犯也; 下不天上施, 則亂也. 故君子信讓以涖百姓, 則民之報禮重. 詩云: '先民有言, 詢于芻蕘.'"〈010〉
공자가 말하길, "군주가 백성들의 말을 헤아린다면 백성들은 군주가 시행하는[施'자는 거성으로 읽는다.] 것들을 하늘처럼 떠받든다. 군주가 백성들의 말을 헤아리지 않는다면 백성들은 군주가 시행하는 것들을 범한다. 백성들이 군주가 시행하는 것들을 하늘처럼 여기지 않는다면 혼란스럽게 된다. 그러므로 군자가 신의와 겸양을 실천하여 백성들을 대한다면, 백성들에게는 보답하는 예가 중요하게 여겨진다. 『시』에서는 '옛 사람들이 이러한 말을 하지 않았던가, 초목을 채취하는 자에게도 묻는다고.'"라고 했다.

集說 上酌民言, 謂人君將施政教, 必斟酌參挹乎輿論之可否, 如此則政教所加, 民尊戴之如天所降下者矣, 否則民必違犯也. 民不天上

---

11) 『논어』「헌문(憲問)」: 子曰, "其言之不怍, 則爲之也難."

之所施, 則悖慢之亂作矣. 信則不欺於民, 讓則不恃乎己, 以此臨民, 民得不親其上, 死其長乎? 故曰民之報禮重也. 詩, 大雅·板之篇. 詢 于芻蕘, 問于取草取薪之賤者也, 引此以明酌民言之意.

'상작민언(上酌民言)'은 군주가 정치와 교화를 시행하고자 할 때에는 반 드시 여론의 가부를 헤아리고 참고해야 하니, 이처럼 한다면 정치와 교화 가 시행되더라도 백성들은 존귀하게 떠받들어 마치 하늘이 아래로 내려 준 것처럼 대한다. 그러나 이처럼 하지 않는다면 백성들은 반드시 그것을 어기고 범한다. 백성들이 위정자가 시행하는 것들을 하늘처럼 여기지 않 는다면, 어그러지고 태만하게 되는 혼란이 발생한다. 믿음이 있다면 백성 들을 속이지 않고, 겸양을 한다면 자신만 믿지 않으니, 이를 통해 백성들 을 임하게 된다면 백성들이 위정자를 친근하게 여겨서 연장자를 위해 목 숨을 던지지 않을 수 있겠는가?[12] 그러므로 "백성들에게 보답하는 예가 중대하게 된다."고 했다. 시는 『시』「대아(大雅)·판(板)」편이다.[13] '순 우추요(詢于芻蕘)'는 초목을 채취하는 미천한 자에게까지 묻는다는 뜻 이니, 이 시를 인용하여 백성들의 말을 헤아린다는 뜻을 나타내었다.

【020】

子云: "善則稱人, 過則稱己, 則民不爭. 善則稱人, 過則稱己, 則怨益 亡. 詩云: '爾卜爾筮, 履無咎言.'"〈011〉

공자가 말하길, "선한 일을 남에게 돌리고 잘못된 일을 자신에게 돌린다면, 백성들이 다투지 않는다. 선한 일을 남에게 돌리고 잘못된 일을 자신에게 돌리면, 원망함이 더욱 없어진다. 『시』에서는 '너의 거북점과 너의 시초점 에, 그 조짐에 흉함과 허물을 나타내는 말이 없구나.'"라고 했다.

---

12) 『맹자』「양혜왕하(梁惠王下)」: 曾子曰, '戒之戒之! 出乎爾者, 反乎爾者也.' 夫 民今而後得反之也. 君無尤焉! 君行仁政, 斯民親其上, 死其長矣.

13) 『시』「대아(大雅)·판(板)」: 我雖異事, 及爾同寮. 我即爾謀, 聽我囂囂. 我言維 服, 勿以爲笑. 先民有言, 詢于芻蕘.

集說 詩, 衛風・氓之篇. 履, 當依詩作體, 謂卜之於龜, 筮之於蓍, 其卦兆之體, 皆無凶咎之辭也, 以無咎明不爭不怨之意.

시는 『시』 「위풍(衛風)・맹(氓)」편이다.[14] '이(履)'자는 마땅히 『시』의 기록에 따라 체(體)자로 기록해야 하니, 거북껍질에 거북점을 치고 시초로 시초점을 쳐서 나타난 괘와 조짐에 모두 흉함과 허물의 말이 없다는 뜻으로, 허물이 없다는 것으로 다투지 않고 원망하지 않는다는 뜻을 나타내었다.

集說 石梁王氏曰: 鄭箋詩, 旣以體爲卦. 兆之體, 何故於此曲附履字之訛?

석량왕씨가 말하길, 정현의 『시』에 대한 전문(箋文)에서는 이미 체(體)자를 괘와 조짐이 드러난 것으로 여겼는데, 어떤 까닭으로 이곳에서는 이(履)자의 뜻을 왜곡하여 잘못 해석하고 있는가?

【021】

子云: "善則稱人, 過則稱己, 則民讓善. 詩云: '考卜惟王, 度[徒洛反]是鎬京. 惟龜正之, 武王成之.'"〈012〉

공자가 말하길, "선한 일을 남에게 돌리고 잘못된 일을 자신에게 돌린다면, 백성들이 좋은 것을 남에게 사양하게 된다. 『시』에서는 '거북점을 치는 자는 무왕이니, 호경에 도읍을 정하고자 헤아리도다.['度'자는 '徒(도)'자와 '洛(락)'자의 반절음이다.] 거북점괘가 바르다고 하고 무왕이 완성하였도다.'"라고 했다.

集說 詩, 大雅・文王有聲之篇. 言稽考龜卜者, 武王也. 謀度鎬京之居, 蓋武王之志已先定矣. 及以吉凶取正於龜, 而龜亦協從, 武王

---

14) 『시』 「위풍(衛風)・맹(氓)」: 乘彼垝垣, 以望復關. 不見復關, 泣涕漣漣. 旣見復關, 載笑載言. 爾卜爾筮, 體無咎言. 以爾車來, 以我賄遷.

逐以龜爲正而成此都焉, 是武王不自以爲功而讓之龜卜也, 故引以爲讓善之證. 然此兩節所引詩, 意義皆不甚協.

시는 『시』 「대아(大雅)·문왕유성(文王有聲)」편이다.[15] 거북점을 살피는 자는 무왕이라는 뜻이다. 호경에 거주할 것을 헤아리니, 무왕의 뜻이 이미 그보다 앞서 결정된 것이다. 길흉에 대해 거북점의 점괘를 취해 확정했는데, 거북점 또한 그 결정에 호응하여, 무왕은 결국 거북점의 점괘를 바른 것이라고 여기고 이곳에 도읍을 완성하였다. 이것은 무왕이 스스로 한 일을 공이라 여기지 않고 거북점괘에 그것을 양보한 것이다. 그렇기 때문에 이 시를 인용하여 선함을 사양하는 일의 증거로 삼았다. 그런데 이곳 두 문단에서 인용한 시는 그 의미가 모두 본래의 뜻과는 합치되지 않는다.

【022】

子云: "善則稱君, 過則稱己, 則民作忠. 君陳曰: '爾有嘉謀嘉猷, 入告爾君于內, 女乃順之于外, 曰此謀此猷, 惟君之德. 於[烏]乎[呼]! 是惟良顯哉!'"〈013〉

공자가 말하길, "선한 일을 군주에게 돌리고 잘못된 일을 자신에게 돌린다면, 백성들은 충을 일으킬 것이다. 「군진」편에서는 '너에게 좋은 계책과 좋은 꾀가 있다면, 들어가 안에서 너의 군주에게 아뢰고, 너는 밖에서 그것을 가르치며 다음과 같이 말한다. 이러한 계책과 꾀는 모두 우리 군주의 덕으로 인해 나타난 것이다. 오호라![於'자의 음은 '烏(오)'이다. '乎'자의 음은 '呼(호)'이다.] 이처럼 해야만 어짊이 드러날 것이다.'"라고 했다.

集說　君陳, 周書, 與今書文小異, 引以證善則稱君之義.

'군진(君陳)'은 『서』 「주서(周書)」편으로,[16] 현재의 『서』와는 문장이 조

15) 『시』 「대아(大雅)·문왕유성(文王有聲)」: 考卜維王, 宅是鎬京. 維龜正之, 武王成之. 武王烝哉.

금 차이를 보이는데, 이것을 인용하여 선한 일이라면 군주에게 돌린다는
뜻을 증명하였다.

【023】

子云: "善則稱親, 過則稱己, 則民作孝. 大誓曰: '予克紂, 非予武, 惟
朕文考無罪. 紂克予, 非朕文考有罪, 惟予小子無良.'"〈014〉

공자가 말하길, "좋은 일을 부모에게 돌리고 잘못된 일을 자신에게 돌린다
면, 백성들은 효를 시행할 것이다. 「태서」편에서는 '내가 주임금을 이기게
된다면, 이것은 나의 무용 때문이 아니며, 오직 나의 부친인 문왕께 죄가
없으셨기 때문이다. 만약 주임금이 나를 이기게 된다면, 이것은 나의 부친
인 문왕께 죄가 있으셨기 때문이 아니며, 오직 나에게 어짊이 없기 때문이
다.'"라고 했다.

集說 大誓, 周書, 引以證善則稱親之義.

'태서(大誓)'는 『서』「주서(周書)」편으로,[17] 이 기록을 인용하여 선한 일
이라면 부모에게 돌린다는 뜻을 증명하였다.

類編 右明辭讓之義.

여기까지는 '명사양지의(明辭讓之義)'에 대한 내용이다.

---

16) 『서』「주서(周書)·군진(君陳)」: 爾有嘉謀嘉猷, 則入告爾后于內, 爾乃順之于
   外, 曰, 斯謀斯猷, 惟我后之德. 嗚呼. 臣人咸若時, 惟良顯哉.
17) 『서』「주서(周書)·태서하(泰誓下)」: 予克受, 非予武, 惟朕文考無罪. 受克予,
   非朕文考有罪, 惟予小子無良.

◇ 효경의 도를 밝힘[明孝敬之道]

【024】

子云: "君子弛其親之過, 而敬其美. 論語曰: '三年無改於父之道, 可謂孝矣.' 高宗云: '三年其惟不言, 言乃讙.'"〈015〉

공자가 말하길, "군자는 부모의 잘못을 잊어버리고 아름다운 점만을 공경한다. 『논어』에서는 '3년 동안 부친의 도에서 고친 점이 없어야만 효라고 할 수 있다.'1)라 했고, 「고종」에서는 '3년 동안 말을 하지 않았는데, 이윽고 말을 하자 백성들이 기뻐하였다.'"라 했다.

集說 弛, 猶棄忘也. 三年不言, 見商書·說命篇. 讙, 今周書·無逸篇作雍. 讙, 與歡同, 言天下喜悅之也. 此條引論語近之, 引書義不愜.

'이(弛)'자는 버리고 잊는다는 뜻이다. 3년 동안 말을 하지 않았다는 것은 『서』「상서(商書)·열명(說命)」편에 나온다.2) '환(讙)'자를 현재의 『서』「주서(周書)·무일(無逸)」편에서는 '옹(雍)'자로 기록했다.3) '환(讙)'자는 환(歡)자와 동일하니, 천하 사람들이 기뻐했다는 뜻이다. 이곳 조목에서는 『논어』를 인용했는데, 그 내용이 문장의 뜻에 가깝고, 『서』를 인용했지만 그 의미가 합치되지 않는다.

集說 石梁王氏曰: 既有子云, 又引論語曰, 不應孔子自言, 因知皆後人爲之, 且不應孔子發言段段引證如此齊同.

석량왕씨가 말하길, 이미 '자운(子云)'이라고 했는데 또 '논어왈(論語曰)'

---

1) 『논어』「학이(學而)」: 子曰, "父在觀其志, 父沒觀其行, <u>三年無改於父之道, 可謂孝矣.</u>"
2) 『서』「상서(商書)·열명상(說命上)」: 王宅憂, 亮陰三祀. 既免喪, 其惟弗言.
3) 『서』「주서(周書)·무일(無逸)」: 其在高宗時, 舊勞于外, 爰暨小人, 作其卽位, 乃或亮陰, 三年不言. 其惟不言, 言乃<u>雍</u>, 不敢荒寧, 嘉靖殷邦.

이라고 하여 『논어』의 기록을 인용했으니, 이것은 공자가 스스로 한 말에 해당하지 않는다. 따라서 이를 통해 이 모든 기록들이 후세 사람들이 지어냈다는 사실을 알 수 있고, 또 공자가 말을 할 때 매번 인용문을 가져다가 이처럼 통일성있게 증명하지는 않았을 것이다.

【025】

子云: "從命不忿, 微諫不倦, 勞而不怨, 可謂孝矣. 詩云: '孝子不匱.'"〈016〉

공자가 말하길, "부모의 명령에 따르며 성내지 않고, 은미하게 간언을 올리며 게으름을 피우지 않으며, 수고롭게 일하되 원망하지 않는다면, 효라 할 수 있다. 『시』에서는 '자식이 부모를 섬길 때에는 부족하거나 그치는 때가 없다.'"라고 했다.

集說 從命不忿, 謂承受父母命令之時, 不可有忿戾之色, 蓋或以他事致忿, 而其色未平也. 一說: 忿, 當作怠, 亦通. 詩, 大雅 · 旣醉之篇, 言孝子事親無乏止之時.

"명령에 따르며 화를 내지 않는다."는 말은 부모의 명령을 받들어 시행하는 때 성난 기색을 낼 수 없다는 뜻이니, 간혹 다른 일로 인해 화를 내게 되어, 그 안색이 평온치 못한 경우가 있기 때문일 것이다. 일설에 '분(忿)'자는 마땅히 게으르다는 뜻의 '태(怠)'자가 되어야 한다고 했는데, 그 또한 통한다. 이 시는 『시』「대아(大雅) · 기취(旣醉)」편으로,[4] 자식의 부모를 섬길 때에는 부족하거나 그치는 때가 없다는 뜻이다.

---

4) 『시』「대아(大雅) · 기취(旣醉)」: 威儀孔時, 君子有孝子. <u>孝子不匱</u>, 永錫爾類.

【026】

子云: "睦於父母之黨, 可謂孝矣, 故君子因睦以合族, 詩云: '此令兄弟, 綽綽有裕. 不令兄弟, 交相爲瘉[庾].'"〈017〉

공자가 말하길, "부모의 친족과 화목하게 지내면 효라 할 수 있다. 그러므로 군자는 화목함에 따라 종족을 화합시키니, 『시』에서는 '이 형제들에게 착하게 한다면 너그러워 여유가 있도다. 형제들을 착하게 하지 않는다면 서로 헐뜯는다.['瘉'자의 음은 '庾(유)'이다.]'라고 했다.

集說 因睦以合族, 爲會聚宗族爲燕食之禮, 因以致其和睦之情也. 詩, 小雅・角弓之篇. 令, 善也. 綽綽, 寬容之貌. 瘉, 病也.

"화목함으로 인해 종족을 화합시킨다."는 말은 종족들을 모아서 연례(燕禮)[5]나 사례(食禮)[6] 등을 시행하고, 이를 통해 화목한 정감을 이룬다는 뜻이다. 시는 『시』「소아(小雅)・각궁(角弓)」편이다.[7] '영(令)'자는 "착하게 하다."는 뜻이다. '작작(綽綽)'은 관대하게 포용하는 모습을 뜻한다. '유(瘉)'자는 "헐뜯다."는 뜻이다.

---

5) 연례(燕禮)는 본래 빈객(賓客)을 접대하는 연회의 한 종류를 뜻한다. 각종 연회들을 두루 지칭하기도 하며, 연회에서 사용되는 의례절차들을 두루 지칭하기도 한다. 본래의 '연례'는 연회를 시작할 때, 첫잔을 따라 바치는 절차 끝나면, 모두 자리에 앉아서 술을 마시는데, 취할 때까지 마시는 연회의 한 종류를 뜻한다. '연례' 때에는 희생물로 개[狗]를 사용했으며, 유우씨(有虞氏) 때 시행되었던 제도라고 설명되기도 한다. 『예기』「왕제(王制)」편에는 "有虞氏以燕禮."라는 기록이 있고, 이에 대한 진호(陳澔)의 『집설(集說)』에서는 "燕禮者, 一獻之禮既畢, 皆坐而飲酒, 以至於醉, 其牲用狗."라고 풀이했다.

6) 사례(食禮)는 연회의 한 종류이다. '사례'는 그 행사에 밥이 있고 반찬이 있는 것이니, 비록 술도 두었지만 마시지는 않았다. 그 예법에서는 밥을 위주로 한 것이기 때문에, '사례'라고 부른 것이다. 『예기』「왕제(王制)」편에는 "殷人以食禮."라는 기록이 있고, 이에 대한 진호(陳澔)의 주에서는 "食禮者, 有飯有殽, 雖設酒而不飲, 其禮以飯爲主, 故曰食也."라고 풀이했다. 또한 연회를 범칭하는 말로도 사용된다.

7) 『시』「소아(小雅)・각궁(角弓)」: 此令兄弟, 綽綽有裕. 不令兄弟, 交相爲瘉.

【027】

子云: "於父之執, 可以乘其車, 不可以衣[去聲]其衣. 君子以廣孝也." 〈018〉8)

공자가 말하길, "부친과 뜻을 함께 하는 자라면 그의 수레를 탈 수 있지만, 그의 의복은 입을['衣'자는 거성으로 읽는다.] 수 없다. 군자는 이를 통해 효를 넓힌다."라고 했다.

集說 父之執, 與父執志同者也. 車所同, 衣所獨, 故車可乘, 衣不可衣. 廣孝, 謂敬之同於父, 亦錫類之義也.

'부지집(父之執)'은 뜻을 지닌 것이 부친과 동일한 자를 뜻한다. 수레는 함께 사용하는 것이고 의복은 자신만 사용하는 것이다. 그렇기 때문에 수레는 탈 수 있지만 의복은 입을 수 없다. '광효(廣孝)'는 공경함이 부친에 대한 경우와 동일하다는 뜻이니, 이 또한 족인들에게 잘한다는 의미이다.

【028】

子云: "小人皆能養其親, 君子不敬, 何以辨?" 〈018〉9)

공자가 말하길, "소인들도 모두 자신의 부모를 봉양할 수 있으니, 군자가 공경하지 않는다면 무엇으로 구별하겠는가?"라고 했다.

集說 辨, 別也.

'변(辨)'자는 "구별하다."는 뜻이다.

---

8) 『예기』「방기」018장 : <u>子云, "於父之執, 可以乘其車, 不可以衣其衣, 君子以廣孝也."</u> 子云, "小人皆能養其親, 君子不敬, 何以辨?" 子云, "父子不同位, 以厚敬也. 書云, '厥辟不辟, 忝厥祖.'"

9) 『예기』「방기」018장 : 子云, "於父之執, 可以乘其車, 不可以衣其衣, 君子以廣孝也." <u>子云, "小人皆能養其親, 君子不敬, 何以辨?"</u> 子云, "父子不同位, 以厚敬也. 書云, '厥辟不辟, 忝厥祖.'"

【029】

子云: "父子不同位, 以厚敬也. 書云: '厥辟不辟, 忝厥祖.'"〈018〉[10]

공자가 말하길, "부친과 자식은 같은 자리에 앉지 않으니, 이를 통해 공경의 도리를 두텁게 한다. 『서』에서는 '군주가 군주노릇을 못하면 자신의 조상을 욕보이게 된다.'"라고 했다.

集說 同位則尊卑相等, 是不敬也, 故不同位者, 所以厚敬親之道. 書, 商書 · 大甲篇, 今書文無上厥字. 言君不君而與臣相褻, 則辱其先祖, 以踰父不自尊而與卑者同位, 亦爲忝祖也.

같은 자리에 앉는다면, 신분의 차이가 대등하게 되니, 공경하지 않는 것이 된다. 그렇기 때문에 같은 자리에 앉지 않는 것은 부모를 공경하는 도를 두텁게 하는 방법이다. 『서』의 기록은 『서』「상서(商書) · 태갑(太甲)」편인데,[11] 현재의 『서』 기록에는 앞의 궐(厥)자가 기록되어 있지 않다. 즉 군주가 군주 노릇을 하지 못하여 신하와 더불어 서로 욕되게 한다면, 자신의 선조까지도 욕되게 한다는 뜻이니, 이를 통해 부친이 스스로를 존귀하게 여기지 않고 미천한 자와 자리를 함께 한다면, 이 또한 조상을 욕보이는 꼴이 됨을 비유하였다.

【030】

子云: "父母在, 不稱老, 言孝不言慈. 閨門之內, 戲而不歎. 君子以此坊民, 民猶薄於孝而厚於慈."〈019〉

공자가 말하길, "부모가 생존해 계시다면 늙었다거나 노인이라는 말을 쓰지 않고 효만을 말하며 자식에 대한 자애는 언급하지 않는다. 부모의 곁에

---

10) 『예기』「방기」018장 : 子云, "於父之執, 可以乘其車, 不可以衣其衣. 君子以廣孝也." 子云, "小人皆能養其親, 君子不敬, 何以辨?" 子云, "父子不同位, 以厚敬也. 書云, '厥辟不辟, 忝厥祖.'"

11) 『서』「상서(商書) · 태갑상(太甲上)」 : 嗣王戒哉, 祇爾厥辟. 辟不辟, 忝厥祖.

서라면 부모를 즐겁게 만드는 것은 괜찮지만 근심하도록 만들어서는 안 된다. 군자는 이를 통해 백성들의 잘못을 방지했는데도, 백성들은 여전히 효에 대해서는 박하게 하며 자애에 대해서는 두텁게 한다."라고 했다.

集說　曲禮云"恒言不稱老", 與此意同. 孝所以事親, 慈所以畜子, 言孝不言慈者, 慮其厚於子而薄於親故也. 可以娛人而使之樂者, 戲也; 可以感人而使之傷者, 歎也. 閨門之內, 謂父母之側, 戲而不歎, 非專事於戲也, 謂爲孺子之容止, 或足以娛親, 猶云可爾, 恨歎之聲則傷親, 不爲也.

『예기』「곡례(曲禮)」편에서는 "평상시 쓰는 말에서 자신을 지칭하며, 늙었다거나 노인이라는 말을 쓰지 않는다."라 했는데, 이곳의 뜻과 동일하다. 효는 부모를 섬기는 방법이고, 자애는 자식을 기르는 방법이다. 효만 말하고 자애를 언급하지 않는 것은 자식에게 정을 두텁게 펼치고 부모에게 박하게 됨을 염려했기 때문이다. 남을 즐겁게 하여 그로 하여금 기쁘게 만드는 것을 '희(戲)'라 한다. 남을 감응시켜 그로 하여금 근심하도록 만드는 것을 '탄(歎)'이라 한다. '규문지내(閨門之內)'는 부모의 곁을 뜻하니, 즐겁게 만들며 탄식하도록 만들지 않는다는 것은 전적으로 즐겁게 만드는 것에만 일삼는다는 뜻이 아니니, 어린아이의 행동거지는 간혹 부모를 즐겁게 만들기도 하므로, 이러한 것은 가능할 따름이지만, 탄식하는 소리는 부모를 근심하게 만들기 때문에 해서는 안 된다는 뜻이다.

【031】
子云: "長民者, 朝廷敬老, 則民作孝."〈020〉[12]

공자가 말하길, "백성들을 통솔하는 자가 조정에서 노인을 공경한다면, 백

---

12) 『예기』「방기」 020장 : 子云: "長民者, 朝廷敬老, 則民作孝." 子云: "祭祀之有尸也, 宗廟之有主也, 示民有事也. 脩宗廟, 敬祀事, 敎民追孝也. 以此坊民, 民猶忘其親."

성들은 효를 시행할 것이다."라고 했다.

【032】

子云: "祭祀之有尸也, 宗廟之有主也, 示民有事也. 脩宗廟, 敬祀事, 教民追孝也. 以此坊民, 民猶忘其親."〈020〉[13]

공자가 말하길, "백성들을 통솔하는 자가 조정에서 노인을 공경한다면, 백성들은 효를 시행할 것이다."라고 했다. 공자가 말하길, "제사에 시동이 있고, 종묘에 신주가 있는 것은 백성들에게 섬기는 대상이 있음을 보여주는 것이다. 종묘를 수리하고, 제사를 공경스럽게 지내는 것은 백성들에게 죽은 자에게도 효를 미루어 시행해야 함을 가르치는 것이다. 이를 통해 백성들의 잘못을 방지했는데도, 백성들은 여전히 자신의 부모를 잊어버린다."라고 했다.

集說 方氏曰: 爲親之死, 故爲尸以象其生; 爲神之亡, 故爲主以寓其存. 經曰"事死如事生, 事亡如事存", 此所以言示民有事也. 追孝, 與祭統言追養繼孝同義.

방씨가 말하길, 부모가 돌아가셨기 때문에, 시동을 세워서 부모가 살아계실 때를 형상화한다. 신령이 보이지 않기 때문에 신주를 세워서 존재하는 신령을 깃들게 한다. 경문에서는 "돌아가신 자를 마치 산 자를 섬기듯 하고, 없는 자를 마치 있는 자를 섬기듯이 한다."[14]고 했는데, 이것이 바로 백성들에게 섬김이 있음을 보여준다고 말한 이유이다. '추효(追孝)'는 『예기』「제통(祭統)」편에서 "봉양의 도리를 미루어 시행하고 효의 뜻을 지속적으로 시행하는 것이다."라 했던 뜻과 동일하다.

---

13) 『예기』「방기」 020장 : 子云: "長民者, 朝廷敬老, 則民作孝." 子云: "祭祀之有尸也, 宗廟之有主也, 示民有事也. 脩宗廟, 敬祀事, 教民追孝也, 以此坊民, 民猶忘其親."

14) 『중용』「19장」 : 踐其位, 行其禮, 奏其樂, 敬其所尊, 愛其所親, 事死如事生, 事亡如事存, 孝之至也.

【033】

子云: "敬則用祭器, 故君子不以菲廢禮, 不以美沒禮. 故食[嗣]禮, 主
人親饋則客祭, 主人不親饋則客不祭. 故君子苟無禮, 雖美不食焉.
易曰: '東鄰殺牛, 不如西鄰之禴祭, 寔受其福.' 詩云: '旣醉以酒, 旣
飽以德.' 以此示民, 民猶爭利而忘義."〈021〉

공자가 말하길, "공경한다면 빈객을 대접하며 제기를 사용한다. 그렇기 때
문에 군자는 음식이 변변치 못하다고 하여 예를 폐지하지 않고, 맛있다고
하여 예를 없애지 않는다. 그러므로 사례에[食'자의 음은 '嗣'(사)이다.] 있어서
주인이 직접 음식을 건네면 빈객은 그것으로 제사를 지내고, 주인이 직접
음식을 건네지 않는다면 빈객은 제사를 지내지 않는다. 그러므로 군자는
진실로 예가 없다면 비록 맛있는 음식이라 하더라도 먹지 않는다. 『역』에
서는 '동쪽 이웃이 소를 잡아 제사를 지내는 것은 서쪽 이웃이 검소하게
제사를 지내어 실제로 복을 받는 것만 못하다.'라 했고, 『시』에서는 '이미
취하길 술로써 하고, 이미 배부르길 덕으로써 한다.'라 했다. 이를 통해
백성들에게 보여주더라도, 백성들은 여전히 이로움을 다투고 의로움을 잊
는다."라고 했다.

集說 籩豆簋鉶之屬, 皆祭器, 用之賓客, 以寓敬也. 菲薄而廢禮, 與
過文而沒禮, 皆不得爲敬. 主人親饌, 是敬客也; 客祭其饋, 是敬主
也. 易, 旣濟九五爻辭. 禴, 薄也. 詩, 大雅·旣醉之篇.

변(籩)·두(豆)·궤(簋)·형(鉶)의 부류들은 모두 제기인데, 이것을 빈
객에게 사용하는 것은 공경함을 드러내기 위해서이다. 변변치 못하여 예
를 폐지하는 것과 격식을 지나치게 해서 예를 없애는 것은 모두 공경스러
움이 되지 못한다. 주인이 직접 음식을 건네는 것은 빈객을 공경하는 것
이다. 빈객이 그 음식으로 제사를 지내는 것은 주인을 공경하는 것이다.
『역』은 『역』「기제괘(旣濟卦)」 구오의 효사이다.[15] '약(禴)'자는 "박하
다."는 뜻이다. 시는 『시』「대아(大雅)·기취(旣醉)」편이다.[16]

---

[15] 『역』「기제괘(旣濟卦)」: 九五, 東鄰殺牛, 不如西鄰之禴祭, 實受其福.

集說 方氏曰: 食者, 利之所存, 禮, 則義之所出, 故言爭利以忘義.

방씨가 말하길, 음식은 이로움이 있는 대상이고, 예는 의로움이 도출되는 대상이다. 그렇기 때문에 이로움을 다투게 되어 의로움을 잊게 된다고 말했다.

【034】

子云: "七日戒, 三日齊, 承一人焉以爲尸, 過之者趨走, 以教敬也. 醴酒在室, 醒[體]酒在堂, 澄酒在下, 示民不淫也. 尸飲三, 衆賓飲一, 示民有上下也. 因其酒肉, 聚其宗族, 以教民睦也. 故堂上觀乎室, 堂下觀乎上. 詩云: '禮儀卒度, 笑語卒獲.'" 〈022〉

공자가 말하길, "7일 동안 산재를 하고 3일 동안 치재를 하여, 한 사람을 받들어 시동으로 여기고, 그를 지나칠 때 빠른 걸음으로 가니, 이를 통해 공경함을 가르친다. 예주는 방안에 두고, 체주는['醒'자의 음은 '體(체)'이다.] 당상에 두며 징주는 당하에 두니, 백성들에게 맛을 음란하게 탐하지 않음을 보여주는 것이다. 시동이 세 차례 술을 마시고, 빈객 무리가 한 차례 술을 마시는 것은 백성들에게 상하계층의 구분이 있음을 보여주는 것이다. 술과 고기를 차린 것에 연유하여 종족들을 모으고 소목의 질서에 따라 술을 권하고 마셔서, 이를 통해 백성들에게 화목함을 가르친다. 그러므로 당상에 있는 자들은 방안에서 시행되는 의례를 살피고, 당하에 있는 자들은 당상에서 시행되는 의례를 살핀다. 『시』에서는 '예의가 모두 법도에 맞으니, 웃고 말하는 것들이 모두 마땅하도다.'"라고 했다.

集說 承, 奉事之也. 醴齊·醒齊·澄酒, 此三酒, 味薄者在上, 味厚者在下, 貴薄而賤厚, 示民以不貪淫於味也. 尸飲三, 主人·主婦·賓長各一獻也, 然後主人獻賓, 是衆賓一飲也. 尊上者得酒多, 卑下者少, 是示民以上下之等也. 祭禮之末, 序昭穆相獻酬, 此以和睦之

---

16) 『시』「대아(大雅)·기취(旣醉)」 : 旣醉以酒, 旣飽以德. 君子萬年, 介爾景福.

道敎民也. 堂上者觀室中之禮儀, 堂下者又觀堂上之禮儀, 其容有不肅者乎? 詩, 小雅·楚茨之篇. 卒, 盡也, 言禮儀盡合於法度, 笑語盡得其宜也.

'승(承)'자는 받들어 섬긴다는 뜻이다. 예제·체제·징주(澄酒)[17]라는 세 술 중에 맛이 옅은 것은 위에 있고 맛이 진한 것은 아래에 있으니, 옅은 것을 귀하게 여기고 진한 것을 천하게 여기는 것으로, 백성들에게 맛을 지나치게 낸 것을 탐하지 않는다는 것으로 보여준 것이다. 시동이 세 차례 술을 마신다고 했는데, 주인·주부·빈객들의 수장이 각각 한 차례씩 술을 따라 바치고, 그런 뒤에 주인은 빈객에게 술을 따라서 주니, 이것이 여러 빈객무리가 한 차례 술을 마신다는 뜻이다. 존귀한 자는 술을 받는 것이 많고 미천한 자는 술을 받는 것이 적으니, 이것은 백성들에게 상하의 등급을 보여주는 것이다. 제례의 말미에는 소목에 따라 서열을 정하여 서로에게 술을 따라서 권하니, 이것은 화목의 도로 백성들을 가르치는 것이다. 당상에 있는 자들은 방안에서 시행되는 의례를 살펴보고, 당하에 있는 자들은 또한 당상에서 시행되는 의례를 살펴보니, 그 태도가 엄숙하지 않은 자가 있겠는가? 시는 『시』「소아(小雅)·초자(楚茨)」편이다.[18] '졸(卒)'자는 모두라는 뜻이니, 예의가 법도에 모두 합치되고, 웃고 말하는 것이 모두 그 마땅함을 얻었다는 의미이다.

---

17) 징주(澄酒)는 청주(淸酒)라고도 부른다. 삼주(三酒) 중 하나이다. 정사농(鄭司農)의 주장에 따르면, '청주'는 제사를 지낼 때 쓰는 술을 뜻한다. 정현의 주장에 따르면, '청주'는 중산(中山) 지역에서 겨울에 술을 담가서 여름쯤 다 익은 술을 뜻한다. 손이양(孫詒讓)의 주장에 따르면, '청주'는 더욱 맑은 술이며, 겨울에 빚어서 여름쯤에 익는 술을 뜻한다.

18) 『시』「소아(小雅)·초자(楚茨)」: 執爨踖踖, 爲俎孔碩, 或燔或炙. 君婦莫莫, 爲豆孔庶. 爲賓爲客, 獻酬交錯. 禮儀卒度, 笑語卒獲. 神保是格. 報以介福, 萬壽攸酢.

【035】

子云: "賓禮每進以讓, 喪禮每加以遠. 浴於中霤, 飯[上聲]於牖下, 小
斂於戶內, 大斂於阼, 殯於客位, 祖於庭, 葬於墓, 所以示遠也. 殷人
弔於壙[上聲], 周人弔於家, 示民不偝也." 子云: "死, 民之卒事也, 吾
從周. 以此坊民, 諸侯猶有薨而不葬者."〈023〉

공자가 말하길, "빈객이 따르는 예법에서는 매번 나아갈 때마다 사양을 하
고, 상례에서는 매번 절차가 더해질 때마다 점차 멀어진다. 중류에서 시신
에게 목욕을 시키고, 들창 아래에서 반을[飯'자는 상성으로 읽는다.] 하며, 방문
안쪽에서 소렴을 하고, 동쪽 계단 위에서 대렴을 하며, 빈객의 자리에서
빈소를 차리고, 마당에서 조전을 하며, 묘에서 장례를 치르니, 점차 멀어지
게 됨을 보여주는 것이다. 은나라 때에는 무덤구덩이에서[壙'자는 상성으로
읽는다.] 조문을 받았고, 주나라 때에는 집에서 조문을 받았으니, 백성들에게
죽은 자를 배반하지 않음을 보여주는 것이다."라고 했다. 공자가 말하길,
"죽음은 백성들에게 있어서 생을 마감하는 일이므로, 나는 주나라 때의 예
법에 따르겠다. 이를 통해 백성들의 잘못을 방지했는데도, 제후 중에는 오
히려 죽었는데도 장례를 치르지 않는 자가 있다."라고 했다.

集說 賓自外而入, 其禮不可以不讓; 喪自內而出, 其禮不容於不遠.
其進其加, 皆以漸致, 禮之道也. 章首賓喪竝言, 下獨言喪禮者, 重卒
葬而言. 餘說見檀弓.

빈객은 밖으로부터 안으로 들어오니, 그 예법에서는 사양하지 않고서는
진행할 수 없고, 상례는 안으로부터 밖으로 나가게 되니, 그 예법에서는
멀어지지 않는 것을 용납하지 않는다. 나아가거나 절차가 더해지는 것은
모두 점진적으로 이루는 것이니, 예의 도에 해당한다. 이곳 문장의 첫
부분에서는 빈례(賓禮)와 상례(喪禮)를 함께 언급했는데, 뒤에서는 유독
상례만을 언급했다. 그 이유는 사람이 죽어 장례를 치르는 것을 중시해서
말했기 때문이다. 나머지 설명은 『예기』「단궁(檀弓)」편에 나온다.

猶有飯而不葬者, 言同盟會葬, 所以厚其卒事, 而春秋有不會
葬者斥之. 權陽村以爲父死不葬, 春秋之世, 恐不至是. 子云死民之
卒事, 此子云當刪, 以吾從周字誤加.

'유유홍이부장자(猶有飯而不葬者)'라 했는데, 동맹국에서 장례에 참여
하는 것은 그가 죽은 일을 후하게 치르기 위해서이며, 『춘추』에서는 장
례에 참여하지 않은 경우가 발생하면 이를 비판하였다. 권양촌은 부모가
돌아가셨는데 장례를 치르지 않는 것이라 여기고, 춘추시대라 하더라도
이와 같은 지경에는 이르지 않았을 것이라 했다. '자운사민지졸사(子云
死民之卒事)'라 했는데, 이때의 '자운(子云)'은 마땅히 삭제해야 하니,
'오종주(吾從周)'라는 글자를 잘못 덧붙였기 때문이다.

右明孝敬之道.
여기까지는 '명효경지도(明孝敬之道)'에 대한 내용이다.

◈ 남녀의 구별을 밝힘[明男女之別]

【036】

子云: "夫禮, 坊民所淫, 章民之別, 使民無嫌, 以爲民紀者也. 故男女
無媒不交, 無幣不相見, 恐男女之無別也. 詩云: '伐柯如之何? 匪斧
不克. 取[去聲]妻如之何? 匪媒不得. 蓺麻如之何? 橫從[兹弓反]其畝. 取
妻如之何? 必告父母.' 以此坊民, 民猶有自獻其身."〈031〉 [本在"以亡其
身"下.]

공자가 말하길, "무릇 예라는 것은 백성들이 음란하게 되는 것을 방지하고,
백성들의 유별함을 드러내며, 백성으로 하여금 혐의스러운 행동을 하지 않
게끔 하여, 이를 통해 백성들이 따라야 할 기강으로 삼는 것이다. 그렇기
때문에 남녀는 중매가 없으면 사귀지 않고, 예물이 없으면 서로 만나보지
않으니, 남녀사이에 구별이 없게 됨을 염려하기 때문이다. 『시』에서는 '자
루를 베려면 어찌해야 하는가? 도끼가 아니라면 벨 수 없다. 아내를 얻으려
면[取'자는 거성으로 읽는다.] 어찌해야 하는가? 중매가 아니라면 얻을 수 없다.
삼을 심으려면 어찌해야 하는가? 종횡으로['從'자는 '兹(자)'자와 '弓(궁)'자의 반절
음이다.] 이랑을 내고 경작해야 한다. 아내를 얻으려면 어찌해야 하는가? 반
드시 부모에게 아뢰어야 한다.'라고 했다. 이를 통해 백성들의 잘못을 방지
했는데도, 백성 중에는 오히려 스스로 자신을 갖다 바치는 자가 있다."라고
했다. [본래는 "자신을 망치는 자가 있다."[1]라고 한 문장 뒤에 수록되어 있었다.]

集說 章, 明也. 無嫌, 無可嫌之行也. 詩, 齊風·南山之篇, 今詩作
"析薪如之何", 而豳風·伐柯篇言"伐柯如何, 匪斧不克." 克, 能也.
橫從其畝, 言從橫耕治其田畝也. 自獻其身, 謂女自進其身於男子
也. 以此坊民以下十一字, 舊本在"詩云"之上, 今以類推之, 當在所

---

1) 『예기』「방기」030장 : 子云, "君子不盡利以遺民. 詩云, '彼有遺秉, 此有不斂穧,
伊寡婦之利.' 故君子仕則不稼, 田則不漁, 食時不力珍, 大夫不坐羊, 士不坐犬.
詩云, '采葑采菲, 無以下體. 德音莫違, 及爾同死.' 以此坊民, 民猶忘義而爭利
以亡其身."

引詩下.

'장(章)'자는 "밝히다."는 뜻이다. '무혐(無嫌)'은 혐의로 삼을 만한 행동이 없게 한다는 뜻이다. 이 시는 『시』「제풍(齊風)·남산(南山)」편인데,[2] 현재의 『시』에는 "땔감을 베려면 어찌해야 하는가?"라 기록하고, 『시』「빈풍(豳風)·벌가(伐柯)」편에는 "자루를 베려면 어째야 하는가? 도끼가 아니라면 벨 수 없다."[3]라 했다. '극(克)'자는 "능하다."는 뜻이다. '횡종기무(橫從其畝)'는 세로나 가로의 방향에 따라서 밭을 경작하고 이랑을 낸다는 뜻이다. '자헌기신(自獻其身)'은 여자 스스로 자신의 몸을 남자에게 바친다는 뜻이다. '이차방민(以此坊民)'으로부터 그 이하의 11개 글자를 옛 판본에서는 '시운(詩云)' 앞에 기록하였는데, 현재 앞의 예시를 통해 미루어보니, 마땅히 인용한 시의 뒤에 두어야 한다.

【037】

子云: "取妻不取同姓, 以厚別也. 故買妾不知其姓則卜之. 以此坊民, 魯春秋猶去[上聲]夫人之姓曰吳, 其死曰孟子卒."〈032〉

공자가 말하길, "아내를 들일 때에는 동성인 여자를 들이지 않으니, 이를 통해 남녀유별의 예를 두텁게 한다. 그러므로 첩을 들일 때 만약 그녀의 성을 알 수 없다면 길흉을 판별하기 위해 거북점을 친다. 이를 통해 백성들의 잘못을 방지했는데도, 노나라 『춘추』에서는 소공의 부인 성을 삭제하여 ['去'자는 상성으로 읽는다.] '오(吳)'라 했고, 그녀가 죽었을 때에는 '맹자졸(孟子卒)'이라 기록했다."라고 했다.

集說 厚別, 厚其有別之禮也. 卜之, 卜其吉凶也. 吳, 太伯之後, 魯

---

2) 『시』「제풍(齊風)·남산(南山)」: 蓺麻如之何, 衡從其畝. 取妻如之何, 必告父母. 既曰告止, 曷又鞫止. 析薪如之何, 匪斧不克. 取妻如之何, 匪媒不得. 既曰得止, 曷又極止.

3) 『시』「빈풍(豳風)·벌가(伐柯)」: 伐柯如何, 匪斧不克. 取妻如何, 匪媒不得.

同姓也. 昭公取吳女, 又見論語.

'후별(厚別)'은 유별의 예법을 두텁게 한다는 뜻이다. '복지(卜之)'는 그
녀의 길흉에 대해 거북점을 쳤다는 뜻이다. 오나라는 태백의 후손이니,
노나라와 동성이다. 노나라 소공은 오나라의 여식을 아내로 들였으니,
이것은 또한 『논어』에 보인다.[4]

【038】

子云: "禮, 非祭男女不交爵. 以此坊民, 陽侯猶殺繆[穆]侯而竊其夫
人. 故大饗廢夫人之禮." 〈033〉

공자가 말하길, "예법에 있어서 제사가 아니면 남녀는 술잔을 건네지 않는
다. 이를 통해 백성들의 잘못을 방지했는데도, 양후는 오히려 목후를[繆'자
의 음은 '穆(목)'이다.] 살해하고 그의 부인을 빼앗았다. 그렇기 때문에 대향의
의례에서는 부인이 술잔을 건네는 예를 폐지했던 것이다."라고 했다.

集說 陽侯, 繆侯, 兩君之諡也, 鄭云: "其國未聞."

양후(陽侯)와 목후(繆侯)는 두 제후의 시호(諡號)인데, 정현은 "그들의
나라에 대해서는 들어보지 못했다."라고 했다.

集說 方氏曰: 大饗者, 兩君相見之饗也. 因陽侯之事, 而廢夫人之
禮, 則陽侯以前, 夫人固與乎大饗, 而有交爵之禮矣. 乃云非祭不交
爵者, 先儒謂同姓則親獻, 異姓則使人攝, 此云不交爵, 謂饗異姓國
君耳.

방씨가 말하길, '대향(大饗)'은 양측의 제후가 서로 만나보며 시행하는
향연이다. 양후가 벌인 일화로 인하여 부인에 대한 예법을 폐지하였다면,

---

4) 『논어』「술이(述而)」: 陳司敗問昭公知禮乎, 孔子曰, "知禮." 孔子退, 揖巫馬期
而進之, 曰, "吾聞君子不黨, 君子亦黨乎? 君取於吳爲同姓, 謂之吳孟子. 君而
知禮, 孰不知禮?" 巫馬期以告. 子曰, "丘也幸, 苟有過, 人必知之."

양후 이전에는 부인들도 대향에 참여하여, 서로 술잔을 건네는 예가 있었던 것이다. 그런데 "제사가 아니면 술잔을 건네지 않는다."라고 한 말에 대해, 선대 학자들은 동성인 자들이라면 직접 술잔을 따라서 바치고, 이성인 자들이라면 다른 사람을 대신 시켰으니, 이것이 술잔을 건네지 않는다는 뜻으로, 이성인 제후국 군주에게 향연을 베푸는 경우를 뜻할 따름이라고 했다.

集說 石梁王氏曰: 陽侯·繆侯旣同是侯, 則殺字當如字讀, 鄭旣未聞其國, 何以知陽侯爲弑君?

석량왕씨가 말하길, 양후(陽侯)와 목후(繆侯)가 이미 같은 제후의 관계라면, '殺'자는 마땅히 글자대로 읽어야 한다. 그런데 정현은 이미 그 나라에 대해서 들어보지 못했다고 했는데, 어찌 양후가 자신의 군주를 시해한 것임을 알 수 있었단 말인가?

【039】

子云: "寡婦之子, 不有見[現]焉, 則弗友也, 君子以辟[避]遠[去聲]也. 故朋友之交, 主人不在, 不有大故, 則不入其門. 以此坊民, 民猶以色厚於德."〈034〉

공자가 말하길, "과부의 자식에 대해서는 그에게 특별한 재능이 드러나지['見'자의 음은 '現(현)'이다.] 않는다면 그와 사귀지 않으니, 군자는 혐의를 피하기['辟'자의 음은 '避(피)'이다.] 위해 소원하게['遠'자는 거성으로 읽는다.] 대한다. 그러므로 벗의 사귐에 있어서 주인이 그 집에 있지 않거나 중대한 이유가 없다면, 그의 집으로 들어가지 않는다. 이를 통해 백성들의 잘못을 방지했는데도, 백성들은 오히려 여색 밝히는 것을 덕보다 중시한다."라고 했다.

集說 寡婦之子, 見曲禮. 辟遠者, 以避嫌, 故遠之也.

과부의 자식에 대한 얘기는 『예기』「곡례(曲禮)」편에 나온다. '피원(避

遠)'은 혐의를 피하기 때문에 소원하게 대한다는 뜻이다.

【040】

子云: "君子遠[去聲]色以爲民紀, 故[本在"漁色故"下.]諸侯不下漁色, 故
[此故字衍文. 本在"如好色"下.]男女授受不親, 御婦人則進左手. 姑・姊
妹・女子子已嫁而反, 男子不與同席而坐, 寡婦不夜哭, 婦人疾, 問
之, 不問其疾. 以此坊民, 民猶淫洗而亂於族." 〈036〉 5)

공자가 말하길, "군자는 여색을 멀리하여[遠'자는 거성으로 읽는다.] 백성들의
기강으로 삼는다. 그러므로[본래는 '어색고(漁色故)'라는 문장 뒤에 수록되어 있었다.]
제후는 자신의 신하 여식을 아내로 들이지 않는다. 그러므로[이때의 '고(故)'자
는 연문이다. 본래는 "여색을 좋아하는 것처럼 해야 한다."6)라고 한 문장 뒤에 수록되어 있었
다.] 남녀는 물건을 주고받을 때 직접 건네지 않고, 부인의 수레를 몰 때
수레를 모는 자는 좌측 손을 앞으로 내민다. 또 고모・자매・딸자식 중
이미 시집을 갔다가 되돌아온 경우, 남자는 그녀들과 자리를 함께 해서
앉지 않고, 과부는 밤에 울지 않으며, 부인에게 병이 생겨 병문안을 하더라
도 그 질병에 대해서는 묻지 않는다. 이를 통해 백성들의 잘못을 방지했는
데도, 백성들은 오히려 음란한 짓을 벌여 종족의 질서를 문란케 한다."라고
했다.

集說 諸侯不內娶, 若下娶本國卿・大夫・士之女, 則是如漁者之於
魚, 但以貪欲之心求之也, 故云漁色. 荒於色, 則紀綱弛, 民之昏禮亦
化之而廢, 故遠色者, 所以立民之紀, 使不以色而廢禮亂常也. 餘竝
見前.

제후는 국내에서 아내를 들이지 않는데, 만약 본국에 있는 경・대부・사

---

5) 『예기』「방기」 036장 : 諸侯不下漁色, 故君子遠色以爲民紀. 故男女授受不親,
御婦人則進左手. 姑・姊妹・女子子已嫁而反, 男子不與同席而坐, 寡婦不夜
哭, 婦人疾, 問之, 不問其疾. 以此坊民, 民猶淫洗而亂於族.
6) 『예기』「방기」 035장 : 子云: "好德如好色."

의 여식을 아내로 들인다면, 이것은 어부가 물고기를 잡는 것과 같으니, 단지 탐욕에 물든 마음으로 구하는 것일 따름이다. 그렇기 때문에 '어색(漁色)'이라 했다. 여색에 빠지면 기강이 해이해지고, 백성들이 시행하는 혼례도 그에 동화되어 폐지되니, 여색을 멀리 하는 것은 백성들의 기강을 세워서, 여색으로 인해 예를 폐지하고 상도를 문란케 만들지 않기 위해서이다. 나머지 설명은 모두 앞에 나온다.

【041】

子云: "昏禮, 壻親迎[去聲], 見[現]於舅姑, 舅姑承子以授壻, 恐事之違也. 以此坊民, 婦猶有不至者." 〈037〉

공자가 말하길, "혼례에 있어서 사위가 친영을[迎'자는 거성으로 읽는다.] 하여 장인과 장모를 뵙게['見'자의 음은 '現(현)'이다.] 되면, 장인과 장모는 딸자식을 앞으로 나오게 하여 사위에게 전달하니, 섬기는 일에 있어서 위배됨이 있을까를 염려한 것이다. 이를 통해 백성들의 잘못을 방지했는데도, 부인 중에는 오히려 따르지 않는 자가 있다."라고 했다.

集說 舅姑, 女之父母也. 承, 進也. 子, 女也. 論語註云: "送與之也", 儀禮"父戒女曰: '夙夜無違命', 母戒女曰: '無違宮事'", 皆恐事之違也. 末世禮壞, 故有男行而女不隨者, 亦有親迎而女不至者.

'구고(舅姑)'는 여자의 부모를 뜻한다. '승(承)'자는 "나아가게 하다."는 뜻이다. '자(子)'자는 딸을 뜻한다. 『논어』의 주에서는 "전송하여 그에게 보낸다."라 했고, 『의례』에서는 "부친은 딸에게 주의를 주며, '밤낮으로 시부모의 명령을 위배하는 일이 없어야 한다.'라 말하고, 모친은 딸에게 주의를 주며, '집안일을 어김이 없어야 한다.'라 말한다."[7]라고 했으니,

---

7) 『의례』「사혼례(士昏禮)」: 父送女命之曰, "戒之敬之, 夙夜毋違命." 母施衿結帨曰, "勉之敬之, 夙夜無違宮事." 庶母及門內施鞶, 申之以父母之命, 命之曰, "敬恭聽宗爾父母之言, 夙夜無愆, 視諸衿鞶."

이 모두는 섬기는 일에 있어서 어기는 일이 있을까 염려한 것이다. 말세가 되어 예법이 무너졌기 때문에 남자가 시행하는데도 여자가 따르지 않았던 경우가 발생했고, 또 친영을 했는데도 여자가 이르지 않는 경우도 발생했다.

集說 成氏曰: 婦人謂夫之父母曰舅姑, 男子亦謂妻之父母曰舅姑, 但加外字耳. 夫婦齊體, 父母互相敬也.

성씨가 말하길, 부인은 남편의 부모에 대해서 '구고(舅姑)'라 부르고, 사위 또한 아내의 부모에 대해서 '구고(舅姑)'라 부르는데, 단지 '외(外)'자만 덧붙일 따름이다. 부부는 한 몸이니, 부모에 대해서는 상호 공경하게 된다.

類編 右明男女之別.

여기까지는 '명남녀지별(明男女之別)'에 대한 내용이다.

禮記類編大全卷之二十二

『예기유편대전』 22권

◇ 表記第二十 / 「표기」 20편

類編 此篇記聖人雅言, 其中有"仁者天下之表也"一語, 故以名篇.

이 편은 성인의 아언을 기록하고 있는데, 그 중에 "인은 천하의 표본이다."[1]라고 한 말이 나오기 때문에, 이것을 편명으로 정한 것이다.

類編 本居中庸之下. 凡六節四十章.

본래는 『예기』「중용(中庸)」편 뒤에 수록되어 있었다. 모두 6개 절 40장이다.

「표기」편 문장 순서 비교		
『예기집설』	『예기유편대전』	
	구분	문장
001	言莊敬	001
002		002
003		005
004		006
005		004
006		007
007		008
008		003
009		009
010	言仁義	010
011		011前
012		011後
013		012
014		013
015		014
016	申言仁義	015
017		016

---

1) 『예기』「표기」010장 : 子言之: "仁者, 天下之表也. 義者, 天下之制也. 報者, 天下之利也."

「표기」편 문장 순서 비교		
『예기집설』	『예기유편대전』	
	구분	문장
018		017前
019		017後
020		018
021		019
022		020
023	言事上之義	021
024		022
025		緇衣-024
026		緇衣-019前
027		緇衣-019後
028		023前
029		023後
030		039
031	言仁親義尊之道	024
032		025
033		026
034		027
035		028
036		029
037	專言卜筮事神之敬	045
038		046
039		047
040		048
041		049
042		緇衣-025
043		
044		
045		
046		
047		
048		
049		

◇ 장경을 말함[言莊敬]

【001】

子言之: "歸乎! 君子隱而顯, 不矜而莊, 不厲而威, 不言而信."〈001〉

공자가 말하길, "다시 되돌아 갈 것인가! 군자는 은미하되 드러나니, 과시하지 않아도 장엄하게 되며, 사납게 하지 않아도 위엄이 있고, 말을 하지 않아도 믿음을 준다."라고 했다.

集說 方氏曰: 此篇稱"子言之"者八, 皆摠其大同之略也; 稱"子曰"者四十五, 皆列其小異之詳也.

방씨가 말하길, 「표기」편에서 '자언지(子言之)'라고 기록한 곳은 8군데인데, 이 모두는 간략히 큰 범주에서 동일한 뜻을 총괄적으로 나타낸 것이며, '자왈(子曰)'이라고 기록한 곳은 45군데인데, 이 모두는 상세히 작은 부분에서 나타나는 차이를 나열한 것이다.

集說 應氏曰: 歸乎之嘆, 聖人周流不遇, 覩世道之益衰, 念儀刑之有本, 何必歷聘駕說而後足以行道哉! 隱而顯, 卽中庸所謂"潛雖伏矣, 亦孔之昭", 是也. 不矜而莊, 不厲而威, 不言而信, 卽所謂"不動而敬, 不言而信", 是也. 中庸以是終篇, 蓋示人以進德之事; 表記以是爲始, 蓋發明聖人立敎之故.

응씨가 말하길, "되돌아 갈 것인가!"라는 탄식은 공자가 세상을 두루 돌아다녔지만 제대로 된 군주를 만나지 못했고 세상의 도가 더욱 쇠락해지는 것을 보고, 규범에는 근본이 있음을 생각하여, 어찌 반드시 초빙을 받아설파를 한 뒤에야 도를 시행할 수 있겠느냐고 한 것이다. "은미하되 드러난다."는 말은 『중용』에서 "물고기가 물속에 있어 비록 숨어 있지만, 또한 매우 밝게 드러난다."[1]는 뜻에 해당한다. "과시하지 않아도 장엄하게

---

1) 『중용』 「33장」: 詩云, "潛雖伏矣, 亦孔之昭." 故君子內省不疚, 無惡於志. 君子

되고, 사납게 하지 않아도 위엄이 있으며, 말을 하지 않아도 믿음을 준다."는 말은 "움직이지 않아도 백성들이 공경하고, 말을 하지 않아도 백성들이 믿는다."[2]는 뜻에 해당한다. 『중용』은 이 내용을 통해 편을 마무리 지었으니, 사람들에게 덕으로 나아가는 사안을 보여주기 위해서이며, 「표기」편은 이 내용을 통해 편을 시작하였으니, 성인이 가르침을 세운 까닭을 드러내기 위해서이다.

附註 不矜而莊, 貌也. 不厲而威, 色也. 不言而信, 言也. 不矜·不厲·不言, 隱也. 莊·威·信, 顯也.

"과시하지 않아도 장엄하다."는 것은 모습에 대한 것이고, "사납게 하지 않아도 위엄이 있다."는 것은 표정에 대한 것이며, "말을 하지 않아도 믿음을 준다."는 것은 말에 대한 것이다. 과시하지 않고 사납게 하지 않으며 말하지 않는 것은 은미함에 해당한다. 장엄하고 위엄이 있으며 믿음을 준다는 것은 드러남에 해당한다.

所不可及者, 其唯人之所不見乎.
2) 『중용』「33장」: 詩云, "相在爾室, 尙不愧于屋漏." 故君子<u>不動而敬, 不言而信</u>.

【002】

子曰: "君子不失足於人, 不失色於人, 不失口於人. 是故君子貌足畏也, 色足憚也, 言足信也. 甫刑曰: '敬忌而罔有擇言在躬.'"〈002〉

공자가 말하길, "군자는 남에 대해 행동에서 실수를 하지 않고, 남에 대해 표정에서 실수를 하지 않으며, 남에 대해 말에서 실수를 하지 않는다. 이러한 까닭으로 군자의 모습은 외경하기에 충분하고, 군자의 표정은 남들이 조심스럽게 여기기에 충분하며, 군자의 말은 믿음을 주기에 충분하다.「보형」편에서는 '공경하고 조심하여, 법도에 맞지 않는 말을 자신에게 두지 말아라.'"라고 했다.

集說 疏曰: 甫刑, 呂刑也, 甫侯爲穆王說刑, 故稱甫刑.

소에서 말하길, '보형(甫刑)'은『서』「여형(呂刑)」편으로,[1] 보후가 목왕을 위해 형벌에 대해 설명한 것이기 때문에 '보형(甫刑)'이라고 말한 것이다.

集說 馬氏曰: 見其所可行而不慮其所可止, 則失足於人; 見其所可喜而不慮其所可怒, 則失色於人; 見其所可語而不慮其所可默, 則失口於人. 不失足於人, 故貌足畏; 不失色於人, 故色足憚; 不失口於人, 故言足信.

마씨가 말하길, 시행할만한 것만 보고 그쳐야 함을 고려하지 않는다면, 남에 대해 행동에서 실수한다. 기뻐할만한 것만 보고 성낼 수 있음을 고려하지 않는다면, 남에 대해 표정에서 실수한다. 말할만한 것만 보고 침묵해야 함을 고려하지 않는다면, 남에 대해 말에서 실수한다. 남에 대해 행동에서 실수를 하지 않기 때문에 그 모습은 외경하기에 충분하고, 남에 대해 표정에서 실수를 하지 않기 때문에 그 표정은 조심하기에 충분하며, 남에 대해 말에서 실수를 하지 않기 때문에 그 말은 믿음을 주기에 충분

---

1)『서』「주서(周書)・여형(呂刑)」: 典獄非訖于威, 惟訖于富, <u>敬忌, 罔有擇言在身</u>. 惟克天德, 自作元命, 配享在下.

하다.

集說 劉氏曰: 君子謹獨, 不待矜而莊, 故不失足於人而貌足畏; 不
待厲而威, 故不失色於人而色足憚; 不待言而信, 故不失口於人而言
足信也. 蓋其尋常敬忌, 故動處無不中節如此. 又引書以訂之, 而義
益顯矣.

유씨가 말하길, 군자는 홀로 있을 때 조심하여, 과시하지 않아도 장엄하
게 된다. 그렇기 때문에 남에 대해서 행동을 실수하지 않고 그 모습은
외경하기에 충분하다. 또 사납게 하지 않아도 위엄이 있기 때문에, 남에
대해서 표정을 실수하지 않고 그 표정은 남이 조심하기에 충분하다. 또
말을 하지 않아도 믿음을 주기 때문에, 남에 대해서 말을 실수하지 않고
그 말은 믿음을 주기에 충분하다. 항상 공경하고 조심하기 때문에 동작과
대처함에 있어서 이처럼 법도에 맞지 않는 것이 없다. 또 『서』의 내용을
인용하여 증명하였으니, 그 의미가 더욱 드러난다.

【003】

子曰: "君子愼以辟[避]禍, 篤以不揜, 恭以遠[去聲]恥." 〈005〉 [本在"不繼之
以倦"下.]

공자가 말하길, "군자는 신중히 처신하여 재앙을 피하고['辟'자의 음은 '避(피)'
이다.] 독실하게 행동하여 그 광채가 가려지지 않게 하며, 공손하게 따라서
치욕을 멀리한다.['遠'자는 거성으로 읽는다.]"라고 했다. [본래는 "나태함으로 뒤이어
서는 안 된다."2)라고 한 문장 뒤에 수록되어 있었다.]

集說 馬氏曰: 篤者, 居其厚, 不居其薄. 處其實, 不處其華, 則輝光
發于外, 而人不能揜也.

---

2) 『예기』「표기」004장 : 子曰, "祭極敬, 不繼之以樂. 朝極辨, 不繼之以倦."

마씨가 말하길, '독(篤)'은 두터움에 머물며 엷은 데 머물지 않는다는 뜻
이다. 진실됨에 처하며 화려함에 처하지 않는다면, 광채가 밖으로 드러나
서 사람들이 가릴 수 없게 된다.

集說 應氏曰: 君子經德不, 所以正行, 則其戒謹篤恭, 皆非有爲而
爲之也, 豈區區於避禍患防捄恥乎? 記禮之垂是言, 亦以曉人知避困
辱之道耳.

응씨가 말하길, 군자가 떳떳한 덕을 지니고 간사하게 굴지 않는 것은 행
실을 올바르게 하기 위해서이니,3) 조심하고 신중하며 독실하고 공손히
하는 것은 모두 의도함이 있어서 그처럼 하는 것이 아닌데, 어찌 재앙을
피하거나 가려지는 것이나 치욕을 방비하기 위함에 한정되겠는가? 『예기』
를 기록한 자가 이러한 말을 기록해둔 것은 이를 통해서 사람들을 깨우쳐
곤욕스러움을 피할 수 있는 도를 알게끔 하기 위해서일 뿐이다.

附註 愼以辟禍, 言也. 篤以不捄, 顔色也. 恭以遠恥, 容貌也.

"신중히 처신하여 재앙을 피한다."는 말은 말에 대한 것이다. "독실하게
행동하여 광채가 가려지지 않는다."는 말은 표정에 대한 것이다. "공손하
게 따라서 치욕을 멀리한다."는 말은 모습에 대한 것이다.

---

3) 『맹자』「진심하(盡心下)」: 孟子曰, "堯舜, 性者也, 湯武, 反之也. 動容周旋中
禮者, 盛德之至也. 哭死而哀, 非爲生者也. <u>經德不回</u>, 非以干祿也. 言語必信,
非以正行也. 君子行法, 以俟命而已矣."

【004】

子曰: "君子莊敬日强, 安肆日偸. 君子不以一日使其躬儳[仕鑑反]焉
如不終日."〈006〉

공자가 말하길, "군자는 장엄하고 공경하여 날로 굳세게 되는데, 만약 안일
하게 대처하면 날로 교활하게 된다. 따라서 군자는 단 하루라도 자신을
어긋나게['儳'자는 '仕(사)'자와 '鑑(감)'자의 반절음이다.] 하여 마치 생을 제대로 마
치지 못하는 것처럼 행동하지 않는다."라고 했다.

集說 馬氏曰: 莊敬所以自强, 而有進德之漸, 故日强; 安肆所以自
棄, 而有敗度之漸, 故日偸.

마씨가 말하길, 장엄하고 공경함은 스스로를 굳세게 하여, 점진적으로
덕으로 나아감이 있다. 그렇기 때문에 날로 굳세게 된다. 안일함은 스스
로를 버리게 하여, 점진적으로 법도를 어기는 점이 있다. 그렇기 때문에
날로 교활하게 된다.

集說 應氏曰: 儳者, 參錯不齊之貌. 心無所檢束而紛紜雜亂, 遂至
儳焉錯出. 外旣散亂而不整, 則內亦拘迫而不安, 故不能終日也. 若
主一以直內, 而心廣體胖, 何至於如不終日乎?

응씨가 말하길, '참(儳)'은 어긋나서 가지런하지 않은 모습을 뜻한다. 마
음에 단속함이 없어서 떠들썩하고 어지럽게 되면 결국 혼란스럽게 되어
어긋남이 나타난다. 외적으로 이미 어지럽고 정돈되지 않는다면, 내적으
로도 붙들리고 궁하게 되어 편안하지 않다. 그렇기 때문에 생을 제대로
마무리 짓지 못한다. 만약 한결같음을 위주로 하여 내면을 바로잡아서,
마음과 몸이 펴진다면, 어떻게 생을 제대로 마무리 짓지 못하는 지경에
이르겠는가?

【005】

子曰: "祭極敬, 不繼之以樂[洛]. 朝極辨, 不繼之以倦." 〈004〉 [本在 "毋瀆
也" 下.]

공자가 말하길, "제사에서는 공경함을 극진하게 해야 하니, 즐거움으로[樂'
자의 음은 '洛(락)'이다.] 뒤이어서는 안 된다. 조정에서는 변별함을 극진하게
해야 하니, 나태함으로 뒤이어서는 안 된다."라고 했다. [본래는 "너무 무례하게
굴지 않도록 하기 위해서이다."[1]라고 한 문장 뒤에 수록되어 있었다.]

集說 呂氏曰: 極敬者, 誠意至也, 苟至於樂, 則敬弛; 極辨者, 節文
明也, 苟至於倦, 則入於苟簡.

여씨가 말하길, '극경(極敬)'은 정성스러운 뜻이 지극하다는 의미이니, 만
약 즐거움에 이르게 된다면 공경함이 느슨해진다. '극변(極辨)'은 규범에
따른 형식을 드러낸다는 뜻이니, 만약 나태함에 이르게 된다면 되는대로
적당히 하는 지경에 빠진다.

【006】

子曰: "齊戒以事鬼神, 擇日月以見[現]君, 恐民之不敬也." 〈007〉 [本在
"如不終日" 下.]

공자가 말하길, "재계를 하여 귀신을 섬기고, 날과 달을 가려서 군자를 찾
아뵙는['見'자의 음은 '現(현)'이다.] 것은 백성들이 공경하지 못할까를 염려하기
때문이다."라고 했다. [본래는 "마치 생을 제대로 마치지 못하는 것이다."[2]라고 한 문장
뒤에 수록되어 있었다.]

集說 幽明之交, 上下之際, 尤其所當敬者, 故竝言之.

---

1) 『예기』 「표기」 003장 : 子曰, "禘・襲之不相因也, 欲民之毋相瀆也."
2) 『예기』 「표기」 006장 : 子曰, "君子莊敬日強, 安肆日偸. 君子不以一日使其躬儳
   焉如不終日."

그윽한 저 세상과 밝은 인간 세상의 사이 및 상하 계층의 사이에 있어서
는 더욱 공경해야만 한다. 그렇기 때문에 함께 언급하였다.

【007】
子曰: "狎侮, 死焉而不畏也."〈008〉
공자가 말하길, "남을 깔보고 업신여기는 것은 죽게 되더라도 두려워할 줄
모르는 것이다."라고 했다.

集說 馬氏曰: 狎侮至於死而不畏者, 蔽其所藝也.
마씨가 말하길, 남을 깔보는 자는 죽게 되더라도 두려워하지 않으니, 자
신이 업신여기던 자에 의해 해를 당하는 것이다.

【008】
子曰: "裼・襲之不相因也, 欲民之毋相瀆也."〈003〉 [本在"擇言在躬"下.]
공자가 말하길, "석과 습을 함께 따르지 않는 것은 백성들에게 너무 무례하
게 굴지 않도록 하기 위해서이다."라고 했다. [본래는 "법도에 맞지 않는 말을
자신에게 둔다."³⁾라고 한 문장 뒤에 수록되어 있었다.]

集說 裼・襲, 見曲禮.
'석(裼)'과 '습(襲)'에 대한 설명은 『예기』「곡례(曲禮)」편에 나온다.

集說 應氏曰: 裼・襲, 以示文質各有異宜. 所謂不相因者, 恐一時
或有異事, 必易服從事, 各存其敬, 不以襲衣而因爲裼, 不以裼衣而
因爲襲. 蓋節文旣辨, 而又不憚其勞, 則無相藝之患.

---

3) 『예기』「표기」 002장 : 子曰, "君子不失足於人, 不失色於人, 不失口於人. 是故
君子貌足畏也, 色足憚也, 言足信也. 甫刑曰, '敬忌而罔有擇言在躬.'"

응씨가 말하길, '석(裼)'과 '습(襲)'은 화려함과 질박함에는 각각 마땅함에 차이가 있음을 드러내는 것이다. 이른바 "서로 따르지 않는다."는 말은 특정 시기에 간혹 서로 다른 일이 발생했을 때, 반드시 이전 복장을 바꾸고서 해당 사안을 따라 각각 해당 사안에 대한 존경함을 보존해야 하는 것으로, 습의를 착용하고 있다고 해서 그에 따라 석을 하지 않고, 석의를 착용하고 있다고 해서 그에 따라 습을 하지 않는 것이다. 규범에 따른 격식이 이미 분별되어 있고, 또 수고로움을 꺼려하지 않는다면, 서로 무례하게 구는 우환이 없게 된다.

【009】

子曰: "無辭不相接也, 無禮不相見也, 欲民之毋相褻也. 易曰: '初筮告, 再三瀆, 瀆則不告.'"〈009〉 [本在"死焉而不畏也"下.]

공자가 말하길, "전하는 말이 없다면 서로 교제를 하지 않고, 예물이 없다면 서로 만나보지 않으니, 백성들이 너무 친근하여 무례하게 대하지 않도록 하기 위해서이다. 『역』에서는 '처음 시초점을 친 것이라면 알려주지만 두 차례나 세 차례 반복해서 친 것이라면 무례하게 되니, 무례하다면 알려주지 않는다.'"라고 했다. [본래는 "죽게 되더라도 두려워할 줄 모르는 것이다."[4]라고 한 문장 뒤에 수록되어 있었다.]

集說 易, 蒙卦辭, 謂凡占者, 初筮則誠敬必至, 若以明而治蒙, 必其學者如初筮之誠, 則當告之, 若如再筮三筮之瀆慢, 則不必告之矣. 引此以言賓主之交際, 當愼始敬終如初筮之誠, 不可如再三筮之瀆慢也.

'역(易)'은 『역』「몽괘(蒙卦)」의 괘사(卦辭)이니,[5] 무릇 점을 칠 때, 처음

---

4) 『예기』「표기」 008장 : 子曰: "狎侮, 死焉而不畏也."
5) 『역』「몽괘(蒙卦)」 : 蒙, 亨. 匪我求童蒙, 童蒙求我, 初筮告, 再三瀆, 瀆則不告. 利貞.

시초점을 친 것이라면 성실하고 공경함이 반드시 온전하니, 마치 밝음을 통해 몽매함을 다스리는 것과 같으므로, 그것을 배우는 자의 태도가 처음 시초점을 치는 성실함과 같다면, 마땅히 알려주어야 하지만, 만약 두 차례 시초점을 치고 세 차례 시초점을 친 것처럼 무례하고 태만하다면, 알려줄 필요가 없다. 이 문장을 인용하여 빈객과 주인이 서로 교제할 때에는 마땅히 처음을 신중하게 하고 끝을 공경하게 해서, 처음으로 시초점을 치는 성실함과 같아야만 하고, 두 차례나 세 차례 시초점을 치는 무례함이나 태만함과 같아서는 안 된다고 말한 것이다.

集說 呂氏曰: 辭者, 相接之言, 如公與客宴曰"寡人有不腆之酒, 以請吾子之與寡人須臾焉, 使某也以請"之類, 是也; 禮者, 相見之摯, 如羔鴈雉鶩之類, 是也. 必以辭·必以禮者, 交際不可苟也. 苟則褻, 褻則不敬, 此交所以易踈也.

여씨가 말하길, '사(辭)'는 서로 교제할 때 전하는 말이니, 군주가 빈객과 연회를 하며, "과인이 보잘것없는 술을 차려서 그대가 과인과 함께 회포를 풀기를 청원하여, 아무개를 시켜서 청한다."[6]라고 한 부류가 여기에 해당한다. '예(禮)'는 서로 만나볼 때 가져가는 예물이니, 새끼양·기러기·꿩·오리 등의 부류가 여기에 해당한다. 반드시 전하는 말을 통하고 반드시 예물을 전하는 것은 교제를 할 때에는 구차하게 할 수 없기 때문이다. 구차하면 너무 친근하게 여기게 되고, 너무 친근하게 대한다면 공경하지 않으니, 이것은 교제를 할 때 쉽게 소원해지는 이유이다.

類編 右言莊敬.

여기까지는 '언장경(言莊敬)'에 대한 내용이다.

---

6) 『의례』「연례(燕禮)」: 公與客燕, 曰, "寡君有不腆之酒, 以請吾子之與寡君須臾焉, 使某也以請."

◇ 인의를 말함[言仁義]

【010】

子言之: "仁者, 天下之表也. 義者, 天下之制也. 報者, 天下之利也." 〈010〉

공자가 말하길, "인은 천하의 표본이고, 의는 천하의 재단함이며, 보답하는 예는 천하의 이로움이다."라고 했다.

> **集說** 應氏曰: 仁之體大而尊, 昭揭衆善, 而人心儼然知所敬, 故曰表; 義之體方而嚴, 裁割事物, 而人心凜然知所畏, 故曰制; 報之爲禮, 以交際往來, 彼感此應, 而有不容已者, 所以使人有文以相接, 有恩以相愛, 其何利如之?

응씨가 말하길, 인(仁)의 본체는 크고 존엄하여 모든 선을 환하게 비춰주어, 사람들의 마음에서도 장중하게 공경해야 할 대상임을 안다. 그렇기 때문에 '표(表)'라고 했다. 의(義)의 본체는 방정하고 엄숙하며 사물을 재단하여, 사람들의 마음에서도 엄숙하게 외경해야 할 대상임을 안다. 그렇기 때문에 '제(制)'라고 했다. 보답함을 예(禮)로 삼으니, 이를 통해 교제하며 왕래해서 피차가 감응하여 그만둘 수 없으니, 사람들로 하여금 격식을 갖춰서 서로 교제하게 만들고 은정을 갖춰서 서로 친애하게 만드는데, 그 어떤 이로움이 이와 같겠는가?

【011】

子曰: "以德報德, 則民有所勸. 以怨報怨, 則民有所懲. 詩曰: '無言不讎, 無德不報.' 大甲曰: '民非后, 無能胥以寧. 后非民, 無以辟四方.'" 〈011〉 [1]

---

1) 『예기』 「표기」 011장 : <u>子曰: "以德報德, 則民有所勸. 以怨報怨, 則民有所懲.</u>

공자가 말하길, "자신의 덕으로 남의 덕에 보답한다면, 백성들에게는 권면하는 점이 생긴다. 자신의 원망함으로 남의 원망에 대해 갚는다면, 백성들에게는 징벌하는 점이 생긴다. 『시』에서는 '말 중에는 되갚지 않는 것이 없고, 덕 중에는 보답하지 않는 것이 없다.'[2]라 했고, 『서』「태갑」편에서는 '백성들은 군주가 아니라면 서로 바로잡아 편안히 살 수 없다. 군주는 백성이 아니라면 사방을 통치할 수 없다.'[3]라 했다.

集說 以論語"以直報怨, 以德報德"之言觀之, 此章恐非夫子之言.

『논어』에서 "정직함으로 원망함을 갚고 덕으로 덕을 갚는다."[4]라고 한 말로 살펴보면, 이 장의 내용은 아마도 공자의 말이 아닌 것 같다.

附註 太甲以下, 恐當入於緇衣亦以民亡之下, 更詳之.

'태갑(太甲)'으로부터 그 이하의 기록은 아마도 『예기』「치의(緇衣)」편의 "또한 백성을 통해 망하기도 한다."[5]라고 한 문장 뒤로 들어가야 할 것 같은데, 다시 상세히 살펴보아야 한다.

詩曰: '無言不讎, 無德不報.' 大甲曰: '民非后, 無能胥以寧, 后非民, 無以辟四
方.'" 子曰: "以德報怨, 則寬身之仁也; 以怨報德, 則刑戮之民也."

2) 『시』「대아(大雅)·억(抑)」: 無易由言, 無曰苟矣. 莫捫朕舌, 言不可逝矣. 無言
不讎, 無德不報. 惠于朋友, 庶民小子. 子孫繩繩, 萬民靡不承.

3) 『서』「상서(商書)·태갑중(太甲中)」: 惟三祀, 十有二月朔, 伊尹以冕服, 奉嗣
王歸于亳. 作書曰, 民非后, 罔克胥匡以生, 后非民, 罔以辟四方, 皇天眷佑有
商, 俾嗣王克終厥德, 實萬世無疆之休.

4) 『논어』「헌문(憲問)」: 或曰, "以德報怨, 何如?" 子曰, "何以報德? 以直報怨, 以
德報德."

5) 『예기』「치의(緇衣)」 018장: 子曰: "民以君爲心, 君以民爲體. 心莊則體舒, 心
肅則容敬. 心好之, 身必安之. 君好之, 民必欲之. 心以體全, 亦以體傷. 君以民
存, 亦以民亡. 詩云: '昔吾有先正, 其言明且淸. 國家以寧, 都邑以成, 庶民以
生. 誰能秉國成? 不自爲正, 卒勞百姓.' 君雅曰: '夏日暑雨, 小民惟曰怨資. 冬
祈寒, 小民亦惟曰怨.'"

【012】

子曰: "以德報怨, 則寬身之仁也; 以怨報德, 則刑戮之民也."〈011〉[1]

공자가 말하길, "자신의 덕으로 남의 원망함을 갚는다면, 자신을 너그럽게 하는 인에 해당한다. 자신의 원망함으로 남의 덕을 갚는다면, 형벌을 받는 백성에 해당한다."라고 했다.

集說 方氏曰: 以德報怨, 則忘人之怨, 雖不足以有懲, 而衆將德之而有裕矣, 故曰 '寬身之仁'. 以怨報德, 則忘人之德, 既不足以有所勸, 而衆且怨之而不容矣, 故曰 '刑戮之民.'"

방씨가 말하길, 덕으로 원망함을 갚는다면 남에 대한 원망을 잊게 되니, 비록 징벌을 하기에는 부족하더라도 백성들은 장차 그것을 덕으로 삼아 너그러움을 갖추게 된다. 그렇기 때문에 "자신을 너그럽게 하는 인(仁)이다."라고 했다. 원망함으로 덕을 갚는다면 남의 덕을 잊게 되니, 이미 권면을 하기에는 부족하고, 백성들 또한 원망하여 포용하지 못한다. 그렇기 때문에 "형벌을 받는 백성이다."라고 했다.

附註 以德報德, 如報生以死, 報賜以力是已. 以怨報怨, 如殺人之父, 人亦殺其父是已. 以德報怨一句, 固不如以直報怨之爲中正. 然以德與怨對擧而互言之, 與其以怨報德, 不如以德報怨. 古人有以德報怨者, 如韓信禮淮陰少年, 寇萊公蒸牛逆丁謂是已. 若以大德報大怨, 如周平王之戌申, 則固非矣. 如韓·寇之事, 亦君子之所取, 何可直斥之而不少假耶?

'이덕보덕(以德報德)'은 낮게 해준 은혜는 죽음으로 보답하고, 베풀어준 은혜는 노력으로 보답한다는 것[2]과 같은 것이다. '이원보원(以怨報怨)'

---

1) 『예기』「표기」011장 : 子曰: "以德報德, 則民有所勸, 以怨報怨, 則民有所懲. 詩曰: '無言不讎, 無德不報.' 大甲曰: '民非后, 無能胥以寧. 后非民, 無以辟四方.'" 子曰: "以德報怨, 則寬身之仁也; 以怨報德, 則刑戮之民也."

2) 『국어』「진어일(晉語一)」 : 非父不生, 非食不長, 非教不知生之族也, 故壹事之.

은 남의 부모를 죽이면 남 또한 내 부모를 죽인다는 것³⁾과 같은 것이다. '이덕보원(以德報怨)'이라는 한 구문은 진실로 정직함으로 원한을 갚는 것⁴⁾이 중정이 되는 것만 못하다. 그렇다면 덕(德)과 원(怨)을 서로 대비해서 상호 그 뜻을 드러내도록 말한 것인데, 원망으로 덕을 갚는 것은 덕으로 원망을 갚는 것만 못하다. 옛 사람들 중에는 덕으로 원망을 갚은 자가 있었으니, 예를 들어 한신이 회음의 젊은 백정을 예우했던 것이나 구래공이 한 마리의 양을 쪄서 정위를 맞이했던 것이 이러한 경우에 해당한다. 큰 덕으로 큰 원망을 갚은 경우는 예를 들어 주나라 평왕이 신나라를 지켜주었던 것처럼 한다면 진실로 잘못된 것이다. 그러나 한신이나 구래공의 일화와 같은 경우는 또한 군자가 취할 바인데, 어찌 배척만 하고 조금도 용인하지 않을 수 있겠는가?

唯其所在, 則致死焉. <u>報生以死, 報賜以力</u>, 人之道也

3) 『맹자』「진심하(盡心下)」: 孟子曰, "吾今而後知殺人親之重也, <u>殺人之父, 人亦殺其父</u>, 殺人之兄, 人亦殺其兄. 然則非自殺之也, 一間耳."

4) 『논어』「헌문(憲問)」: 或曰, "以德報怨, 何如?" 子曰, "何以報德? <u>以直報怨</u>, 以德報德."

【013】

子曰: "無欲而好仁者, 無畏而惡不仁者, 天下一人而已矣. 是故君子
議道自己, 而置法以民."〈012〉

공자가 말하길, "욕심이 없는데도 인을 좋아하는 자와 두려움이 없는데도
불인함을 싫어하는 자는 천하에 오직 인을 편안하게 여기는 한 사람이 있
을 따름이다. 이러한 까닭으로 군자가 도를 의논할 때에는 자신으로부터
시작하고, 법도를 세울 때에는 백성을 기준으로 한다."라고 했다.

集說 呂氏曰: 安仁者, 天下一人而已, 則非聖人不足以性仁. 苟志
於仁矣, 無惡也, 則衆人皆可以爲仁. 以聖人所性而議道, 則道無不
盡; 以衆人之可爲而制法, 則法無不行.

여씨가 말하길, 인(仁)을 편안히 여기는 자는 천하에 한 사람일 뿐이라고
했으니, 성인이 아니라면 인을 자신의 본성으로 삼기에 부족하다. 만약
인에 뜻을 두고 악함이 없다면 백성들은 모두 인을 시행할 수 있다. 성인
이 본성으로 삼고 도를 의논하게 된다면 도에 다하지 않는 것이 없고,
백성들이 시행할 수 있는 것을 법도로 제정한다면 법에 시행되지 않는
것이 없다.

集說 方氏曰: 欲而好仁, 則知者利仁之事也; 畏而惡不仁, 則畏罪
者强仁之事也. 若所好生於無欲, 所惡生於無畏, 非中心安仁者不
能, 故曰: "天下一人而已."

방씨가 말하길, 욕심이 있는데도 인을 좋아하는 것은 지혜로운 자가 인을
이롭게 여겨서 시행하는 사안이 되며, 두려워하여 인하지 못함을 싫어하
는 것은 죄를 두려워하는 자가 힘써 인을 시행하는 사안이 된다. 만약
좋아하는 것이 바라는 것이 없는 데에서 생겨나고 싫어하는 것이 두려워
함이 없는 데에서 생겨나는 경우라면, 마음으로 인을 편안하게 여기는
자가 아니라면 잘하지 못한다. 그렇기 때문에 "천하에 한 사람일 뿐이다."
라고 했다.

【014】

子曰: "仁有三, 與仁同功而異情. 與仁同功, 其仁未可知也. 與仁同
過, 然後其仁可知也. 仁者安仁, 知者利仁, 畏罪者強[上聲]仁. 仁者
右也, 道者左也. 仁者人也, 道者義也. 厚於仁者薄於義, 親而不尊;
厚於義者薄於仁, 尊而不親."〈013〉

공자가 말하길, "인을 시행하는 것에는 세 종류가 있는데, 인으로 회귀함에
있어서 그 공덕은 동일하지만 실정에는 차이가 있다. 인으로 회귀함에 있
어서 공덕이 동일한 경우에는 그 인에 대해서는 아직 알 수 없다. 그러나
인으로 회귀함에 있어서 지나침이 동일하게 나타난 뒤에라야 인함에 대해
서 알 수 있다. 인자한 자는 인을 편안하게 여기고, 지혜로운 자는 인을
이롭게 여기며, 죄를 두려워하는 자는 인을 힘써서['强'자는 상성으로 읽는다.]
시행한다. 비유하자면 인은 우측이 되고, 도는 좌측이 된다. 인이라는 것은
사람다운 것이며, 도라는 것은 의에 해당한다. 인에 두터운 자는 의에는
상대적으로 박하니, 친근하지만 존귀하지 않고, 의에 두터운 자는 상대적
으로 인에는 박하니, 존귀하지만 친근하지 않다."라고 했다.

集說 呂氏曰: 安仁 · 利仁 · 强仁, 三者之功, 同歸於仁, 而其情則
異, 此堯舜性之, 湯武身之, 五霸假之, 所以異也. 桓公九合諸侯, 一
匡天下, 雖湯 · 武之擧, 不過乎是, 而其情則不同, 故其仁未可知也.
過者人所避, 有不幸而致焉, 周公使管叔以殷畔, 過於愛兄而已; 孔
子對陳司敗以昭公知禮, 過於諱君而已, 皆出乎情, 而其仁可知也.
道非仁不立, 義非人不行, 凡人之擧動, 必右先而後左隨之, 故曰仁
右道左.

여씨가 말하길, 인(仁)을 편안하게 여기고, 인(仁)을 이롭게 여기며, 인
(仁)을 애써서 시행하는 경우, 이 세 가지의 공덕은 모두 인(仁)으로 회
귀하지만, 그 실정에 있어서는 차이를 보이니, 이것은 요와 순임금이 본
성대로 하고, 탕임금과 무왕이 몸소 실천하며, 오패(五霸)[1]가 빌려온

---

1) 오패(五霸)는 오백(五伯)이라고도 부른다. 다섯 명의 패주(覇主)를 뜻한다. 주로

것2)이 차이를 보이는 이유이다. 환공은 아홉 차례 제후들을 회합하고 천하를 한 차례 바로잡았는데,3) 비록 탕임금과 무왕이 실천한 것이라도 여기에서 벗어나지 않지만, 그 실정에 있어서는 같지 않다. 그렇기 때문에 그 인(仁)함에 대해서는 알 수 없다. 지나친 것은 사람들이 피하는 것이지만, 불행하게도 그러함에 이르는 경우가 있으니, 주공이 관숙을 파견하여 결국 은나라 유민들과 배반을 하도록 만든 것은 형제를 사랑함이 지나쳤기 때문이며,4) 공자가 진나라 사패에게 대답을 하며 소공이 예

춘추시대(春秋時代)의 패주들을 뜻하는 용어로도 사용되지만, 다섯 명이 누구였는지에 대해서는 이견이 있고, 또한 주(周)나라 이전의 패주들까지도 포함시키는 용례들이 있다. 첫 번째 주장은 하(夏)나라의 곤오(昆吾), 은(殷)나라의 대팽(大彭)과 시위(豕韋), 춘추시대 때의 제환공(齊桓公)과 진문공(晉文公)을 뜻한다고 보는 견해이다. 『장자(莊子)』「대종사(大宗師)」편에는 彭祖得之, 上及有虞, 下及五伯."이라는 기록이 있는데, 이에 대한 성현영(成玄英)의 소(疏)에서는 "五伯者, 昆吾爲夏伯, 大彭·豕韋爲殷伯, 齊桓·晉文爲周伯, 合爲五伯."이라고 풀이했다. 두 번째 주장은 춘추시대의 군주들만을 지칭하는 견해로, 제환공(齊桓公), 진문공(晉文公), 송양공(宋襄公), 초장공(楚莊公), 진무공(秦繆公)을 가리킨다. 『여씨춘추(呂氏春秋)』「당무(當務)」편에는 "備說非六王五伯."이라는 기록이 있는데, 이에 대한 고유(高誘)의 주에서는 "五伯, 齊桓·晉文·宋襄·楚莊·秦繆也."라고 풀이했다. 세 번째 주장 또한 춘추시대의 군주들만을 지칭하는 견해로, 제환공(齊桓公), 진문공(晉文公), 초장왕(楚莊王), 오왕(吳王) 합려(闔閭), 월왕(越王) 구천(句踐)을 가리킨다. 『순자(荀子)』「왕패(王霸)」편에는 "雖在僻陋之國, 威動天下, 五伯是也. …… 故齊桓·晉文·楚莊·吳闔閭·越句踐, 是皆僻陋之國也, 威動天下, 彊殆中國."이라는 기록이 있다. 네 번째 주장 또한 춘추시대의 군주들만을 지칭하는 견해로, 제환공(齊桓公), 송양공(宋襄公), 진문공(晉文公), 진목공(秦穆公), 오왕(吳王) 부차(夫差)를 가리킨다. 『한서(漢書)』「제후왕표(諸侯王表)」편에는 "故盛則周·邵相其治, 致刑錯; 衰則五伯扶其弱, 與其守."라는 기록이 있는데, 이에 대한 안사고(顔師古)의 주에서는 "伯讀曰霸. 此五霸謂齊桓·宋襄·晉文·秦穆·吳夫差也."라고 풀이했다.

2) 『맹자』「진심상(盡心上)」 : 孟子曰, "<u>堯舜, 性之也, 湯武, 身之也, 五霸, 假之也</u>. 久假而不歸, 惡知其非有也."
3) 『논어』「헌문(憲問)」 : 子貢曰, "管仲非仁者與? 桓公殺公子糾, 不能死, 又相之." 子曰, "管仲相桓公, 霸諸侯, 一匡天下, 民到于今受其賜. 微管仲, 吾其被髮左衽矣. 豈若匹夫匹婦之爲諒也, 自經於溝瀆而莫之知也?"

를 안다고 한 것은 군주의 과실을 숨겨줌이 지나쳤기 때문인데,[5] 이 모두는 정감에서 도출된 것이고, 그 인(仁)함에 대해서 알 수 있다. 도(道)는 인(仁)이 아니라면 성립되지 않고, 의(義)는 사람이 아니라면 시행되지 않는데, 모든 사람들의 행동거지는 반드시 우측을 우선으로 하고 그 이후에 좌측이 뒤따르게 된다. 그렇기 때문에 "인(仁)은 우측이고, 도(道)는 좌측이다."라고 했다.

【015】

"道, 有至, 有義, 有考. 至道以王, 義道以覇, 考道以爲無失."〈014〉

공자가 계속하여 말하길, "도에는 세 가지가 있으니, 첫 번째는 지도(至道)이고, 두 번째는 의도(義道)이며, 세 번째는 고도(考道)이다. 지도로는 왕노릇을 할 수 있고, 의도로는 패주가 될 수 있으며, 고도로는 잘못을 범하지 않을 수 있다."라고 했다.

集說 應氏曰: 至道, 卽仁也. 至道渾而無迹, 故得其渾全精粹以爲王; 義道嚴而有方, 故得其裁割斷制以爲覇. 盡稽古之道, 而事不輕擧焉, 亦可以無失矣.

응씨가 말하길, '지도(至道)'는 인(仁)에 해당한다. 지극한 도는 순전하고 자취가 없다. 그렇기 때문에 순전한 정수를 얻어서 왕노릇을 할 수 있다. 의도(義道)는 엄격하여 방정함이 있다. 그렇기 때문에 가르고 제재하여 패주가 될 수 있다. 옛 도를 살피는 것을 다하여 사안에 있어서 경솔하게

---

4) 『맹자』「공손추하(公孫丑下)」: 曰, "周公使管叔監殷, 管叔以殷畔, 知而使之, 是不仁也, 不知而使之, 是不智也. 仁智, 周公未之盡也, 而況於王乎? 賈請見而解之."

5) 『논어』「술이(述而)」: 陳司敗問昭公知禮乎, 孔子曰, "知禮." 孔子退, 揖巫馬期而進之, 曰, "吾聞君子不黨, 君子亦黨乎? 君取於吳爲同姓, 謂之吳孟子. 君而知禮, 孰不知禮?" 巫馬期以告. 子曰, "丘也幸, 苟有過, 人必知之."

시행하지 않는다면 또한 실수가 없을 수 있다.

集說 石梁王氏曰: 義道以霸, 非孔子之言.

석량왕씨가 말하길, 의도(義道)를 통해 패주가 된다는 말은 공자의 말이 아니다.

附註 道有至有義有考, 考道, 卽報也, 考成也. 報施之道, 所以成其禮, 而彼此相報, 人情不失.

'도유지유의유고(道有至有義有考)'라 했는데, '고도(考道)'는 보답한다는 뜻이니, '고(考)'자는 완성한다는 의미이다. 보답하고 베푸는 도리는 그 예를 완성하여 피차 서로에게 보답하게 해서 사람의 정감이 잘못을 저지르지 않게 된다.

類編 右言仁義.

여기까지는 '언인의(言仁義)'에 대한 내용이다.

◇ 인의를 거듭 말함[申言仁義]

【016】

子言之: "仁有數, 義有長短小大. 中心憯[七感反]怛[多八反], 愛人之仁也. 率法而强[去聲]之, 資仁者也. 詩云: '豊水有芑, 武王豈不仕. 詒厥孫謀, 以燕翼子', 數[上聲]世之仁也. 國風曰: '我今不閱, 皇恤我後', 終身之仁也."〈015〉

공자가 말하길, "인에는 여러가지가 있으며, 의에는 길고 짧음과 작고 큼의 차이가 있다. 마음에 측은한['憯'자는 '七(칠)'자와 '感(감)'자의 반절음이다. '怛'자는 '多(다)'자와 '八(팔)'자의 반절음이다.] 단서가 나타난 것은 남을 사랑하는 인이다. 법에 따라서 힘써['强'자는 거성으로 읽는다.] 시행하는 것은 남의 인함을 취해서 자신의 선함으로 삼는 자이다. 『시』에서 '풍수가에 차조가 자라나니, 무왕이 어찌 다스리지 않겠는가. 그 후손들에게 계책을 남겨주어, 이로써 후손들을 편안하게 해주고 도와주었도다.'라고 했으니, 여러['數'자는 상성으로 읽는다.] 세대를 거쳐서 전해지는 인이다. 「국풍(國風)」에서 '나도 현재 받아들여지지 않는데, 하물며 나의 후대를 걱정하겠는가.'라고 했으니, 자신에게만 한정된 인이다."라고 했다.

集說 仁有數, 言行仁之道, 非止一端, 蓋爲器重, 爲道遠, 隨其所擧之多寡, 所至之遠近, 皆可謂之仁也. 義有長短小大, 言義無定體, 在隨事而制其宜也. 中心慘怛, 惻隱之端也, 故爲愛人之仁. 率循古人之成法而勉强行之, 此爲求仁之事. 資仁, 取諸人以爲善也, 卽上文强仁之意. 詩, 大雅·文王有聲之篇. 言豊水之旁, 以潤澤生芑穀, 喩養成人才也. 武王豈不官使之乎? 言無遺才也. 聖人爲後嗣計, 莫大於遺之以人才, 是欲傳其孫之謀而燕安翼輔其子耳. 曾玄以下皆孫也. 故夫子以爲數世之仁. 蓋中心慘怛, 所發者深, 故所及者遠也. 國風, 邶風·谷風之篇. 今, 詩作躬. 閱, 容也. 言我身且不見容, 何暇憂後事乎? 此但欲以仁終其身而已耳. 蓋勉强資仁, 所發者淺, 故所及者近也.

'인유수(仁有數)'는 인(仁)을 시행하는 도는 한 가지 단서에만 그치는 것이 아니니, 기물이 되었을 때에는 중대하고 도가 되었을 때에는 원대하여, 시행한 것의 많고 적음 또 도달한 곳의 멀고 가까움에 따른다면, 이 모두를 인(仁)이라고 부를 수 있다. "의(義)에는 길고 짧음 및 작고 큰 차이가 있다."는 말은 의(義)에는 고정된 본체가 없어서 그 사안에 따라서 마땅함에 맞춰 제재를 한다는 뜻이다. '중심참달(中心憯怛)'은 측은한 마음의 단서를 뜻하니, 남을 사랑하는 인(仁)이 된다. 옛 사람들이 완성한 법도를 따라서 힘써 시행하는 것은 인(仁)을 구하는 일에 해당한다. '자인(資仁)'은 남에게서 취하여 자신의 선함으로 삼는 것이니, 앞에서 인(仁)을 힘써 시행한다고 한 뜻에 해당한다. 이 시는 『시』「대아(大雅)·문왕유성(文王有聲)」편이다.1) 풍수의 곁은 물기가 젖어들어 차조를 생장하게 한다는 뜻으로, 이를 통해 사람의 재주를 길러주고 완성해준다는 사실을 비유하였다. "무왕이 어찌 이곳을 다스리지 않았겠는가?"라는 말은 재주를 빠트리는 일이 없다는 뜻이다. 성인은 후손들을 위해 계획을 세우는데, 훌륭한 인재를 남겨주는 것보다 큰 것이 없으니, 이것은 후손들에게 계책을 전수하여 후손을 편안하게 해주고 도와주고자 했다는 뜻이다. 증손자와 현손자로부터 그 이하의 자손들은 모두 손(孫)이 된다. 그렇기 때문에 공자는 여러 세대가 지나더라도 따라야 할 인(仁)으로 여긴 것이다. 마음에 있는 측은함의 단서가 나타난 것이 깊기 때문에 미치는 것도 멀다. 「국풍(國風)」은 『시』「패풍(邶風)·곡풍(谷風)」편이다.2) '금(今)'자를 『시』에서는 궁(躬)자로 기록했다. '열(閱)'자는 "수용하다."는 뜻이다. 즉 내 자신 또한 수용되지 못하는데, 어느 겨를에 뒷일을 걱정하겠느냐는 의미이다. 이것은 단지 인(仁)으로 생을 마감하기를 바란 것

---

1) 『시』「대아(大雅)·문왕유성(文王有聲)」 : 豐水有芑, 武王豈不仕. 詒厥孫謀, 以燕翼子. 武王烝哉.
2) 『시』「패풍(邶風)·곡풍(谷風)」 : 涇以渭濁, 湜湜其沚. 宴爾新昏, 不我屑以. 毋逝我梁, 毋發我笱. 我躬不閱, 遑恤我後.

일 뿐이다. 힘써 시행하고 인(仁)을 바탕으로 삼으려고 하는 것은 나타나
는 것이 얕기 때문에 미치는 것도 가깝다.

[017]

子曰: *"仁之爲器重, 其爲道遠, 擧者能勝[升]也, 行者莫能致也. 取數*
多者, 仁也. 夫勉於仁者, 不亦難乎? 是故君子以義度[待洛反]人, 則難
爲人; 以人望人, 則賢者可知已矣." 〈016〉

공자가 말하길, "인의 기물 됨은 무겁고 도가 됨은 멀어서, 그것을 든다면
무게를 감당할[勝'자의 음은 '가(승)'이다.] 수 없고, 걸어간다면 도달할 수 없다.
취하는 방도가 많은 것은 인이다. 무릇 인에 힘써 시행하는 자는 또한 어렵
지 않겠는가? 이러한 까닭으로 군자가 의를 통해 남을 헤아린다면['度'자는
'待(대)'자와 '洛(락)'자의 반절음이다.] 그에 걸맞은 사람을 찾기가 어렵고, 사람들
이 일반적으로 살펴보는 기준으로 찾는다면, 현명한 점을 알아볼 수 있을
따름이다."라고 했다.

集說 呂氏曰: 管仲之功, 微子之去, 箕子之囚, 比干之死, 皆得以仁
名之, 語仁之盡則堯·舜其猶病諸. 此仁所以取數之多也. 以義度
人, 盡義以度人者也. 以人望人者, 擧今之人相望也. 盡義以求人,
非聖人不足以當之, 故難爲人; 擧今之人相望, 則大賢愈於小賢, 故
賢者可知已.

여씨가 말하길, 관중의 공덕, 미자의 떠남, 기자의 잡힘, 비간의 죽음은
모두 인(仁)이라 부를 수 있는데, 인(仁)의 다함을 말하고자 한다면, 요나
순임금도 오히려 괴로워했을 것이다. 이것이 바로 인(仁)이 그 수를 취함
이 많은 이유이다. 의(義)로써 남을 헤아린다는 말은 의(義)를 다하여
남을 헤아리는 것을 뜻한다. 사람으로 사람을 바라본다는 말은 오늘날의
사람들이 서로 바라보는 것을 제시한 말이다. 의(義)를 다하여 사람을
찾는 것은 성인이 아니라면 감당할 수 없다. 그렇기 때문에 그에 걸맞은

사람을 찾기가 어렵다. 현재 사람들이 서로 살피는 것을 기준으로 든다면, 큰 현자는 작은 현자보다 뛰어나다. 그렇기 때문에 현명한 자를 알아볼 수 있을 따름이다.

【018】

子曰: "中心安仁者, 天下一人而已矣. 大雅曰: '德輶如毛, 民鮮克擧之, 我儀圖之. 惟仲山甫擧之, 愛莫助之.'"〈017〉[3]

공자가 말하길, "마음으로 인을 편안하게 여기는 자는 천하에 오직 한 사람이 있을 따름이다. 「대아(大雅)」에서는 '덕의 가볍기는 털과 같아서 시행하기가 쉬운데, 백성들 중에는 잘 시행하는 자가 적구나. 내가 그 부류에서 살펴보니, 오직 중산보만이 제대로 시행하여, 그를 아끼지만 도와줄 수 없구나.'"라고 했다.

集說 大雅, 烝民之篇. 言德之在人, 其輕如毛, 非難能也, 而民少能擧之者, 尹吉甫於儀匹之中圖謀之, 求其能擧德者, 乃惟仲山甫能擧之. 我愛其人, 使其或有不及, 我思效忠以助之, 今吉甫雖愛山甫而欲助之, 而山甫全德, 吉甫無可以致其助者也.

「대아(大雅)」는 『시』「대아(大雅)·증민(烝民)」편이다.[4] 즉 덕이 사람에게 있어서 그 가벼움은 털과 같아서 잘하기 어려운 것이 아니다. 그런데도 백성들 중에는 잘 시행하는 자가 드문데, 윤길보가 비슷한 부류에서 헤아리고 계획하여, 덕을 잘 시행하는 자를 찾아보니, 오직 중산보만이 잘 시행했다. 내가 그 사람을 아껴서 간혹 미치지 못하는 점이 있다면

---

3) 『예기』「표기」017장 : 子曰: "中心安仁者, 天下一人而已矣. 大雅曰: '德輶如毛, 民鮮克擧之, 我儀圖之, 惟仲山甫擧之, 愛莫助之.' 小雅曰: '高山仰止, 景行行止.'" 子曰: "詩之好仁如此, 鄕道而行, 中道而廢, 忘身之老也, 不知年數之不足也; 俛焉日有孶孶, 斃而后已."

4) 『시』「대아(大雅)·증민(烝民)」 : 人亦有言, 德輶如毛, 民鮮克擧之, 我儀圖之, 維仲山甫擧之, 愛莫助之. 袞職有闕, 維仲山甫補之.

내가 그 충심을 본받아서 그를 돕고자 하는 것으로, 현재 윤길보가 비록 중산보를 아껴서 그를 돕고자 하지만, 중산보는 덕이 온전하여 윤길보가 도움을 줄 수 있는 것이 없다는 뜻이다.

【019】

小雅曰: "高山仰止, 景行[去聲]行止." 子曰: "詩之好仁如此, 鄕[去聲]道而行, 中道而廢, 忘身之老也, 不知年數之不足也; 俛焉日有孶孶, 斃而后已."〈017〉5)

「소아(小雅)」에서는 "높은 산은 우러러 보게 되고, 선한 행동은[行'자는 거성으로 읽는다.] 따르게 된다."라고 했다. 공자가 말하길, "『시』를 지은 자가 인을 좋아함이 이와 같다. 도를 향해['鄕'자는 거성으로 읽는다.] 시행하다가 힘을 다하여 그만두며 자신의 연로함을 잊으니, 앞으로 살날이 적다는 것을 모르는 것이며, 다른 것을 들어보지 않고 날마다 힘써 노력하고 죽은 이후에야 그만두는 것이다."라고 했다.

【集說】 小雅, 車牽之篇. 言有高山, 則人瞻望而仰之; 有景大之德行, 則人視法而行之. 二止字皆語辭. 夫子引此兩詩而贊之曰: "詩人之好仁如此哉!" 中道而廢, 言力竭而止, 若非力竭則不止也. 不足, 少也, 人老則未來之歲月少矣. 俛焉, 無他顧之意. 孶孶, 勤勉之貌. 斃, 死也.

「소아(小雅)」는 『시』「소아(小雅)·거할(車牽)」편이다.6) 즉 높은 산이 있다면 사람들은 우러러 보게 되고, 아름답고 큰 덕을 시행함이 있다면,

---

5) 『예기』「표기」017장: 子曰: "中心安仁者, 天下一人而已矣. 大雅曰: '德輶如毛, 民鮮克擧之, 我儀圖之. 惟仲山甫擧之, 愛莫助之.' 小雅曰: '高山仰止, 景行行止.'" 子曰: "詩之好仁如此, 鄕道而行, 中道而廢, 忘身之老也, 不知年數之不足也; 俛焉日有孶孶, 斃而后已."

6) 『시』「소아(小雅)·거할(車牽)」: 高山仰止, 景行行止. 四牡騑騑, 六轡如琴. 覯爾新昏, 以慰我心.

사람들이 그 법도를 살펴서 시행하게 된다는 뜻이다. 이 기록에 나타나는 2개의 '지(止)'자는 모두 어조사이다. 공자는 이러한 두 구절의 시를 인용하고 찬미를 하면서 "『시』를 지은 자가 인(仁)을 좋아함이 이와 같구나!"라고 한 것이다. 중도에 그만둔다는 것은 힘을 다하여 그친다는 뜻이니, 만약 힘을 다하지 않았다면 그치지 않는 것이다. '부족(不足)'은 "적다."는 뜻이니, 사람이 연로하게 되면 앞으로 남은 세월이 적게 된다는 뜻이다. '면언(俛焉)'은 다른 것을 살펴봄이 없다는 뜻이다. '자자(孳孳)'는 열심히 노력하는 모습이다. '폐(斃)'자는 "죽는다."는 뜻이다.

集說 應氏曰: 前章言仁重且遠, 而人不可以全責, 此又摠敍而勸勉之.

응씨가 말하길, 앞에서는 인(仁)이 무겁고 멀며, 사람들에 대해서 온전히 갖추기를 추궁할 수 없다고 했는데, 이곳에서는 또한 총괄적으로 서술하며 노력하기를 독려하는 것이다.

附註 高山仰止景行行止, 當從詩傳景行以大道爲解. 景行亦平聲.

'고산앙지경행행지(高山仰止景行行止)'라 했는데, 마땅히 『시전』의 기록에 따라 '경행(景行)'을 큰 길로 풀이해야 한다. 따라서 '경행(景行)'에서의 '행(行)'자 또한 평성으로 읽는다.

【020】

子曰: "仁之難成久矣! 人人失其所好, 故仁者之過易辭也." 子曰: "恭近禮, 儉近仁, 信近情, 敬讓以行此, 雖有過, 其不甚矣. 夫恭寡過, 情可信, 儉易容也. 以此失之者, 不亦鮮乎? 詩云: '溫溫恭人, 維德之基.'" 〈018〉

공자가 말하길, "인을 이루기 어렵게 된 것이 오래되었구나! 그로 인해 사람들은 좋아해야 할 바를 잃었다. 그러므로 인한 자가 범한 과실은 변별하기가 쉽다."라고 했다. 공자가 말하길, "공손함은 예에 가깝고, 검소함은 인에 가까우며, 신의는 정감에 가까우니, 공경함과 겸양함으로 이것을 시행하면, 비록 과실을 범하더라도 심한 과실은 범하지 않게 된다. 무릇 공손하다면 과실이 적게 되고, 정감이 있다면 믿을 수 있으며, 검소하다면 쉽게 용납이 된다. 이러한 것을 실천하며 실수를 하는 경우는 또한 드물지 않겠는가? 『시』에서는 '온순하고 온순하며 공손한 사람은 덕의 기틀이 된다.'"라고 했다.

集說 仁之難成, 私欲間之也, 私意行, 則所好非所當好, 故曰失其所好也. 苟志於仁, 雖或有過, 其情則善, 故不待多言而可辨, 故曰易辭也. 恭·儉·信三者未足以爲仁, 而亦行仁之資, 曰"不甚"·曰"鮮", 皆勉人致力於此, 可以由此寡過而進德也. 詩, 大雅·抑之篇.

인(仁)을 이루기가 어렵다는 것은 삿된 욕심이 개입했기 때문이니, 삿된 뜻으로 시행한다면, 좋아하는 것은 마땅히 좋아해야 할 것이 아니다. 그렇기 때문에 "좋아함을 잃었다."라고 했다. 만약 인(仁)에 뜻을 둔다면, 비록 잘못이 발생할 수 있지만, 그 정감은 선하기 때문에 많은 말을 하지 않아도 변별할 수 있다. 그렇기 때문에 "말하기가 쉽다."라고 했다. 공손함·검소함·신의라는 세 가지는 인(仁)이 되기에는 부족하지만, 또한 인(仁)을 실천하는 바탕이 된다. 그렇기 때문에 "심하지 않다."라 했고, "드물다."라 한 것이니, 이 모두는 사람들에게 여기에 힘을 다하도록 독려하는 것으로, 이에 따르면 과실이 적게 되고 덕으로 나아갈 수 있다. 시는

『시』「대아(大雅)·억(抑)」편이다.1)

石梁王氏曰: 信近情, 當爲情近信.

석량왕씨가 말하길, "신의가 정감에 가깝다."라 한 말은 마땅히 "정감이 신의에 가깝다."라 해야 한다.

【021】

子曰: "仁之難成久矣! 唯君子能之. 是故君子不以其所能者病人, 不以人之所不能者愧人. 是故聖人之制行也, 不制以己, 使民有所勸勉愧恥, 以行其言. 禮以節之, 信以結之, 容貌以文之, 衣服以移[讀爲稱, 尺正反]之, 朋友以極之, 欲民之有壹也. 小雅曰: '不愧于人, 不畏于天.'"〈019〉

공자가 말하길, "인을 이루기 어렵게 된 것이 오래되었구나! 오직 군자만이 잘할 수 있다. 이러한 까닭으로 군자는 자신이 잘하는 것으로 남을 피로하게 만들지 않았고, 남이 못하는 것으로 그 사람을 부끄럽게 만들지 않는다. 이러한 까닭으로 성인이 행동규범을 제정할 때에는 자신을 기준으로 제정하지 않아서, 백성들에게 권면하고 부끄럽게 여겨야 할 것을 갖게끔 하여 그 말을 실천하도록 만들었다. 또한 예를 통해 행동을 규범에 맞게 절제하였고, 신의를 통해 뜻을 단단하게 묶었으며, 용모의 꾸밈을 통해 격식에 맞게끔 했고, 의복을 통해 덕에 알맞도록[移자는 稱자로 풀이하니, 尺(척)자와 正(정)자의 반절음이다.] 했으며, 벗과 서로 수양하도록 해서 지극함에 이르도록 했으니, 백성들이 한결같음을 지니게끔 하고자 해서이다. 「소아(小雅)」에서는 '남에게 부끄럽지 않으며, 하늘이 두렵지 않은가.'라고 했다.

呂氏曰: 聖人制行以立敎, 必以天下之所能行者爲之法, 所以

---

1) 『시』「대아(大雅)·억(抑)」: 荏染柔木, 言緡之絲. 溫溫恭人, 維德之基. 其維哲人, 告之話言, 順德之行. 其維愚人, 覆謂我僭. 民各有心.

爲達道也. 惟不制乎己, 故民知跂乎此而有所勸勉, 知不及乎此而有
所愧恥, 則於仁也知所向矣. 非特此也, 制禮以節其行而使之齊, 立
信以結其志而使之固, 容貌以驗其文之著於外, 衣服以稱其德之有
於中, 朋友切磋相成以至於極而後已.

여씨가 말하길, 성인이 행동방침을 제정하여 가르침을 세울 때에는 반드
시 천하의 사람들이 모두 잘 할 수 있는 것으로 법도를 삼았으니, 두루
통용되는 도로 삼고자 했기 때문이다. 다만 자신을 기준으로 제정하지
않았기 때문에, 백성들은 여기로 점진적으로 나아가 권면해야 함이 있음
을 알게 되었고, 여기에 이르지 않으면 부끄러움이 생긴다는 사실을 알게
되었으니, 인(仁)에 대해서 지향할 바를 알게 된 것이다. 다만 이뿐만
아니라 예를 제정하여 행실을 절도에 맞게 하여 그들을 가지런히 만들었
고, 신의를 세워서 뜻을 묶어 단단히 만들었으며, 용모의 꾸밈을 통해
외적으로 문채가 드러나는 것을 증험하였고, 의복을 통해서 마음에 갖추
고 있는 덕에 알맞게끔 했으며, 벗들과 서로 수양하고 이루어서 지극함에
이르게 한 이후에야 그쳤다.

集說 應氏曰: 五者輔道而夾持之, 欲其趨向之專一也. 縱有懈息而
欲爲惡者, 獨不愧于人而畏于天乎? 小雅, 何人斯之篇.

응씨가 말하길, 다섯 가지가 돕고 이끌며 보조를 해주는 것은 지향함이
전일하기를 바란 것이다. 나태함이 발생하여 나쁜 짓을 저지르고자 한다
면, 남에게 부끄럽지 않고 하늘이 두렵지 않겠는가? 「소아(小雅)」는 『시』
「소아(小雅)·하인사(何人斯)」편이다.[2]

附註 衣服以移之, 移當爲稱. 陳註作稱, 不如移字. 且結·節·移·
壹, 韻叶.

---

2) 『시』 「소아(小雅)·하인사(何人斯)」: 彼何人斯, 胡逝我陳. 我聞其聲, 不見其
身. <u>不愧于人, 不畏于天.</u>

'의복이이지(衣服以移之)'라 했는데, '이(移)'자는 마땅히 '질(秩)'자가 되어야 한다. 진호의 주에서는 칭(稱)이라 기록했는데, 질(秩)자로 풀이하는 것만 못하다. 또 '결(結)'·'절(節)'·'질(秩)'·'일(壹)'자는 협운이 된다.

"是故君子服其服, 則文以君子之容; 有其容, 則文以君子之辭; 遂其
辭, 則實以君子之德. 是故君子恥服其服而無其容, 恥有其容而無
其辭, 恥有其辭而無其德, 恥有其德而無其行[去聲]. 是故君子衰絰
則有哀色, 端冕則有敬色, 甲胄則有不可辱之色. 詩云: '維鵜在梁,
不濡其翼. 彼其之子, 不稱其服.'"〈020〉

공자가 계속하여 말하길, "이러한 까닭으로 군자는 해당 복장을 입게 되면,
군자다운 용모를 통해 문식을 꾸미고, 군자의 용모를 갖추게 되면, 군자다
운 말로 문식을 꾸미며, 군자의 말을 실천하게 되면 군자다운 덕으로 채운
다. 이러한 까닭으로 군자는 해당 복장을 입고도 군자다운 용모가 없는
것을 부끄럽게 여기고, 군자다운 용모를 갖추되 군자다운 말을 못하는 것
을 부끄럽게 여기며, 군자다운 말을 하더라도 군자다운 덕이 없는 것을
부끄럽게 여기고, 군자다운 덕을 갖췄어도 군자다운 행동이['行'자는 거성으로
읽는다.] 없는 것을 부끄럽게 여긴다. 이러한 까닭으로 군자가 상복을 입게
되면 슬퍼하는 표정이 나타나고, 단면을 입게 되면 공경스러운 표정이 나
타나며, 갑옷을 입게 되면 남이 욕보일 수 없는 표정이 나타난다. 『시』에서
는 '저 제호라는 새가 물고기 잡는 기구 위에 있어서, 그 날개를 적시지
않았구나. 저러한 사람은 그 복장에 걸맞지 않구나.'"라고 했다.

集說 此承上文容貌衣服而言, 欲有其德行以實之也. 德, 謂得之於
己. 行, 謂見之於事. 詩, 曹風·候人之篇. 鵜, 鵜鴣也, 俗名淘河. 鵜
鴣常入水中食魚, 今乃在魚梁之上, 竊人之魚以食, 未嘗濡濕其翼,
如小人居高位以竊祿, 而不稱其服也.

이 내용은 앞에서 용모와 의복을 말한 것을 이어서 한 말이니, 덕과 행실
을 갖춰 채우기를 바란 것이다. '덕(德)'은 자신이 터득하는 것이다. '행
(行)'은 그 사안을 통해 드러내는 것이다. 이 시는 『시』「조풍(曹風)·후
인(候人)」편이다.[1] '제(鵜)'는 제호(鵜鴣)라는 새인데, 세속에서는 도하

---

1) 『시』「조풍(曹風)·후인(候人)」 : 維鵜在梁, 不濡其翼. 彼其之子, 不稱其服.

(淘河)라고도 부른다. 제호는 항상 물로 들어가서 물고기를 잡아먹는데, 현재 물고기를 잡기 위해 한쪽으로만 터놓은 곳 위에 있어서, 장치를 설치한 자가 잡은 물고기를 훔쳐 먹으니, 일찍이 날개를 적신 적이 없는 것으로, 마치 소인이 높은 지위에 있어서 녹봉을 훔치고, 해당 복장에 어울리지 않는 것과 같다.

類編 右申言仁義.
여기까지는 '신언인의(申言仁義)'에 대한 내용이다.

◇ 윗사람을 섬기는 의를 말함[言事上之義]

【023】

子言之: "君子之所謂義者, 貴賤皆有事於天下. 天子親耕, 粢盛·秬鬯, 以事上帝, 故諸侯勤以輔事於天子."〈021〉

공자가 말하길, "군자가 말하는 의라는 것은 존귀한 자나 미천한 자 모두 천하에 대해 일삼음이 있는 것이다. 그래서 천자가 직접 경작을 하여 자성과 거창을 만들어 상제를 섬기기 때문에 제후들도 부지런히 노력하여 천자를 보필하는 것이다."라고 했다.

集說 應氏曰: 義者, 截然正方而無偏私也. 知賤之事貴, 而不知貴之率賤, 豈絜矩之道哉? 故天子竭力致敬以事乎上帝, 則諸侯亦服勤以輔乎天子也.

응씨가 말하길, '의(義)'라는 것은 확연히 바르고 방정하여 치우침이나 사사로움이 없는 것이다. 미천한 자가 존귀한 자를 섬겨야 함을 알지만, 존귀한 자가 미천한 자를 통솔해야 함을 모른다면 어찌 혈지구도라 하겠는가? 그러므로 천자가 힘을 다하고 공경함을 지극히 해서 상제를 섬긴다면, 제후들 또한 복종하고 노력하여 천자를 보필하게 된다.

【024】

子曰: "下之事上也, 雖有庇民之大德, 不敢有君民之心, 仁之厚也. 是故君子恭儉以求役仁, 信讓以求役禮, 不自尙其事, 不自尊其身, 儉於位而寡於欲, 讓於賢, 卑己而尊人, 小心而畏義, 求以事君, 得之自是, 不得自是, 以聽天命. 詩云: '莫莫葛藟[力水反], 施[異]于條枚. 凱弟君子, 求福不回.' 其舜·禹·文王·周公之謂與. 有君民之大德, 有事君之小心. 詩云: '惟此文王, 小心翼翼. 昭事上帝, 聿懷多福. 厥德不回, 以受方國.'〈022〉 君奭曰: '在昔上帝, 周[割]田[申]觀[勸]

文王之德, 其集大命于厥躬.'"〈緇衣-024〉 [君奭以下緇衣. 本在"展也大成"下.]

공자가 말하길, "아랫사람이 윗사람을 섬김에 있어서, 비록 백성들을 감싸주는 큰 덕을 갖추고 있더라도, 감히 백성들에게 군주노릇을 하려는 마음을 갖지 않으니, 이것은 인이 두터운 것이다. 이러한 까닭으로 군자는 공손함과 검소함으로 인을 실천하길 구하고, 신의와 겸양으로 예를 실천하길 구하며, 스스로 자신이 시행하는 일을 높이지 않고, 스스로 자신을 존귀하게 높이지 않으며, 지위에 있어서는 검소하고 욕심은 줄이며, 현명한 자에게 양보하고, 자신을 낮추고 상대를 존귀하게 높이며, 마음을 조심하고 의를 두려워하여, 군주 섬기기를 구하고, 이것을 얻게 되면 스스로 옳음을 시행하고 이것을 얻지 못하더라도 스스로 옳음을 시행하여, 천명을 듣는다. 『시』에서는 '무성하고 무성한 저 칡과 등나무가['藟'자는 '力(력)'자와 '水(수)'자의 반절음이다.] 가지와 줄기에 덩굴을 휘감고['施'자의 음은 '異(이)'이다.] 있구나. 화락한 군자가 복을 구함이 사벽하지 않구나.'라고 했는데, 순임금·우임금·문왕·주공을 뜻할 것이다. 그들은 백성들에게 군주노릇을 할 정도의 큰 덕을 갖추고 있었고, 군주를 섬기는 조심스러운 마음까지도 갖추고 있었다. 또 『시』에서는 '이러한 문왕만이 마음을 조심하여 공손하고 공손하다. 상제를 밝게 섬겨서 많은 복이 오도록 했구나. 그 덕이 사벽하지 않아서 사방의 제후국을 받아들였도다.'라 했고, 「군석」편에서는 '예전 상제는 은나라에 재앙을['割'자의 음은 '劀(할)'이다.] 내렸고, 문왕의 덕을 거듭['田'자의 음은 '申(신)'이다.] 권면하여['觀'자의 음은 '勸(권)'이다.] 그 몸에 큰 하늘의 명이 모이게 되었다.'"라고 했다. [「군석(君奭)'으로부터 그 이하의 기록은 「치의」편의 문장이다. 본래는 "진실로 크게 이루었도다."[1]라고 한 문장 뒤에 수록되어 있었다.]

集說 役, 猶爲也. 得之不得, 卽中庸獲乎上不獲乎上也. 詩, 詩大雅·旱麓之篇. 莫莫, 茂密也. 藟似葛, 枝曰條, 幹曰枚, 嚴氏云: "是葛也藟也, 乃蔓於木之枝榦, 喩文王憑先祖之功而起也. 文王凱樂弟

---

1) 『예기』「치의(緇衣)」 024장 : 子曰: "言從而行之, 則言不可飾也. 行從而言之, 則行不可飾也. 故君子寡言而行, 以成其信, 則民不得大其美而小其惡. 詩云: '白圭之玷, 尙可磨也; 斯言之玷, 不可爲也.' 小雅曰: '允也君子, 展也大成.' 君奭曰: '在昔上帝, 周田觀文王之德, 其集大命于厥躬.'"

易, 其求福不回邪也. 表記言得之自是, 不得自是, 以聽天命, 遂引此章, 蓋有一毫覬倖之心則邪矣." 詩, 大雅‧大明之篇. 言文王小心翼翼然, 恭敬以明事上帝, 遂能懷來多福. 蓋其德不回邪, 故受此四方侯國之歸也.

'역(役)'자는 "시행하다."는 뜻이다. 얻는다는 말과 얻지 못한다는 말은 『중용』에서 윗사람에게 신임을 얻는다는 것과 윗사람에게 신임을 얻지 못한다는 말에 해당한다.[2] 앞의 시는 『시』「대아(大雅)‧한록(旱麓)」편이다.[3] '막막(莫莫)'은 무성하고 빽빽하다는 뜻이다. 등나무는 칡과 유사하며, 가지를 '조(條)'라 부르고 줄기를 '매(枚)'라 부르는데, 엄씨는 "이러한 칡과 등나무는 나무의 가지와 줄기에 덩굴을 휘감는데, 이것은 문왕이 선조들의 공업에 힘입어 왕업을 일으킨 것을 비유한다. 문왕은 화락하고 평이하며 도가 두터워서 그가 복을 구함에는 사벽하지 않았다. 「표기」에서는 '이것을 얻으면 스스로 옳음을 시행하고 얻지 못해도 스스로 옳음을 시행하여 천명을 듣는다.'라고 하며 이 구절을 인용했으니, 한 터럭이라도 요행을 바라는 마음이 있다면 사벽하게 되기 때문이다."라고 했다. 뒤의 시는 『시』「대아(大雅)‧대명(大明)」편이다.[4] 즉 문왕은 마음을 조심하며 공손하고 공손하게 하여, 공경을 통해 상제를 밝게 섬겨서 결국 많은 복이 오도록 할 수 있었다는 뜻이다. 그의 덕이 사벽하지 않았기 때문에 사방의 제후국이 귀의하는 것을 받게 되었다.

集說 應氏曰: 數章之內自"恭近禮‧儉近仁‧信近情"之后, 又言"恭儉役仁‧信讓役禮", 曰"自卑而尊人", 又曰"自卑而民敬尊之", 曰"不

---

2) 『중용』「20장」: 在下位不獲乎上, 民不可得而治矣. <u>獲乎上</u>有道, 不信乎朋友, <u>不獲乎上矣</u>. 信乎朋友有道, 不順乎親, 不信乎朋友矣. 順乎親有道, 反諸身不誠, 不順乎親矣. 誠身有道, 不明乎善, 不誠乎身矣.

3) 『시』「대아(大雅)‧한록(旱麓)」: 莫莫葛藟, 施于條枚. 豈弟君子, 求福不回.

4) 『시』「대아(大雅)‧대명(大明)」: <u>維此文王, 小心翼翼</u>. 昭事上帝, 聿懷多福. 厥德不回, 以受方國.

自尙其事‧不自尊其身", 又曰"不自大其事‧不自尙其功."

응씨가 말하길, 여러 장들을 살펴보면 "공손함은 예에 가깝고, 검소함은
인에 가까우며, 신의는 정감에 가깝다."라고 한 말로부터 그 이후로 재차
"공손함과 검소함으로 인을 시행하고, 신의와 겸양으로 예를 시행한다."
라 했고, "스스로를 낮춰서 남을 존귀하게 대한다."라 했으며, 재차 "스스
로를 낮춰서 백성들이 공경하며 높인다."라 했고, "스스로 그 일을 높이지
않고 스스로 자신을 높이지 않는다."라 했으며, 재차 "스스로 그 일을 크
게 여기지 않고, 스스로 그 공덕을 높이지 않는다."라 했다.

集說 君奭, 周書. 言昔者上帝降割罰于殷, 而申重獎勸文王之德,
集大命於其身, 使有天下. 引書, 亦言文王之實有此德也.

「군석」은 『서』「주서(周書)」편이다.[5] 즉 예전에 상제는 은나라에 재앙
을 내리고, 문왕의 덕을 거듭 장려하고 권하여, 그 몸에 큰 하늘의 명이
모이도록 하여, 천하를 소유하게끔 했다는 뜻이다. 『서』를 인용한 것은
또한 문왕은 진실로 이러한 덕을 가지고 있었음을 뜻한다.

【025】

子曰: "下之事上也, 身不正, 言不信, 則義不壹, 行無類也." 〈緇衣-019〉[6]
공자가 말하길, "아랫사람이 윗사람을 섬길 때, 몸이 바르지 않고 말이 미
덥지 못하면 뜻이 한결같지 않고, 행동에 법도가 없다."라고 했다.

---

5) 『서』「주서(周書)‧군석(君奭)」: 公曰, 君奭. <u>在昔上帝割, 申勸寧王之德, 其集
大命于厥躬</u>.

6) 『예기』「치의(緇衣)」019장: <u>子曰: "下之事上也, 身不正, 言不信, 則義不壹, 行
無類也."</u> 子曰: "言有物而行有格也, 是以生則不可奪志, 死則不可奪名. 故君
子多聞, 質而守之; 多志, 質而親之; 精知, 略而行之. 君陳曰: '出入自爾師虞,
庶言同.' 詩云: '淑人君子, 其儀一也.'"

集說 義不壹, 或從或違也. 行無類, 或善或否也.

"의(義)가 한결같지 않다."는 말은 어떤 때에는 따르고 어떤 때에는 거스른다는 뜻이다. "행동에 유(類)가 없다."는 말은 어떤 때에는 선하고 어떤 때에는 그렇지 않다는 뜻이다.

【026】

子曰: "言有物而行[去聲]有格也, 是以生則不可奪志, 死則不可奪名. 故君子多聞, 質而守之; 多志, 質而親之; 精知, 略而行之. 君陳曰: '出入自爾師虞, 庶言同.' 詩云: '淑人君子, 其儀一也.'"〈緇衣-019〉7) [並緇衣. 本在"亦惟曰怨"下.]

공자가 말하길, "말에 진실됨이 있고 행동에['行'자는 거성으로 읽는다.] 격식이 있다면 이로써 생전에는 그 뜻을 빼앗을 수 없게 되고 죽어서도 그 명성을 빼앗을 수 없게 된다. 그러므로 군자는 많이 듣고 그것을 대중들에게 질정하고서 지키고, 많이 기록하고 그것을 대중들에게 질정하고서 친숙하게 하며, 아는 것을 정밀히 하고 핵심적인 것을 추려내서 시행한다. 「군진」편에서는 '정령을 내놓고 들일 때에는 네 무리들을 통해 헤아려서 여러 의견이 동일하게 된다.'라 했고, 『시』에서는 '저 선한 군자여, 그 위엄스러운 거동이 한결같구나.'"라 했다. [둘 모두 「치의」편의 문장이다. 본래는 "원망하고 한탄한다."8)라고 한 문장 뒤에 수록되어 있었다.]

---

7) 『예기』「치의(緇衣)」 019장 : 子曰: "下之事上也, 身不正, 言不信, 則義不壹, 行無類也." 子曰: "言有物而行有格也, 是以生則不可奪志, 死則不可奪名. 故君子多聞, 質而守之; 多志, 質而親之; 精知, 略而行之. 君陳曰: '出入自爾師虞, 庶言同.' 詩云: '淑人君子, 其儀一也.'"

8) 『예기』「치의(緇衣)」 018장 : 子曰: "民以君爲心, 君以民爲體. 心莊則體舒, 心肅則容敬. 心好之, 身必安之. 君好之, 民必欲之. 心以體全, 亦以體傷. 君以民存, 亦以民亡. 詩云: '昔吾有先正, 其言明且淸. 國家以寧, 都邑以成, 庶民以生. 誰能秉國成? 不自爲正, 卒勞百姓.' 君雅曰: '夏日暑雨, 小民惟曰怨資. 冬祈寒, 小民亦惟曰怨.'"

集說 君陳, 書言謀政事者, 當出入反覆, 與衆人共虞度其可否, 而觀庶言之同異也. 詩, 曹風·鳲鳩之篇, 引以證義壹行類.

「군진」편의 내용에 대해서 『서』에서는 정사를 도모할 때에는 마땅히 내놓고 들이며 반복하여 여러 사람들과 함께 가부를 따져보고, 여러 의견의 동이를 살펴야만 한다고 했다.9) 『시』는 『시』「조풍(曹風)·시구(鳲鳩)」편으로,10) 이 시를 인용하여 뜻이 한결같고 행동에 항상된 법도가 있어야 함을 증명하였다.

集說 呂氏曰: 有物則非失實之言, 有格則無踰矩之行, 歸於一而不可變, 生乎由是, 死乎由是, 故志也名也, 不可得而奪也. 多聞, 所聞博也. 多志, 多見而識之者也. 質, 正也. 不敢自信, 而質正於衆人之所同, 然後用之也. 守之者, 服膺勿失也. 親之者, 問學不厭也. 雖由多聞多知而得之, 又當精思以求其至約而行之. 略者, 約也. 此皆義壹行類之道也.

여씨가 말하길, 물(物)이 있다면 실정에 어긋나는 말이 아니며, 격(格)이 있다면 법도를 벗어나는 행실이 없으니, 한결같음으로 회귀하여 변하지 않는다. 살아감도 이로부터 말미암고 죽음도 이로부터 말미암기 때문에 뜻과 명성을 빼앗을 수 없다. 많이 듣는 것은 듣는 것이 폭넓다는 뜻이다. 많이 기록한다는 것은 많이 보아서 기록하는 것이다. '질(質)'자는 "바르다."는 뜻이다. 감히 자신하지 않고 대중들이 공감하는 것에 따라 질정한 뒤에야 사용한다. 지킨다는 것은 마음에 품어서 잃지 않는 것이다. 친하게 한다는 것은 묻고 배우는 일에 싫증을 느끼지 않는 것이다. 비록 많이 듣고 많이 알아서 터득을 했더라도 또한 마땅히 생각을 정밀히 하여 지극

---

9) 『서』「주서(周書)·군진(君陳)」: 圖厥政, 莫或不艱. 有廢有興, <u>出入自爾師虞</u>, <u>庶言同則繹</u>.

10) 『시』「조풍(曹風)·시구(鳲鳩)」: 鳲鳩在桑, 其子七兮. <u>淑人君子, 其儀一兮</u>. 其儀一兮, 心如結兮.

히 핵심적인 것을 찾아서 시행해야 한다. '약(略)'은 요약을 뜻한다. 이것
들은 모두 뜻이 한결같고 행동에 법식이 있는 도에 해당한다.

[027]

子曰: "先王謚以尊名, 節以壹惠, 恥名之浮於行也. 是故君子不自大
其事, 不自尚其功, 以求處情; 過行[去聲]弗率, 以求處厚; 彰人之君
而美人之功, 以求下賢. 是故君子雖自卑而民敬尊之." 〈023〉11) [本在
"以受方國"下.]

공자가 말하길, "선왕은 시호를 정하여 명성을 존귀하게 드날렸고, 절제하
여 선함을 전일하게 했으며, 명성이 실천보다 커지는 것을 부끄럽게 여겼
다. 이러한 까닭으로 군자는 스스로 자신의 사업을 크다고 여기지 않았고,
스스로 자신의 공적을 높이지 않아서, 이를 통해 실정에 부합되기를 구했
다. 또 지나치게 높은 행동은['行'자는 거성으로 읽는다.] 따르지 않음으로써 두
터운 곳에 처하기를 구했다. 또 남의 선함을 드러내고 남의 공적을 찬미하
여 현자보다 낮추기를 구했다. 이러한 까닭으로 군자는 비록 스스로를 낮
추지만 백성들이 존경하는 것이다."라고 했다. [본래는 "사방의 제후국을 받아들
였도다."12)라고 한 문장 뒤에 수록되어 있었다.]

集說 謚以尊名, 爲義謚以尊顯其聲名也. 壹, 專也. 惠, 善也. 善行

---

11) 『예기』「표기」 023장: 子曰: "先王謚以尊名, 節以壹惠, 恥名之浮於行也. 是故
君子不自大其事, 不自尚其功, 以求處情; 過行弗率, 以求處厚; 彰人之君而美
人之功, 以求下賢. 是故君子雖自卑而民敬尊之." 子曰: "后稷, 天下之爲烈也,
豈一手一足哉? 唯欲行之浮於名也, 故自謂便人."

12) 『예기』「표기」 022장: 子曰: "下之事上也, 雖有庶民之大德, 不敢有君民之心,
仁之厚也. 是故君子恭儉以求役仁, 信讓以求役禮, 不自尚其事, 不自尊其身,
儉於位而寡於欲, 讓於賢, 卑己而尊人, 小心而畏義, 求以事君, 得之自是, 不得
自是, 以聽天命. 詩云: '莫莫葛藟, 施于條枚. 凱弟君子, 求福不回.' 其舜・禹・
文王・周公之謂與. 有君民之大德, 有事君之小心. 詩云: '惟此文王, 小心翼翼.
昭事上帝, 聿懷多福. 厥德不回, 以受方國.'"

雖多, 難以枚擧, 但節取其大者以專其善, 故曰節以壹惠也. 以求處情, 謂君子所以不自大尙其事功者, 以求處情實, 不肯虛爲矯飾也. 過行弗率, 以求處厚者, 謂若有過高之行, 則不敢率循, 惟求以處乎篤實之道而已, 本分上不可加毫末也.

"시호를 통해서 이름을 높인다."는 말은 아름다운 시호를 정하여 그 명성을 존귀하게 드날린다는 뜻이다. '일(壹)'자는 "전일하다."는 뜻이다. '혜(惠)'자는 선(善)을 뜻한다. 선한 행동이 비록 많더라도 모든 것을 제시하기는 어려운데, 다만 그 중에서도 큰 것을 조절하고 취하여 선함을 오로지하기 때문에 "절제하여 선을 오로지한다."라고 했다. "이로써 실정에 처하기를 구한다."는 말은 군자가 스스로 자신의 일과 공덕을 크게 여기거나 높이지 않는 것은 이를 통해 실정에 합당하게 되기를 구하고, 헛되이 아름답게만 포장하기를 기꺼워하지 않는다는 뜻이다. "지나친 행동을 따르지 않음으로써 두터운 곳에 처하기를 구한다."는 말은 만약 지나치게 높은 행실이 있다면, 감히 따르지 않고 오직 돈독하고 두터운 도에 처하기만을 구할 따름이니, 본분에 있어서 조금의 것도 더할 수 없다는 의미이다.

【028】

子曰: "后稷, 天下之爲烈也, 豈一手一足哉? 唯欲行之浮於名也, 故自謂便人."〈023〉[13]

공자가 말하길, "후직은 천하에 공적을 미쳤으니, 어찌 한 사람의 손이나 발로 따라할 수 있는 것이겠는가? 후직은 오직 실천이 명성보다 높아지기를 원했기 때문에, 자신을 가리켜 백성들의 일을 익숙히 익힌 '편인(便人)'

---

13) 『예기』「표기」 023장 : 子曰: "先王謚以尊名, 節以壹惠, 恥名之浮於行也. 是故君子不自大其事, 不自尙其功, 以求處情; 過行弗率, 以求處厚; 彰人之君而美人之功, 以求下賢. 是故君子雖自卑而民敬尊之." 子曰: "后稷, 天下之爲烈也, 豈一手一足哉? 唯欲行之浮於名也, 故自謂便人."

이라 불렀다."라고 했다.

后稷教民稼穡, 爲周之始祖, 其功烈之在天下, 豈一人之手,
一人之足, 遵而用之哉? 固當以仁聖自居矣, 惟欲行過於名也, 故自
謂便習民事之人而已."

후직은 백성들에게 농사짓는 법을 가르쳐주었고,[14] 주나라의 시조가 되었
으며, 그의 공적은 천하에 영향을 미쳤으니, 어찌 한 사람의 손이나 한
사람의 발로 그에 따라 시행할 수 있겠는가? 진실로 인(仁)한 성인이어야만
스스로 자처할 수 있고, 오직 실천이 명성보다 앞서기를 원했기 때문에,
스스로 백성의 일을 익숙하게 익혔던 사람일 뿐이라고 했던 것이다.

【029】
子曰: "唯天子受命于天, 士受命于君. 故君命順, 則臣有順命; 君命
逆, 則臣有逆命. 詩曰: '鵲之姜姜, 鶉之賁賁. 人之無良, 我以爲
君.'"〈039〉 [本在"高尚其事"下.]

공자가 말하길, "오직 천자라야 하늘로부터 명령을 받고, 사는 군주로부터
명령을 받는다. 그러므로 군주가 내린 명령이 하늘의 뜻에 따른 것이라면
신하는 명령에 따르게 되지만, 군주가 내린 명령이 하늘의 뜻을 거스르는
것이라면 신하는 명령을 거스르게 된다. 『시』에서는 '까치가 서로 뒤따르
며 억세게 굴고, 메추라기가 서로 뒤따르며 싸우는 듯하구나. 선량함이 없
는 사람을 나는 군주라 여기는구나.'"라고 했다. [본래는 "그 일을 고상하게 여긴
다."[15]라고 한 문장 뒤에 수록되어 있었다.]

詩, 衛風 · 鶉之奔奔篇. 嚴氏云: "鶉之奔奔然鬪者, 不亂其匹

---

14) 『맹자』「등문공상(滕文公上)」: 后稷教民稼穡, 樹藝五穀, 五穀熟而民人育.
15) 『예기』「표기」038장: 子曰: "事君, 軍旅不辟難, 朝廷不辭賤. 處其位而不履其
    事, 則亂也. 故君使其臣, 得志則愼慮而從之, 否則孰慮而從之, 終事而退, 臣
    之厚也. 易曰: '不事王侯, 高尚其事.'"

也. 鵲之彊彊然剛者, 不淫其匹也. 刺宣姜與公子頑非匹偶也. 人之
不善者, 我乃以爲小君乎?"

시는 『시』「위풍(衛風)·순지분분(鶉之奔奔)」편이다.[16] 엄씨는 "메추라
기가 서로 뒤따르며 싸우는 것은 짝 맺는 것을 문란하지 않게 하기 위해
서이다. 까치가 서로 뒤따르며 억세게 구는 것은 짝 맺는 것을 음란하지
않게 하기 위해서이다. 이 시는 선강과 공자 완은 배필이 아니라고 풍자
하고 있다. 불선한 사람인데도 나는 그를 소군이라 여겨야 하는가?"라고
했다.

集說 呂氏曰: 天道無私, 莫非理義. 君所以代天而治者, 推天之理
義以治斯人而已. 天秩天敍, 天命天討, 莫非天也. 臣之受命于君者,
命合乎理義, 爲順天命; 不合, 則爲逆天命. 順則爲臣者將不令而行,
逆則爲臣者雖令不從矣.

여씨가 말하길, 하늘의 도에는 삿됨이 없고 의리가 아닌 것이 없다. 군주
는 하늘을 대신해서 통치하는 자이니, 하늘의 의리를 미루어서 사람들을
다스릴 따름이다. 하늘이 질서를 세우고 하늘이 명령하고 토벌함에 하늘
의 뜻이 아닌 것들이 없다. 신하가 군주에게 명령을 받을 때, 그 명령이
의리에 합치되면 하늘의 명령에 따르는 것이 되지만, 합치되지 않는다면
하늘의 명령을 거스르는 것이 된다. 따른다면 신하는 명령하지 않아도
시행하게 되고, 거스른다면 신하는 비록 명령을 하더라도 따르지 않는다.

類編 右言事上之義.
여기까지는 '언사상지의(言事上之義)'에 대한 내용이다.

---

16) 『시』「용풍(鄘風)·순지분분(鶉之奔奔)」: 鵲之彊彊, 鶉之奔奔. 人之無良, 我
以爲君.

◇ 인친과 의존의 도를 말함[言仁親義尊之道]

【030】

子言之: "君子之所謂仁者, 其難乎! 詩云: '凱弟君子, 民之父母.' 凱以强[平聲]教之, 弟以說[悅]安之. 樂[洛]而毋荒, 有禮而親, 威莊而安, 孝慈而敬, 使民有父之尊, 有母之親, 如此而后, 可以爲民父母矣, 非至德其孰能如此乎?"〈024〉[本在"自謂便人"下.]

공자가 말하길, "군자가 말하는 인이란 그처럼 어렵단 말인가! 『시』에서는 '화락하고 평이한 군자는 백성의 부모로다.'라고 했는데, 화락함으로 굳세게['强'자는 평성으로 읽는다.] 가르치고, 평이함으로 기쁘고['說'자의 음은 '悅(열)'이다.] 편안하게 해준다. 즐겁지만['樂'자의 음은 '洛(락)'이다.] 지나친 곳으로 흐르는 일이 없고, 예를 갖췄지만 친애하며, 위엄과 장엄함을 갖추지만 편안하게 해주고, 효와 자애로움을 실천하지만 공경하여, 백성들로 하여금 부친의 존엄함을 갖추고, 모친의 친애함을 갖추게 했으니, 이처럼 한 이후에야 백성의 부모가 될 수 있다. 그런데 지극한 덕을 갖춘 성인이 아니라면, 그 누가 이처럼 할 수 있겠는가?"라고 했다. [본래는 "자신을 가리켜 백성들의 일을 익숙히 익힌 편인이라 불렀다."[1]라고 한 문장 뒤에 수록되어 있었다.]

集說 呂氏曰: 强教之者, 以道驅之, 如佚道使民, 雖勞不怨者也. 說安之者, 得其心之謂也, 說以使民, 民忘其勞; 說以犯難, 民忘其死者也. 樂, 說安也, 毋荒則有敎矣; 威莊, 强敎也; 安則說矣; 孝慈, 說也, 敬則有敎矣. 强敎則父之尊存焉, 說安則母之親存焉. 此言君子仁民之道如此, 非聖人莫能與也.

여씨가 말하길, 굳셈으로 가르친다는 말은 도를 통해 인도하는 것이니,

---

1) 『예기』 「표기」 023장 : 子曰: "先王謚以尊名, 節以壹惠, 恥名之浮於行也. 是故君子不自大其事, 不自尙其功, 以求處情; 過行弗率, 以求處厚; 彰人之君而美人之功, 以求下賢. 是故君子雖自卑而民敬尊之." 子曰: "后稷, 天下之爲烈也, 豈一手一足哉? 唯欲行之浮於名也, 故自謂便人."

마치 "편안하게 해주는 도로 백성들을 부리면 비록 수고롭더라도 원망하지 않는다."[2]는 말과 같다. 기쁨으로 편안하게 해준다는 말은 그 마음을 얻는다는 뜻이니, 기쁨으로 백성들을 부리면 백성들이 수고로움을 잊고, 기쁨으로 어려움을 범하면 백성들이 죽음을 잊는다는 뜻이다.[3] '낙(樂)' 자는 기뻐하며 편안하게 해준다는 뜻인데, 지나침에 빠지는 일이 없다면 가르침이 있게 된다. 위엄을 갖추고 장엄하게 하는 것은 굳세게 가르치는 일이다. 편안하게 해주면 기뻐한다. 효와 자애로움을 펼치면 기뻐하는데, 공경한다면 가르침이 있게 된다. 굳세게 가르친다면 부친에 대한 존경함이 있게 되고, 기뻐하며 편안하게 해주면 모친에 대한 친애함이 있게 된다. 이 문장은 군자가 백성들을 인(仁)하게 하는 도가 이와 같으니, 성인이 아니라면 이러한 것에 참여할 수 없음을 뜻한다.

【031】

"今父之親子也, 親賢而下無能; 母之親子也, 賢則親之, 無能則憐之. 母親而不尊, 父尊而不親. 水之於民也, 親而不尊; 火尊而不親. 土之於民也, 親而不尊; 天尊而不親. 命之於民也, 親而不尊; 鬼尊而不親."〈025〉

공자가 계속하여 말하길, "현재 부친이 자식을 친애함에 있어서 현명한 자식은 친애하지만 무능한 자식은 천시한다. 모친이 자식을 친애함에 있어서도 자식이 현명하다면 친애하지만 무능하다면 불쌍히 여긴다. 모친은 친근한 존재이지만 존엄하지는 않고, 부친은 존엄한 존재이지만 친근하지는 않다. 물은 백성에 대해서 친근하지만 존엄하지는 않고, 반면 불은 존엄하지만 친근하지는 않다. 또 땅은 백성에 대해서 친근하지만 존엄하지는 않고, 반면

---

2) 『맹자』「진심상(盡心上)」: 孟子曰, "以佚道使民, 雖勞不怨. 以生道殺民, 雖死不怨殺者."
3) 『역』「태괘(兌卦)」: 象曰, 兌, 說也. 剛中而柔外, 說以利貞. 是以順乎天而應乎人. 說以先民, 民忘其勞, 說以犯難, 民忘其死, 說之大, 民勸矣哉!

하늘은 존엄하지만 친근하지는 않다. 또 명은 백성에 대해서 친근하지만 존엄하지는 않고, 반면 귀신은 존엄하지만 친근하지는 않다.”라고 했다.

集說 下無能, 賤其無能之子也.
‘하무능(下無能)’은 무능한 자식을 천시한다는 뜻이다.

集說 應氏曰: 命者, 造化所以示人者也, 顯而易見, 故人玩之; 鬼幽而難側, 故人畏之. 或曰: “命, 謂君之敎令, 故下文言夏道尊命.”
응씨가 말하길, ‘명(命)’은 조화롭게 하여 사람들에게 보여주는 것이다. 드러나서 쉽게 볼 수 있기 때문에 사람들이 경시하게 된다. 귀식은 그윽하여 헤아리기 어렵기 때문에 사람들이 두려워한다. 혹자는 “‘명(命)’은 군주가 내리는 교화와 명령이라는 뜻이기 때문에 아래문장에서 ‘하나라의 도는 명령을 존엄하게 높인다.’라고 했다.”고 주장한다.

【032】

子曰: “夏道尊命, 事鬼敬神而遠[去聲]之, 近人而忠焉, 先祿而後威, 先賞而後罰, 親而不尊. 其民之敝, 惷[尸容反]而愚, 喬[驕]而野, 朴而不文. 殷人尊神, 率民以事神, 先鬼而後禮, 先罰而後賞, 尊而不親. 其民之敝, 蕩而不靜, 勝而無恥. 周人尊禮尚施[去聲], 事鬼敬神而遠之, 近人而忠焉, 其賞罰用爵列, 親而不尊; 其民之敝, 利而巧, 文而不慙, 賊而蔽.”〈026〉

공자가 말하길, “하나라의 도는 명령을 존엄하게 높여서, 귀신을 섬기고 공경하여 멀리[‘遠’자는 거성으로 읽는다.] 대했고, 사람을 가까이 하여 진심을 다했으니, 녹봉을 앞세우고 위엄을 뒤로 미뤘으며, 상을 앞세우고 벌을 뒤로 미뤄서, 친근하였지만 존엄하지는 않았다. 결국 백성들에게 나타난 폐단은 우둔하고[‘惷’자는 ‘尸(시)’자와 ‘容(용)’자의 반절음이다.] 어리석게 되었으며, 교만하고[‘喬’자의 음은 ‘驕(교)’이다.] 비루하게 되었으며, 질박하여 격식을 따지지 않게 되었다. 은나라는 이러한 폐단을 바로잡고자 귀신을 존엄하게 높여서, 백성들을 통솔하여 신을 섬겼으니, 귀신에 대한 것을 앞세우고 예를 뒤로 미뤘으며, 형벌을 앞세우고 상을 뒤로 미뤄서, 존엄하였지만 친근하지는 않았다. 결국 백성들에게 나타난 폐단은 방탕하여 정숙하지 않았고, 격식만 앞서서 부끄러움이 없어졌다. 주나라는 이러한 폐단을 바로잡고자 예를 존엄하게 높이고 베푸는['施'자는 거성으로 읽는다.] 것을 숭상하여, 하나라 때처럼 귀신을 섬기고 공경하여 멀리 대했고, 사람을 가까이 하여 진심을 다했는데, 상과 형벌에 있어서는 선후를 따지지 않았고 작위의 서열에 따라서, 친근하였지만 존엄하지는 않았다. 결국 백성들에게 나타난 폐단은 이로움을 따라서 교묘해졌고, 격식만을 따져서 부끄러워함이 없어졌으며, 해를 끼쳐 이치에 어둡게 되었다."라고 했다.

集說 先祿後威, 先賞後罰, 皆是忠厚感人之意. 故民雖知親其上, 而尊君之意則未也, 故曰"親而不尊." 悫愚驕傲鄙野質朴之敝, 皆忠之末流也. 殷人欲矯其敝, 故以敬畏爲道, 以事神之道率民, 先其鬼之不可知者, 後其禮之可知者; 先其罰之可畏, 後其賞之可慕. 尊則尊矣, 而親愛之情, 則無由生也, 故曰"尊而不親." 流蕩而不知靜定之所者, 尊上鬼神之敝; 務自勝以免刑而無恥者, 先罰後賞之敝也. 周人見其然, 故尊禮以矯後禮之失, 尙施惠以爲恩, 亦如夏時之近人而忠, 其賞罰亦無先後, 但以爵列之高下爲準, 如車服土田之賞有命數之異, 刑罰之施有八辟之議, 及命夫命婦不躬坐獄訟之類, 皆是也. 故亦如夏世之親而不尊, 其後民皆便利而多機巧, 美文辭而言之不怍, 賊害而蔽於理, 皆尊禮大過, 文沒其實之所致.

녹봉을 먼저 하고 위엄을 뒤에 하며, 상을 먼저 하고 벌을 뒤에 한다는 것은 모두 충심이 두터워서 사람을 감동시킨다는 뜻이다. 그렇기 때문에 백성들이 비록 윗사람에 대해 친애해야 함을 알았지만, 군주를 존경해야 한다는 뜻에 대해서 아직 잘하지 못했다. 그러므로 "친근하게 여겼지만 존엄하게 여기지는 않았다."라고 했다. 어리석고 교만하며 비루하고 질박한 폐단은 모두 충심이 말단으로 흐른 병폐에 해당한다. 은나라는 그 폐단을 바로잡으려고 했다. 그렇기 때문에 공경함과 두려움을 도로 삼고, 귀신을 섬기는 도로써 백성들을 통솔하여, 알 수 없는 귀신에 대한 것을 먼저 하고, 알 수 있는 예에 대한 것을 뒤로 했으며, 두려워할만한 형벌을 먼저 하고 사모할 수 있는 상을 뒤로 했다. 존엄하게 하면 존엄해지지만, 친애하는 감정은 생겨날 곳이 없게 된다. 그렇기 때문에 "존엄하게 여겼지만 친근하게 여기지는 않았다."라고 했다. 방탕하게 흘러 고요하고 안정되어야 할 곳을 모르는 것은 윗사람을 존경하고 귀신을 섬길 때 나타나는 폐단이며, 스스로 뛰어나게 되는데 힘써서 형벌을 면하고도 부끄러움이 없게 되는 것은 형벌을 먼저 하고 상을 뒤에 할 때 나타나는 폐단이다. 주나라는 이러한 연유를 보았기 때문에 예를 존귀하게 높여서 예를 뒤로 했던 실수를 바로잡으려고 했고, 은혜 베푸는 것을 숭상하여 은정으로 삼았으니, 또한 하나라 때처럼 사람을 가까이 하여 충심을 다했던 것과 같고, 상벌에 있어서도 선후의 차이를 두지 않았지만, 작위의 서열을 준칙으로 삼았으니, 예를 들어 수레나 의복 및 전답 등을 하사함에 있어서도 명(命)의 등급에 따른 차이를 두었고, 형벌을 시행함에 있어서도 팔벽(八辟)의 의론을 두었으며, 명부(命夫)[4]와 명부(命婦)가 직접 옥송(獄訟)을 받지 않게 한 부류[5] 등은 모두 여기에 해당한다. 그러므로 하나라 때처럼 친근하게 여겼지만 존엄하게 여기지는 않았으니, 그 이후에 백성들은 모두 이로움만 따라 대체로 요령을 부렸고, 말을 아름답게 치장하여 말하더라도 부끄러워하지 않았으며, 해를 당해 이치에 어둡게 되었으니,

---

4) 명부(命夫)는 천자로부터 작명(爵命)을 받은 남자를 일컫는 용어이다. 내명부(內命夫)와 외명부(外命夫)로 나뉘는데, 내명부는 경(卿), 대부(大夫), 사(士)들 중에서 천자의 궁중(宮中)에서 근무하는 자들을 가리키고, 조정(朝廷)에 있는 자들을 외명부라고 부른다. 『주례』「천관(天官)·혼인(閣人)」편에는 "凡外內命夫命婦出入, 則爲之闢."이라는 기록이 있는데, 이에 대한 가공언(賈公彦)의 소(疏)에는 "內命夫, 卿大夫士之在宮中者, 謂若宮正所掌者也. 對在朝卿大夫士爲外命夫."라고 풀이하였다.

5) 『주례』「추관(秋官)·소사구(小司寇)」: 凡命夫命婦, 不躬坐獄訟.

이 모두는 예를 너무 지나치게 존엄하게 하여, 격식이 실질의 이룸을 없애게 된 것이다.

集說 應氏曰: 三代之治, 其始各有所尊, 其終各有所敝. 夏之道, 惟思盡心於民, 惟恐人之有所不正, 不得不重其文告之命, 遠神近人, 後威先祿, 皆其忠實之過而徇於近也. 近則失之玩, 故商矯之而尊神焉. 君民上下情不相接, 率民事神, 先鬼先罰, 後禮後賞, 而遠於物也. 遠則失於亢, 故周矯之而尊禮焉. 禮文委曲而徇人, 禮繁文勝, 利巧而賊, 其蔽又有甚者焉. 凡此非特見風氣旣開, 而澆漓之日異, 抑亦至德之不復見而已歟.

응씨가 말하길, 삼대 때의 다스림에 있어서 시작할 때에는 각각 존귀하게 높이는 것이 있었지만, 끝에 가서는 각각 폐단이 발생하였다. 하나라 때의 도에서는 오직 백성들에 대해서 마음을 다할 것을 생각하여, 사람들에게 바르지 못함이 생길까를 염려하여, 격식에 맞춰 알리는 명령을 중시여기지 않을 수 없었고, 신을 멀리 대하고 사람을 가까이 대하며, 위엄을 뒤로 하고 녹봉을 먼저 했으니, 이것은 모두 충실하고 진실함이 지나쳐서 가까운 것에만 따른 것이다. 가깝게 대하면 경시하는 잘못을 범한다. 그렇기 때문에 은나라 때에는 그것을 바로잡아서 신을 존귀하게 높였다. 군주와 백성 및 상하 계층의 정감이 서로 접하지 않았는데, 백성들을 통솔하여 신을 섬겼고, 신을 먼저 하고 벌을 먼저 하며 예를 뒤에 하고 상을 뒤에 하여 사물에 대해서는 멀어졌다. 멀어지면 너무 고원해지는 잘못을 범한다. 그렇기 때문에 주나라 때에는 그것을 바로잡아서 예를 존귀하게 높였다. 예의 격식은 자세하게 갖춰져서 사람의 실정에 따랐는데, 예가 번잡해지고 격식이 너무 지나쳐져서 이로움만 쫓아서 해를 끼치니, 그 폐단 또한 심각함이 발생했다. 무릇 이러한 것들은 단지 사회의 기풍이 헤이해진 것을 드러낼 뿐만 아니라, 경박함이 날로 차이를 보이는 것이며, 그것이 아니라면 또한 지극한 덕을 갖춘 자가 다시 출현하지 않았기 때문일 것이다.

集說 石梁王氏曰: 此一章, 未敢信以爲孔子之言.
석량왕씨가 말하길, 이곳 문장은 감히 공자의 말이라 여길 수 없다.

附註 夏道尊命, 命者, 人之生理也. 禹盡力溝恤, 亦尊命之事. 尊
者, 言以此爲尙也.
'하도존명(夏道尊命)'이라고 했는데, '명(命)'이라는 것은 사람의 생리이
다. 우임금이 수로를 정비하는데 힘을 다했던 것 또한 명을 높이는 일에
해당한다. '존(尊)'이라는 것은 이것을 숭상할 바로 여긴다는 뜻이다.

【033】

子曰: "夏道未瀆辭, 不求備, 不大望於民, 民未厭其親. 殷人未瀆禮, 而求備於民. 周人强[上聲]民, 未瀆神, 而賞爵刑罰窮矣." 〈027〉

공자가 말하길, "하나라의 도는 명령에 대해서 아직 지나치게 친근하게 여기지 않았고, 갖추기를 요구하지 않았으며, 백성들에게 크게 바라지 않았으니, 백성들은 친근한 자에 대해서 아직 싫어하지 않았다. 은나라 때에는 예에 대해서 아직 지나치게 친근하게 여기지 않았지만 백성들에게 갖추기를 요구하였다. 주나라 때에는 백성들에게 강요를['强'자는 상성으로 읽는다.] 했고, 신에 대해서 아직 지나치게 친근하게 여기지 않았지만, 상과 작위를 하사하고 형벌 내리는 것을 상세히 갖췄다."라고 했다.

集說 未瀆辭, 以其尊命也; 未瀆禮, 以其後禮也; 未瀆神, 以其敬神而遠之也. 不求備, 不大望於民, 即省刑罰薄稅斂之事. 未厭其親, 尊君親上之心自不能忘也. 言夏之民未厭其親, 則殷·周之民不然矣. 强民, 言殷民不服, 而成王·周公化之之難也. 賞爵刑罰之制, 至周而詳悉備具, 無以復加, 故曰窮矣. 窮, 極也. 一說: 賞爵不能勸善, 刑罰不能止惡, 故曰窮.

명령을 아직 지나치게 친근하게 여기지 않았다는 것은 명령을 존엄하게 높였기 때문이며, 예를 아직 지나치게 친근하게 여기지 않았다는 것은 예를 뒤로 미뤘기 때문이고, 신에 대해 아직 지나치게 친근하게 여기지 않았다는 것은 신을 공경하되 멀리 대했기 때문이다. 갖추기를 구하지 않고 백성에게 크게 바라지 않았다는 것은 형벌을 줄이고 세금을 줄였던 일에 해당한다. 친근한 자에 대해 아직 싫어하지 않았다는 것은 군주를 높이고 윗사람을 친근하게 대해야 하는 마음을 스스로 잊을 수 없었기 때문이다. 즉 하나라의 백성들은 아직 친근한 자에 대해 싫어하지 않았다고 했으니, 은나라나 주나라의 백성들은 그렇지 않았던 것이다. 백성들에게 강요를 한다는 것은 은나라의 백성들은 복종하지 않아서, 성왕과 주공이 교화하기 어려웠다는 뜻이다. 상과 작위를 하사하고 형벌을 내리는 제도는 주나라에 이르러 더욱 상세히 갖춰져서, 다시 보완할 것이 없었기 때문에 "다했다."고 했다. '궁(窮)'자는 "지극하다."는 뜻이다. 일설에는 상과 작위를 하사하는 것이 선을 권면할 수 없었고, 형벌을 내리는 것이 악행을 그칠 수 없었기 때문에 궁(窮)이라 했다고 설명한다.

【034】

子曰: "虞·夏之道, 寡怨於民. 殷·周之道, 不勝[升]其敝." 子曰: "虞·夏之質, 殷·周之文, 至矣! 虞·夏之文不勝[去聲]其質, 殷·周之質不勝其文."〈028〉

공자가 말하길, "우와 하나라 때의 도는 백성들에게 원망을 적게 받았다. 은과 주나라 때의 도는 그 폐단을 이겨내지['勝'자의 음은 '升(승)'이다.] 못했다." 라고 했다. 공자가 말하길, "우와 하나라 때의 질박함과 은과 주나라 때의 화려함은 지극하구나! 우와 하나라 때의 화려함은 질박함을 이겨내지['勝'자는 거성으로 읽는다.] 못했고, 은과 주나라 때의 질박함은 화려함을 이겨내지 못했다."라고 했다.

集說 前章言夏·殷·周之事, 此又兼言虞氏以起下章.

앞에서는 하·은·주에 대한 일을 언급했고, 이곳에서는 또한 우(虞) 때의 일도 함께 언급하여 아래장의 내용을 이끌어냈다.

【035】

子言之[二字衍文]曰: "後世雖有作者, 虞帝弗可及也已矣. 君天下, 生無私, 死不厚其子. 子民如父母, 有憯怛之愛, 有忠利之敎. 親而尊, 安而敬, 威而愛, 富而有禮, 惠而能散. 其君子尊仁畏義, 恥費輕實, 忠而不犯, 義而順, 文而靜, 寬而有辨. 甫刑曰: '德威惟威, 德明惟明.' 非虞帝其孰能如此乎?"〈029〉

공자가 말하길,[‘언지(言之)’ 두 글자는 연문이다.] “후세에 비록 제왕이 나타나더라도 우제만큼은 미치지 못할 따름이다. 천하를 통치함에 생전에는 삿됨이 없었고 죽어서도 자신의 자식을 우대하지 않았다. 백성들을 자식처럼 여기길 마치 부모가 하는 것처럼 하여, 가엾게 여기는 자애로움이 있었고, 충심과 이로움을 다하는 가르침이 있었다. 우제는 친근하면서도 존경하였고, 편안하면서도 공경하였으며, 위엄을 갖췄으면서도 친애하였고, 부유하면서도 예를 갖췄으며, 은혜로우면서도 두루 베풀 수 있었다. 우제 때의 군자는 인을 존엄하게 받들고 의를 두려워했으며, 낭비하는 것을 부끄럽게 여겼고 채우는 것을 경시하였으며, 충심을 다하되 침범하지 않았고, 의에 따르되 순응하였으며, 격식을 갖추되 고요하였고, 관대하되 변별함이 있었다. 「보형」편에서는 ‘덕으로 위엄을 드러내니 외경하였고, 덕으로 드러내니 밝아졌다.’[1]라고 했으니, 우제가 아니라면 그 누가 이처럼 할 수 있겠는가?”라고 했다.

集說 呂氏曰: 愲怛之愛, 猶慈母之愛, 非責報於其子也, 非要譽於他人也, 發於誠心而已. 忠利之敎者, 若使契爲司徒, 敎以人倫, 作爲衣裳·舟楫·臼杵·弧矢·宮室·棺槨·書契, 使天下利用而不倦, 是皆有敎人以善之誠, 無所不利之功者也. 富而有禮, 節於物者也; 惠而能散, 周於物者也; 義以相正而不傷乎割, 文以相接而不傷乎動, 故寬裕有容, 而容之中有辨焉.

여씨가 말하길, 가엾게 여기는 사랑은 자애로운 모친의 사랑과 같으니, 자식에게 보답하도록 책무를 주는 것이 아니며, 다른 사람에게 칭찬을 바라는 것이 아니니, 진실된 마음에서 나타난 것일 뿐이다. 충심과 이로움에 따른 교화는 마치 설을 사도로 임명하여 인륜을 가르치도록 하고,[2] 상의와 하의·배와 노·절구와 공이·활과 화살·집과 방·관과 곽·글

---

1) 『서』「주서(周書)·여형(呂刑)」: 皇帝淸問下民, 鰥寡有辭于苗, <u>德威惟畏, 德明惟明</u>.

2) 『맹자』「등문공상(滕文公上)」: 聖人有憂之, <u>使契爲司徒, 敎以人倫</u>, 父子有親, 君臣有義, 夫婦有別, 長幼有序, 朋友有信.

과 부절(符節)을 만들어서, 천하 사람들로 하여금 이롭게 이용하며 게으름을 피우지 않게 한 것[3]들은 모두 사람을 가르침에 선으로써 하는 진실됨이 있는 것이고, 이롭지 않는 공덕이 없는 것이다. 부유하지만 예가 있다는 것은 사물에 대해 절제하는 것이며, 은혜롭지만 잘 펼친다는 것은 사물에 대해 두루 미치는 것이고, 의를 통해 서로 바르게 하면서도 판가름에 있어서 해를 끼치지 않고, 격식을 갖춰 서로 대하면서도 행동에 있어서 해를 끼치지 않기 때문에, 관대하고 너그러워 용납함이 있었고, 용납함 속에도 변별함이 있었던 것이다.

集說 應氏曰: 生無私, 有天下而不與也. 死不厚其子, 傳諸賢而爲天下得人也. 生死無所私, 而心乎斯民, 眞若父母之於子. 親而尊至惠而能散, 猶元氣之運, 妙用無迹, 此中庸所謂用其中於民也, 其君子化之皆爲全德. 尊仁畏義, 不敢犯天下之公理; 恥費輕實, 不敢徇一己之私欲. 恥費用者, 儉於自奉也; 輕財實者, 薄於言利也. 自庇民大德而下凡三章, 言臣道之難於盡仁, 惟舜·禹·文王·周公可以爲仁之厚, 而后稷庶幾近之. 自凱弟君子而下凡四章, 言君道之難於盡仁, 惟虞帝可以爲德之至, 而夏·商·周皆未免有所偏也.

응씨가 말하길, 살아있을 때에는 삿됨이 없다는 것은 천하를 소유하고도 자식에게 주지 않았다는 뜻이다. 죽었을 때에는 자식에게 두터이 하지 않았다는 것은 현명한 자에게 전수하여 천하를 위해 해당하는 인재를 얻

---

3) 『역』「계사하(繫辭下)」: 黃帝堯舜垂衣裳而天下治, 蓋取諸乾坤. 刳木爲舟, 剡木爲楫, 舟楫之利以濟不通, 致遠以利天下, 蓋取諸渙. 服牛乘馬, 引重致遠, 以利天下, 蓋取諸隨. 重門擊柝, 以待暴客, 蓋取諸豫. 斷木爲杵, 掘地爲臼, 臼杵之利, 萬民以濟, 蓋取諸小過. 弦木爲弧, 剡木爲矢, 弧矢之利, 以威天下, 蓋取諸睽. 上古穴居而野處, 後世聖人易之以宮室, 上棟下宇, 以待風雨, 蓋取諸大壯. 古之葬者, 厚衣之以薪, 葬之中野, 不封不樹, 喪期无數, 後世聖人易之以棺槨, 蓋取諸大過. 上古結繩而治, 後世聖人易之以書契, 百官以治, 萬民以察, 蓋取諸夬.

었다는 뜻이다. 생전이나 사후에도 삿됨이 없었고, 백성들에 대해 마음을 다하였으니, 진실로 부모가 자신의 자식을 대하는 것과 같다. "친근하지만 존귀하다."는 말로부터 "은혜롭지만 잘 펼친다."는 말까지는 원기의 운용이 오묘하게 작용하여 자취가 없는 것과 같으니, 이것은 『중용』에서 "그 중을 백성에게 쓴다."[4]라고 한 뜻과 같으며, 군자가 교화를 함은 모두 온전한 덕에 따른 것이다. 인(仁)을 존경하면서도 의(義)를 두려워한다는 것은 감히 천하의 공공된 이치를 범하지 않는 것이며, 낭비를 부끄럽게 여기고 채우는 것을 경시한다는 것은 감히 한 사람의 사욕에 따르지 않는 것이다. 낭비하는 것을 부끄럽게 여기는 것은 자신을 봉양하는 일에는 검소한 것이며, 재물을 채우는 것을 경시한다는 것은 이로움을 언급하는 것에 박했다는 뜻이다. "백성들을 감싸는 큰 덕이 있다."라는 구문으로부터 그 이하의 총 3개 장은 신하의 도에 있어서 인(仁)을 다하기가 어려운데, 순과 우임금 문왕과 주공만이 인(仁)을 두텁게 시행한 것이고, 후직이 거의 가깝다고 말한 것이다. "화락하고 평이한 군자여."라는 구문으로부터 그 이하의 총 4개 장은 군주의 도에 있어서 인(仁)을 다하기가 어려운데, 우제만이 덕의 지극함을 시행하고, 하·은·주나라는 모두 치우침이 있는 것에서 벗어나지 못했다고 말한 것이다.

類編 右言仁親義尊之道.
여기까지는 '언인친의존지도(言仁親義尊之道)'에 대한 내용이다.

---

4) 『중용』「6장」: 子曰, "舜其大知也與! 舜好問而好察邇言, 隱惡而揚善, 執其兩端, <u>用其中於民</u>, 其斯以爲舜乎."

◇ 복서와 사신의 공경을 전언함[專言卜筮事神之敬]

【036】

子言之: "昔三代明王, 皆事天地之神明, 無非卜筮之用, 不敢以其私褻事上帝, 是以不犯日月, 不違卜筮. 卜筮不相襲也."〈045〉 [本在"情欲信辭欲巧"下.]

공자가 말하길, "예전 삼대 때의 성왕들은 모두 천지의 신명을 섬겼고, 거북점과 시초점을 사용하지 않았던 적이 없으며, 감히 사적인 친근함으로 상제를 섬기지 않았다. 이러한 까닭으로 해와 달의 운행을 침범하지 않았고, 거북점과 시초점의 점괘를 어기지 않았다. 거북점과 시초점은 서로 연달아 치지 않는다."라고 했다. [본래는 "정감은 신의롭게 하고자 하고, 말은 도리를 살피고자 해야 한다."[1]라고 한 문장 뒤에 수록되어 있었다.]

集說 不相襲, 說見曲禮.

"서로 연달아 치지 않는다."에 대한 설명은 『예기』「곡례(曲禮)」편에 나온다.

集說 劉氏曰: 此段經文, 言事天地神明, 無非卜筮之用. 而又云大事有時日, 呂氏以爲冬夏至祀天地, 四時迎氣用四立, 他祭祀之當卜日者, 不可犯此素定之日. 非此, 則其他自不可違卜筮也. 然曲禮止云大饗不問卜, 周官大宰祀王帝卜日, 祀大神祇亦如之. 大卜大祭祀眂高命龜. 春秋 · 魯禮又有卜郊之文. 郊特牲又有郊用辛之語, 是蓋互相牴牾, 未有定說. 又如卜筮不相襲, 大事卜, 小事筮. 而洪範有龜從筮從, 龜從筮逆之文. 筮人有凡國之大事, 先筮而後卜, 大卜又凡事涖卜. 又如外事用剛日, 內事用柔日, 而特牲社用甲, 召誥丁巳郊, 戊午社, 洛誥戊辰烝祭歲. 凡此皆不合禮家之說, 未知所以一之

---

1) 『예기』「표기」 044장: 子曰: "君子不以色親人. 情疏而貌親, 在小人則穿窬之盜也與." 子曰: "情欲信, 辭欲巧."

也, 姑闕以俟知者.

유씨가 말하길, 이곳 단락의 경문에서는 "천지의 신명을 섬기며, 거북점과 시초점을 사용하지 않은 적이 없다."고 했다. 또 "중대한 일에는 시일이 있다."라고 했는데, 여씨는 동지와 하지에 천지에 대해 제사를 지내고, 사계절마다 해당 기운을 맞이할 때에는 입춘·입하·입추·입동에 따르니, 마땅히 거북점으로 제삿날을 점쳐야 하는 다른 제사에 있어서는 이처럼 이미 확정된 날짜를 침범해서는 안 된다. 이러한 경우가 아니라면 나머지 것들은 거북점과 시초점의 결과를 어겨서는 안 된다고 했다. 그런데 『예기』「곡례(曲禮)」편에서는 단지 "큰 제사 때에는 점을 쳐서 날짜를 묻지 않는다."라 했고, 『주례』「대재(大宰)」편에서는 "오제(五帝)에게 제사를 지낼 때에는 제삿날에 대해 거북점을 치고, 대신기(大神示)[2]에게 제사를 지낼 때에도 이처럼 한다."고 했으며,[3] 또 『주례』「대복(大卜)」편에서는 "큰 제사를 지내게 되면 거북껍질 중 불로 지질 수 있는 높은 곳에서 바라보며 거북껍질에게 명령을 한다."[4]라 했고, 『춘추』와 『노례』에서는 또한 교제사에 대해 거북점을 친다는 기록이 나오며, 『예기』「교특생(郊特牲)」편에는 또한 "교제사는 신(辛)자가 들어가는 날을 이용해서 치른다."는 말이 나오는데, 이러한 기록들은 상호 어긋나는 기록들이므로, 확정된 설이 없다. 또 예를 들어 거북점과 시초점은 서로 연달아 치지 않고, 중대한 일에 대해서는 거북점을 치고 상대적으로 덜 중요한 일에 대해서는 시초점을 친다고 했다. 그런데 『서』「홍범(洪範)」편에는 "거북점이 따르고 시초점이 따르며, 거북점이 따르고 시초점이 거스른다."[5]는 기록이 있고, 『주례』「서인(筮人)」편에는 "국가의 중대사가 발생

---

2) 대신기(大神示)는 대신(大神)인 천(天)과 대기(大示: =大祇)인 지(地)를 뜻한다. 즉 천지의 신을 의미한다.
3) 『주례』「천관(天官)·대재(大宰)」: 祀五帝, 則掌百官之誓戒, 與其具脩. 前期十日, 帥執事而卜日, 遂戒. 及執事, 眂滌濯. 及納亨, 贊王牲事. 及祀之日, 贊玉幣爵之事. 祀大神示亦如之.
4) 『주례』「춘관(春官)·대복(大卜)」: 大祭祀, 則眂高命龜.

했을 때에는 우선적으로 시초점을 치고 이후에 거북점을 친다."6)라 했고, 「대복」편에서는 "모든 소소한 사안들에 대해서는 거북점 치는 일에 임한다."7)라고 했다. 또 예를 들어 외사(外事)에는 강일(剛日)을 사용하고, 내사(內事)에는 유일(柔日)을 사용한다고 했는데, 「교특생」편에서는 "사(社)에 대한 제사에서는 갑(甲)자가 들어간 날을 사용한다."라 했고, 『서』「소고(召誥)」편에서는 "정사(丁巳)일에 교제사를 지내고 무오(戊午)일에 사제사를 지낸다."8)라 했으며, 『서』「낙고(洛誥)」편에서는 "무진(戊辰)일에 증(烝)제사를 지내며 해마다 한 차례씩 올렸다."9)라고 했다. 무릇 이러한 것들은 모두 예학자들의 설명과는 합치되지 않으며, 일치시킬 수 있는 방법을 모르겠으니, 잠시 그대로 놔두며 후대의 지혜로운 자가 풀이해주기를 기다린다.

【037】
子曰: "大事有時日; 小事無時日, 有筮. 外事用剛日, 內事用柔日, 不違龜筮. 牲牷禮樂齊[咨]盛[成], 是以無害乎鬼神, 無怨乎百姓."〈046〉10)

공자가 말하길, "중대한 사안에 대해서는 그 시기에 대해 거북점을 치고, 소소한 사안에 대해서는 그 시기에 대해 거북점을 치지 않지만 시초점을 친다. 외사에 강일을 사용하고, 내사에 유일을 사용한다."라고 했다. 공자

---

5) 『서』「주서(周書)·홍범(洪範)」: 庶民從, <u>龜從, 筮從,</u> 汝則逆, 卿士逆, 吉. 汝則從, <u>龜從, 筮逆,</u> 卿士逆, 庶民逆, 作內吉, 作外凶.
6) 『주례』「춘관(春官)·서인(筮人)」: 凡國之大事, 先筮而後卜.
7) 『주례』「춘관(春官)·대복(大卜)」: 凡小事, 蒞卜.
8) 『서』「주서(周書)·소고(召誥)」: 越三日<u>丁巳, 用牲于郊,</u> 牛二. 越翼日<u>戊午, 乃社于新邑,</u> 牛一羊一豕一.
9) 『서』「주서(周書)·낙고(洛誥)」: <u>戊辰,</u> 王在新邑, <u>烝祭歲,</u> 文王騂牛一, 武王騂牛一.
10) 『예기』「표기」046장: "大事有時日; 小事無時日, 有筮. 外事用剛日, 內事用柔日, 不違龜筮." 子曰: "牲牷禮樂齊盛, 是以無害乎鬼神, 無怨乎百姓."

가 말하길, "제사에 사용되는 희생물·예악·자성에['齊'자의 음은 '杏(자)'이다. '盛'자의 음은 '成(성)'이다.] 대해서는 거북점과 시초점을 친 결과를 어기지 않으니, 이러한 이유로 귀신으로부터 해를 당하는 일이 없고, 백성에게 원망을 사는 일이 없다."라고 했다.

集說 大事, 祭大神也. 小事, 祭小神也. 外剛內柔, 見曲禮. 詳文理, "不違龜筮"四字, 當在"牲牷禮樂齊盛"之下, 以其一聽於龜筮, 故神人之心皆順也.

'대사(大事)'는 중대한 신에게 제사를 지낸다는 뜻이다. '소사(小事)'는 소소한 신들에게 제사를 지낸다는 뜻이다. 외사(外事)에 강일(剛日)을 사용하고, 내사(內事)에 유일(柔日)을 사용한다는 것에 대해서는 그 설명이 『예기』「곡례(曲禮)」편에 나온다. 문장의 흐름을 자세히 살펴보면, '불위구서(不違龜筮)'라는 네 글자는 마땅히 '생전례악자성(牲牷禮樂齊盛)'이라는 구문 뒤에 와야 하니, 한결같이 거북점과 시초점의 점괘를 들어서 신과 사람의 마음이 모두 따르기 때문이다.

附註 子曰, 本在"牲牷"上, 今移章首. "粢盛"下有闕文.

'자왈(子曰)'은 본래 '생전(牲牷)' 앞에 있었는데, 지금은 장의 첫 부분으로 옮긴다. '자성(粢盛)' 뒤에는 누락된 문장이 있다.

【038】

子曰: "后稷之祀易富也, 其辭恭, 其欲儉, 其祿及子孫. 詩曰: '后稷
兆祀, 庶無罪悔, 以迄于今.'"〈047〉

공자가 말하길, "후직이 제사를 지낼 때에는 제수를 갖추기가 매우 쉬웠으
니, 그의 말은 공손하였고, 그의 욕심은 검소하였으며, 그의 녹봉은 자손에
게까지 미쳤다. 『시』에서는 '후직이 처음으로 제사를 지내니, 죄와 후회가
거의 없어져서, 지금에 이르렀도다.'"라고 했다.

集說 富, 備也. 詩, 大雅 · 生民之篇. 兆, 詩作肇, 始也. 以迄于今,
明其祿及子孫也.

'부(富)'자는 "갖추다."는 뜻이다. 이 시는 『시』「대아(大雅) · 생민(生民)」
편이다.[1] '조(兆)'자를 『시』에서는 조(肇)자로 기록했으니, 처음이라는
뜻이다. "이로써 지금에 이르다."는 말은 녹봉이 자손에게 미쳤다는 뜻을
나타낸다.

【038】

子曰: "大人之器威敬. 天子無筮, 諸侯有守[去聲]筮. 天子道以筮. 諸
侯非其國, 不以筮, 卜宅寢室. 天子不卜處大廟."〈048〉

공자가 말하길, "거북껍질이나 시초처럼 성인이 만든 기물은 위엄스럽고
공경스럽다. 천자에게는 시초점을 치는 일이 없고, 제후는 자신의 국가에
보관하고["守'자는 거성으로 읽는다.] 있는 시초로 시초점을 친다. 다만 천자가
도로에 있을 때라면 시초점을 친다. 제후는 자신의 나라에 머물러 있지
않은 때라면 시초점을 치지 않지만, 출타하여 머물 곳을 정할 때라면 거북
점을 친다. 천자는 태묘에 머물 때, 그 장소에 대해서 거북점을 치지 않는
다."라고 했다.

---

1) 『시』「대아(大雅) · 생민(生民)」: 印盛于豆, 于豆于登. 其香始升, 上帝居歆. 胡
臭亶時. <u>后稷肇祀, 庶無罪悔, 以迄于今.</u>

集說 龜筴之爲器, 聖人所以寓神道之敎, 故言大人之器也. 以其威敬而不敢玩褻, 故大事則用, 小事則否. 天子無筮, 惟用卜也. 而又云道以筮者, 謂在道途中則用筮也. 守筮, 謂在國居守, 有事則用筮也. 龜亦曰守龜. 左傳"國之守龜, 何事不卜?" 非其國不筮, 謂出行在他國, 不欲人疑其吉凶之問也. 宅, 居也. 諸侯出行, 則必卜其所室之地, 慮他故也. 大廟, 天子所必當處之地, 故不卜也.

거북껍질과 시초처럼 점치는 기물은 성인이 신의 도에 따른 가르침을 깃들게 한 것이다. 그렇기 때문에 "대인의 기물이다."라고 했다. 위엄과 공경함을 갖추고 있어서 감히 함부로 대할 수 없다. 그렇기 때문에 중대한 사안이라면 그것을 사용하지만, 소소한 일이라면 사용하지 않는다. 천자에게는 시초점을 치는 일이 없고 오직 거북점만 사용한다. 그런데도 '도이서(道以筮)'라고 말한 것은 도로에 있을 때라면 시초점을 사용한다는 뜻이다. '수서(守筮)'는 제후국에서 보관하고 있다는 뜻이니, 일이 있을 때에만 시초점을 사용한다. 거북점을 치는 거북껍질에 대해서도 '수구(守龜)'라고 말한다. 『좌전』에서는 "나라에 보관하고 있는 거북껍질로는 어떤 일인들 거북점을 치지 못하겠습니까?"[2]라고 했다. "그 나라가 아니라면 시초점을 치지 않는다."는 말은 출타하여 다른 나라에 있을 때에는 남들로 하여금 길흉을 따진다는 의혹을 일으키지 않고자 한다는 뜻이다. '택(宅)'자는 "거처하다."는 뜻이다. 제후가 출타하게 되면 반드시 머무는 곳에 대해서는 거북점을 치니, 다른 변고가 생길까를 염려하기 때문이다. 태묘는 천자가 반드시 머물러야 하는 곳이기 때문에 거북점을 치지 않는다.

【039】

子曰: "君子敬則用祭器, 是以不廢日月, 不違龜筮, 以敬事其君長.

---

2) 『춘추좌씨전』 「소공(昭公) 5년」: <u>國之守龜, 其何事不卜</u>? 一臧一否, 其誰能常之?

是以上不瀆於民, 下不褻於上." 〈049〉

공자가 말하길, "군자는 그 예법을 공경한다면 해당 의례에 제기를 사용하니, 이로써 해와 달의 운행을 거스르지 않고, 거북점과 시초점의 뜻을 어기지 않아서, 이를 통해 군주와 존장자를 공경스럽게 섬긴다. 이러한 까닭으로 윗사람은 백성들을 함부로 대하지 않고, 백성들은 윗사람에게 무례하게 굴지 않는다."라고 했다.

集說 敬其禮, 故用祭器; 敬其事, 故詢龜筮. 不瀆不褻, 以其敬故也.

그 예법을 공경하기 때문에 제기를 사용하고, 그 사안을 공경하기 때문에 거북점과 시초점에게 묻는다. 함부로 대하지 않고 무례하게 굴지 않는 것은 공경하기 때문이다.

集說 疏曰: 敬事君長, 謂諸侯朝天子及小國之於大國.

소에서 말하길, 천자와 제후를 존경스럽게 섬긴다는 말은 제후가 천자에게 조회를 하고 소국이 대국을 섬기는 것들을 뜻한다.

【040】

子曰: "南人有言曰: '人而無恒, 不可以爲卜筮.' 古之遺言與[平聲]. 龜筮猶不能知也, 而況於人乎? 詩云: '我龜旣厭, 不我告猶.' 兌命曰: '爵無及惡德, 民立而正事. 純而祭祀, 是爲不敬. 事煩則亂, 事神則難.' 易曰: '不恒其德, 或承之羞.' '恒其德偵[貞], 婦人吉, 夫子凶.'" 〈緇衣-025〉 [十字衍文. 本在"集大命于厥躬"下, 爲緇衣卒章.]

공자가 말하길, "남쪽 사람들이 하는 말 중에는 '사람이 되고서 항상됨이 없다면 거북점과 시초점을 칠 수 없다.'라고 했는데, 고대로부터 전해진 말일 것이다.['與'자는 평성으로 읽는다.] 거북껍질과 시초로도 오히려 알 수 없는데, 하물며 사람에게 있어서는 어떻겠는가? 『시』에서는 '나의 거북껍질이 이미 싫증을 내니, 나에게 도모한 것의 길흉을 알려주지 않는구나.'라 했고, 「열명」편에서는 '작위가 악덕한 자에게 미치지 않도록 해야 하니,

백성은 그것을 본받아 세워 바른 일이라고 여긴다. 매번 악덕한 자에게 제사를 지내는 것은 불경한 일이다. 제사가 번거롭게 되면 문란하게 되고 그러한 신을 섬긴다면 어렵게 된다.'라 했으며, 『역』에서는 '그 덕을 항상 되게 하지 않으면, 혹여 부끄러움으로 나아가게 된다.'라 했고, 또 '그 덕을 항상되게 하면 바르니['偵'자의 음은 '貞(정)'이다.] 부인은 길하지만 남자는 흉하다.'"라고 했다. ['항기덕정(恒其德偵)'부터 '부자흉(夫子凶)'까지의 10개 글자는 연문이다. 본래는 "그 몸에 큰 하늘의 명이 모이게 되었다."³⁾라고 한 문장 뒤에 수록되어 「치의」편의 마지막 문장이 된다.]

集說 論語言不可以作巫醫, 是爲巫爲醫. 此言爲卜筮, 乃是求占於卜筮. 龜筮猶不能知, 言無常之人, 雖先知如龜筴, 亦不能定其言凶, 況於人乎? 詩, 小雅·小旻之篇. 猶, 謀也. 言卜筮煩數, 龜亦厭之, 不復告以所謀之吉凶也. 易, 恒卦三五爻辭. 承, 進也. 婦人之德, 從一而終, 故吉. 夫子制義, 故從婦則凶也.

『논어』에서는 "무당이나 의원이 될 수 없다."⁴⁾라고 했는데, 이것은 무당이 되고 의원이 되는 사안에 해당한다. 이곳에서는 거북점과 시초점을 친다고 했으니, 이것은 거북점과 시초점을 통해서 점괘를 구하는 것이다. 거북껍질과 시초도 오히려 알 수 없다는 것은 항상됨이 없는 사람은 비록 거북껍질이나 시초처럼 먼저 알고 있더라도 또한 길흉을 확정할 수 없는데, 하물며 사람에게 있어서는 어떻겠는가? 『시』는 『시』 「소아(小雅)·소민(小旻)」편이다.⁵⁾ '유(猶)'자는 도모함을 뜻한다. 즉 거북점과 시초점이 번다하게 많아지면 거북껍질 또한 그것을 싫어하게 되어, 재차 도모한

---

3) 『예기』「치의(緇衣)」024장 : 子曰: "言從而行之, 則言不可飾也. 行從而言之, 則行不可飾也. 故君子寡言而行, 以成其信, 則民不得大其美而小其惡. 詩云: '白圭之玷, 尙可磨也; 斯言之玷, 不可爲也. 小雅曰: '允也君子, 展也大成.' 君牙曰: '在昔上帝, 周田觀文王之德, 其集大命于厥躬.'"

4) 『논어』「자로(子路)」 : 子曰, "南人有言曰, '人而無恒, <u>不可以作巫醫</u>.' 善夫!"

5) 『시』「소아(小雅)·소민(小旻)」 : <u>我龜旣厭, 不我告猶</u>. 謀夫孔多, 是用不集. 發言盈庭, 誰敢執其咎. 如匪行邁謀, 是用不得于道.

것의 길흉을 알려주지 않는다는 뜻이다. 『역』은 『역』「항괘(恒卦)」의 삼효[6]와 오효[7]의 효사이다. '승(承)'자는 "나아가다."는 뜻이다. 부인의 덕은 하나를 따라서 생을 마치기 때문에 길하다. 남자는 의(義)를 제재하기 때문에 부인을 따르면 흉하다.[8]

集說 應氏曰 引兌命有誤, 當依今書文.

응씨가 말하길, 「열명(說命)」편을 인용한 것에는 오류가 있으니, 마땅히 현행본 『서』의 기록에 따라야 한다.

集說 馮氏曰: 此篇多依倣聖賢之言, 而理有不純, 義有不足者多矣.

풍씨가 말하길, 「치의」편은 대체로 성현의 말을 따른 것이지만, 이치에 있어서는 순일하지 못한 점이 있고, 의미에 있어서도 부족한 점이 많다.

類編 右專言卜筮事神之敬.

여기까지는 '전언복서사신지경(專言卜筮事神之敬)'에 대한 내용이다.

---

6) 『역』「항괘(恒卦)」: 九三, <u>不恒其德, 或承之羞</u>, 貞吝.
7) 『역』「항괘(恒卦)」: 六五, 恒其德, 貞, 婦人吉, 夫子凶.
8) 『역』「항괘(恒卦)」: 象曰, 婦人貞吉, 從一而終也, 夫子制義, 從婦凶也.

禮記類編大全卷之二十二

『예기유편대전』 23권

◇ 緇衣第二十一 / 「치의」 21편

類編 此卽表記之下篇, 取篇首二字名篇, 猶禮運之郊特牲也.

이 편은 『예기』「표기(表記)」의 하편에 해당하는데, 편의 첫 부분에 나온 2개 글자를 취해 편명으로 정한 것이니, 『예기』「예운(禮運)」과 「교특생 (郊特牲)」편의 관계와 같다.

類編 凡二節三十八章.

모두 2개 절 38장이다.

「치의」편 문장 순서 비교		
『예기집설』	『예기유편대전』	
	구분	문장
001		001
002		002
003		003
004		004
005		005
006		006
007		009
008		010
009		011
010	言正身治國之道	012
011		013
012		表記-033後
013		014
014		015
015		016
016		017
017		018
018		008
019		007
020		023

「치의」편 문장 순서 비교		
『예기집설』	『예기유편대전』	
	구분	문장
021		024前
022		表記-030
023		表記-031
024		表記-032
025		表記-033前
		表記-034
		表記-035
		表記-036
		表記-037前
		表記-037後
	言事君接人之道	表記-038
		表記-040
		表記-041
		表記-042
		表記-043
		表記-044前
		表記-044後
		020
		021
		022

◇ 정신과 치국의 도를 말함[言正身治國之道]

【001】

子言之曰: “爲上易事也, 爲下易知也, 則刑不煩矣.”〈001〉

공자가 말하길, “윗사람이 자신을 섬기는 것을 쉽게 만들고 아랫사람이 자신을 알게 하는 것을 쉽게 한다면, 형벌이 번잡하게 만들어지지 않는다.”라고 했다.

集說 呂氏曰: 上好信, 則民莫敢不用情. 易事者, 以好信故也. 易知者, 以用情故也. 若上以機心待民, 則民亦以機心待其上, 姦生詐起, 欲刑之不煩, 不可得矣.

여씨가 말하길, 윗사람이 신의를 좋아한다면 백성들 중 감히 진실된 정감을 나타내지 않는 자가 없다. “섬기기를 쉽게 한다.”는 것은 신의를 좋아하기 때문이다. “알기 쉽다.”는 것은 진실된 정감을 나타내기 때문이다. 만약 윗사람이 교활한 마음으로 백성들을 대한다면, 백성들 또한 교활한 마음으로 윗사람을 대하여, 간사함이 생겨나고 거짓됨이 발생하니, 형벌을 번잡하게 만들지 않고자 하더라도 할 수 없게 된다.

【002】

子曰: “好賢如緇衣, 惡惡如巷伯, 則爵不瀆而民作愿[願], 刑不試而民咸服. 大雅曰: ‘儀刑文王, 萬國作孚.’”〈002〉

공자가 말하길, “군주가 현명함을 좋아하길 「치의」편의 내용처럼 돈독하게 하고, 악함을 싫어하길 「항백」편의 내용처럼 깊이 한다면, 작위를 남발하지 않더라도 백성들은 성실한 마음을 [‘愿’자의 음은 ‘願(원)’이다.] 일으키고, 형벌을 시행하지 않아도 백성들이 모두 복종하게 된다. 「대아」에서는 ‘문왕을 본받으면, 모든 나라가 믿음을 일으키리라.’”라고 했다.

集說 緇衣, 鄭國風首篇, 美鄭武公之詩. 小雅·巷伯, 寺人刺幽王之詩. 大雅, 文王之篇. 國, 詩作邦.

『시』「치의(緇衣)」편은 정나라 국풍(國風)에 해당하는 첫 번째 편으로, 정나라 무공을 찬미한 시이다. 『시』「소아(小雅)·항백(巷伯)」편은 시인(寺人)[1]이 유왕을 풍자한 시이다. 「대아」는 『시』「대아(大雅)·문왕(文王)」편이다.[2] '국(國)'자를 『시』에서는 방(邦)자로 기록했다.

集說 呂氏曰: 好賢必如緇衣之篤, 則人知上之誠好賢矣, 不必爵命之數勸, 而民自起愿心以敬上, 故曰爵不瀆而民作愿. 惡惡必如巷伯之深, 則人知上之誠惡惡矣, 不必刑罰之施, 而民自畏服, 故曰刑不試而民咸服. 文王好惡得其正, 而一出乎誠心, 故爲天下之所儀刑, 德之所以孚乎下也.

여씨가 말하길, 현명함을 좋아하길 반드시 「치의(緇衣)」편의 내용처럼 돈독하게 한다면, 사람들은 윗사람이 진실로 현명함을 좋아하는지 알게 되므로, 반드시 작위 하사하는 명령을 수차례 반복해서 권면하지 않더라도 백성들 스스로 성실한 마음을 일으켜서 윗사람을 공경한다. 그렇기 때문에 "작위를 빈번하게 내리지 않더라도 백성들이 성실함을 일으킨다."라고 했다. 악함을 미워하길 반드시 「항백(巷伯)」편의 내용처럼 깊이 한다면, 사람들은 윗사람이 진실로 악함을 미워하는지 알게 되므로, 반드시 형벌을 시행하지 않더라도 백성들 스스로 외경하며 복종한다. 그렇기 때문에 "형벌을 사용하지 않더라도 백성들이 모두 복종한다."라고 했다. 문왕의 좋아함과 싫어함은 올바름을 얻었고, 한결같이 진실된 마음에서 나온 것이기 때문에, 천하 사람들이 본받게 되었고, 덕이 아랫사람에게 믿음을 주었다.

---

1) 시인(寺人)은 궁중에서 군주를 가까이에서 모시는 소신(小臣)이다.
2) 『시』「대아(大雅)·문왕(文王)」: 命之不易, 無遏爾躬. 宣昭義問, 有虞殷自天. 上天之載, 無聲無臭. 儀刑文王, 萬邦作孚.

【003】

子曰: "夫民教之以德, 齊之以禮, 則民有格心. 教之以政, 齊之以刑, 則民有遯心. 故君民者, 子以愛之, 則民親之; 信以結之, 則民不倍; 恭以涖之, 則民有孫[去聲]心. 甫刑曰: '苗民匪用命, 制以刑, 惟作五虐之刑曰法.' 是以民有惡德, 而遂絕其世也."〈003〉

공자가 말하길, "무릇 백성들을 덕으로 가르치고 예로 제어한다면 백성들에게는 바른 마음이 생긴다. 반면 정치로 가르치고 형벌로 제어한다면 백성들에게는 달아나려는 마음이 생긴다. 그러므로 백성을 다스리는 자가 자식처럼 여겨 백성들을 사랑한다면 백성들도 그를 친애하게 되고, 신의를 가지고 백성들을 결속한다면 백성들도 배반하지 않으며, 공손하게 백성들을 임한다면 백성들은 공손한['孫'자는 거성으로 읽는다.] 마음을 가진다. 「보형」편에서는 '묘민(苗民)3)은 선함을 사용하지 않고, 형벌로만 제어하며, 다섯 가지 잔악한 형벌을 만들어내고 그것을 법이라고 불렀다.'라고 했으니, 이로써 백성들은 악한 덕을 가지게 되었고, 결국 그 대를 끊어버리고 말았다."라고 했다.

集說 遯, 謂逃遯苟免也.

'둔(遯)'자는 도망가고 구차하게 면한다는 뜻이다.

集說 應氏曰: 命, 當依書作靈, 善也.

응씨가 말하길, '명(命)'자는 마땅히 『서』의 기록에 따라 영(靈)자로 기록해야 하니,4) 선(善)을 뜻한다.

集說 石梁王氏曰: 倣論語爲此言, 意便不足.

---

3) 묘민(苗民)은 고대 삼묘(三苗) 부족의 수장을 뜻하며, 또한 삼묘 부족 전체를 가리키기도 한다.

4) 『서』「주서(周書)·여형(呂刑)」: 苗民弗用靈, 制以刑, 惟作五虐之刑曰法, 殺戮無辜.

석량왕씨가 말하길,『논어』에 따르면5) 이곳의 말은 그 의미가 다소 부족하다.

【004】

子曰: "下之事上也, 不從其所令, 從其所行. 上好是物, 下必有甚者矣. 故上之所好惡, 不可不慎也, 是民之表也."〈004〉

공자가 말하길, "아랫사람이 윗사람을 섬길 때에는 윗사람이 명령한대로 따르지 않고, 윗사람이 행동한대로 따른다. 윗사람이 이 사물을 좋아하면, 아랫사람에게는 반드시 그보다 더 심함이 생겨난다. 그러므로 윗사람은 좋아하고 싫어하는 것을 신중히 하지 않을 수 없으니, 이것은 백성들의 지표가 되기 때문이다."라고 했다.

集說 大學曰: 其所令反其所好, 而民不從矣.

『대학』에서 말하길, 명령한 것이 좋아하는 것과 반대가 되면 백성들이 따르지 않는다.6)

【005】

子曰: "禹立三年, 百姓以仁遂焉, 豈必盡仁? 詩云: '赫赫師尹, 民具爾瞻.' 甫刑曰: '一人有慶, 兆民賴之.' 大雅曰: '成王之孚, 下土之式.'"〈005〉

공자가 말하길, "우임금이 제위에 올라 3년이 지나자 백성들은 모두 인을 따랐으니, 어찌 반드시 조정의 모든 신하를 인한 자로 채운 뒤에야 가능한 일이겠는가?『시』에서는 '밝게 드러나며 융성한 태사 윤씨여, 백성들이 모

---

5) 『논어』「위정(爲政)」: 子曰, "道之以政, 齊之以刑, 民免而無恥, 道之以德, 齊之以禮, 有恥且格."
6) 『대학』「전(傳) 9장」: 堯舜率天下以仁而民從之. 桀紂率天下以暴而民從之. 其所令反其所好而民不從. 是故君子有諸己而后求諸人, 無諸己而后非諸人. 所藏乎身不恕, 而能喻諸人者未之有也.

두 너를 보는구나.'라고 했고, 「보형」편에서는 '한 사람에게 경사가 생겼는
데, 모든 백성들이 그에 힘입는다.'[7]라고 했으며, 「대아」에서는 '천자의
믿음을 이루어 백성들의 모범이 되었다.'"라고 했다.

集說 豈必盡仁者, 言不必朝廷盡是仁人而後足以化民也. 得一仁
人爲民之表, 則天下皆仁矣. 所謂君仁莫不仁也. 此所以禹以一仁君
立三年, 而百姓皆以仁遂, 故引詩·書以明之. 詩, 小雅·節南山之
篇. 赫赫, 顯盛貌. 師尹, 周大師尹氏也. 具, 俱也. 大雅, 下武之篇.
言武王能成王者之德, 孚信于民, 而天下皆法式之.

'기필진인(豈必盡仁)'은 조정을 모두 인(仁)한 사람으로 채운 이후에야
백성들을 교화할 수 있는 것이 아니라는 뜻이다. 한 사람이라도 인한 사
람을 얻어서 백성들의 지표로 삼는다면, 천하 사람들이 모두 인하게 된
다. 이른바 "군주가 인하게 되면 인하지 않은 일이 없게 된다."[8]는 뜻이
다. 이것은 우임금이 한 사람의 인한 군주로서 제위에 올라 3년이 지나자
백성들이 모두 인으로 따르게 된 이유이다. 그렇기 때문에 『시』와 『서』
의 내용을 인용해서 증명하였다. 『시』는 『시』「소아(小雅)·절남산(節
南山)」편이다.[9] '혁혁(赫赫)'은 밝게 드러나며 융성한 모습을 뜻한다.
'사윤(師尹)'은 주나라의 태사였던 윤씨(尹氏)를 뜻한다. '구(具)'자는 모
두라는 뜻이다. 「대아」는 『시』「대아(大雅)·하무(下武)」편이다.[10] 즉
무왕은 천자의 덕을 완성하여 백성들에게 믿음을 줄 수 있어서, 천하 사
람들이 모두 그를 본받아 따랐다는 뜻이다.

---

7) 『서』「주서(周書)·여형(呂刑)」: 雖畏勿畏, 雖休勿休, 惟敬五刑, 以成三德. 一
人有慶, 兆民賴之, 其寧惟永.
8) 『맹자』「이루상(離婁上)」: 孟子曰, "人不足與適也, 政不足閒也, 唯大人爲能格
君心之非. 君仁, 莫不仁, 君義, 莫不義, 君正, 莫不正. 一正君而國正矣."
9) 『시』「소아(小雅)·절남산(節南山)」: 節彼南山, 維石巖巖. 赫赫師尹, 民具爾
瞻. 憂心如惔, 不敢戲談. 國旣卒斬, 何用不監.
10) 『시』「대아(大雅)·하무(下武)」: 成王之孚, 下土之式. 永言孝思, 孝思維則.

【006】

子曰: "上好仁, 則下之爲仁爭先人. 故長民者, 章志·貞教·尊仁, 以子愛百姓, 民致行己, 以說[悅]其上矣. 詩云: '有梏[覺]德行[去聲], 四國順之.'"⟨006⟩

공자가 말하길, "윗사람이 인을 좋아한다면, 아랫사람이 앞 다투어 인을 실천하려고 한다. 그러므로 백성들을 통치하는 자가 자신의 뜻을 드러내고 가르침을 바르게 하며 인을 존숭하여 백성들을 자식처럼 사랑하면, 백성들은 인을 실천하는데 온힘을 다하여 윗사람을 기뻐하도록['說'자의 음은 '悅(열)'이다.] 만든다. 『시』에서는 '덕행으로['行'자는 거성으로 읽는다.] 남을 깨우칠['梏'자의 음은 '覺(각)'이다.] 수 있다면, 사방의 나라가 순종하게 되리라.'"라고 했다.

集說 章志者, 明吾好惡之所在也. 貞教者, 身率以正也. 所志所教莫非尊仁之事, 以此爲愛民之道, 是以民皆感其子愛之心, 致力於行己之善而悅其上, 如子從父母之命也. 詩, 大雅·抑之篇. 梏, 當依詩作覺. 言有能覺悟人以德行者, 則四國皆服從之也.

'장지(章志)'는 내가 좋아하고 싫어하는 대상을 드러낸다는 뜻이다. '정교(貞教)'는 스스로 올바름으로 통솔한다는 뜻이다. 뜻으로 삼고 있는 것과 가르침으로 삼고 있는 것은 인(仁)을 존숭하지 않는 일이 없고, 이것을 백성들을 사랑하는 도로 삼으니, 이러한 까닭으로 백성들이 모두 군주가 자식처럼 사랑하는 마음에 감화되어, 자신의 선함을 시행하는데 힘을 다하여 윗사람을 기뻐하도록 만드니, 마치 자식이 부모의 명령에 따르는 것처럼 한다는 뜻이다. 『시』는 『시』「대아(大雅)·억(抑)」편이다.[11] '각(梏)'자는 『시』의 기록에 따라 마땅히 '각(覺)'자가 되어야 한다. 즉 남에 대해서 덕행으로 깨우칠 수 있는 자라면, 사방의 나라들이 모두 복종하게 된다는 뜻이다.

---

11) 『시』「대아(大雅)·억(抑)」: 無競維人, 四方其訓之. 有覺德行, 四國順之. 訏謨定命, 遠猶辰告. 敬愼威儀, 維民之則.

【007】

子曰: "長民者衣服不貳, 從[千雍反]容有常, 以齊其民, 則民德壹. 詩云: '彼都人士, 狐裘黃黃. 其容不改, 出言有章. 行歸于周, 萬民所望.'"〈009〉[本在"於緝熙敬止"下.]

공자가 말하길, "백성을 통치하는 자가 의복에 있어서 예법과 차이를 내지 않고, 행동거지와[從'자는 '千(천)'자와 '雍(옹)'자의 반절음이다.] 용모에는 항상된 도리를 갖춰서 백성들을 단정하게 한다면, 백성들의 덕은 한결같게 된다. 『시』에서는 '저 도읍에서 온 선비여, 여우 가죽옷이 누렇고 누렇구나. 그 용모가 변치 않고, 말을 함에 화려한 격식이 있구나. 행동이 충심과 신의로 귀결되니, 모든 백성들이 선망하는 바이다.'"라고 했다. [본래는 "오! 계속하여 빛나서 공경스럽고 편안하게 계시도다."[12]라고 한 문장 뒤에 수록되어 있었다.]

集說 詩, 小雅·都人士之篇. 周, 忠信也.

『시』는 『시』「소아(小雅)·도인사(都人士)」편이다.[13] '주(周)'자는 충심과 신의를 뜻한다.

集說 馬氏曰: 狐裘黃黃, 服其服也. 其容不改, 文以君子之容也. 出言有章, 遂以君子之辭也. 行歸于周, 實以君子之德也.

마씨가 말하길, "여우 가죽으로 만든 갓옷이 누렇고 누렇다."는 말은 해당하는 복장을 입었다는 뜻이다. "그 용모가 변치 않는다."는 말은 군자다운 용모로 문채를 꾸몄다는 뜻이다. "말을 함에 격식이 있다."는 말은 군자다운 말로 실천한다는 뜻이다. "행동이 충심과 신의로 귀결된다."는 말은 군자다운 덕으로 채운다는 뜻이다.

---

12) 『예기』「치의」008장 : 子曰: "君子道人以言, 而禁人以行, 故言必慮其所終, 而行必稽其所敝, 則民謹於言而愼於行. 詩云: '愼爾出話, 敬爾威儀.' 大雅曰: '穆穆文王, 於緝熙敬止.'"

13) 『시』「소아(小雅)·도인사(都人士)」: 彼都人士, 狐裘黃黃. 其容不改, 出言有章. 行歸于周, 萬民所望.

[008]

子曰: "爲上可望而知也, 爲下可述而志也, 則君不疑於其臣, 而臣不惑於其君矣. 尹吉[告]曰: '惟尹躬及湯, 咸有壹德', 詩云: '淑人君子, 其儀不忒.'"〈010〉

공자가 말하길, "윗사람이 되어서 그를 바라보면 그의 뜻을 알 수 있고, 아랫사람이 되어서 직무를 조술하여 그 뜻을 기록할 수 있다면, 군주는 신하에 대해서 의문을 품지 않고, 신하는 군주에 대해서 의혹을 품지 않는다. 「윤고」편에서는[‘吉’자의 음은 ‘告(고)’이다.] ‘저는 몸소 탕임금에게 미쳐 모두 한결같은 덕을 소유하였습니다.’라고 했고, 『시』에서는 ‘저 선한 군자여, 그 위엄스러운 거동이 어긋나지 않는구나.’"라고 했다.

集說 君之待臣, 表裏如一, 故曰可望而知. 臣之事君, 一由忠誠, 其職業皆可稱述而記志. 此所以上下之間, 不疑不惑也. 尹告, 伊尹告大甲之書也, 今咸有一德篇文. 詩, 曹風·鳲鳩之篇. 引書以證君臣相得, 又引詩以證一德之義.

군주가 신하를 대할 때에는 겉과 속이 한결같아야 한다. 그렇기 때문에 "바라보면 알 수 있다."라고 했다. 신하가 군주를 섬길 때에는 한결같이 충심과 진실됨에서 비롯되어야 하니, 그가 맡은 직무는 모두 조술하여 그 뜻을 기록할 수 있어야 한다. 이것은 상하관계에서 의문과 의혹을 품지 않게 되는 방법이다. 「윤고」는 이윤이 태갑에게 아뢰었던 글인데, 현행본 『서』「함유일덕(咸有一德)」편의 문장이다.[14] 『시』는 『시』「조풍(曹風)·시구(鳲鳩)」편이다.[15] 『서』의 내용을 인용하여 군주와 신하가 서로 부합됨을 증명하였고, 또 『시』의 내용을 인용하여 덕을 한결같이

---

14) 『서』「상서(商書)·함유일덕(咸有一德)」: 夏王弗克庸德, 慢神虐民, 皇天弗保, 監于萬方, 啓迪有命, 眷求一德, 俾作神主. 惟尹躬暨湯, 咸有一德, 克享天心, 受天明命. 以有九有之師, 爰革夏正.

15) 『시』「조풍(曹風)·시구(鳲鳩)」: 鳲鳩在桑, 其子在棘. 淑人君子, 其儀不忒. 其儀不忒, 正是四國.

하는 뜻을 증명하였다.

【009】

子曰: "有國家者, 章善癉[丁但反]惡以示民厚, 則民情不貳. 詩云: '靖
共爾位, 好是正直.'"〈011〉

공자가 말하길, "국이나 가를 소유한 제후와 대부가 선을 드러내고 악을
미워하여['癉'자는 '丁(정)'자와 '但(단)'자의 반절음이다.] 백성들에게 두터이 할 것
을 보여준다면, 백성들의 정감은 어긋나지 않는다. 『시』에서는 '너의 직위
를 편안하고 공손하게 하여, 정직한 자를 좋아하라.'"라고 했다.

集說 鄭本作義, 今從書作善.

정현의 판본에서는 '장의(章義)'라고 기록했는데, 현재는 『서』의 기록에
따라 '의(義)'자를 선(善)자로 기록한다.

集說 呂氏曰: 章, 明也. 癉, 病也. 明之斯好之矣, 病之斯惡之矣.
善居其厚, 惡居其薄, 此所以示民厚也. 好善惡惡之分定, 民情所以
不貳也. 詩, 小雅·小明之篇, 引之以明章善之義.

여씨가 말하길, '장(章)'자는 "밝히다."는 뜻이다. '단(癉)'자는 "병폐로 여
기다."는 뜻이다. 밝히면 좋아하게 되고, 병폐로 여기면 싫어하게 된다.
선은 두터운 곳에 있고 악은 엷은 곳에 있으니, 이것이 백성들에게 두터운
것을 보여주는 방법이다. 선을 좋아하고 악을 싫어하는 구분이 확정되면,
백성들의 정감은 어긋나지 않는다. 『시』는 『시』「소아(小雅)·소명(小
明)」편이다.[16] 이 시를 인용하여 선을 드러낸다는 뜻을 나타낸 것이다.

---

16) 『시』「소아(小雅)·소명(小明)」 : 嗟爾君子, 無恒安息. <u>靖共爾位, 好是正直.</u> 神
之聽之, 介爾景福.

【010】

子曰: "上人疑, 則百姓惑; 下難知, 則君長勞. 故君民者, 章好以示民俗, 慎惡以御民之淫, 則民不惑矣. 臣儀行[去聲], 不重辭, 不援其所不及, 不煩其所不知, 則君不勞矣. 詩云: '上帝板板, 下民卒▼(疒/亶)[丁但反].' 小雅曰: '匪其止共[恭], 維王之邛.'" 〈012〉

공자가 말하길, "윗사람이 의심하게 되면 백성들이 의혹하게 된다. 아랫사람에 대해 알기가 어렵다면 군주와 존장자는 고단하게 된다. 그러므로 백성을 다스리는 자가 좋아하는 것을 드러내어 백성들에게 좋은 풍속을 보여주고, 싫어하는 것을 신중히 처리하여 백성들이 문란하게 되는 것을 제어한다면, 백성들이 의혹을 품지 않는다. 신하에게 법도에 맞는 행실이['行'자는 거성으로 읽는다.] 있고, 말만을 중시하지 않으며, 군주의 능력으로 미칠 수 없는 것을 강요하지 않고, 군주의 지혜로 알 수 없는 것으로 번민하게 만들지 않는다면, 군주는 고단하게 되지 않는다. 『시』에서는 '상제가 항상된 도리를 뒤집어 행하니, 백성들이 모두 병들었도다.['▼(疒/亶)'자는 '丁(정)'자와 '但(단)'자의 반절음이다.]'라고 했고, 「소아」에서는 '공경함에['共'자의 음은 '恭(공)'이다.] 따른 것이 아니며, 천자의 병통이 될 따름이니라.'"라고 했다.

集說 詩, 大雅·板之篇. 板板, 反戾之意. 卒, 盡也. ▼(疒/亶), 詩作癉, 病也. 假上帝以言幽王反其常道, 使下民盡病也. 小雅, 巧言之篇. 邛, 病也, 言此讒人非止於敬, 徒爲王之邛病耳. 板詩證君道之失, 巧言詩證臣道之失也.

『시』는 『시』「대아(大雅)·판(板)」편이다.[17] '판판(板板)'은 뒤집고 어긋난다는 뜻이다. '졸(卒)'자는 모두라는 뜻이다. '단(▼(疒/亶))'자를 『시』에서는 단(癉)자로 기록했으니, "병들다."는 뜻이다. '상제(上帝)'라는 용어를 빌려서 유왕이 항상된 도리를 반대로 하여, 백성들로 하여금 모두가 병들게 만들었다고 말한 것이다. 「소아」는 『시』「소아(小雅)·교언(巧

---

17) 『시』「대아(大雅)·판(板)」: 上帝板板, 下民卒癉. 出話不然, 爲猶不遠. 靡聖管管, 不實於亶. 猶之未遠, 是用大諫.

言)」편이다.[18] '공(邛)'자는 병폐를 뜻하니, 이처럼 참소하는 자는 공경함에 그치는 것이 아니니, 단지 천자의 병통이 될 따름이라는 뜻이다. 「판」편의 시는 군주의 도가 실추됨을 증명한 것이며, 「교언」편의 시는 신하의 도가 실추됨을 증명한 것이다.

集説 呂氏曰: 以君之力所不能及而援其君, 則君難從; 以君之智所不能知而煩其君, 則君難聽. 徒爲難從難聽以勞其君而無益, 非所以事君也.

여씨가 말하길, 군주의 힘으로 미칠 수 없는 것으로 군주를 돕는다면 군주가 따라하기 어렵고, 군주의 지혜로 알 수 없는 것으로 군주를 번민하게 만든다면 군주가 듣기 어렵다. 단지 따라하기 어렵고 듣기 어렵게만 하여 군주를 고단하게 만들며 보탬이 없는 것은 군주를 섬기는 방법이 아니다.

集説 方氏曰: 示民不以信, 則爲上之人可疑, 可疑則百姓其有不惑者乎? 事君不以忠, 則爲下之人難知, 難知則君長其有不勞者乎? 章其所好之善, 故足以示民而成俗; 愼其所惡之惡, 故足以御民而不淫. 若是則上下無可疑者, 故曰民不惑矣. 臣有可儀之行, 而所重者不在乎辭, 則凡有所行者, 無僞行矣. 苟有所言者, 無虛辭矣.

방씨가 말하길, 백성들에게 신의로써 보여주지 않는다면 윗사람을 의심할 수 있는데, 의심할 수 있다면 백성들 중 의혹을 품지 않는 자가 있겠는가? 군주를 충심으로 섬기지 않는다면 아랫사람을 알기가 어려운데, 알기가 어렵다면 군주와 존장자 중 고단하지 않은 자가 있겠는가? 좋아하는 선을 드러내기 때문에 백성들에게 보여주어 풍속을 완성할 수 있고, 싫어하는 악을 신중히 처리하기 때문에 백성들을 제어하여 문란하지 않게끔

---

18) 『시』「소아(小雅)·교언(巧言)」: 君子屢盟, 亂是用長. 君子信盜, 亂是用暴. 盜言孔甘, 亂是用餤. 匪其止共, 維王之邛.

할 수 있다. 이처럼 한다면 상하계층 모두 의심을 품는 자가 없게 된다. 그렇기 때문에 "백성들이 의혹을 품지 않는다."라고 했다. 신하에게 법도로 삼을 수 있는 행실이 있고, 중시하는 것이 말에 있지 않다면, 행동하는 모든 것들에 거짓된 행실이 없다. 그가 말을 한 것들에도 허황된 말이 없게 된다.

附註 臣儀行, 言臣必以君之行爲儀則, 而不以言辭爲重. 註云"可儀之行", 未詳.

'신의행(臣儀行)'은 신하는 반드시 군주의 행실을 의칙으로 삼고 언사를 중요하게 여기지 않는다는 뜻이다. 주에서 "법도로 삼을 수 있는 행실"이라 풀이한 것은 상세하지 않다.

【011】

子曰: "政之不行也, 教之不成也, 爵祿不足勸也, 刑罰不足恥也, 故上
不可以褻刑而輕爵. 康誥曰: '敬明乃罰.' 甫刑曰: '播刑之不迪.'"〈013〉

공자가 말하길, "정치가 시행되지 않고 교화가 완성되지 않는다면 군주의
시행이 합당하지 못하기 때문이니, 작위와 녹봉도 선한 사람들을 권면하기
에 부족하게 되고, 형벌도 소인들이 부끄러움을 느끼게끔 하는데 부족하게
된다. 그렇기 때문에 윗사람은 자신의 부당함을 통해 형벌을 경솔하게 사
용하거나 작위를 남발해서는 안 된다. 「강고」편에서는 '네가 형벌 사용하
는 것을 공경스럽게 밝혀라.'라 했고, 「보형」에서는 '형벌을 시행하여 백성
들을 인도하라.'"라 했다.

集說 康誥 · 甫刑, 皆周書. 播, 布也. 不字衍, 言伯夷布刑以啓迪斯
民也.

「강고」1)와 「보형」2)은 모두 『서』「주서(周書)」의 편명이다. '파(播)'자는
"펼치다."는 뜻이다. '불(不)'자는 연문이다. 백이가 형벌을 시행하여 백
성들을 인도하였다는 뜻이다.

集說 呂氏曰: 政不行, 教不成, 由上之人爵祿刑罰之失當也. 爵祿
非其人, 則善人不足勸; 刑罰非其罪, 則小人不足恥. 此之謂褻刑輕
爵.

여씨가 말하길, 정치가 시행되지 않고 교화가 완성되지 않는 것은 윗사람
이 작위와 녹봉 및 형벌을 시행하는 것이 합당함을 잃은 데에서 비롯된
다. 작위와 녹봉이 그 사람에 걸맞지 않다면, 선한 사람에 대해서 권면할
수 없고, 형벌이 그 죄목에 걸맞지 않다면, 소인도 부끄럽게 여기지 않는

---

1) 『서』「주서(周書) · 강고(康誥)」: 王曰, 嗚呼, 封. 敬明乃罰. 人有小罪, 非眚乃
惟終, 自作不典式爾, 有厥罪小, 乃不可不殺.
2) 『서』「주서(周書) · 여형(呂刑)」: 王曰, 嗟. 四方司政典獄, 非爾惟作天牧. 今爾
何監. 非時伯夷播刑之迪.

다. 이것이 바로 형벌을 경솔하게 사용하고 작위를 남발한다는 뜻이다.

[011]

子曰: "邇臣守和, 宰正百官, 大臣慮四方."〈表記-033〉[3] [表記. 本在"則尸
利也"下.]

공자가 말하길, "가까운 신하는 조화로움을 지키고, 재상은 모든 관료를
올바르게 하며, 대신은 사방의 일들을 근심한다."라고 했다. [「표기」편의 문장
이다. 본래는 "일도 없이 사욕을 채우는 것이다."라고 한 문장 뒤에 수록되어 있었다.]

集說　方氏曰: 所謂守和者, 過於和, 則流而爲同; 不及於和, 則乖而
爲異. 故在於能守, 守則適中, 而無過與不及之患矣.

방씨가 말하길, 이른바 "조화로움을 지킨다."는 말은 조화로움에 지나치
다면 방탕하게 흘러서 모두가 동일하게 되며, 조화로움에 미치지 못한다
면 어그러져 차이만 생긴다. 그렇기 때문에 지킬 수 있음에 달려 있으니,
지킨다면 알맞게 되고 지나치거나 미치지 못하는 우환이 없게 된다.

集說　應氏曰: 宰, 以職言; 大臣, 以位言. 自三公以下皆是, 不特六
卿. 其序則先君德而後朝廷, 先朝廷而後天下也.

응씨가 말하길, '재(宰)'는 직무를 기준으로 한 말이고, '대신(大臣)'은 지
위를 기준으로 한 말이다. 삼공(三公)으로부터 그 이하는 모두 여기에
해당하니, 단지 육경(六卿)에만 한정되지 않는다. 순서로 따지자면 군주
의 덕이 우선이 되고 조정이 그 뒤가 되며, 조정이 우선이 되고 천하가
그 뒤가 된다.

---

3) 『예기』「표기(表記)」 033장 : 子曰: "事君, 遠而諫, 則諂也. 近而不諫, 則尸利
也." 子曰: "邇臣守和, 宰正百官, 大臣慮四方."

【012】

子曰: "大臣不親, 百姓不寧, 則忠敬不足而富貴已過也. 大臣不治, 而邇臣比[毗志反]矣. 故大臣不可不敬也, 是民之表也. 邇臣不可不愼也, 是民之道也. 君毋以小謀大, 毋以遠言近, 毋以內圖外, 則大臣不怨, 邇臣不疾, 而遠臣不蔽矣. 葉[失涉反]公之顧命曰: '毋以小謀敗大作, 毋以嬖御人疾莊后, 毋以嬖御士疾莊士大夫卿士.'"〈014〉 [本在 "刑之不迪"下.]

공자가 말하길, "대신이 친애함과 신의를 나타내지 않고 백성들이 편안하지 않다면, 충심과 공경이 부족하고 부귀함만 너무 지나친 것이다. 대신이 자신의 직무를 다스리지 않으면 가까이에서 군주를 섬기는 신하들이 서로 연합하여['比'자는 '毗(비)'자와 '志(지)'자의 반절음이다.] 대신의 권력을 빼앗는다. 그러므로 대신은 공경하지 않을 수 없으니, 그들의 태도는 백성들의 의표가 되기 때문이다. 또 가까이에서 섬기는 신하들은 신중하지 않을 수 없으니, 그들의 태도는 백성들이 따르는 도가 되기 때문이다. 군주가 작은 것으로 큰 것을 계획하지 않고, 먼 것으로 가까운 것을 말하지 않으며, 내적인 것으로 외적인 것을 도모하지 않는다면, 대신들은 원망하지 않게 되고, 가까이에서 섬기는 신하들은 질시를 하지 않으며, 멀리 떨어져 있는 신하들은 가려지지 않는다. 섭공은['葉'자는 '失(실)'자와 '涉(섭)'자의 반절음이다.] 회고를 하며, '소신의 계획으로 대신이 벌인 일을 망치지 말고, 가까이에서 총애를 받는 첩이 바른 처를 질시하도록 하지 말며, 총애를 받는 사가 공경스러운 사 · 대부 · 경사를 질시하도록 하지 말아야 한다.'"라고 했다. [본래는 "형벌을 시행하여 백성들을 인도하라"4)라고 한 문장 뒤에 수록되어 있었다.]

集說 大臣不見親信, 則民不服從其令, 故不寧也. 此蓋由臣之忠不足於君, 君之敬不足於臣, 徒富貴之大過而然耳. 由是邇臣之黨, 相比以奪大臣之柄, 而使之不得治其事. 故大臣所以不可不敬者, 以其爲民所瞻望之儀表也. 邇臣所以不可不愼者, 以君之好惡係焉, 乃民

---

4) 『예기』「치의」013장 : 子曰: "政之不行也, 教之不成也, 爵祿不足勸也, 刑罰不足恥也, 故上不可以褻刑而輕爵. 康誥曰: '敬明乃罰.' 甫刑曰: '播刑之不迪.'"

之所從以爲道者也. 人君不使小臣謀大臣, 則大臣不至於怨乎不以; 不使遠臣間近臣, 則近臣不至於疾其君; 不使內之寵臣圖四方宣力之士, 則遠臣之賢無所壅蔽, 而得見知於上矣. 葉公, 楚葉縣尹沈諸梁, 字子高, 僭稱公. 顧命, 臨死回顧之言也. 毋以小謀敗大作, 謂不可用小臣之謀, 而敗大臣所作之事也. 疾, 毀惡之也. 莊, 猶正也, 敬也, 君所取正而加敬之謂也.

대신들이 친애함과 신의를 드러내지 않는다면, 백성들은 그 명령에 복종하지 않기 때문에 편안하지 않다. 이것은 신하의 충심이 군주에 대해 부족하고, 군주의 공경함이 신하에 대해 부족하며 단지 부귀함만 너무 지나친 데에서 비롯되어 이처럼 된 것일 뿐이다. 이를 통해 가까운 신하의 무리들은 서로 연합하여 대신의 권력을 빼앗고, 그들로 하여금 자신의 직무를 처리할 수 없게 만든다. 그렇기 때문에 대신이 공경하지 않을 수 없는 것은 그들은 백성들이 바라보며 의표로 삼는 대상이기 때문이다. 가까운 신하가 신중하지 않을 수 없는 것은 군주의 좋아함과 싫어함이 연계되어, 곧 백성들이 따라서 도로 삼는 것이기 때문이다. 군주가 소신으로 하여금 대신의 일을 도모하지 않도록 한다면, 대신은 자신이 쓰이지 않는 것에 대해 원망하는 지경에 이르지 않고, 멀리 떨어져 있는 신하로 하여금 가까이 있는 신하들을 간섭하지 않도록 한다면, 가까운 신하들은 자신의 군주를 질시하는 지경에 이르지 않으며, 조정에 머물며 총애를 받는 신하로 하여금 사방에서 힘을 다해 일하고 있는 사의 일을 도모하지 않도록 한다면, 멀리 떨어져 있는 신하들 중 현명한 자들은 총애가 막혀 받지 못하는 경우가 없고, 윗사람에게 자신을 알릴 수 있다. '섭공(葉公)'은 초나라 섭현을 다스렸던 관리인 심제량(沈諸梁)으로, 자(字)는 자고(子高)인데 참람되게 공(公)이라고 지칭했다. '고명(顧命)'은 죽음을 앞두고 회고하는 말을 뜻한다. "작은 계획으로 큰 사업을 망치지 말아라."는 말은 소신의 계획을 사용하여 대신이 벌인 사업을 망쳐서는 안 된다는 뜻이다. '질(疾)'자는 헐뜯고 미워한다는 뜻이다. '장(莊)'자는 "바르다."는 뜻이며, "공경한다."는 뜻이니, 군주가 바른 자를 취하여 공경을 더한다는 의미이다.

【013】

子曰: "大人不親其所賢而信其所賤, 民是以親失, 而教是以煩. 詩云: '彼求我則, 如不我得. 執我仇仇, 亦不我力.' 君陳曰: '未見聖, 若己弗克見. 旣見聖, 亦不克由聖.'"〈015〉

공자가 말하길, "대인이 현명한 자를 친근하게 대하지 않고 미천한 자를 믿는다면, 백성들은 이로 인해 친근한 자를 잃게 되고, 교화도 이로 인해 번잡하게 된다. 『시』에서는 '저 소인은 나를 찾아 법도로 삼으려 함에, 마치 나를 찾지 못할까 안절부절 못하는 것처럼 하는구나. 그러나 나를 만나고 나서는 나를 억류하며 원수처럼 대하고 또 나에 대해서 신경조차 쓰지 않는구나.'라 했고, 「군진」편에서는 '아직 성인을 보지 못함에 마치 자신은 보지 못할 것처럼 여긴다. 그런데 이미 성인을 보았음에도 또한 성인을 따르지 못한다.'"라고 했다.

集說 親善遠惡, 人心所同, 所謂擧直錯諸枉則民服. 今君旣不親賢, 故民亦不親其上, 教令徒煩, 無益也. 詩, 小雅·正月之篇. 言彼小人初用事, 求我以爲法則, 惟恐不得. 旣而不合, 則空執留之, 視如仇讐然, 不用力於我矣. 仇仇者, 言不一仇之, 無往而不忤其意也. 君陳, 周書. 兼引之, 皆爲不親賢之證.

선을 친근하게 여기고 악을 멀리하는 것은 사람의 마음에서 동일하게 여기는 것이니, "정직한 사람을 등용하고 정직하지 못한 사람을 내치면 백성들이 복종한다."[5]는 뜻에 해당한다. 현재 군주가 이미 현명한 자를 친근하게 여기지 않고 있기 때문에 백성들 또한 윗사람을 친근하게 여기지

---

5) 『논어』「위정(爲政)」: 哀公問曰, "何爲則民服?" 孔子對曰, "擧直錯諸枉, 則民服, 擧枉錯諸直, 則民不服."

않고, 교화와 정령만 번잡하게 되어 무익하게 된다. 『시』는 『시』「소아
(小雅)·정월(正月)」편이다.6) 즉 저 소인들은 애초에 일을 벌일 때, 나
를 찾아 법도로 삼고자 하여, 나를 찾지 못할까만을 염려한다. 그러나
이미 만나보고 부합하지 않는다면 공허하게 잡아두려고 하며, 마치 원수
를 보는 것처럼 하며, 나에게 힘을 기울이지 않는다는 뜻이다. '구구(仇
仇)'는 한결같이 원수로만 대하는 것이 아니지만 가는 곳마다 그 뜻을
거스르지 않음도 없다는 의미이다. 「군진」은 『서』「주서(周書)」의 편명
이다.7) 함께 인용을 한 것은 모두 현명한 자를 친근하게 여기지 않는다는
뜻을 증명하기 위해서이다.

【014】

子曰: "小人溺於水, 君子溺於口, 大人溺於民, 皆在其所褻也. 夫水近
於人而溺人, 德易狎而難親也, 易以溺人. 口費而煩, 易出難悔, 易以
溺人. 夫民閉[讀爲蔽]於人而有鄙心, 可敬不可慢, 易以溺人. 故君子不
可以不慎也."〈016〉

공자가 말하길, "백성은 물에 빠지고, 사와 대부는 입에 빠지며, 천자와
제후는 백성에 빠지니, 이 모두는 매우 친근하게 여기는 것에 달려 있다.
무릇 물이라는 것은 사람과 가까워서 사람을 빠트리는데, 물의 덕은 가까
이 여기기는 쉽지만 친근해지기는 어려우니, 사람을 빠트리기가 쉽다. 입
은 말을 낭비하고 번잡하게 만드는데, 말은 내뱉기는 쉬워도 이후 뉘우치
기는 어려우니, 사람을 빠트리기가 쉽다. 무릇 백성은 인도에 막혀서[閉'자
는 '蔽(폐)'자로 풀이한다.] 비루한 마음을 품으니, 공경해야 하며 태만하게 대해
서는 안 되니, 사람을 빠트리기가 쉽다. 그러므로 군자는 조심하지 않는
태도로 대해서는 안 된다."라고 했다.

---

6) 『시』「소아(小雅)·정월(正月)」: 瞻彼阪田, 有菀其特. 天之扤我, 如不我克. 彼
求我則, 如不我得. 執我仇仇, 亦不我力.
7) 『서』「주서(周書)·군진(君陳)」: 凡人未見聖, 若不克見, 旣見聖, 亦不克由聖.
爾其戒哉. 爾惟風, 下民惟草.

集說 小人, 民也. 溺, 爲其所陷也. 水爲柔物, 人易近之, 然其德雖可狎, 而褻不可親, 忘險而不知戒, 則溺矣. 君子, 士大夫也. 言行君子之樞機, 出好興戎, 皆由於口. 於己費, 則於人煩, 出而召禍, 不可悔矣. 大人, 謂天子諸侯也. 國以民存, 亦以民亡, 蓋惟不蔽於情而不可以理喩, 故鄙陋而不通, 書言可畏非民, 此所以不可慢也. 棄而不保, 則離叛繼之矣. 三者皆在其所褻, 故曰君子不可不愼也.

'소인(小人)'은 백성을 뜻한다. '닉(溺)'자는 그로 인해 빠진다는 뜻이다. 물은 유연한 사물이니 사람들이 가까이 하기가 쉽다. 그러나 물의 덕은 비록 매우 친근하게 여길 수 있지만, 그 기세는 친근하게 대할 수 없으니, 위험함을 잊고 경계할 줄 모른다면 빠지게 된다. '군자(君子)'는 사와 대부를 뜻한다. 군자가 중추적인 일을 시행하며 우호를 나타내고 전쟁을 일으킬 때에는 이 모두가 입에서 나온다.[8] 자신에 대해 소비를 한다면 남에 대해서는 번잡하게 되고, 그것이 나타나 재앙을 불러오는데도 뉘우치지 못한다. '대인(大人)'은 천자와 제후를 뜻한다. 나라는 백성들로 인해 보존되기도 하지만 또한 백성들로 인해 망하기도 한다. 정감에 가려져서 이치로 깨우칠 수 없기 때문에 비루하고 소통이 되지 않으니, 『서』에서는 "두려워할만한 것은 백성이 아니겠는가?"라고 했다. 이것이 바로 태만하게 대할 수 없는 이유이다. 버리고 보호하지 않는다면 떠나고 배반함이 계속된다. 이 세 가지는 모두 매우 친근하게 여기는 것에 달려 있다. 그렇기 때문에 "군자는 조심하지 않을 수 없다."고 했다.

【015】

"太甲曰: '毋越厥命以自覆也. 若虞機張, 往省括于度則釋.' 兌[悅]命

---

8) 『서』「우서(虞書)·대우모(大禹謨)」: 可愛非君, 可畏非民, 衆非元后何戴, 后非衆罔與守邦, 欽哉, 愼乃有位, 敬修其可願, 四海困窮, 天祿永終, 惟口出好興戎, 朕言不再.

曰: '惟口起羞, 惟甲胄起兵, 惟衣裳在笥, 惟干戈省厥躬.' 太甲曰: '天作孽, 可違也. 自作孽不可以逭[乎亂反].' 尹吉[告]曰: '惟尹躬先[舊本作天, 今從書.]見于西邑夏, 自周有終, 相亦惟終.'"〈017〉

공자가 계속하여 말하길, "「태갑」편에서 말하길, '그 명을 벗어나서 스스로 전복되지 마소서. 우인이 쇠뇌를 장전했을 때 가서 화살끝이 조준선에 맞는지 살펴보고 활을 쏘는 것처럼 하소서.'9)라 했고, 「열명」편에서는[兌'자의 음은 '悅(열)'이다.] '입은 부끄러움을 불러오고, 갑옷은 전쟁을 일으키니, 옷은 상자에 두어야 하며, 방패와 창을 쓸 때에는 자신을 성찰해야 합니다.'10)라 했으며, 「태갑」편에서는 '하늘이 일으킨 재앙은 피할 수 있습니다. 그러나 스스로 일으킨 재앙은 피할[逭'자는 '乎(호)'자와 '亂(란)'자의 반절음이다.] 수 없습니다.'11)라 했고, 「윤고」편에서는[吉'자의 음은 '告(고)'이다.] '제가 직접 이전에[先'자는 옛 판본에서는 '天(천)'자로 기록했는데, 지금은 『서』의 기록에 따른다.] 서읍의 하나라를 살펴보았는데, 선왕이 스스로 충심과 신의를 보여서 제대로 끝맺을 수 있었고, 신하 또한 제대로 끝맺을 수 있었습니다.'12)라 했다.

集說 毋, 書作無. 伊尹告太甲, 不可顚越其命, 以自取覆亡. 虞, 虞人也. 機, 弩牙也. 括, 矢括也. 度者, 法度, 射者之所準望. 釋, 發也. 言如虞人之射, 弩機既張, 必往察其括之合於法度, 然後發之, 則無不中也. 傅說告高宗, 謂言語所以文身, 輕出則有起羞之患; 甲胄所以衛身, 輕動則有起戎之憂. 衣裳所以命有德, 謹於在笥者, 戒輕與也; 干戈所以討有罪, 嚴於省躬者, 戒輕動也. 孽, 災也. 逭, 逃也. 夏都安邑, 在亳之西, 故曰西邑夏. 國語曰"忠信爲周", 言夏之先王以

---

9) 『서』「상서(商書)·태갑상(太甲上)」: 王惟庸罔念聞. 伊尹乃言曰, 先王昧爽丕顯, 坐以待旦, 旁求俊彦, 啓迪後人, 無越厥命以自覆. 愼乃儉德, 惟懷永圖. 若虞機張, 往省括于度, 則釋, 欽厥止, 率乃祖攸行. 惟朕以懌, 萬世有辭.
10) 『서』「상서(商書)·열명중(說命中)」: 惟口起羞, 惟甲胄起戎, 惟衣裳在笥, 惟干戈省厥躬.
11) 『서』「상서(商書)·태갑중(太甲中)」: 天作孽猶可違, 自作孽不可逭.
12) 『서』「상서(商書)·태갑상(太甲上)」: 惟尹躬先見于西邑夏, 自周有終, 相亦惟終, 其後嗣王, 罔克有終, 相亦罔終.

忠信爲終, 故其輔相者亦能有終也. 凡四引書, 皆明不可不愼之意.
'무(毋)'자를 『서』에서는 무(無)자로 기록했다. 이윤이 태갑에게 아뢰며
그 명령을 뒤엎고 벗어나서 스스로 엎어지거나 망하게 해서는 안 된다고
한 것이다. '우(虞)'자는 우인(虞人)을 뜻한다. '기(機)'자는 쇠뇌의 톱니
바퀴이다. '괄(括)'자는 화살끝이다. '도(度)'자는 법도를 뜻하니, 활을 쏘
는 자가 기준선으로 보게 되는 곳이다. '석(釋)'자는 "발사하다."는 뜻이
다. 우인이 활을 쏠 때 쇠뇌의 톱니바퀴를 늘어트리게 되면, 반드시 가서
화살끝이 기준점에 맞는지를 살펴보고, 그런 뒤에 발사한다면 적중하지
않는 일이 없다는 뜻이다. 부열은 고종에게 아뢰어, 말은 자신을 꾸미는
것인데, 경솔하게 내뱉는다면 부끄러움을 받게 되는 우환이 생기고, 갑옷
은 자신을 보호하는 것인데, 경솔하게 행동한다면 전쟁을 일으키는 우환
이 생긴다고 한 것이다. 상의와 하의는 덕을 갖춘 자에게 명의 등급을
내리는 것이라서 상자에 두어 조심히 다뤄야 하니, 경솔하게 수여하는
것을 경계한 말이다. 방패와 창은 죄를 지은 자를 토벌하는 것이라서 자
신을 성찰하는 일에 엄격해야 하니, 경솔하게 행동하는 것을 경계하는
말이다. '얼(孼)'자는 재앙을 뜻한다. '환(逭)'자는 "피하다."는 뜻이다. 하
나라는 안읍에 도읍을 정했으니, 박 땅의 서쪽에 있다. 그렇기 때문에
'서읍인 하'라고 했다. 『국어』에서는 "충심과 신의는 주(周)가 된다."[13]라
했으니, 하나라의 선왕은 충심과 신의를 통해 제대로 끝을 맺었기 때문에
보필하는 신하 또한 제대로 끝을 맺을 수 있었다는 뜻이다. 총 네 차례
『서』의 문장을 인용했는데, 이 모두는 신중히 하지 않을 수 없다는 뜻을
드러낸 것이다.

---

13) 『국어』「노어하(魯語下)」 : 臣聞之曰, "懷和爲每懷, 咨才爲諏, 咨事爲謀, 咨義
爲度, 咨親爲詢, 忠信爲周."

【016】

子曰: "民以君爲心, 君以民爲體. 心莊則體舒, 心肅則容敬. 心好之,
身必安之. 君好之, 民必欲之. 心以體全, 亦以體傷. 君以民存, 亦以
民亡. 詩云: '昔吾有先正, 其言明且清. 國家以寧, 都邑以成, 庶民以
生. 誰能秉國成? 不自爲正, 卒勞百姓.' 君雅[牙]曰: '夏日暑雨, 小民
惟曰怨資[與咨同]. 冬祈寒, 小民亦惟曰怨[咨].'"〈018〉

공자가 말하길, "백성은 군주를 마음으로 삼고, 군주는 백성을 몸으로 삼는
다. 마음이 장엄하게 되면 몸이 펴지고, 마음이 엄숙하게 되면 용모가 공경
스럽게 된다. 마음이 좋아하면 몸은 반드시 편안하게 된다. 군주가 좋아하
면 백성은 반드시 그것을 하고자 한다. 마음은 몸을 통해 온전하게 되며
또한 몸을 통해 상처를 받기도 한다. 군주는 백성을 통해 보존되고 또한
백성을 통해 망하기도 한다. 『시』에서는 '예전 나에게는 선대의 현명한 신
하가 있어서, 그의 말은 밝고도 맑았다. 국가는 그를 통해 편안하게 되었
고, 도읍은 그를 통해 완성되었으며, 백성은 그를 통해 생활하게 되었다.
누가 이러한 국가의 완성된 법도를 잡을 수 있겠는가? 스스로 바름을 시행
하지 않아서 끝내 백성들만 고달프게 만들었다.'라 했고, 「군아」편에서는
['雅'자의 음은 '牙(아)'이다.] '여름날 덥고 비가 내리면 일반 백성들은 원망하고
한탄한다.['資'자는 '咨(자)'자와 같다.] 겨울에 혹독하게 추우면 일반 백성들은
원망하고 한탄한다.['怨'자의 음은 '咨(자)'이다.]"라고 했다.

集說 此承上文大人溺於民之意而言. 昔吾有先正以下五句, 逸詩
也. 下三句, 今見小雅·節南山之篇. 言今日誰人秉持國家之成法
乎? 師尹實秉持之, 乃不自爲政, 而信任群小, 終勞苦百姓也. 君牙,
周書. 資, 書作咨, 此傳寫之誤, 而下復缺一咨字, 鄭不取書文爲定,
乃讀資爲至. 今從書, 以資字屬上句.

이 문장은 앞에서 대인이 백성에게 빠진다고 했던 뜻을 이어서 한 말이
다. "예전에 나에게는 이전 시대의 현명한 신하가 있었다."라고 한 구문
으로부터 이하의 5개 구문은 『일시』에 해당한다. 그 뒤의 세 구문은 현행
본 『시』「소아(小雅)·절남산(節南山)」편에 나온다.[14] 즉 "오늘날 누가

국가의 완성된 법도를 지닐 수 있겠는가? 태사 윤씨가 실제로 법도를 잡았지만, 스스로 정치를 시행하지 못하고, 소인들을 신임하여 결국 백성들을 고달프게 했다."는 뜻이다. 「군아」는 『서』「주서(周書)」편이다.[15] '자(資)'자를 『서』에서는 자(咨)자로 기록했으니, 이것은 필사하는 과정에 나타난 잘못이며, 그 뒤의 구문에도 '자(咨)'자가 빠져 있는데, 정현은 『서』의 기록을 가져다가 바로잡지 않아서 곧 '자(資)'자를 "~에 이르다."는 뜻으로 풀이했다. 이곳에서는 『서』의 기록에 따라서 '자(資)'자를 앞의 구문에 연결해서 읽는다.

集説 方氏曰: 民以君爲心者, 言好惡從於君也. 君以民爲體者, 言休戚同於民也. 體雖致用於外, 然由於心之所使, 故曰心好之, 身必安之. 心雖爲主於內, 然資乎體之所保, 故曰心以體全, 亦以體傷.

방씨가 말하길, "백성들은 군주를 마음으로 삼는다."는 말은 좋아함과 싫어함을 군주의 것대로 따른다는 뜻이다. "군주는 백성들을 몸으로 삼는다."는 말은 기쁨과 슬픔을 백성들과 동일하게 느낀다는 뜻이다. 몸은 비록 외적으로 작용을 드러내지만 마음이 부리는 것에서 비롯된다. 그렇기 때문에 "마음이 좋아하면 몸은 반드시 편안하게 된다."라고 했다. 마음은 비록 내적인 것을 위주로 하지만 몸이 보호하는 것이 힘입게 된다. 그렇기 때문에 "마음은 몸을 통해 온전하게 되고 또 몸을 통해 상처를 받는다."라고 했다.

---

14) 『시』「소아(小雅)·절남산(節南山)」: 不弔昊天, 亂靡有定. 式月斯生, 俾民不寧. 憂心如酲, 誰秉國成, 不自爲政, 卒勞百姓.

15) 『서』「주서(周書)·군아(君牙)」: 夏暑雨, 小民惟曰怨咨, 冬祁寒, 小民亦惟曰怨咨.

【017】

子曰: "君子道人以言, 而禁人以行[去聲], 故言必慮其所終, 而行必稽
其所敝, 則民謹於言而慎於行. 詩云: '愼爾出話[胡快反], 敬爾威儀.'
大雅曰: '穆穆文王, 於[烏]緝熙敬止.'"〈008〉[本在"不僭于儀"下.]

공자가 말하길, "군자는 남을 가르칠 때 말로써 하고, 독려할 때에는 행동
으로써['行'자는 거성으로 읽는다.] 한다. 그렇기 때문에 말은 반드시 마치는 것
을 헤아려야 하고, 행동은 반드시 해지는 것을 살펴야 하니, 이처럼 한다면
백성들은 말을 삼가고 행동을 신중히 하게 된다. 『시』에서는 '너의 내뱉는
말을['話'자는 '胡(호)'자와 '快(쾌)'자의 반절음이다.] 신중히 하고, 너의 위엄스러운
거동을 공경스럽게 하라.'라고 했고, 「대아」에서는 '깊고도 원대하신 문왕
이여, 오!['於'자의 음은 '烏(오)'이다.] 계속하여 빛나서 공경스럽고 편안하게 계
시도다.'"라고 했다. [본래는 "위엄을 갖춘 예법에 과실을 범하지 말아라."16)라고 한 문
장 뒤에 수록되어 있었다.]

集說 道, 化誨之也. 道人以言而必慮其所終, 恐其行之不能至, 則
爲虛誕也. 禁, 謹飭之也. 禁人以行而必稽其所敝, 慮其末流之或偏
也. 如是則民皆謹言而愼行矣. 詩, 大雅·抑之篇. 大雅, 文王之篇.
朱子云: "穆穆, 深遠之意. 於, 歎美辭, 緝, 繼續也. 熙, 光明也. 敬止,
無不敬而安所止也." 兩引詩, 皆以爲謹言行之證.

'도(道)'자는 교화하고 가르친다는 뜻이다. 사람을 말로써 교화하면 반드
시 마치는 것을 고려해야 하니, 행동이 미치지 못하게 되면 허망함이 될
까 염려하기 때문이다. '금(禁)'자는 삼가고 조심하게 만든다는 뜻이다.
사람을 행동으로써 조심하게 만들면 반드시 해지는 것을 헤아려야 하니,
그 끝이 간혹 치우치게 될까를 염려하기 때문이다. 이처럼 한다면 백성들
은 모두 말을 조심하고 행동을 신중히 하게 된다. 『시』는 『시』「대아(大

---

16) 『예기』「치의」 007장 : 子曰: "王言如絲, 其出如綸. 王言如綸, 其出如綍. 故大
人不倡游言. 可言也不可行, 君子弗言也, 可行也不可言, 君子弗行也, 則民言
不危行, 而行不危言矣. 詩云: '淑愼爾止, 不僭于儀.'"

雅)·억(抑)」편이다.17) 「대아」는 『시』「대아(大雅)·문왕(文王)」편이
다.18) 주자는 "목목(穆穆)은 깊고 원대하다는 뜻이다. '오(於)'자는 탄미
사이며, '즙(緝)'자는 계속한다는 뜻이다. '희(熙)'자는 밝게 빛난다는 뜻
이다. '경지(敬止)'는 공경하지 않음이 없어서 머문 곳에서 편안하다는
뜻이다."라고 했다. 두 차례 『시』를 인용한 것은 모두 말과 행동을 조심
해야 함을 증명하기 위해서이다.

集說 呂氏曰: 進取於善者, 夷考其行而不掩, 猶不免於狂, 況不在
於善者乎? 故曰言必慮其所終. 夷惠之淸和, 其末猶爲隘與不恭, 故
曰行必稽其所敝. 文王之德, 亦不越敬其容止而已.

여씨가 말하길, 선으로 나아가 취하는 자는 행실을 살펴서 행실이 말을
가리지 않지만,19) 여전히 뜻이 고매하여 진취적인 상태에서 벗어나지 못
하는데, 하물며 선에 뜻을 두지 않은 자에게 있어서는 어떻겠는가? 그러
므로 "말은 반드시 마치는 것을 헤아려야 한다."라고 했다. 백이나 유하
혜처럼 맑고 조화로운 자도 그 말단에 있어서는 오히려 좁고 공손하지
못하였다.20) 그렇기 때문에 "행동은 반드시 해지는 것을 살펴보아야 한
다."라고 했다. 문왕의 덕은 또한 용모와 행동거지를 공경스럽게 하는
데에서 벗어나지 않았을 따름이다.

---

17) 『시』「대아(大雅)·억(抑)」: 質爾人民, 謹爾侯度, 用戒不虞. 愼爾出話, 敬爾威
儀. 無不柔嘉. 白圭之玷, 尙可磨也. 斯言之玷, 不可爲也.
18) 『시』「대아(大雅)·문왕(文王)」: 穆穆文王, 於緝熙敬止. 假哉天命, 有商孫子.
商之孫子, 其麗不億. 上帝旣命, 侯于周服.
19) 『맹자』「진심하(盡心下)」: 曰, 其志嘐嘐然, 曰, '古之人, 古之人.' 夷考其行, 而
不掩焉者也.
20) 『맹자』「공손추상(公孫丑上)」: 孟子曰, "伯夷隘, 柳下惠不恭. 隘與不恭, 君子
不由也."

【018】

子曰: "王言如絲, 其出如綸. 王言如綸, 其出如綍[弗]. 故大人不倡游
言. 可言也不可行, 君子弗言也, 可行也不可言, 君子弗行也, 則民
言不危行, 而行不危言矣. 詩云: '淑愼爾止, 不愆[愆]于儀.'"〈007〉 [本在
"四國順之"下.]

공자가 말하길, "천자의 말이 실과 같이 가늘더라도 그것이 밖으로 표출되
면 끈처럼 두껍게 된다. 천자의 말이 끈처럼 두껍더라도 그것이 밖으로
표출되면 노끈처럼['綍'자의 음은 '弗(불)'이다.] 커지게 된다. 그러므로 천자나
대인은 근거도 없는 말로 선동하지 않는다. 말로는 할 수 있지만 실천할
수 없다면 군자는 그러한 말을 하지 않고, 실천할 수 있지만 말로는 표현할
수 없다면 군자는 그러한 행동을 하지 않으니, 이처럼 한다면 백성들의
말은 실천보다 높아지지 않고, 실천도 말보다 높아지지 않는다. 『시』에서
는 '너의 용모와 행동거지를 조심하고 삼가며, 위엄을 갖춘 예법에 과실을
['愆'자의 음은 '愆(건)'이다.] 범하지 말아라.'"라고 했다. [본래는 "사방의 나라가 순종
하게 되리라."[21]라고 한 문장 뒤에 수록되어 있었다.]

集說 綸, 綬也. 疏云: "如宛轉繩." 綍, 引棺大索也. 危, 高也. 詩,
大雅·抑之篇. 止, 容止也. 愆, 過也.

'윤(綸)'자는 끈이다. 소에서는 "아녀자들이 허리띠에 찼던 완전승(宛轉
繩)이라는 끈과 같다."라고 했다. '불(綍)'은 관을 끌 때 사용하는 큰 노끈
이다. '위(危)'자는 "높이다."는 뜻이다. 이 시는 『시』「대아(大雅)·억
(抑)」편이다.[22] '지(止)'자는 용모와 행동거지를 뜻한다. '건(愆)'자는 "과
실을 범하다."는 뜻이다.

集說 呂氏曰: 大人, 王公之謂也. 游言, 無根不定之言也. 易曰: "誣

---

21) 『예기』「치의」006장 : 子曰: "上好仁, 則下之爲仁爭先人. 故長民者, 章志·貞
教·尊仁, 以子愛百姓, 民致行己, 以說其上矣. 詩云: '有梏德行, 四國順之.'"
22) 『시』「대아(大雅)·억(抑)」: 辟爾爲德, 俾臧俾嘉. 淑愼爾止, 不愆于儀. 不僭不
賊, 鮮不爲則. 投我以桃, 報之以李. 彼童而角, 實虹小子.

善之人其辭游." 爲人上者, 倡之以誠慤篤實之言, 天下猶有欺詐以
罔上者; 苟以游言倡之, 則天下蕩然虛浮之風作矣, 可不愼乎? 可言
而不可行, 過言也. 可行而不可言, 過行也. 君子弗言弗行, 則言行
不越乎中, 民將效之. 言不敢高於行, 而言之必可行也; 行不敢高於
言, 而必爲可繼之道也.

여씨가 말하길, '대인(大人)'은 천자와 제후를 뜻한다. '유언(游言)'은 근
거가 없어 확정되지 않은 말이다. 『역』에서는 "선을 모함하는 사람은 그
말이 겉돈다."[23]라고 했다. 윗사람이 성실하고 독실한 말로 이끌더라도
천하 사람들 중에는 오히려 속임과 거짓으로 윗사람을 속이는 자가 있는
데, 만약 근거도 없는 말로 이끈다면, 천하 사람들은 제멋대로 허황된
기풍을 일으키게 될 것인데, 신중하지 않을 수 있겠는가? 말을 할 수 있지
만 실천할 수 없다는 것은 지나친 말이다. 실천할 수 있지만 말을 할
수 없다는 것은 지나친 행동이다. 군자가 그러한 말을 하지 않고 그러한
실천을 행하지 않는다면, 말과 행동이 알맞음에서 벗어나지 않고 백성들
이 본받게 된다. 말이 감히 행동보다 높아지지 않는다면, 말한 것은 반드
시 실천할 수 있다. 행동이 감히 말보다 높아지지 않는다면, 반드시 계승
할 수 있는 도가 된다.

【019】

子曰: "苟有車, 必見其軾. 苟有衣, 必見其敝. 人苟或言之, 必聞其聲.
苟或行之, 必見其成. 葛覃曰: '服之無射[亦].'"〈023〉 [本在"示我周行"下.]
공자가 말하길, "만약 수레가 있다면 반드시 수레의 가로대를 보게 된다.
만약 의복이 있다면 반드시 해진 곳을 보게 된다. 사람이 만약 말을 하게
된다면 반드시 그 소리를 듣게 된다. 만약 행동하게 된다면 반드시 행동을
통해 이룬 것을 보게 된다. 「갈담」편에서는 '의복을 입으니 싫음이['射'자의

---

23) 『역』「계사하(繫辭下)」: 將叛者其辭慙, 中心疑者其辭枝, 吉人之辭寡, 躁人之
辭多, <u>誣善之人其辭游</u>, 失其守者其辭屈.

음은 '亦(역)'이다.] 없도다.'"라고 했다. [본래는 "나에게 큰 도리를 보여줄지어다."[24]라고 한 문장 뒤에 수록되어 있었다.]

集說 呂氏曰: 此言有是物必有是事, 登車而有所禮則憑軾, 有軾則有車, 無車則何所憑而式之乎? 衣之久必敝, 有衣然後可敝, 無衣則何敝之有? 言必有聲, 行必有成, 亦猶是也. 蓋誠者物之終始, 不誠無物, 引葛覃, 言實有是服乃可久服而無厭也.

여씨가 말하길, 이 내용은 이러한 사물이 있다면, 반드시 그에 대한 일이 있다는 뜻이니, 수레에 오르게 되면 해당하는 예법이 있으므로, 수레의 가로대에 기대고, 수레의 가로대가 있다면 수레가 있는 것인데, 수레가 없다면 무엇에 의지하여 몸을 기울여 예를 표시하겠는가? 또 옷은 오래 되면 반드시 해지는 곳이 생기는데, 옷이 있은 뒤에야 해질 수 있으니, 옷이 없다면 어찌 해진 곳이 있겠는가? 말을 하면 반드시 소리가 나고 행동을 하면 반드시 이루는 것이 있으니, 또한 이와 같은 의미이다. 진실됨은 사물의 끝과 시작이 되니, 진실되지 않다면 사물도 없다. 「갈담」편을 인용했는데[25] 실제로 이러한 의복이 있다면 오래도록 입을 수 있으며 싫어함이 없다는 뜻이다.

附註 苟有衣必見其敝, 敝, 恐是蔽字. 蓋衣必蔽體, 與車必有軾同意. 若作弊字, 意似不足.

'구유의필견기폐(苟有衣必見其敝)'라 했는데, '폐(敝)'자는 아마도 폐(蔽)자인 것 같다. 의복은 반드시 신체를 가리게 되어 있어서 수레에 반드시 가로대가 있는 것과 같은 뜻이다. 만약 해진다는 뜻의 '폐(弊)'자로 기록한다면 의미가 맞지 않는 것 같다.

---

24) 『예기』「치의」022장 : 子曰: "私惠不歸德, 君子不自留焉. 詩云: '人之好我, 示我周行.'"

25) 『시』「주남(周南)·갈담(葛覃)」 : 葛之覃兮, 施于中谷. 維葉莫莫, 是刈是濩, 爲絺爲綌, 服之無斁.

【020】

子曰: "言從而行之, 則言不可飾也. 行從而言之, 則行不可飾也. 故
君子寡[舊讀爲顧, 今如字.]言而行, 以成其信, 則民不得大其美而小其
惡. 詩云: '白圭之玷, 尚可磨也; 斯言之玷, 不可爲也. 小雅曰: '允也
君子, 展也大成.'"〈024〉[1]

공자가 말하길, "말이 이치에 따라서 그것을 행하면 말을 꾸며서는 안 된
다. 행동이 이치에 따라서 그것을 말하면 행동을 꾸며서는 안 된다. 그러므
로 군자가 말을 적게['寡'자는 옛 주석에서는 '顧(고)'자로 풀이했는데, 지금은 글자대로
읽는다.] 하고 행동을 실천하여 신의를 이루면, 백성들은 자신의 아름다움을
좋게만 꾸며서 높이거나 추함을 감추지 않는다. 『시』에서는 '백색 옥의 결
함은 오히려 갈아서 없앨 수 있지만, 말의 결함은 그렇게 할 수 없도다.'라
했고, 「소아」에서는 '믿음직스러운 군자여, 진실로 크게 이루었도다.'"라
했다.

集說 從, 順也, 謂順於理也. 言順於理而行之, 則言爲可用, 而非文
飾之言矣. 行順於理而言之, 則行爲可稱, 而非文飾之行矣. 言之不
怍, 則爲之也難. 寡言而行, 卽訥於言而敏於行之意. 以成其信, 謂
言行皆不妄也. 大其美者, 所以要譽; 小其惡者, 所以飾非, 皆言之所
爲也. 君子寡言以示敎, 故民不得如此. 詩, 大雅·抑之篇. 玷, 缺也.
小雅, 車攻之篇. 允, 信也. 展, 誠也. 抑詩, 證言不可飾, 車攻詩, 證
行不可飾.

'종(從)'자는 "따르다."는 뜻이니, 이치에 따른다는 의미이다. 말이 이치에
따라서 그것을 행하면 그 말은 쓸 수 있으니, 문식만 꾸민 말이 아니다.
행동이 이치에 따라서 그것을 말하면 행동은 칭송할 수 있으니, 문식만

---

1) 『예기』「치의」 024장 : 子曰: "言從而行之, 則言不可飾也. 行從而言之, 則行不
可飾也. 故君子寡言而行, 以成其信, 則民不得大其美而小其惡. 詩云: '白圭之
玷, 尚可磨也; 斯言之玷, 不可爲也. 小雅曰: '允也君子, 展也大成.' 君陳曰: '在
昔上帝, 周田觀文王之德, 其集大命于厥躬.'"

꾸민 행동이 아니다. 말을 하며 부끄러워하지 않는다면 그것을 시행하기
가 어렵다. 말을 적게 하고 행동하는 것은 말은 어눌하게 하고 실천은
민첩하게 한다는 뜻이다.[2] 이로써 믿음을 이룬다는 것은 말과 행동이
모두 망령되지 않다는 뜻이다. 아름다움을 크게 한다는 것은 명예를 바라
는 것이며, 추함을 작게 한다는 것은 잘못을 꾸미는 것이니, 이 모두는
말을 통해 시행하는 것이다. 군자는 말을 적게 하여 가르침을 보여주기
때문에 백성들이 이처럼 하지 못한다. 『시』는 『시』「대아(大雅)·억(抑)
」편이다.[3] '점(玷)'자는 결함을 뜻한다. 「소아」는 『시』「소아(小雅)·거
공(車攻)」편이다.[4] '윤(允)'자는 믿음을 뜻한다. '전(展)'자는 진실을 뜻
한다. 「군석」은 『서』「주서(周書)」편이다.[5] 즉 예전에 상제는 은나라에
재앙을 내리고, 문왕의 덕을 거듭 장려하고 권하여, 그 몸에 큰 하늘의
명이 모이도록 하여, 천하를 소유하게끔 했다는 뜻이다. 「억」편의 시는
말을 꾸며서는 안 된다는 뜻을 증명한 것이고, 「거공」편의 시는 행동을
꾸며서는 안 된다는 뜻을 증명한 것이다.

類編 右言正身治國之道.

여기까지는 '언정신치국지도(言正身治國之道)'에 대한 내용이다.

---

2) 『논어』「이인(里仁)」 : 子曰, "君子欲訥於言而敏於行."
3) 『시』「대아(大雅)·억(抑)」 : 質爾人民, 謹爾侯度, 用戒不虞. 愼爾出話, 敬爾威
   儀. 無不柔嘉. 白圭之玷, 尙可磨也, 斯言之玷, 不可爲也.
4) 『시』「소아(小雅)·거공(車攻)」 : 之子于征, 有聞無聲. 允矣君子, 展也大成.
5) 『서』「주서(周書)·군석(君奭)」 : 公曰, 君奭, 在昔上帝割, 申勸寧王之德, 其集
   大命于厥躬.

◇ 사군과 접인의 도를 말함[言事君接人之道]

【021】

子言之: "事君先資其言, 拜自獻其身, 以成其信. 是故君有責於其臣, 臣有死於其言, 故其受祿不誣, 其受罪益寡." 〈表記-030〉

공자가 말하길, "군주를 섬길 때에는 우선적으로 자신의 뜻을 말로 드러내어 그것에 의지하며, 절을 하고 스스로 자신을 맡겨, 믿음을 완성한다. 이러한 까닭으로 군주는 자신의 신하에 대해서 책무를 부여함이 있고, 신하는 자신의 말에 대해서 목숨을 거는 것이 있으니, 이러한 이유로 녹봉을 받음에 속임이 없고 죄를 받는 것이 더욱 줄어든다."라고 했다.

集說 應氏曰: 資, 憑藉也. 古之爲臣, 其經世之學, 皆豫定於胸中. 至於事君, 則前定之規模, 先形於言以爲藉, 然後自獻其身以成其信. 自獻者, 非屈己以求售也. 如書之自靖自獻, 致命而無所愧也. 畎畝幡然之數語, 說命對揚之三篇, 此伊傅先資之言也. 齊桓問答而爲書, 燕昭命下而有對, 此管樂先資之言也. 言於先而信於後, 無一不酬者. 後世若登壇東向之答, 草廬三顧之策, 亦庶幾焉.

응씨가 말하길, '자(資)'자는 의지한다는 뜻이다. 고대의 신하들은 세상을 경륜하는 학문이 모두 가슴에 이미 확정되어 있었다. 군주를 섬김에 미쳐서는 이전에 확정했던 규범이 우선적으로 말을 통해 드러나서 이것을 바탕으로 삼고, 그런 뒤에 스스로 자신을 바쳐서 믿음을 완성한다. 스스로 바친다는 것은 자신을 굽혀서 스스로를 팔고자 구하는 것이 아니다. 『서』에서 스스로 자신의 뜻을 편안히 시행하여 스스로 바친다고 한 말과 같으니,[1] 명을 이루어 부끄러운 점이 없는 것이다. 밭이랑에 처해 있었을 때 갑작스럽게 했던 여러 말들[2]과 『서』「열명(說命)」편에서 군주의 도를

---

1) 『서』「상서(商書)·미자(微子)」: 自靖, 人自獻于先王, 我不顧行遯.
2) 『맹자』「만장상(萬章上)」: 湯三使往聘之, 旣而幡然改曰, '與我處畎畝之中, 由是以樂堯舜之道, 吾豈若使是君爲堯舜之君哉? 吾豈若使是民爲堯舜之民哉?

널리 알린다고 했던 세 편3)은 이윤과 부열이 우선적으로 의지로 삼았던 말에 해당한다. 제나라 환공의 문답을 기록하고, 연나라 소왕이 명령을 내리자 대답함이 있었던 것은 관중과 악의가 우선적으로 의지로 삼았던 말에 해당한다. 앞서 말하고 뒤에 믿는 것이 하나라도 되갚지 않은 것이 없다는 뜻이다. 후대에 연단에 올라가 동쪽을 향하고 대답을 하거나 삼고 초려를 했던 계책이 또한 여기에 가깝다.

集說 馬氏曰: 受祿不誣, 言不素餐也.

마씨가 말하길, 녹봉을 받되 속이지 않는다는 말은 소찬(素餐)4)을 하지 않는다는 뜻이다.

[022]

子曰: "事君, 大言入則望大利, 小言入則望小利, 故君子不以小言受大祿, 不以大言受小祿. 易曰: '不家食, 吉.'"〈表記-031〉

공자가 말하길, "군주를 섬길 때, 큰 계책을 구상한 말이 받아들여지면 큰 이로움을 바라고, 작은 계책을 구상한 말이 받아들여지면 작은 이로움을 바란다. 그렇기 때문에 군자는 작은 계책으로 큰 녹봉을 받지 않고, 큰 계책으로 작은 녹봉을 받지 않는다. 『역』에서는 '집에서 밥을 먹지 않으면 길하다.'"라고 했다.

集說 不家食吉, 大畜之象辭也. 謂大畜之君子, 才德所蘊者大, 則

吾豈若於吾身親見之哉?

3) 『서』「상서(商書)·열명상(說命上)」, 「열명중(說命中)」, 「열명하(說命下)」편을 뜻한다.

4) 소찬(素餐)은 시록소찬(尸祿素餐)을 뜻한다. '시록소찬'은 또한 시록소손(尸祿素飧)·시위소찬(尸位素餐) 등으로도 쓴다. 맡아서 하는 일도 없이 녹봉만 받는 벼슬아치들을 풍자하는 말이다. 『설원(說苑)』「지공(至公)」편에는 "久踐高位, 妨群賢路, 尸祿素飧, 貪欲無猒."이라는 기록이 있다.

當食祿於朝, 以有爲於天下, 而不食於家則吉. 此言不以大言受小
祿, 所謂達可行於天下而後行之者也.

'불가식길(不家食吉)'이라는 말은 『역』「대축괘(大畜卦)」의 괘사이다.[5]
즉 대축에 해당하는 군자는 재주와 덕을 쌓은 것이 크니, 마땅히 조정에
서 녹봉을 받아 천하에 큰일을 시행해야 하며, 집에서 밥을 먹지 않는다
면 길하다는 뜻이다. 이것은 큰 말을 통해 작은 녹봉을 받지 않는다는
뜻으로, "영달하여 천하에 시행할 수 있은 뒤에야 행하는 자이다."[6]에
해당한다.

集說 呂氏曰: 大言, 所言者大也; 小言, 所言者小也. 利及天下, 澤
及萬世, 大利也. 進一介之善, 治一官之事, 小利也. 諫行言聽, 利斯
從之矣. 先儒謂利爲祿賞, 人臣事君, 各效其忠而已, 言入而遂望其
祿賞, 乃小人之道, 非所以事君也. 所謂不以小言受大祿, 不以大言
受小祿者, 此君之所以報臣, 非臣之所以望君也. 受之有義, 亦稱其
大小而已. 小言而大祿, 則報踰其分, 大言而小祿, 則君不我知, 亦不
可受也.

여씨가 말하길, '대언(大言)'은 말한 내용이 크다는 뜻이며, '소언(小言)'
은 말한 내용이 작다는 뜻이다. 이로움이 천하에 미치고 은택이 만세에
미치는 것은 큰 이로움이다. 하나의 선만을 진작시키고 한 관부의 일만을
다스리는 것은 작은 이로움이다. 간언하고 실천하며 말하고 듣게 되면
이로움이 따르게 된다. 선대 학자들은 이로움은 녹봉과 상이 되는데, 신
하가 군주를 섬길 때에는 각각 자신의 충심을 드러낼 따름이며, 말이 받
아들여져서 녹봉과 상을 바라는 것은 소인의 도이니, 군주를 섬기는 방법

---

5) 『역』「대축괘(大畜卦)」 : 大畜, 利貞, 不家食吉, <u>利涉大川</u>.
6) 『맹자』「진심상(盡心上)」 : 孟子曰, "有事君人者, 事是君則爲容悅者也, 有安社
稷臣者, 以安社稷爲悅者也, 有天民者, <u>達可行於天下而後行之者也</u>, 有大人
者, 正己而物正者也."

이 아니라고 했다. 작은 말로 큰 녹봉을 받지 않게 하고 큰 말로 작은 녹봉을 받지 않게 한다는 것은 군주가 신하에게 보답하는 것이지 신하가 군주에게 바라는 것이 아니다. 의로움에 따라 받게 할 때에도 크고 작음에 마땅하게 한다. 작은 말을 했는데도 큰 녹봉을 받는다면 보답이 분수에 넘치는 것이고, 큰 말을 했는데도 작은 녹봉을 받는다면 군주가 자신을 알아보지 못한 것이니 또한 받을 수 없다.

集說 石梁王氏曰: 此非孔子之言.

석량왕씨가 말하길, 이것은 공자의 말이 아니다.

附註 大言望大利, 言之大者, 利澤之及人者遠, 小者及人者小. 呂氏說自好.

'대언망대리(大言望大利)'라 했는데, 말 중에 큰 것은 이롭고 윤택하게 하여 사람에게 미치는 것이 원대하고, 작은 것은 사람에게 미치는 것이 작다는 뜻이다. 여씨의 주장이 그 자체로 좋다.

【023】

子曰: "事君不下達, 不尙辭, 非其人弗自. 小雅曰: '靖共爾位, 正直
是與; 神之聽之, 式穀以女.'"〈表記-032〉

공자가 말하길, "군주를 섬길 때에는 더럽고 누추하게 하지 않고, 말재주를
숭상하지 않으며, 그만한 인물이 아니라면 나아가지 않는다. 「소아」에서는
'너의 지위를 안정되며 공손하게 하고, 정직함으로 함께 한다면, 신명이
그것을 듣고서, 복과 녹봉을 너에게 내려주리라.'"라고 했다.

集說 下達, 謂趨乎汙下, 如曰吾君不能, 如曰長君之惡, 逢君之惡,
皆是也. 伊尹使君爲堯·舜之君, 孟子非堯·舜之道不陳, 則謂之上
達也. 尙辭, 利口捷給也. 自, 所由以進者也. 小雅, 小明之篇, 言人
臣能安靖恭敬其職位, 惟正直之道是與, 則神明聽之, 將用福祿與汝
矣. 以, 與也.

'하달(下達)'은 더럽고 낮은 것을 추구한다는 뜻이니, 마치 "나의 군주는
불가능하다."[1]라고 말하거나 "군주의 악행을 조장하고, 군주의 악행을 미
리 맞아준다."[2]라고 말하는 것들이 모두 여기에 해당한다. 이윤은 군주
를 요순과 같은 군주로 만들었고, 맹자는 요순의 도가 아니면 진술하지
않았으니, 상달(上達)이라 할 수 있다. '상사(尙辭)'는 말을 잘하며 재빨
리 대답한다는 뜻이다. '자(自)'자는 말미암아서 나아가는 것을 뜻한다.
'소아(小雅)'는 『시』「소아(小雅)·소명(小明)」편으로,[3] 신하가 자신의
직무와 지위를 안정되고 공경할 수 있으며, 오직 정직의 도로 함께 한다
면, 신명이 그것을 듣고서 복과 녹봉을 너에게 내려줄 것이라는 뜻이다.

---

1) 『맹자』「이루상(離婁上)」: 故曰, 責難於君謂之恭, 陳善閉邪謂之敬, <u>吾君不能</u>
謂之賊.
2) 『맹자』「고자하(告子下)」: <u>長君之惡</u>其罪小, <u>逢君之惡</u>其罪大. 今之大夫皆逢
君之惡, 故曰, 今之大夫, 今之諸侯之罪人也.
3) 『시』「소아(小雅)·소명(小明)」: 嗟爾君子, 無恒安處. <u>靖共爾位, 正直是與, 神
之聽之, 式穀以女</u>.

'이(以)'자는 "주다."는 뜻이다.

【024】
子曰: "事君, 遠而諫, 則諂[諂也. 近而不諫, 則尸利也."〈表記-033〉[4]

공자가 말하길, "군주를 섬김에, 관계가 먼데도 간언을 하는 것은 아첨하는
['諂'자의 음은 '諂(첨)'이다.] 것이다. 관계가 가까운데도 간언을 하지 않는다면
하는 일도 없이 사욕을 채우는 것이다."라고 했다.

集說 呂氏曰: 陵節犯分, 以求自達, 故曰諂. 懷祿固寵, 主於爲利,
故曰尸利也.

여씨가 말하길, 절차를 뛰어넘고 분수를 어겨서 자신의 영달을 구하기
때문에 "아첨한다."라고 말했다. 녹봉을 탐하는 마음을 품고 총애를 고수
하며 이익 추구하는 것을 위주로 하기 때문에 "이로움을 위주로 한다."라
고 말했다.

集說 石梁王氏曰: 遠而諫則諂, 非孔子之言.

석량왕씨가 말하길, "멀리 떨어져 있는데도 간언을 한다면 아첨하는 것이
다."라는 말은 공자의 말이 아니다.

【025】
子曰: "事君, 欲諫不欲陳. 詩云: '心乎愛矣, 瑕不謂矣. 中心藏之, 何
日忘之.'"〈表記-034〉[本在"大臣慮四方"下.]

공자가 말하길, "군주를 섬김에, 간언은 올리고자 해야 하지만 그 잘못을
남에게 말하고자 해서는 안 된다. 『시』에서는 '마음에 군주를 사모하는 마

---

4) 『예기』「표기(表記)」033장 : 子曰: "事君, 遠而諫, 則諂也. 近而不諫, 則尸利
也." 子曰: "邇臣守和, 宰正百官, 大臣慮四方."

음이 있으니, 어찌 말하지 못하겠는가. 마음에 보존하고 있으니, 어느 날엔들 잊겠는가.'"라고 했다. [본래는 "대신은 사방의 일들을 근심한다."[5]라고 한 문장 뒤에 수록되어 있었다.]

集說 諫者, 止君之失; 陳者, 揚君之失也. 詩, 小雅·隰桑之篇. 瑕, 詩作遐. 本謂我心愛慕此賢者, 思相與語, 以其相去遐遠, 故不得共語. 然欲發之言, 藏於我心, 何日而忘之乎? 此記者借以爲喩, 言我有愛君之心, 欲諫其過, 胡不言乎? 縱未得進諫, 亦藏於心而不忘, 但不以語他人耳.

간언은 군주의 잘못을 그치게 하는 것이고, 진술은 군주의 잘못을 드러내는 것이다. 이 시는 『시』「소아(小雅)·습상(隰桑)」편이다.[6] '하(瑕)'자를 『시』에서는 하(遐)자로 기록했다. 본래의 뜻은 "내 마음이 이러한 현자를 사모하고 있어서 서로 말을 하고자 생각하는데, 서로의 거리가 너무 멀리 떨어져 있기 때문에 함께 말을 할 수 없다. 그러나 말을 하고자 하는 것이 내 마음에 보존되어 있는데 어느 날엔들 잊겠는가?"라는 의미이다. 이곳 문장은 『예기』를 기록한 자가 이 문장을 차용하여 비유를 든 것이니, "나에게 군주를 사모하는 마음이 있어 그 과실에 대해서 간언을 하고자 하는데 어찌 말하지 못하겠는가? 비록 아직 간언을 올리지 못했지만 또한 마음에 보존되어 있어서 잊지 못하니, 다만 남에게 말을 할 수 없을 따름이다."라는 뜻이다.

附註 事君欲諫不欲陳, 一說當諫君之失, 不當陳己之患, 與引詩之義方叶. 心乎愛矣瑕不謂矣, 瑕, 以何字爲解. 陳註景行解以德行, 瑕以遐遠取義, 恐未然.

'사군욕간불욕진(事君欲諫不欲陳)'에 대해, 일설에서는 군주의 잘못에

---

5) 『예기』「표기(表記)」033장: 子曰: "事君, 遠而諫, 則諂也. 近而不諫, 則尸利也." 子曰: "邇臣守和, 宰正百官, 大臣慮四方."
6) 『시』「소아(小雅)·습상(隰桑)」: 心乎愛矣, 遐不謂矣. 中心藏之, 何日忘之.

대해 간언하는 것은 마땅하지만, 자신의 우환을 진술해서는 부당하다는 뜻이라 하는데, 『시』를 인용한 뜻과 맞아떨어진다. '심호애의하불위의 (心乎愛矣瑕不謂矣)'라 했는데, '하(瑕)'자는 하(何)자의 뜻이다. 진호의 주에서는 경행(景行)을 덕행(德行)으로 풀이하고 하(瑕)자를 너무 멀리 떨어져 있다는 뜻으로 의미를 취했는데, 아마도 그렇지 않을 것이다.

【026】

子曰: "事君, 難進而易退, 則位有序; 易進而難退, 則亂也. 故君子三揖而進, 一辭而退, 以遠[去聲]亂也." 〈表記-035〉

공자가 말하길, "군주를 섬김에, 나아가기를 어렵게 하고 물러나기를 쉽게 한다면, 작위에 질서가 생길 것이다. 그러나 나아가기를 쉽게 하고 물러나기를 어렵게 한다면, 문란하게 된다. 그러므로 군자는 세 차례 읍을 하고 나아가며, 한 차례 사양을 하고 물러나서, 이를 통해 문란함을 멀리한다.['遠'자는 거성으로 읽는다.]"라고 했다.

集說 呂氏曰: 所謂有序者, 小德役大德, 小賢役大賢之謂也. 所謂亂者, 賢不肖倒置之謂也. 君信我可以爲師, 非學焉而後臣之, 則不進也; 信我可以執國政, 雖待以季孟之間, 亦不進也. 膰肉不至而卽行, 靈公問陳而卽行, 君子之道, 正君而已. 枉己者, 未有能直人者也. 人之相見, 三揖至于階, 三讓以賓升; 而其退也, 一辭而出, 主人拜送, 賓去不顧. 若主人之敬未至而强進, 主人之意已懈而不辭, 則賓主之分亂矣. 可仕可已, 可見可辭, 進退之義一也.

여씨가 말하길, 이른바 "질서가 있다."는 말은 "작은 덕을 갖춘 자는 큰 덕을 갖춘 자에게 부림을 받고, 작은 현명함을 갖춘 자는 큰 현명함을 갖춘 자에게 부림을 받는다."[1]는 뜻이다. 이른바 "문란하다."는 말은 현명한 자와 불초한 자가 뒤바뀌었다는 뜻이다. 군주가 나를 믿어서 스승으로 삼을 수 있지만 배운 이후에 신하로 삼은 경우가 아니라면 나아가지 않고,[2] 나를 믿어서 국정을 맡길 수 있는데 비록 계씨나 맹씨 중간 정도로 대우를 하더라도 나아가지 않는다.[3] 제사를 지낸 고기가 오지 않아서

---

1) 『맹자』「이루상(離婁上)」: 孟子曰, 天下有道, <u>小德役大德, 小賢役大賢</u>, 天下無道, 小役大, 弱役强. 斯二者, 天也. 順天者存, 逆天者亡.

2) 『맹자』「공손추하(公孫丑下)」: 故湯之於伊尹, <u>學焉而後臣之</u>, 故不勞而王, 桓公之於管仲, 學焉而後臣之, 故不勞而霸.

3) 『논어』「미자(微子)」: 齊景公待孔子曰, "若季氏, 則吾不能, <u>以季孟之間待之</u>."

곧바로 떠났고,4) 영공이 진법에 대해 묻자 곧바로 떠났으니,5) 군자의 도는 군주를 바르게 하는 것일 뿐이다. 자신을 굽히는 자 중에 남을 바르게 펼 수 있는 자는 없었다. 사람이 서로 만나볼 때에는 세 차례 읍을 하여 계단에 이르고, 세 차례 사양을 하여 빈객이 계단에 오르게 하지만, 물러갈 때에는 한 차례 사양을 하고 나오며, 주인은 절을 하며 전송하고, 빈객이 떠날 때 뒤를 돌아보지 않는다. 만약 주인의 공경함이 지극하지 못하여 억지로 나아가게 하고, 주인의 뜻이 이미 나태해져 사양을 하지 않는다면, 빈객과 주인의 구분이 문란하게 된다. 벼슬을 할 만하고 그만둘 만하며, 만나볼 만하고 사양할 만함에 있어서, 나아가고 물러나는 뜻은 동일하다.

【027】

子曰: "事君, 三違而不出竟[上聲], 則利祿也. 人雖曰不要[平聲], 吾弗信也."〈表記-036〉

공자가 말하길, "군주를 섬김에, 세 차례 지위를 사양하여 떠난다고 했음에도 국경을['竟'자는 상성으로 읽는다.] 벗어나지 않는다면 녹봉을 탐하는 것이다. 그러한 사람이 비록 '나는 녹봉을 바란['要'자는 평성으로 읽는다.] 것이 아니다.'라고 말한다 하더라도 나는 믿지 않을 것이다."라고 했다.

集說 違, 猶去也. 不出竟, 實無去志也. 謂非要利, 可乎?

'위(違)'자는 "떠나다."는 뜻이다. 국경을 벗어나지 않는 것은 실제로는 떠나려는 뜻이 없는 것이다. 이로움을 원하는 것이 아니라고 말하는 것이

　　曰, "吾老矣, 不能用也." 孔子行.

4) 『맹자』「고자하(告子下)」: 孔子爲魯司寇, 不用, 從而祭, 燔肉不至, 不稅冕而行. 不知者以爲爲肉也, 其知者以爲爲無禮也. 乃孔子則欲以微罪行, 不欲爲苟去. 君子之所爲, 衆人固不識也.

5) 『논어』「위령공(衛靈公)」: 衛靈公問陳於孔子. 孔子對曰, "俎豆之事, 則嘗聞之矣, 軍旅之事, 未之學也." 明日遂行, 在陳絶糧, 從者病, 莫能興.

가능하겠는가?

集說 呂氏曰: 孔子去魯, 遲遲吾行, 以不忍於父母之國也. 孟子去齊, 三宿出晝, 冀齊王之悔悟也. 然卒出竟以去, 君子之義, 可見矣.
여씨가 말하길, 공자가 노나라를 떠남에 "더디구나, 나의 걸음이여."라고 했던 것은 부모의 나라를 차마 떠날 수 없는 마음이 있었기 때문이다.[6] 맹자가 제나라를 떠날 때에는 3일을 묵은 뒤 주 땅을 벗어난 것은 제왕이 잘못을 뉘우치고 깨닫기를 기대했기 때문이다.[7] 그러나 끝내 국경을 벗어나 떠나갔으니, 군자의 뜻을 확인할 수 있다.

【028】
子曰: "事君, 愼始而敬終."〈表記-037〉[8]
공자가 말하길, "군주를 섬김에, 시작을 신중히 하고 끝을 공경스럽게 해야 한다."라고 했다.

【029】
子曰: "事君, 可貴可賤, 可富可貧, 可生可殺, 而不可使爲亂."〈表記-037〉[9]

---

6) 『맹자』 「만장하(萬章下)」: 孔子之去齊, 接淅而行, <u>去魯, 曰, '遲遲吾行也'</u>, 去父<u>母國之道也</u>. 可以速則速, 可以久則久, 可以處則處, 可以仕則仕, 孔子也. / 『맹자』 「진심하(盡心下)」: 孟子曰, "<u>孔子之去魯, 曰, '遲遲吾行也, 去父母國之道也.'</u> 去齊, 接淅而行——去他國之道也."

7) 『맹자』 「공손추하(公孫丑下)」: 孟子去齊. 尹士語人曰, "不識王之不可以爲湯武, 則是不明也, 識其不可, 然且至, 則是干澤也. 千里而見王, 不遇故去, <u>三宿而後出晝</u>, 是何濡滯也? 士則玆不悅."

8) 『예기』 「표기(表記)」 037장: <u>子曰: "事君, 愼始而敬終."</u> 子曰: "事君, 可貴可賤, 可富可貧, 可生可殺, 而不可使爲亂."

공자가 말하길, "군주를 섬김에, 귀하게 여길 수도 있고 천하게 여길 수도 있으며, 부유하게 할 수도 있고 가난하게 할 수도 있으며, 살릴 수도 있고 죽일 수도 있으니, 그것들을 문란하게 만들어서는 안 된다."라고 했다.

集說 馬氏曰: 在物者有命, 故可貴可賤可生可殺; 在己者有義, 故 不可使爲亂也.

마씨가 말하길, 사물에 있어서는 명(命)이 있기 때문에, 귀하게 여길 수도 있고 천하게 여길 수도 있으며, 살릴 수도 있고 죽일 수도 있다. 자신에게 있어서는 의(義)가 있기 때문에 문란하게 만들어서는 안 된다.

【030】

子曰: "事君, 軍旅不辟[避]難[去聲], 朝廷不辭賤. 處其位而不履其事, 則亂也. 故君使其臣, 得志則愼慮而從之, 否則孰慮而從之, 終事而 退, 臣之厚也. 易曰: '不事王侯, 高尙其事.'"〈表記-038〉

공자가 말하길, "군주를 섬김에, 군대에서는 어려운['難'자는 거성으로 읽는다.] 일을 피하지['辟'자의 음은 '避(피)'이다.] 않고, 조정에서는 천한 일을 마다하지 않는다. 그 지위에 올라서 해당 업무를 처리하지 않는다면 문란하게 된다. 그렇기 때문에 군주가 신하를 부림에 있어서, 신하가 군주의 뜻을 얻게 된다면 신중히 생각해서 따르고, 그렇지 않다면 깊게 생각해서 따르며, 일을 마치면 물러나니, 이러한 자는 신하 중에서도 충심이 두터운 자이다. 『역』에서는 '천자와 제후를 섬기지 않고 그 일을 고상하게 여긴다.'"라고 했다.

集說 呂氏曰: 亂者, 如絲之不治而無緖也. 臣受君命, 雖有所合, 不 敢以得志而自滿, 故愼慮而從之, 乃臨事而懼, 好謀而成者也. 有所

9) 『예기』「표기(表記)」037장: 子曰: "事君, 愼始而敬終." 子曰: "事君, 可貴可賤, 可富可貧, 可生可殺, 而不可使爲亂."

不合, 又非所宜辭, 亦不敢怨於不得志. 故孰慮而從之, 卒事則致爲
臣而去, 故可以自免而不累于上, 故曰臣之厚也. 易, 蠱之上九, 事之
終, 且無位也. 有似乎仕焉而已者, 故曰不事王侯, 乃可以高尙其事,
而不見役于人也.

여씨가 말하길, '난(亂)'은 실을 다듬지 않아서 실마리가 없는 것과 같다.
신하가 군주의 명을 받았을 때, 비록 부합하는 점이 있더라도, 감히 뜻을
얻었다고 하여 자만해서는 안 된다. 그렇기 때문에 신중히 생각하여 따르
고 그 일에 임해서 조심한다면, 계획하기를 잘하여 완성시키는 자에 해당
한다. 만약 부합되지 않는 점이 있고 또 마땅히 사양할 것은 아니라면,
뜻을 얻지 못한 것에 대해서도 감히 원망해서는 안 된다. 그러므로 무르
익게 생각하여 따르고, 일을 끝내면 신하로서의 지위를 돌려주고 떠난다.
그러므로 스스로 벗어나며 윗사람을 얽어매지 않을 수 있다. 그래서 "신
하 중에서도 충심이 두터운 자이다."라고 했다. 『역』은 『역』「고괘(蠱卦)」
의 상구로,10) 일의 끝이며 또한 지위도 없다. 이것은 벼슬을 하고 그만두
는 경우와 비슷하다. 그렇기 때문에 "천자와 제후를 섬기지 않는다면,
그 일을 고상하게 여겨서 남에게 부림을 당하지 않는다."라고 한 것이다.

【031】
子曰: "君子不以辭盡人, 故天下有道, 則行[去聲]有枝葉; 天下無道,
則辭有枝葉." 〈表記-040〉 [本在"我以爲君"下.]

공자가 말하길, "군자는 말을 통해 그 사람의 진면목을 모두 가늠하지 않는
다. 그렇기 때문에 천하에 도가 있다면 행동이['行'자는 거성으로 읽는다.] 두루
나타나게 되고, 천하에 도가 없다면 말만 그럴싸하게 한다."라고 했다. [본래
는 "나는 군주라 여기는구나11)라고 한 문장 뒤에 수록되어 있었다.]

---

10) 『역』「고괘(蠱卦)」: 上九, 不事王侯, 高尙其事.
11) 『예기』「표기(表記)」 039장: 子曰: "唯天子受命于天, 士受命于君. 故君命順,
    則臣有順命; 君命逆, 則臣有逆命. 詩曰: '鵲之姜姜, 鶉之賁賁. 人之無良, 我以

集說 不以辭盡人, 謂不可以言辭而盡見其人之實, 蓋有言者不必有德也. 行有枝葉, 根本盛而條達者也. 辭有枝葉, 則蕪辭蔓說而已. 此皆世教盛衰所致, 故以有道無道言之.

"말로 사람을 다하지 않는다."는 말은 말로 그 사람의 실질을 모두 볼 수 없다는 뜻이니, 좋은 말을 하더라도 반드시 그에 해당하는 덕을 갖춘 것은 아니기 때문이다. 행동에 지엽이 있다는 말은 근본이 융성하여 조리가 두루 통한 것을 뜻한다. 말에 지엽이 있다면, 조리가 없는 잡된 소리일 따름이다. 이것은 모두 세상의 교화가 융성하거나 쇠퇴하여 나타난 것들이다. 그렇기 때문에 도가 있거나 없는 것으로 말을 했다.

【032】

"是故君子於有喪者之側, 不能賻焉, 則不問其所費; 於有病者之側, 不能饋焉, 則不問其所欲; 有客不能館, 則不問其所舍. 故君子之接如水, 小人之接如醴; 君子淡以成, 小人甘以壞. 小雅曰: '盜言孔甘, 亂是用餤.'"〈表記-041〉

공자가 계속하여 말하길, "이러한 까닭으로 군자는 상을 당한 자 옆에 있을 때 부의를 할 수 없는 상황이라면 필요한 것들을 묻지 않고, 병이 걸린 자 옆에 있을 때 음식을 보내줄 수 없는 상황이라면 원하는 것들을 묻지 않으며, 빈객이 있는데 숙소를 제공해줄 수 없는 상황이라면 머물 곳을 묻지 않는다. 그래서 군자의 사귐은 물과 같고, 소인의 사귐은 단술과 같으니, 군자는 담백함으로 사귐을 이루고, 소인은 달콤함으로 사귐을 무너트린다. 「소아」에서는 '감언이설은 매우 달콤하지만, 문란함은 이를 통해 진작된다.'"라고 했다.

集說 三者不能則不問, 不可以虛言待人也. 接, 交也. 小雅, 巧言之篇. 盜言, 小人讒賊之言也. 餤, 進也.

　爲君.'"

세 가지를 할 수 없다면 묻지 않으니, 헛된 말로 남을 대할 수 없기 때문이다. '접(接)'자는 "교제하다."는 뜻이다. 「소아」는 『시』「소아(小雅) ·교언(巧言)」편이다.[12] '도언(盜言)'은 소인이 비방하며 헐뜯는 말이다. '담(餤)'자는 "나아가다."는 뜻이다.

【033】
子曰: "君子不以口譽[平聲]人, 則民作忠. 故君子問人之寒則衣[去聲]之, 問人之飢則食[嗣]之, 稱人之善則爵之. 國風曰: '心之憂矣, 於我歸說[稅].'"〈表記-042〉

공자가 말하길, "군자가 말로만 남의 선함을 지나치게 칭찬하지['譽'자는 평성으로 읽는다.] 않는다면, 백성들은 충심을 일으키게 된다. 그렇기 때문에 군자는 남에 대해 춥냐고 묻게 되면 그에게 옷을 입히고['衣'자는 거성으로 읽는다.] 남에게 배고프냐고 묻게 되면 그에게 음식을 먹이며['食'자의 음은 '嗣(사)'이다.] 남의 미덕을 칭송하게 되면 그에게 작위를 내린다. 「국풍」에서는 '마음의 근심이여, 나에게 돌아와서 머물며 쉬어라.['說'자의 음은 '稅(세)'이다.]'라고 했다.

集說 譽者, 揚人之善而過其實者也. 國風, 曹風·蜉蝣之篇. 詩人憂昭公之無所依, 故曰其於我而歸稅乎. 說, 讀爲稅. 舍, 息也.

'예(譽)'는 남의 선한 점을 드러내며 실제보다 지나치게 하는 것이다. 「국풍」은 『시』「조풍(曹風) · 부유(蜉蝣)」편이다.[13] 이 시를 지은 자는 소공에게 의지할 자가 없음을 근심하였다. 그렇기 때문에 "나에게 돌아와서 쉬어라."라고 했던 것이다. '설(說)'자는 세(稅)자로 풀이하니, 놓아두고 쉰다는 뜻이다.

---

12) 『시』「소아(小雅) · 교언(巧言)」: 君子屢盟, 亂是用長. 君子信盜, 亂是用暴. 盜言孔甘, 亂是用餤. 匪其止共, 維王之邛.
13) 『시』「조풍(曹風) · 부유(蜉蝣)」: 蜉蝣掘閱, 麻衣如雪. 心之憂矣, 於我歸說.

【034】

子曰: "口惠而實不至, 怨菑[災]及其身. 是故君子與其有諾責也, 寧有己怨. 國風曰: '言笑晏晏, 信誓旦旦, 不思其反. 反是不思, 亦已焉哉.'"〈表記-043〉

공자가 말하길, "입으로만 은혜를 베풀고 실제의 시행이 말한 것에 미치지 못한다면, 원망과 재앙이['菑'자의 음은 '災(재)'이다.] 자신에게 미치게 된다. 이러한 까닭으로 군자는 함부로 약속을 하여 지키지 못한 책임을 받게 되느니, 차라리 처음부터 함부로 약속을 하지 않아 받게 되는 원망을 감내한다. 「국풍」에서는 '말과 웃음이 온화하고 부드러우며, 신의와 맹세가 밝고도 밝으니, 뒤바꾸리라고는 생각치도 못했다. 뒤바꾸리라 생각치도 못했으니 또한 어찌할 수 없구나.'라고 했다.

集說 國風, 衛風 · 氓之篇. 晏晏, 和柔也. 旦旦, 明也. 始焉不思其反覆, 今之反覆, 是始者不思之過也. 今則無如之何矣, 故曰亦已焉哉.

「국풍」은 『시』「위풍(衛風) · 맹(氓)」편이다.[14] '안안(晏晏)'은 온화하고 부드럽다는 뜻이다. '단단(旦旦)'은 밝다는 뜻이다. 처음에는 뒤바꿀 것을 생각하지 못했는데 현재 뒤바꾸었으니, 이것은 처음에 생각하지 못했던 잘못이다. 따라서 현재는 어찌할 수 없기 때문에 "또한 어찌할 수 없다."라고 했다.

集說 呂氏曰: 有求而不許, 始雖咈人之意, 而終不害乎信, 故其怨小. 諾人而不踐, 始雖不咈人意, 而終害乎信, 故其責大.

여씨가 말하길, 요구가 있더라도 함부로 허락을 하지 않는 것은 처음에는 비록 그 사람의 뜻에 거스르는 점이 있더라도 끝내 신의에 해를 끼치지 않는다. 그렇기 때문에 원망함이 작다. 남에게 약속을 하고도 실천하지

---

14) 『시』「위풍(衛風) · 맹(氓)」: 及爾偕老, 老使我怨. 淇則有岸, 隰則有泮. 總角之宴, <u>言笑晏晏, 信誓旦旦, 不思其反. 反是不思, 亦已焉哉.</u>

않는다면 처음에는 비록 남의 뜻을 거스르지 않더라도 끝내 신의에 해를 끼친다. 그렇기 때문에 책임을 묻는 것이 크다.

【035】

子曰: "君子不以色親人. 情疏而貌親, 在小人則穿窬之盜也與." 〈表記
-044〉 15)

공자가 말하길, "군자는 표정만 좋게 지어서 남과 친하게 지내는 것을 하지 않는다. 정감이 소원한데도 모양만 친하게 짓는 것은 소인에게 있어서는 벽을 뚫고 담을 넘는 도적이 될 것이다."라고 했다.

集說 呂氏曰: 穿窬之盜, 欺人之不見, 以爲不義而已. 色親人者, 巧言令色足恭, 無誠心以將之. 情疏貌親, 主於爲利, 亦欺人之不見也. 孔子曰"色厲而內荏, 譬諸小人, 其猶穿窬之盜也", 與孟子曰"士未可以言而言, 是以言餂之也", 是皆穿窬之類也. 二者亦欺人之不見, 以爲不義, 故所以爲穿窬也.

여씨가 말하길, 벽을 뚫거나 담을 넘는 도적은 남이 보지 못하는 곳을 속이니, 이것을 의롭지 못하다고 여긴 것일 뿐이다. 표정을 좋게 지어 남과 친하게 지내는 자는 말을 교묘히 하고 표정을 좋게 지으며 지나치게 공손하여,16) 진실된 마음에서 이끌어낸 것이 없다. 정감이 소원한데 모양만 친하게 꾸민다는 것은 이로움을 위주로 하니, 또한 남이 보지 못하는 곳을 속이는 것이다. 공자는 "표정을 근엄하게 지으면서도 내적으로 유약한 것은 소인에게 비유하자면 벽을 뚫거나 담을 넘는 도적과 같다."17)라

---

15) 『예기』「표기(表記)」 044장 : 子曰: "君子不以色親人. 情疏而貌親, 在小人則穿窬之盜也與." 子曰: "情欲信, 辭欲巧."

16) 『논어』「공야장(公冶長)」 : 子曰, "巧言令色足恭, 左丘明恥之, 丘亦恥之. 匿怨而友其人, 左丘明恥之, 丘亦恥之."

17) 『논어』「양화(陽貨)」 : 子曰, "色厲而內荏, 譬諸小人, 其猶穿窬之盜也與."

했고, 맹자는 "사가 아직 말을 해서는 안 되는데도 말을 하는 것은 말로
꾀어내는 것이다."[18]라 했는데, 이 모두는 벽을 뚫거나 담을 넘는 부류에
해당한다. 두 가지는 또한 남이 보지 못하는 곳을 속이니, 의롭지 못하다
고 여긴 것이다. 그렇기 때문에 벽을 뚫고 담을 넘는 것이 된다.

【036】

子曰: "情欲信, 辭欲巧." 〈表記-044〉[19] [以上表記. 此節首段, 本在"孰能如此
乎"下.]

공자가 말하길, "정감은 신의롭게 하고자 하고, 말은 도리를 살피고자 해야
한다."라고 했다. [여기까지는 「표기」편의 문장이다. 이 절의 첫 단락은 본래 "그 누가
이처럼 할 수 있겠는가?"[20]라고 한 문장 뒤에 수록되어 있었다.]

集說 情欲信, 卽大學意誠之謂也. 巧, 當作考, 卽曲禮則古昔稱先
王之謂也. 否則爲無稽之言矣.

정감은 신의롭게 하고자 한다는 말은 『대학』에서 "뜻이 성실해진다."[21]
라고 한 말에 해당한다. '교(巧)'자는 마땅히 '고(考)'자가 되어야 하니,
『예기』「곡례(曲禮)」편에서 "옛날의 교훈을 법도로 삼아서 하고, 선왕의
도리에 빗대어야 한다."라고 한 말에 해당한다. 그렇지 않다면 도리를

---

18) 『맹자』「진심하(盡心下)」: 士未可以言而言, 是以言餂之也, 可以言而不言, 是
以不言餂之也. 是皆穿踰之類也.
19) 『예기』「표기(表記)」 044장: 子曰: "君子不以色親人. 情疏而貌親, 在小人則穿
窬之盜也與." 子曰: "情欲信, 辭欲巧."
20) 『예기』「표기(表記)」 029장: 子言之曰: "後世雖有作者, 虞帝弗可及也已矣. 君
天下, 生無私, 死不厚其子. 子民如父母, 有憯怛之愛, 有忠利之敎. 親而尊, 安
而敬, 威而愛, 富而有禮, 惠而能散. 其君子尊仁畏義, 恥費輕實, 忠而不犯, 義
而順, 文而靜, 寬而有辨. 甫刑曰: '德威惟威, 德明惟明.' 非虞帝其孰能如此
乎?"
21) 『대학』「경(經) 1장」: 物格而后知至, 知至而后意誠, 意誠而后心正, 心正而后
身修, 身修而后家齊, 家齊而后國治, 國治而后天下平.

살펴봄도 없는 말이 된다.

集說 石梁王氏曰: 辭欲巧, 決非孔子之言. 巧言令色鮮矣仁.

석량왕씨가 말하길, '사욕교(辭欲巧)'라는 말은 결코 공자의 말이 아니다. 말을 교묘히 꾸미고 표정을 좋게 짓는 자 중에는 인한 자가 드물다고 했다.[22]

附註 巧, 謂善也. 大戴曰: "孝子之事親, 能巧變." 傳曰: "顏斶巧於居貧." 此章之義, 言人之心事, 欲其忠信, 而言辭則貴在茂美, 與巧言之巧, 自不同, 亦不必讀作考字.

'교(巧)'자는 잘한다는 뜻이다. 『대대례기』에서는 "자식이 부모를 섬김에 상황에 따라 잘 변화한다."라 했고, 전하는 말에서는 "안촉은 가난한 생활에서도 매우 지혜롭게 대처했다."라 했다. 이 장의 뜻은 사람의 심사는 충신을 하고자 하고 언사는 귀함이 아름답고 좋음에 있다는 뜻으로, '교언(巧言)'이라고 할 때의 교(巧)와는 그 자체로 다르며, 또한 고(考)자로 고쳐서 읽을 필요가 없다.

---

22) 『논어』「학이(學而)」 : 子曰, "巧言令色, 鮮矣仁!"

【037】

子曰: "唯君子能好[去聲]其正[如字], 小人毒其正[如字]. 故君子之朋友有
鄉[去聲], 其惡[烏路反]有方. 是故邇者不惑, 而遠者不疑也. 詩云: '君子
好[如字]仇.'"〈020〉 [本在"其儀一也"下.]

공자가 말하길, "오직 군자라야 정도를['正'자는 글자대로 읽는다.] 좋아할['好'자는
거성으로 읽는다.] 수 있으니, 소인은 정도에['正'자는 글자대로 읽는다.] 해를 끼치
려고 한다. 그러므로 군자는 도를 함께 하는 자를 사귀어, 벗을 사귐에 지
향점이['鄉'자는 거성으로 읽는다.] 있고, 또 그가 싫어함에는['惡'자는 '烏(오)'자와
'路(로)'자의 반절음이다.] 공정한 방향이 있다. 이러한 까닭으로 가까운 자는
의혹을 품지 않고, 멀리 떨어져 있는 자도 의심하지 않는다. 『시』에서는
'군자의 좋은['好'자는 글자대로 읽는다.] 짝이로다.'"라고 했다. [본래는 "그 위엄스
러운 거동이 한결같구나."[1]라고 한 문장 뒤에 수록되어 있었다.]

集說 舊讀正爲匹, 今從呂氏說讀如字. 蓋君子與君子以同道爲朋,
小人與小人以同利爲朋. 君子固好其同道之朋矣, 小人亦未嘗不好
其同利之朋. 不當言毒害其匹也, 小人視君子如仇讎, 常有禍之之
心, 此所謂毒其正也. 君子所好不可以非其人, 故曰朋友有鄉; 所惡
不可以及善人, 故曰其惡有方. 前章言章善癉惡以示民厚, 則民情不
貳, 今好惡旣明, 民情歸一, 故邇者遠者不惑不疑也. 詩, 周南·關雎
之篇, 言君子有良善之仇匹, 引以證同道之朋.

옛 주석에서는 '정(正)'자를 짝이라고 풀이했는데, 지금은 여씨의 주장에
따라 글자대로 풀이한다. 군자는 군자와 도를 함께 하여 벗으로 삼지만,
소인은 소인과 이로움을 함께 하여 벗으로 삼기 때문이다. 군자는 진실로
도를 함께 하는 벗을 좋아하는데, 소인은 또한 이로움을 함께 하는 벗을

---

1) 『예기』「치의」019장 : 子曰: "下之事上也, 身不正, 言不信, 則義不壹, 行無類
也." 子曰: "言有物而行有格也, 是以生則不可奪志, 死則不可奪名. 故君子多
聞, 質而守之; 多志, 質而親之; 精知, 略而行之. 君陳曰: '出入自爾師虞, 庶言
同.' 詩云: '淑人君子, 其儀一也.'"

일찍이 좋아하지 않은 적이 없다. 따라서 "그 짝에게 해를 입힌다."라고 말해서는 안 되니, 소인은 군자를 원수처럼 보아서 항상 그에게 해를 끼치려는 마음을 갖는다. 이것이 바로 "그 바름에 해를 끼친다."는 뜻이다. 군자는 좋아하는 것으로 남을 비판하지 않는다. 그렇기 때문에 "벗을 사귐에 지향점이 있다."라고 했다. 또 싫어하는 것을 선한 사람에게까지 적용하지 않는다. 그렇기 때문에 "그가 싫어하는 것에 방향이 있다."라고 했다. 앞에서는 "선을 드러내고 악을 미워하여 백성들에게 두터이 할 것을 보여준다면, 백성들의 정감은 어긋나지 않는다."라고 했으니, 현재의 상태는 좋아하고 싫어함이 이미 밝게 드러나서 백성들의 정감이 한결같음으로 귀의한 것이다. 그렇기 때문에 가까이 있는 자와 멀리 떨어져 있는 자가 의혹을 품거나 의심하지 않는다. 『시』는 『시』「주남(周南)·관저(關雎)」편으로,[2] 군자에게는 선량한 짝이 있다는 뜻이니, 이 시를 인용하여 도를 함께 하는 벗을 증명하였다.

附註 朋友有鄕, 如字讀.
'붕우유향(朋友有鄕)'이라고 할 때의 '향(鄕)'자는 글자대로 풀이한다.

---

2) 『시』「주남(周南)·관저(關雎)」: 關關雎鳩, 在河之洲. 窈窕淑女, 君子好逑.

【038】

子曰: "輕絶貧賤而重絶富貴, 則好賢不堅, 而惡惡不著也. 人雖曰不
利, 吾不信也. 詩云: '朋友攸攝, 攝以威儀.'"〈021〉

공자가 말하길, "가난하고 미천한 자와 관계를 끊을 때에는 가볍게 여기지
만 반대로 부유하고 존귀한 자와 관계를 끊을 때 신중히 한다면, 이것은
현명한 자를 좋아하는 마음이 견고하지 않고, 악을 싫어하는 마음이 드러
나지 않은 것이다. 그러한 사람이 비록 이로움 때문이 아니라고 말한다
하더라도 나는 믿지 않을 것이다. 『시』에서는 '벗들이 서로를 검속하는 것
은 위엄스러운 거동으로써 검속하는 것이다.'"라고 했다.

集說 詩, 大雅・既醉之篇. 言朋友所以相檢攝者在威儀, 以喩不在
貧賤富貴也.

『시』는 『시』「대아(大雅)・기취(既醉)」편이다.[1] 즉 벗이 서로를 검속하
는 것은 위엄스러운 거동에 달려 있다는 뜻이니, 이를 통해 가난함과 미
천함 또는 부유함과 존귀함에 있지 않음을 비유하였다.

集說 馬氏曰: 賢者宜富貴, 而富貴者未必皆賢. 惡者宜貧賤, 而貧
賤者未必皆惡. 於其貧賤而輕有以絶之, 則是好賢不堅也. 於其富貴
而重有以絶之, 則是惡惡不著也. 是志在於利而不在於道, 人雖曰不
利者, 吾不信也.

마씨가 말하길, 현명한 자는 마땅히 부유하고 존귀하지만, 부유하고 존귀
한 자들이 모두 현명한 것은 아니다. 악한 자는 마땅히 가난하고 미천하
지만, 가난하고 미천한 자들이 모두 악한 것은 아니다. 가난하고 미천한
자에 대해서 경솔하게 관계를 끊는다면, 이것은 현명한 자를 좋아하는
마음이 견고하지 않은 것이다. 또 부유하고 존귀한 자에 대해서 관계를
끊는 것을 매우 신중하게 한다면, 이것은 악을 싫어함이 드러나지 않은
것이다. 이것은 그 뜻이 이로움에 있고 도에 있지 않기 때문이니, 그 사람

---

1) 『시』「대아(大雅)・기취(既醉)」: 其告維何, 籩豆靜嘉. <u>朋友攸攝, 攝以威儀</u>.

이 비록 나는 이로움 때문에 한 것이 아니라고 말하더라도 나는 믿지 않을 것이다.

【039】

子曰: "私惠不歸德, 君子不自留焉. 詩云: '人之好我, 示我周行[如字].'"〈022〉

공자가 말하길, "사사롭게 은혜를 베풀었는데 그것이 덕에 맞지 않다면, 군자는 그가 베푼 은혜를 마음에 담아두지 않는다. 『시』에서는 '나를 좋아하는 사람이여, 나에게 큰 도리를[行'자는 글자대로 읽는다.] 보여줄지어다.'"라고 했다.

集說 上文言好惡皆當循公道, 故此言人有私惠於我, 而不合於德義之公, 君子決不留之於己也. 詩, 小雅·鹿鳴之篇. 周行, 大道也. 言人之好愛我者, 示我以大道而已, 引以明不留私惠之義.

앞의 문장에서는 좋아함과 싫어함이 모두 공공의 도리에 따라야만 함을 말했다. 그렇기 때문에 이곳에서는 사람들 중 나에게 사적으로 은혜를 베푸는 자가 있는데, 덕과 의리라는 공공의 도리에 부합되지 않는다면, 군자는 결코 자신의 마음에 그에 대한 것을 남겨두지 않는다고 했다. 『시』는 『시』「소아(小雅)·녹명(鹿鳴)」편이다.[2] '주행(周行)'은 큰 도리를 뜻한다. 즉 나를 좋아하고 사랑하는 자는 나에게 큰 도리를 보여줄 따름이라는 뜻이니, 이 시를 인용하여 사적인 은혜를 담아두지 않는다는 뜻을 나타내었다.

類編 右言事君接人之道.

여기까지는 '언사군접인지도(言事君接人之道)'에 대한 내용이다.

---

2) 『시』「소아(小雅)·녹명(鹿鳴)」: 呦呦鹿鳴, 食野之苹. 我有嘉賓, 鼓瑟吹笙. 吹笙鼓簧, 承筐是將. 人之好我, 示我周行.

禮記類編大全卷之二十四

『예기유편대전』 24권

◇ 孝經第二十二 / 「효경」 22편

類編 傳曰: "夫子志在春秋, 行在孝經." 經, 常也, 謂之孝經者, 言
事父母之常道也. 蓋聖人論孝之言, 莫備於此, 古人表章是書, 列配
諸經, 其意豈徒然哉? 然詳其文體, 實與戴記相類, 今輒編入於學禮,
而因以戴記論孝數條附焉.

전하는 말에서는 "공자의 뜻은 『춘추』에 수록되어 있고, 행실은 『효경』
에 수록되어 있다."라 했다. '경(經)'자는 상도를 뜻하니, '효경(孝經)'이
라 부르는 것은 부모를 섬기는 상도를 말하기 때문이다. 성인이 효를 논
한 말 중에서 이보다 자세히 갖춰진 것이 없어서, 옛 사람들은 이 기록을
표장하여 경전에 짝해서 열거하였으니, 그 뜻이 어찌 헛되다 하겠는가?
그런데 그 문체를 상세히 살펴보면 실제로 『예기』와 서로 유사하니, 이
제 이를 엮어서 학례 항목에 편입하고, 그에 따라서 『예기』 중 효를 논한
몇 조목을 덧붙인다.

類編 凡十五章, 附三節七章.
모두 15개 장이며, 3개 절 7장을 덧붙였다.

「효경」편 문장 순서 비교		
『예기집설』	『예기유편대전』	
	구분	문장
		001
		002
		003
	第一章	004
		005
		006
		007
		008

『예기집설』	『예기유편대전』	
	구분	문장
		009
		010
		011
		012
	第二章	013
	第三章	014
		015
		016
		017
	第四章	018
		019
		020
		021
	第五章	022
		023
	第六章	024
		025
	第七章	026
		027
	第八章	028
		029
	第九章	030
	第十章	031
	第十一章	032
	第十二章	033
		034
	第十三章	035
	第十四章	036
	第十五章	037
		038
		039

(표 제목: 「효경」편 문장 순서 비교)

「효경」편 문장 순서 비교		
『예기집설』	『예기유편대전』	
	구분	문장
		040
	曾子言孝	祭義-032前
		內則-072
		祭義-013
	公明儀問孝	祭義-032後
		祭義-033
		祭義-034
		祭義-035
		祭義-036
		祭義-037
	樂正子言孝	祭義-038

【001】
仲尼閒居, 曾子侍坐.[閒音閑.]
공자가 한가롭게 머물 때 증자가 모시고 앉아 있었다. [‘閒’자의 음은 ‘閑(한)’이다.]

大義 仲尼, 孔子字, 名丘. 曾子, 孔子弟子, 名參, 字子輿. 稱子者, 尊之也. 此書曾子門人所記也, 孔子稱字, 曾子稱名, 師弟子之義也. 閒居, 燕居之時也.
‘중니(仲尼)’는 공자의 자이며, 이름은 구(丘)이다. ‘증자(曾子)’는 공자의 제자로 이름은 삼(參)이며, 자는 자여(子輿)이다. ‘자(子)’자를 붙여서 부르는 것은 그를 존숭하기 때문이다. 이 서적은 증자의 문인들이 기록한 것으로, 공자에 대해 자(字)를 지칭하고 증자에 대해 이름을 지칭한 것은 스승과 제자 사이의 도의에 해당한다. ‘한거(閒居)’는 한가롭게 거처할 때를 뜻한다.

附註 今文無"閒"字 · "坐"字.
『금문본』에는 ‘한(閒)’자와 ‘좌(坐)’자가 없다.

【002】
子曰: "參! 先王有至德要道, 以順天下, 民用和睦, 上下無怨, 女知之乎?"
공자가 말하길, "삼아! 선왕은 지극한 덕과 중요한 도를 가지고 계셔서, 이를 통해 천하사람들의 마음에 따르니, 백성들이 이를 통해 화목하게 되었고 상하계층 사이에 원망함이 없었는데, 너는 이것을 알고 있느냐?"라 했다.

大義 仲尼呼曾子之名，而語之以古先聖王之所以治天下，自有極
至之德，切要之道，以順其心，故天下之民以此和協而親睦，上下舉
無所怨，汝其知之否乎? 蓋天下之怨每生於不和，不和之患常起於不
順. 今有一箇道理，能使之和順而無怨，誠學者所當知也. 引而不發，
重其事而未欲遽言之也. 德者，人心所得於天之理，仁·義·禮·智·
信是也. 此五者皆謂之德，而此獨舉其德之至. 道者，事物當然之理
皆是，而其大目，則父子也，君臣也，夫婦也，昆弟也，朋友之交也. 此
五者卽仁義禮智之性，率而行之，以爲天下之達道者也. 皆謂之道，
而此獨舉其道之要. 道也，德也，一理也，見於通行者謂之道，本於自
得者謂之德. 德之至，卽所以爲道之要. 順者，不過因人心天理所固
有，而非有所强拂爲之也.

공자가 증자의 이름을 부르고서 옛 선대 성왕이 천하를 다스렸던 방법을
말해주었는데, 지극한 덕과 절실하고 중요한 도를 가지고 있어서 이를
통해 그 마음에 따랐다. 그렇기 때문에 천하의 백성들이 이를 통해 화합
하게 되었고 친목하게 되었으며, 상하계층이 모두 원망하는 바가 없었는
데, 너는 그것을 알고 있느냐고 한 것이다. 무릇 천하 사람들의 원망은
매번 서로 화합하지 못한 것에서 생겨나고, 화합하지 못하는 우환은 항상
따르지 않는 것에서 일어난다. 지금 하나의 도리가 있어서 그들로 하여금
화합하고 순종하며 원망함이 없도록 할 수 있다면, 진실로 학자들은 마땅
히 알아야 할 바이다. 시위를 당기기만 하고 화살을 쏘지 않은 것[1]은
그 사안을 중대하게 여겨서 곧바로 말해주고자 하지 않았기 때문이다.
'덕(德)'은 사람의 마음이 하늘에서 얻은 이치이니, 인·의·예·지·신
이 여기에 해당한다. 이 다섯 가지를 모두 '덕(德)'이라 부르지만 이곳에
서는 단지 그 덕의 지극한 것을 제시한 것이다. '도(道)'는 사물의 당연한
이치가 모두 여기에 해당하는데, 그 중 큰 항목에 해당하는 것은 부자관

---

1) 『맹자』「진심상(盡心上)」: 孟子曰, "大匠不爲拙工改廢繩墨, 羿不爲拙射變其
　　彀率. 君子引而不發, 躍如也. 中道而立, 能者從之."

계 · 군신관계 · 부부관계 · 형제관계 · 붕우관계에서의 사귐이다. 이 다섯
가지는 곧 인 · 의 · 예 · 지의 성을 따라서 시행하여 천하의 달도(達道)로
삼은 것이다. 이 모두를 '도(道)'라 부르지만 이곳에서는 단지 그 도 중에
서도 중요한 것을 제시한 것이다. 도라는 것과 덕이라는 것은 하나의 이
치인데, 두루 행해진 것을 통해 드러나는 것을 '道,(道,)'라 부르고, 스스
로 얻은 것에 근본한 것을 '덕(德)'이라 부른다. 덕의 지극함이 곧 도 중에
서도 중요한 것이 된다. '순(順)'이라는 것은 사람의 마음 중 천리를 고유
함에 따르는 것에 지나지 않으며, 억지로 거슬러 행하는 것이 아니다.

附註 今文無"參"字.
『금문본』에는 '삼(參)'자가 없다.

[003]
曾子避席曰: "參不敏, 何足以知之?"[辟音避]
증자가 자리를 피하며 말하길, "저는 불민하니, 어찌 그것을 알 수 있겠습
니까?"라 했다. ['辟'자의 음은 '避(피)'이다.]

大義 禮, 師有問, 辟席起對. 曾子見孔子擧其德而曰至德, 擧其道
而曰要道, 其事重大, 故辟席而起, 辭讓而對.
예법에 따르면, 스승이 질문을 하면 제자는 자리를 피하고 일어나서 대답
한다. 증자는 공자가 그 덕을 제시하며 지극한 덕이라 하고, 그 도를 제시
하며 중요한 도라 한 것을 보고, 그 사안이 중대하다는 것을 알았기 때문
에 자리를 피해 일어나서 사양을 하며 대답한 것이다.

【004】

子曰: "夫孝, 德之本也, 敎之所由生也."[夫音扶.]

공자가 말하길, "무릇 효는 덕의 근본이고, 가르침이 말미암아 생겨나오는 바이다."라 했다. ['夫'자의 음은 '扶(부)이다.]

大義 至此方言出一孝字, 卽所謂至德要道也. 仁義禮智雖皆謂之德, 而仁爲本心之全德, 仁主於愛, 愛莫大於愛親, 故孝爲德之至. 父子‧君臣‧夫婦‧兄弟‧朋友之交, 五者雖皆謂之道, 而親生膝下, 行之最先, 故子孝於父, 獨爲道之要. 本, 猶根也. 行仁必自孝始, 君子親親而仁民, 仁民而愛物, 一念之發, 生生不窮, 猶木之有根也. 聖人以五常之道立敎, 本立則道生, 移之以事君則忠矣, 資之以事長則順矣, 施之於閨門則夫婦和矣, 行之於鄕黨則朋友信矣. 充拓得去, 擧天下之大, 無一物而不在吾仁之中, 無一事而不自吾孝中出, 故曰: "敎之所由生."

여기에 이르러서 이제 막 하나의 '효(孝)'자를 말했으니, 곧 이른바 지극한 덕과 중요한 도라고 하는 것에 해당한다. 인‧의‧예‧지를 모두 '덕(德)'이라 부르지만, 인은 본심의 온전한 덕이 되며, 인은 사랑함을 위주로 하고, 사랑함은 부모를 사랑하는 것보다 큰 것이 없다. 그렇기 때문에 효가 덕의 지극함이 된다. 부자관계‧군신관계‧부부관계‧형제관계‧붕우관계에서의 사귐이란 다섯 가지는 비록 모두를 '도(道)'라 부르지만 친애함은 부모의 슬하에 있을 때 생겨나며 행하는 것 중에서도 가장 먼저 하는 것이 된다. 그렇기 때문에 자식이 부모에게 효를 하는 것이 도 중에서도 중요한 것이 된다. '본(本)'은 뿌리를 뜻한다. 인을 행할 때에는 반드시 효로부터 시작되는데, 군자는 친근한 자를 친애하고서 백성들을 인자하게 대하며, 백성들을 인자하게 대하고서 만물을 사랑하니, 하나의 생각이 일어남에 낳고 낳아 다함이 없는 것이 나무에 뿌리가 있는 것과 같다. 성인은 오상의 도로 가르침을 세웠는데, 근본이 확립되면 도가 생겨나며,

이것을 옮겨서 군주를 섬기면 충이 되고, 이것을 바탕으로 삼아 어른을 섬기면 순종함이 되며, 이것을 규문에 시행하면 부부가 조화롭게 되고, 이것을 향당에서 시행하면 붕우가 신의롭게 된다. 이것을 확충하여 넓혀 나가면 온천하의 광대함 속에서 하나의 물건도 내 인함 가운데 있지 않은 것이 없게 되고, 하나의 사안도 내 효에서 나오지 않은 것이 없게 된다. 그렇기 때문에 "가르침이 말미암아서 생겨나오는 바이다."라 했다.

_{附註} 教之所由生, 生下, 古文無"也"字.

'교지소유생(教之所由生)'이라 했는데, '생(生)'자 뒤에 『고문본』에는 '야(也)'자가 없다.

【005】

"復坐, 吾語女. 身體髮膚, 受之父母, 不敢毀傷, 孝之始也. 立身行道, 揚名於後世, 以顯父母, 孝之終也."

계속하여 공자가 말하길, "다시 자리에 앉거라, 내가 너에게 일러주겠다. 신체와 터럭 및 피부 등은 부모에게서 받은 것이니 감히 훼손하거나 다치게 하지 않는 것이 효의 시작이다. 입신하여 도를 시행해서 후세에 이름을 드날려 부모를 드러나는 것이 효의 끝이다."라 했다.

_{大義} 孝之義甚大, 而其爲說甚長, 非立談可盡, 故使復位而坐, 而詳以告之. 孝以守身爲大, 身者, 親之枝也. 舉其大而言之, 則一身四體. 舉其細而言之, 則毛髮肌膚. 此皆受之於父母者, 父母全而生之, 我當全而歸之. 爲人子者愛重其身, 而不敢少有毀傷, 此乃孝之始事也. 至於能立其身, 能行其道, 不惟自揚其名, 而又以顯其父母, 此則孝之終事也.

효의 의미는 매우 커서 그것을 설명할 때에는 말이 매우 길어지므로, 서 있는 상태로 간단히 말하여 모두 설명할 수 있는 것이 아니다. 그렇기

때문에 증자로 하여금 다시 자리로 돌아가서 앉게 하고, 상세하게 일러준 것이다. 효는 몸을 지키는 것을 큼으로 여기니, 몸은 부모에게서 나온 가지에 해당하기 때문이다. 그 중에서도 큰 것을 들어 말하게 되면 한 몸과 사지가 된다. 또 그 중에서도 작은 것을 들어 말하게 되면 터럭과 피부가 된다. 이 모두는 부모에게서 받은 것으로, 부모가 온전하게 낳아 주었으니 나도 마땅히 온전히 유지하여 돌려주어야 한다. 사람의 자식된 자가 자신의 몸을 애지중지하여 감히 조금이라도 훼손하거나 상처를 입히지 않는 것이 바로 효를 시행하는 첫 사안이 된다. 자신의 몸을 굳건히 세울 수 있고 그 도를 시행할 수 있으며, 스스로 자신의 이름만 드날리는 것이 아니라 또한 이를 통해 부모를 드러내는 것에 이르게 되면, 이것은 효를 시행하는 마지막 사안이 된다.

【006】

"夫孝, 始於事親, 中於事君, 終於立身. 大雅云: '無念爾祖, 聿修厥德.'"[語去聲. 夫音扶.]

계속하여 공자가 말하길, "무릇 효는 부모를 섬기는 것에서 시작하고, 군주를 섬기는 것이 중간이 되며 자신을 세우는 것에서 끝이 난다. 「대아」에서는 '너의 조부를 생각하지 않겠는가, 그 덕을 닦아야 한다.'[2]"라 했다. ['語' 자는 거성으로 읽는다. '夫'자의 음은 '扶(부)'이다.]

大義 夫所謂孝者, 始於事親爲孝子, 中於事君爲忠臣, 忠·孝兩盡 則終於立身爲全人矣. 蓋孝者, 五常之本, 百行之源也. 未有孝而不 仁者也, 未有孝而不義者也, 未有孝而無禮·無智·無信者也. 以之 事君則忠, 以之事兄則悌, 以之治民則愛, 以之撫幼則慈, 一孝立而 萬善從之. 始言保身之道, 終言立身之道, 蓋不敢毀傷者, 但是不虧

---

2) 『시』「대아(大雅)·문왕(文王)」: 無念爾祖, 聿修厥德. 永言配命, 自求多福. 殷 之未喪師, 克配上帝. 宜鑒于殷, 駿命不易.

其體而已, 必不虧其行, 而後方可言立身, 故以是終之.

무릇 '효(孝)'라는 것은 부모를 섬기는 데에서 시작하여 효자가 되고, 중간에는 군주를 섬겨서 충신이 되고, 충과 효 둘 모두 다하게 되면 자신을 세워 온전한 사람이 되는 것에서 끝이 난다. 대체로 효라는 것은 오상의 근본이고 모든 행실의 근원이다. 효성스러운데 인하지 못한 자는 없었으며, 효성스러운데 의롭지 못한 자는 없었고, 효성스러운데 예가 없거나 지혜가 없거나 신의가 없는 자는 없었다. 이것으로 군주를 섬기면 충이 되고, 이것을 형을 섬기면 공손함이 되며, 이것으로 백성들을 다스리면 사랑함이 되고, 이거스로 어린아이를 어루만지면 자애로움이 되니, 하나의 효가 성립되면 모든 선이 그에 따르게 된다. 처음에는 몸을 보전하는 도를 언급하고, 끝에서는 입신하는 도를 언급했는데, 감히 훼손하거나 상처를 입히지 않는 것은 단지 그 신체를 훼손하지 않는 것일 뿐이니, 반드시 그 행실을 훼손하지 않은 뒤에야 입신을 했다고 말할 수 있다. 그렇기 때문에 이것으로 끝을 맺은 것이다.

【007】

子曰: "愛親者, 不敢惡於人. 敬親者, 不敢慢於人. 愛敬盡於事親, 而德敎加於百姓, 刑于四海, 蓋天子之孝也. 甫刑云: '一人有慶, 兆民賴之.'"[惡去聲]

공자가 말하길, "부모를 사랑하는 자는 감히 남을 미워하지 않는다. 부모를 공경하는 자는 감히 남에게 태만하게 굴지 않는다. 사랑과 공경을 부모를 섬기는데 다하면 지극한 덕에 따른 가르침이 백성들에게 미치게 되고 천하에 모범이 될 것이니, 이것은 천자의 효이다. 「보형」편에서는 '한 사람에게 경사가 생겼는데, 모든 백성들이 그에 힘입는다.'[3]"라 했다. ['惡'자는 거성으

---

3) 『서』「주서(周書)·여형(呂刑)」: 雖畏勿畏, 雖休勿休, 惟敬五刑, 以成三德. 一人有慶, 兆民賴之, 其寧惟永.

로 읽는다.]

親, 謂父母也. 愛者, 仁之端. 敬者, 禮之端. 惡者, 愛之反. 慢
者, 敬之反. 德敎, 謂至德之敎. 刑, 儀刑也. 孔子旣言孝者, 德之本,
敎之所由生, 於是首言天子之孝. 天子者, 又德敎之所自出也. 爲天
子而愛其親者, 必於人無不愛, 而不敢有所惡於人. 敬其親者, 必於
人無不敬, 而不敢有所慢於人. 我之愛旣盡, 則人亦興於仁, 而知所
愛矣. 我之敬旣盡, 則人亦興於禮, 而知所敬矣. 夫如是, 則四海之
大, 百姓之衆, 皆知有所視傚, 而同歸於孝矣, 此蓋天子之孝當如是
也. 天子者, 天下之表也. 上行之, 則下效之; 君好之, 則民從之. 天
子所以愛敬其親者如此其至, 則下之人所以愛敬其親者, 亦莫敢不
至. 況孩提之童無不知愛其親, 及其長也無不知敬其兄. 愛親敬兄,
本人心天理之固有, 天子亦順其所固有而利導之耳, 安有感之而不
應, 倡之而不和者哉? 所謂先王有至德要道, 民用和睦, 上下無怨者,
如此.

'친(親)'자는 부모를 뜻한다. 사랑은 인의 단서이다. 공경은 예의 단서이
다. 미워한다는 것은 사랑의 반대이다. 태만하다는 것은 공경의 반대이
다. '덕교(德敎)'는 지극한 덕에 따른 가르침이다. '형(刑)'은 모범이 된다
는 뜻이다. 공자는 이미 효가 덕의 근본이고 가르침이 말미암아서 생겨나
오는 바라고 했는데, 여기에서 먼저 천자의 효를 언급하였다. '천자(天
子)' 또한 지극한 덕에 따른 가르침을 나오게 하는 자이다. 천자가 되어서
자신의 부모를 사랑하는 자는 반드시 남에 대해서도 사랑하지 않음이 없
고 감히 남을 미워하지 않는다. 또 자신의 부모를 공경하는 자는 반드시
남에 대해서도 공경하지 않음이 없고 감히 남에게 태만하게 굴지 않는다.
나의 사랑함을 이미 다하게 된다면, 남들 또한 인에서 흥기하고 사랑해야
할 바를 알게 된다. 나의 공경함을 이미 다하게 된다면, 남들 또한 예에서
흥기하고 공경해야 할 바를 알게 된다. 이처럼 된다면 사해와 같은 큰

공간과 그곳에 있는 수많은 백성들도 모두 보고서 본받을 바를 알게 되고 모두 효로 귀의하게 되니, 이것은 천자의 효는 마땅히 이와 같아야 함을 말한 것이다. 천자는 천하의 의표이다. 윗사람이 시행하면 아랫살마이 본받게 되고, 군주가 좋아하면 백성들이 따르게 된다. 천자가 자신의 보모에 대해 사랑하고 공경해야 하는 것을 이와 같이 지극하게 한다면, 그밑의 사람들도 자신의 부모를 사랑하고 공경하는 것을 또한 감히 지극히 하지 않음이 없게 된다. 하물며 어린아이가 자신의 부모를 사랑해야 함을 알지 못하는 경우가 없다면, 그가 작성해서는 자신의 형에 대해서 공경해야 함을 알지 못하는 경우가 없게 됨에 있어서는 어떠하겠는가. 부모를 사랑하고 형을 공경하는 것은 본래 사람의 마음에 있는 천리의 고유함이며, 천자 또한 고유한 것에 따라서 잘 인도한 것일 뿐인데, 어찌 그것을 느끼게 했음에도 호응하지 않고 선창을 했는데도 화답하지 않는 경우가 있겠는가? 이른바 선왕이 지극한 덕과 중요한 도를 가지고 있어서 백성들이 화목하게 되며 상하계층에 원망이 없다는 것도 이와 같은 것이다.

附註 “子曰”二字, 今文無. “孝”下, 古文無“也”字.

'자왈(子曰)'이라는 두 글자는 『금문본』에는 없다. '효(孝)'자 뒤에 『고문본』에는 '야(也)'자가 없다.

【008】

“在上不驕, 高而不危. 制節謹度, 滿而不溢. 高而不危, 所以長守貴也. 滿而不溢, 所以長守富也. 富貴不離其身, 然後能保其社稷, 而和其民人, 蓋諸侯之孝也. 詩云: ‘戰戰兢兢, 如臨深淵, 如履薄氷.’”

[離去聲]

계속하여 공자가 말하길, “윗자리에 있으면서 교만하지 않는다면 높아지더라도 위태롭지 않다. 절제하고 법도에 삼가면 가득 차더라도 넘치지 않는다. 높아지더라도 위태롭지 않는 것은 존귀함을 길이 지키는 방법이다. 가득 차더라도 넘치지 않는 것은 부유함을 길이 지키는 방법이다. 부유함과 존귀함이 그 몸에서 떨어지지 않은 뒤에야 사직을 잘 보존하고 백성들을 화목하게 만들 수 있으니, 이것은 제후의 효이다. 『시』에서는 '전전긍긍하여 깊은 못에 임하듯이 하며 얇은 얼음을 밟듯이 한다.'4)"라 했다. [離자는 거성으로 읽는다.]

大義 在上, 在一國臣民之上. 驕, 矜肆也. 高, 居尊位也. 危, 不安也. 制節, 制財用之節. 謹度, 謹守法度也. 滿, 處富足也. 溢, 涌泛也. 位尊曰貴, 財足曰富. 社稷, 國之主也. 諸侯初受封, 則天子賜之土, 使歸其國而立社稷, 以社主土, 稷主穀, 民生所賴以安養者也. 諸侯在一國臣民之上, 而不敢自驕, 則身雖居高, 而不至於危殆不安矣. 制節財用, 謹守法度, 則財雖盛滿, 而不至於涌泛蕩溢矣. 居高位而不危, 則不失其位之貴, 是所以長守此貴也. 處盛滿而不溢, 則不失其財之富, 是所謂長守此富也. 富與貴常不離其身, 如此然後, 方能保有其社稷, 而和調其民人, 此蓋諸侯之孝當如是也. 蓋自其始封之君, 受命於天子, 而有民人有社稷, 以傳之子孫, 所謂國君積行累功以致爵位, 豈易而得之哉? 則爲諸侯之先公者, 其身雖沒, 其心猶願有賢子孫, 世世守之而不失也. 爲其子孫者, 果若循理奉法, 足以長守其富貴, 則能保先公之社稷, 和先公之民人矣. 諸侯之所以爲孝者, 莫大於此. 如其不念先公積累之艱勤, 恣爲驕奢, 至於危溢以失其富貴, 而不能保其社稷·民人, 則不孝莫甚焉, 此諸侯所當戒也.

'재상(在上)'은 한 나라 안에서 신하와 백성들의 위에 있다는 뜻이다. '교(驕)'는 과시하고 제멋대로 하는 것이다. '고(高)'는 존귀한 자리에 있다는 뜻이다. '위(危)'는 불안하다는 뜻이다. '제절(制節)'은 재화의 쓰임을 제어하는 절제이다. '근도(謹度)'는 법도를 조심스럽게 지킨다는 뜻이다.

---

4) 『시』「소아(小雅)·소민(小旻)」: 不敢暴虎, 不敢馮河. 人知其一, 莫知其他. 戰戰兢兢, 如臨深淵, 如履薄冰.

'만(滿)'는 부유하고 풍족한데 처한다는 뜻이다. '일(溢)'은 솟구처 넘친다는 뜻이다. 지위가 존귀한 것을 '귀(貴)'라 부르고, 재화가 풍족한 것을 '부(富)'라 부른다. '사직(社稷)'은 그 나라를 주관하는 대상이다. 제후가 처음 분봉을 받게 되면 천자가 그에게 흙을 하사하여, 그로 하여금 그 나라에 되돌아가서 사직을 세우게 하는데, 사(社)는 땅을 주관하고 직(稷)은 곡식을 주관하니, 백성들이 그에 힘입어 편안히 길러지게 된다. 제후는 한 나라의 신하와 백성 위에 있으면서 감히 스스로 교만하게 굴지 않는다면 본인은 비록 높은 자리에 있지만 위태로워서 불안해지는 지경에 이르지 않게 된다. 재화의 쓰임을 절제하고 법도를 조심스럽게 지킨다면 재화가 비록 풍족하더라도 넘쳐서 방탕해지는 지경에 이르지 않게 된다. 높은 자리에 있으면서 위태롭지 않다면 그 지위의 존귀함을 잃지 않을 것이니, 이것이 존귀함을 길이 지키는 방법이다. 풍족한데 처해서도 넘치지 않는다면 그 재화의 풍족함을 잃지 않을 것이니, 이것이 부유함을 길이 지키는 방법이다. 부유함과 존귀함이 항상 자신에게서 떨어지지 않게 하는 것이 이와 같이 된 이후에야 사직을 잘 보존하고 백성들을 조화롭게 할 수 있게 되니, 이것은 제후의 효가 마땅히 이와 같아야 함을 말한 것이다. 무릇 처음 분봉을 받은 군주가 천자로부터 명을 받아 백성과 사직을 소유하여 이것을 자손들에게 전수하였으니, 이른바 군주가 선행을 쌓고 공덕을 쌓아서 작위를 이룬 것이니 어찌 쉽게 얻은 것이라 하겠는가? 그렇다면 제후의 선공이 되는 자는 그 몸은 비록 죽었지만 그 마음은 여전히 현명한 자손이 이어 이를 대대로 지키며 잃지 않기를 바랄 것이다. 그의 자손된 자가 과연 이치를 따르고 법도를 받들어서 부유함과 존귀함을 길이 지킨다면 선공의 사직을 보존하고 선공의 백성들을 조화롭게 할 수 있다. 제후가 효를 행하는 것에 있어서는 이보다 큰 것이 없다. 만약 선공이 선행을 쌓고 공적을 쌓으며 겪었던 어려움과 노력을 생각하지 않고 제멋대로 교만하고 사치스럽게 행동하여 위태롭고 넘치는 지경에 이르러 부유함과 존귀함을 잃어버리고 사직과 백성들을 보존할 수 없다면, 불효는 이보다 심한 것이 없게 되니, 이것은 제후가 마땅히 경계해야 할 바이다.

"守貴"·"守富"下, 古文無"也"字.

'수귀(守貴)'와 '수부(守富)' 뒤에 『고문본』에는 '야(也)'자가 없다.

【009】

"非先王之法服不敢服, 非先王之法言不敢道, 非先王之德行不敢行. 是故非法不言, 非道不行. 口無擇言, 身無擇行. 言滿天下無口過, 行滿天下無怨惡. 三者備矣, 然後能守其宗廟, 蓋卿·大夫之孝也. 詩云: '夙夜匪解, 以事一人.'"[德行·擇行·行滿之行, 並去聲.]

계속하여 공자가 말하길, "선왕이 법도로 제정한 복식이 아니라면 감히 입지 않고, 선왕이 법도로 제정한 말이 아니라면 감히 말하지 않으며, 선왕의 덕행이 아니라면 감히 시행하지 않는다. 이러한 까닭으로 법이 아니라면 말하지 않고 도가 아니라면 시행하지 않는다. 입에는 가려낼 말이 없고 몸에는 가려낼 행실이 없다. 말이 천하에 가득 차도 잘못된 말이 없고 행실이 천하에 가득 차도 원망하거나 미워하는 일이 없다. 이 세 가지가 갖춰져야 하니, 그런 뒤에야 종묘를 지킬 수 있다. 이것은 경과 대부의 효이다. 『시』에서는 '밤낮으로 게을리 하지 아니하여 한 사람을 섬긴다.'[5]"라 했다.
['德行'·'擇行'·'行滿'에서의 '行'자는 모두 거성으로 읽는다.]

法服, 法度之服. 先王制禮, 異章服以別品秩, 卿有卿之服, 大夫有大夫之服. 法言, 法度之言. 德行, 心有實得而見之躬行者也. 無擇, 謂言行皆遵合法度, 而無可選擇也. 爲卿大夫者當遵守禮法, 謹修德行, 非先王之法服不敢服, 惟恐服之不中身之災也. 非先王之

---

5) 『시』「대아(大雅)·증민(烝民)」: 肅肅王命, 仲山甫將之. 邦國若否, 仲山甫明之. 旣明且哲, 以保其身. 夙夜匪解, 以事一人.

法言不敢道, 惟恐言輕而招辜也. 非先王之德行不敢行, 惟恐行輕而招辱也. 以此之故, 非法則不言, 言則必合法; 非道則不行, 行則必中道. 出於口者既無可擇之言, 行於身者亦無可擇之行, 是以言之多至於徧滿天下而無口過, 行之多至於徧滿天下而無怨惡. 服法服, 道法言, 行德行, 三者既全備矣, 然後上無得罪於君, 下無得罪於民, 斯能長守其宗廟, 以奉其先祖之祭祀矣, 此蓋卿大夫之孝道也. 古者宗廟之制, 天子七廟, 諸侯五廟, 大夫三廟, 卿與大夫同. 若服非法之服, 是僭也. 道非法之言, 是妄也. 行非德之行, 是僞也. 三者有其一, 則不免於罪, 而宗廟有所不能守矣, 故以是言之. 卿大夫, 通王朝侯國之卿大夫而言.

'법복(法服)'은 법도에 따라 만든 복식이다. 선왕이 예법을 제정하여 무늬와 복식을 달리 하여 품급에 따른 질서를 구별해서, 경에게는 경이 입는 복장이 생겼고 대부에게는 대부가 입는 복장이 생겼다. '법언(法言)'은 법도에 맞는 말이다. '덕행(德行)'은 마음에 진실로 터득한 것이 있어서 몸의 실천으로 드러난 것이다. '무택(無擇)'은 말과 행동이 모두 법도에 들어맞아서 가려낼만한 것이 없다는 뜻이다. 경과 대부가 된 자는 마땅히 예법을 준수하고 덕행을 조심히 닦아야 하니, 선왕이 제정한 법복이 아니라면 감히 입지 않는 것은 복장이 자신의 등급에 맞지 않아 발생하는 재앙을 두려워해서이다. 또 선왕이 제정한 법언이 아니라면 감히 말하지 않는 것은 말이 경솔하여 죄를 불러올까 두려워해서이다. 선왕의 덕행이 아니라면 감히 시행하지 않는 것은 행실이 경솔하여 치욕을 불러올까 두려워해서이다. 이러한 이유 때문에 법이 아니라면 말하지 않고 말하면 반드시 법도에 합치되며, 도가 아니라면 말하지 행동하지 않고 행동하면 반드시 도에 들어맞는다. 입에서 나오는 것들에 이미 가려낼 만한 말이 없고, 몸으로 행동하는 것들에도 가려낼 만한 행실이 없으니, 이러한 이유로 말이 많아져 천하아 두루 차게 된다 하더라도 잘못된 말이 없고, 행실이 말아져 천하에 두루 차게 되더라도 원망하고 미워하는 일이 없다.

법복을 입고 법언을 말하며 덕행을 실천하는 세 가지가 이미 온전히 갖춰진 뒤에야 위로는 군주에게 죄를 얻는 일이 없고 아래로는 백성들에게 죄를 얻는 일이 없어, 종묘를 길이 지켜서 선조의 제사를 받들 수 있는 것이다. 이것은 경과 대부의 효도이다. 고대 종묘의 제도는 천자는 칠묘를 세우고 제후는 오묘를 세우며 대부는 삼묘를 세우는데, 경은 대부와 동일하게 따른다. 만약 법도에 맞지 않는 복식을 입는다면 이것은 참람된 것이다. 또 법도에 맞지 않는 말을 한다면 이것은 망령된 것이다. 또 덕이 아닌 행실을 시행한다면 이것은 거짓된 것이다. 이러한 세 가지 중에서 하나라도 있다면 죄에서 면치 못하고 종묘를 지킬 수 없게 된다. 그렇기 때문에 이것으로 말한 것이다. 경과 대부는 천자의 조정과 제후국에 있는 경과 대부를 통괄해서 말한 것이다.

[010]

"資於事父以事母, 而愛同. 資於事父以事君, 而敬同. 故母取其愛, 而君取其敬, 兼之者父也. 故以孝事君則忠, 以敬事長則順. 忠順不失, 以事其上, 然後能保其爵祿, 而守其祭祀, 蓋士之孝也. 詩云: '夙興夜寐, 無忝爾所生.'"[長上聲]

계속하여 공자가 말하길, "부친을 섬기는 것에서 취하여 모친을 섬기지만 사랑함은 동일한 것이다. 부친을 섬기는 것에서 취하여 군주를 섬기지만 공경함은 동일한 것이다. 그러므로 모친에 대해서는 사랑함을 취하여 섬기고 군주에 대해서는 공경함을 취하여 섬기는데, 둘을 겸하는 대상은 부친이다. 그러므로 효로 군주를 섬기는 것은 충에 해당하고, 공경으로 어른을 섬기는 것은 순종에 해당한다. 충와 순종을 잃지 않고서 자신의 윗사람을 섬긴 뒤에야 자신의 작위와 녹봉을 보존할 수 있고 제사를 지켜낼 수 있으니, 이것은 사의 효이다. 『시』에서는 '일찍 일어나고 밤늦게 자서 너를 낳아주신 분을 욕되게 하지 말아라.'6)"라 했다. ['長'자는 상성으로 읽는다.]

---

6) 『시』「소아(小雅)·소완(小宛)」: 題彼脊令, 載飛載鳴. 我日斯邁, 而月斯征. 夙

大義 資, 取也. 取事父之道以事母, 其愛母則同於愛父, 雖未嘗不敬也, 而以愛爲主, 以父主義, 母主恩故也. 取事父之道以事君, 其敬君則同於敬父, 雖未嘗不愛也, 而以敬爲主, 以君臣之際, 義勝恩故也. 以此之故, 事母取其愛, 事君取其敬, 合愛與敬而兼之者, 惟父然也. 故由是移事父之孝以事君, 則爲忠矣; 移事父之敬以事長, 則爲順矣. 盡其忠順而不失其道, 以此事其上, 然後能常安其祿位, 永守其祭祀矣, 此蓋士之孝當如是也. 君言社稷, 卿大夫言宗廟, 士言祭祀, 各以其所事爲重也. 庶人薦而不祭, 又非士之比矣. 此章蓋言人必有本, 父者, 生之本也. 愛與敬父兼之, 所以致隆於父, 一本故也. 致一而後能誠, 知本而後能孝. 故移孝以事君則爲忠, 移敬以事長則爲順, 能保爵祿而守祭祀, 豈不宜哉? 士, 事也. 自一命以上皆有所事, 故名曰士. 士有上中下三, 初命爲下士, 等而上之爲中士‧上士.

'자(資)'는 취한다는 뜻이다. 부친을 섬기는 도를 취하여 모친을 섬기는데, 모친을 사랑하는 것은 부친을 사랑하는 것과 같다. 비록 일찍이 공경하지 않은 적이 없지만 사랑함으ㄹ위주로 하니, 부친은 의로움을 위주로 하고 모친은 은혜로움을 위주로 하기 때문이다. 부친을 섬기는 도를 취하여 군주를 섬기는데, 군주를 공경하는 것은 부친을 공경하는 것과 같다. 비록 일찍이 사랑하지 않은 적이 없지만 공경함을 위주로 하니, 군주와 신하 관계에서는 의로움이 은혜로움보다 앞서기 때문이다. 이러한 까닭으로 모침을 섬김에는 그 사랑함을 취한 것이고, 군주를 섬김에는 그 공경함을 취한 것인데, 사랑함과 공경함을 합하여 겸한 자는 오직 부친만이 그러할 따름이다. 그러므로 이로 말미암아 부친을 섬기는 효를 옮겨서 군주를 섬긴다면 충이 되고, 부친을 섬기는 공경을 옮겨서 어른을 섬긴다면 순종함이 된다. 충과 순종을 다하고 그 도를 잃지 않으며, 이를 통해 윗사람을 섬긴 뒤에야 자신의 작위와 지위를 항상 안전하게 할 수 있고, 제사를 길이 지켜낼 수 있으니, 이것은 사의 효가 마땅히 이와 같아야

興夜寐, 母忝爾所生.

함을 말한 것이다. 군주에 대해서는 '사직(社稷)'을 언급하고, 경과 대부에 대해서는 '종묘(宗廟)'를 언급하였으며, 사에 대해서는 '제사(祭祀)'를 언급한 것은 각각 그들이 섬기는 대상을 중대하게 여기기 때문이다. 서인은 천(薦)만 하고 정식 제사를 지내지 않으니, 또한 사에 비할 것이 아니다. 이 장은 사람은 반드시 근본이 있음을 말한 것으로, 부친은 낳아준 근본에 해당한다. 사랑과 공경을 부친에 대해 함께 드러내는 것은 부친을 지극히 융성히 높이기 위한 것으로, 부친은 하나의 근본이기 때문이다. 하나를 지극히 한 뒤에야 정성스럽게 할 수 있고, 근본을 안 뒤에야 효를 할 수 있다. 그러므로 효를 옮겨서 군주를 섬기면 충이 되고, 공경을 옮겨서 어른을 섬기면 순종이 되니, 이처럼 하여 작위와 녹봉을 보존하고 제사를 지킬 수 있다면 어찌 마땅하지 않겠는가? '사(士)'는 일삼는다는 뜻이다. 1명(命)의 등급으로부터 그 이상은 모두 일삼는 것이 있다. 그렇기 때문에 이들을 '사(士)'라고 부르는 것이다. 사에는 상·중·하 세 계층이 있는데, 처음 명의 등급을 받으면 하사가 되고, 등급에 따라 올라가면 중사나 상사가 된다.

【011】

"用天之道, 因地之利, 謹身節用, 以養父母, 此庶人之孝也."[養去聲]
계속하여 공자가 말하길, "하늘의 도를 사용하고 따의 이로움에 따라서 자신을 삼가고 재용을 절제하여 부모를 섬기니, 이것이 서인의 효이다."라 했다. ['養'자는 거성으로 읽는다.]

大義 天之道, 謂天道流行, 爲春夏秋冬四時之運也. 地之利, 謂土地生植農桑之利也. 謹身者, 謹修其身, 不妄爲也. 節用者, 省節財用, 不妄費也. 庶人未受命爲士, 旣不得以事君, 所事者惟父母而已, 故以養父母爲孝. 然養父母在於足衣食, 足衣食在於務農桑, 務農桑又在於順時令別土宜. 天之道, 春生, 夏長, 秋斂, 冬閉, 我則以春耕,

以夏耘, 以秋收, 冬藏. 用天之道如此, 則順時令矣. 地之利, 高·
下·燥·濕各有宜植, 我則或禾·黍, 或秔·稻, 或菽·麥·桑·麻.
因地之利如此, 則別土宜矣. 蓋順天道而不辨地利, 則物無以成; 辨
地利而不順天道, 則物無以生. 必天道·地利二者皆得, 而後生植成,
遂有以足於衣食矣. 衣食既足, 又必謹其身而不敢放縱, 節其用而不
敢奢侈, 惟恐縱肆則犯禮而自陷於刑戮, 侈用則傷財而不免於飢寒.
常以此爲心, 則所以養其父母者, 不徒養口體有餘, 而養志亦無不足
矣, 此則庶人之孝所當然也. 庶人, 泛指衆人, 學爲士而未受命, 與
農·工·商·賈之屬皆是也.

하늘의 도는 천도가 유행하여 봄·여름·가을·겨울 등 사계절의 운행이
됨을 뜻한다. 땅의 이로움은 토지가 낳고 자라나게 하는 농작물과 뽕나무
의 이로움을 뜻한다. '근신(謹身)'은 자신에 대해 삼가며 수양하여 망령
스럽게 행동하지 않는 것을 뜻한다. '절용(節用)'은 재용을 줄이고 절제
하여 망령스럽게 낭비하지 않는 것을 뜻한다. 서인은 아직 명의 등급을
받아 사가 되지 못했으니, 이미 군주를 섬길 수 없으며, 섬기는 대상은
오직 부모일 따름이다. 그렇기 때문에 부모를 봉양하는 것을 효로 삼는
다. 그런데 부모를 봉양하는 것은 의식을 풍족하게 만드는데 달려있고,
의식을 풍족하게 하는 것은 농사와 누에치는 일에 힘쓰는데 달려 있으며,
농사와 누에치는 일에 힘쓰는 것은 또한 시령에 따르고 토지의 마땅함을
구별하는데 달려있다. 하늘의 도는 봄에는 낳고 여름에는 기르며 가을에
는 거두고 겨울에는 닫히니, 내 입장에서는 봄에 갈고 여름에 김매며 가
을에 수확하고 겨울에 보관하는 것이다. 하늘의 도를 이용하는 것이 이와
같다면 시령에 따르는 것이다. 땅의 이로움은 높고 낮으며 건조하고 습한
지역에 따라 각각 심기에 마땅한 것이 있으니, 내 입장에서는 어떤 곳에
는 벼와 기장을 심기도 하고 또 어떤 곳에는 메벼와 벼를 심기도 하며
또 어떤 곳에는 콩·보리·뽕나무와 마를 심기도 한다. 따의 이로움에
따르는 것이 이와 같다면 땅의 마땅함을 구별하는 것이다. 무릇 하늘의

도에는 따르지만 땅의 이로움을 구별하지 않는다면 사물은 완성될 수 없고, 땅의 이로움은 구별하지만 하늘의 도에 따르지 않는다면 사물은 생겨날 수 없다. 반드시 하늘의 도와 땅의 이로움이라는 두 가지 것을 모두 얻은 뒤에야 낳고 기르는 것이 이루어져서 결국 의복과 음식이 풍족하게 된다. 의복과 음식이 이미 풍족하다면, 또한 반드시 자신을 삼가서 감히 방종하지 않고, 재용을 절제하여 감히 사치를 부리지 않으니, 다만 제멋대로 한다면 예를 범하여 스스로 형벌에 빠지게 되고, 재용을 사치하면 재물을 잃어 기아와 추위에 허덕임을 면치 못할까 염려해서이다. 항상 이러한 것을 마음에 둔다면 부모를 봉양함에 있어서 한갓 입이나 몸을 봉양하는데 충분할 뿐 아니라 뜻을 봉양함에 있어서도 부족함이 없게 되니, 이것은 서인의 효에 마땅한 바이다. '서인(庶人)'은 일반인들을 범범히 가리켜 말한 것이니, 학문을 배워 사가 되었지만 아직 명의 등급을 받지 못한 자나 농부·공인·행상·상인 등의 부류가 모두 여기에 해당한다.

附註 "因"字, 今文作"分", 上有"子曰"二字.
'인(因)'자를 『금문본』에서는 '분(分)'자로 기록했고, 그 앞에 '자왈(子曰)'이라는 두 글자가 있다.

【012】

"故自天子以至於庶人, 孝無終始而患不及者, 未之有也."
계속하여 공자가 말하길, "그러므로 천자로부터 서인에 이르기까지 효에 시작과 끝이 없고서 환란이 미치지 않는 자는 없었다."라 했다.

大義 唐玄宗云: "五孝之用則別, 而百行之源不殊." 自天子而下爲諸侯, 爲卿大夫, 爲士, 爲庶人, 凡五等也. 夫子旣條陳五孝之用, 而具言孝道之極至, 則天子可以刑四海, 諸侯可以保社稷, 卿大夫可以守宗廟, 士可以守祭祀, 庶人可以養父母, 其必至之效有如此者, 聞者亦宜有以自勸矣. 然猶恐其信道之不篤, 用力之不果, 而反以吾言之行與不行爲無所損益, 於是又有以警戒之. 謂以此之故, 上自天子下至庶人, 各盡其孝而有終始, 則福必及之, 如前所云者. 苟或雖知爲孝而無終始, 則禍必及之, 不得如前所云者. 蓋所謂孝者, 雖有五等之別, 實爲百行之本, 其始於事親, 終於立身, 則天子至於庶人一而已矣. 故夫子爲天子・庶人通設此戒, 以結上文之旨. 云如此而禍患不及者未之有, 言理之所必無也, 學者可不敬誦而謹行之哉?

당현종은 "다섯 가지 효의 쓰임은 구별되지만 모든 행실의 근원이 된다는 점은 다르지 않다."라 했다. 천자로부터 그 이래로 제후가 되고, 경과 대부가 되며, 사가 되고, 서인이 되니, 모두 다섯 등급이다. 공자가 이미 다섯 가지 효의 쓰임을 조목별로 진술하고, 효도의 지극해지면, 천자는 천하에 모범이 될 수 있고, 제후는 사직을 보존할 수 있으며, 경과 대부는 종묘를 지킬 수 있고, 사는 제사를 지킬 수 있으며, 서인은 부모를 봉양할 수 있으니, 반드시 지극함의 공효에 이와 같은 점이 있다는 것을 함께 언급하였다. 따라서 이 말을 듣는 자 또한 마땅히 스스로 권면하게 되는 점이 있을 것이다. 그러나 오히려 도를 믿는 것이 독실하지 못하고 힘을 쓰는 것이 과감하지 못하여 도리어 내 말을 행하거나 행하지 않는다는 것이 해가 되거나 보탬이 되는 것이 없다고 여길 것을 염려해서, 이에 또한 경계를 한 것이다. 이러한 까닭으로 위로 천자로부터 아래로 서인에 이르기까지 각각 그 효를 다하여 시작과 끝이 있다면 복이 반드시 미치게 될 것이니, 앞에서 언급한 것과 같다. 만약 효를 행해야 함을 알면서도 시작과 끝이 없으면 재앙이 반드시 미치게 될 것이니, 앞에서 언급한 것들을 얻지 못하게 된다. 이른바 효라는 것에는 비록 다섯 등급의 구별이 있지만 실제로는 모든 행실의 근본이 되니, 부모를 섬기는 데에서 시작하여 입신하는 데에서 마치는 것은 천자로부터 서인에 이르기까지 동일할 따름이다. 그러므로 공자는 천자와 서인을 위해 통괄적으로 이러한 경계

지침을 세우고, 이를 통해 앞 문장의 뜻을 결론 맺은 것이다. 이와 같이 하고서 환란이 미치지 않는 자는 있지 않았다고 한 것은 이치상 반드시 없다는 의미이니, 학자가 공경히 암송하고 신중히 시행하지 않을 수 있겠는가?

附註 "天子"下, 古文有"已下"二字, 無"以"字. "於", 古文作"于".

'천자(天子)'라는 말 뒤에 『고문본』에는 '이하(已下)'라는 두 글자가 있고, '이(以)'자가 없다. '어(於)'자를 『고문본』에서는 '우(于)'자로 기록했다.

附註 右第一章. [此章詩·書之文, 今姑仍舊.]

여기까지는 제 1장이다. [이 장에 나오는 『시』와 『서』의 문장들은 현재 잠시 옛 판본에 따른 것이다.]

【013】

曾子曰: "甚哉, 孝之大也!" 子曰: "夫孝, 天之經也, 地之義也, 民之
行也. 天地之經, 而民是則之. 則天之明, 因地之義, 以順天下. 是以
其敎不肅而成, 其政不嚴而治."[夫音扶. 行去聲.]

증자가 말하길, "심대하도다, 효의 위대함이여!"라 했다. 공자가 말하길,
"효는 하늘의 경이며, 땅의 의이고, 백성의 행이다. 천지의 경이라서 백성
들이 본받는다. 하늘의 밝음을 본받고 땅의 의에 따라서 천하 백성들의
마음에 따른다. 이러한 까닭으로 그 가르침은 엄숙하지 않아도 이루어지고
그 정치는 엄격하지 않아도 다스려진다."라 해다. ['夫'자의 음은 '扶(부)'이다.
'行'자는 거성으로 읽는다.]

大義 天以陽生物, 父道也. 地以順承天, 母道也. 天以生覆爲常, 故
曰經. 地以承順爲宜, 故曰義. 人生天地之間, 禀天地之性, 如子之
肖像父母也. 得天之性而爲慈愛, 得地之性而爲恭順. 慈愛・恭順,
卽所以爲孝. 故孝者, 天之經, 地之義, 而人之行也. 孝本天地之常
經, 而人於是取則焉. 則者, 法也. 天地之經, 常久而不變. 人之取則
於天地, 亦常久而不易. 其於衆人之中又有聖人者出, 法天道之明,
因地道之義, 以此順天下愛親敬長之心而治之. 是以其爲敎也, 不待
戒肅而自成; 其爲政也, 不假威嚴而自治. 無他, 孝者, 天性之自然,
人心所固有, 是以政敎之速化如此.

하늘은 양으로 만물을 낳으니 부친의 도에 해당한다. 땅은 순종으로 하늘
을 받드니 모친의 도에 해당한다. 하늘은 낳고 덮어주는 것을 상도로 삼
기 때문에 '경(經)'이라 말한 것이다. 땅은 받들고 순종함을 마땅함으로
삼기 때문에 '의(義)'라고 말한 것이다. 하늘은 천지 사이에 태어나서 천
지의 성을 품수받았으니, 마치 자식이 부모를 닮는 것과 같다. 하늘의
성을 얻어서 자애를 행하고, 땅의 성을 얻어서 공순을 행한다. 자애와

공순은 곧 효를 행하는 방법이다. 그렇기 때문에 효라는 것은 하늘의 경이고 땅의 의이며, 사람의 행이 된다. 효는 본래 하늘의 상경에 해당하는데, 사람들이 여기에서 취해 법도로 삼은 것이다. '칙(則)'은 법도로 삼는다는 뜻이다. 천지의 경은 상구한데도 변하지 않으니, 사람이 천지에게서 법도로 취한 것 또한 상구한데도 바뀌지 않는다. 수많은 사람들 속에서 또한 성인이 나타나서 천도의 밝음을 본받고 땅의 의에 따라서 이를 통해 천하 백성들이 부모를 사랑하고 어른을 공경하는 마음에 따라 다스렸다. 이러한 까닭으로 가르침이 경계하고 엄숙하기를 기다리지 않아도 스스로 완성되고, 정치가 위엄을 빌리지 않아도 스스로 다스려지는 것이다. 이것은 다른 이유 때문이 아니며, 효라는 것이 천성의 자연이며 인심에 고유한 바이기 때문이니, 이 까닭으로 정치와 가르침이 이처럼 빨리 교화시키는 것이다.

附註 "之經"·"之義"·"之行"下, 古文無"也"字. "義"字, 今文作"利". "治"字下, 舊有"先王"止"爾瞻"凡六十字, 朱子刊誤竝刪去.

'지경(之經)'·'지의(之義)'·'지행(之行)' 뒤에 『고문본』에는 '야(也)'자가 없다. '의(義)'자를 『금문본』에서는 '이(利)'자로 기록했다. '치(治)'자 뒤에 옛 판본에는 '선왕(先王)'이라는 말로부터 '이첨(爾瞻)'이라는 말까지 모두 60개 글자가 기록되어 있었는데,[1] 주자의 『간오』에서는 모두 삭제하였다.

附註 右第二章.

여기까지는 제 2장이다.

---

1) 『효경』 「삼재장(三才章)」: 曾子曰: "甚哉! 孝之大也." 子曰: "夫孝, 天之經也, 地之義也, 民之行也." 天地之經, 而民是則之. 則天之明, 因地之利, 以順天下. 是以其敎不肅而成, 其政不嚴而治. 先王見敎之可以化民也, 是故先之以博愛, 而民莫遺其親. 陳之於德義, 而民興行. 先之以敬讓, 而民不爭. 導之以禮樂, 而民和睦. 示之以好惡, 而民知禁. 詩云: '赫赫師尹, 民具爾瞻.'"

◇ 제 3 장(第三章)

【014】

子曰: "昔者明王之以孝治天下也, 不敢遺小國之臣, 而況於公·侯·伯·子·男乎? 故得萬國之歡心, 以事其先王."

공자가 말하길, "옛날 명철한 군주는 효로 천하를 다스려서, 감히 소국의 신하에게도 소홀히 하지 않았는데, 하물며 공작·후작·백작·자작·남작에게 있어서는 어떠했겠는가? 그러므로 만국(萬國)의 환심을 얻어서 선왕을 섬겼다."라 했다.

大義 昔者, 謂先代, 明王, 明哲之君. 遺, 忽忘也. 小國之臣, 謂土地褊小, 不能五十里附於諸侯曰附庸是也. 夫子言昔者明哲之王以孝道而治理天下也, 推其愛敬之心, 至於附庸小國之臣尙不敢有所遺忘, 小國之臣且不敢遺, 而況於公·侯·伯·子·男大國之臣乎? 以此之故, 所以得天下萬國之歡心. 天子建國, 公·侯地方百里, 伯七十里, 子·男五十里, 五十里以下皆小國也. 合大小之國, 極言其多, 故曰萬國. 以萬國之衆而皆得其歡悅之心, 則尊君親上, 洞然無間, 人心和而王業固, 社稷靈長而宗廟尊安, 以此事奉其先王, 則孝道至矣. 孝道之至如此, 而嗣世之君乃不皆然, 則以不明不誠故也. 明足以有見, 而知事理之必然; 誠足以有行, 而不忘於微賤, 則萬國歸心, 先王世享矣. 夫子所以首稱明王, 而繼言其不敢, 蓋不敢之心則祗懼之誠也, 卽經言天子之孝, 不敢惡慢於人是也.

'석자(昔者)'는 선대를 뜻하며, '명왕(明王)'은 명철한 군주를 뜻한다. '유(遺)'는 소홀히 하고 잊는다는 뜻이다. 소국의 신하는 토지가 협소하여 사방 50리를 채우지 못해 제후국에 붙어있어 '부용(附庸)'이라 부르는 자들에 해당한다. 공자는 옛날 명철한 군왕은 효도로 천하를 다스려서, 사랑하고 공경하는 마음을 미루어 부용국인 소국의 신하에게까지도 감히 소홀히 하여 잊지 않았으니, 소국의 신하 또한 감히 소홀히 하지 않았는데, 하물며 공작·후작·백작·자작·남작과 같이 대국의 신하에게 있어서는 어떠했겠는가? 이러한 까닭으로 천하 모든 나라의 환심을 얻게 되었다고 말한 것이다. 천자가 제후국을 세울 때, 공작과 후작의 영지는 사방 100리로 했고, 백작은 사방 70리로 했으며, 자작과 남작은 사방 50리로 했는데, 50리 이하는 모두 소국이 된다. 대국과 소국을 합쳐서 그 많음을 극언했기 때문에 '만국(萬國)'이라 했다. 만국의 백성들로부터 모두 그들의 기뻐하는 마음을 얻었다면 군주를 존숭하고 윗사람을 친애하여, 트이고 밝아 서로 간극이 없게 되고 인심이 화합하고 왕업이 견고해지며, 사직이 광대하고 장구하며 종묘가 존귀하고 편안해지니, 이로써 선왕을 섬기고 받든다면 효도가 지극하게 된다. 효도의 지극함은 이와 같지만 그 대를 잇는 군주가 모두 이처럼 하지 못하는 것은 명철하지 못하고 정성스럽지 못하기 때문이다. 밝음이 식견을 가져서 사리의 필연을 알기에 충분하고, 정성이 행실을 가져서 미천한 자들까지도 잊지 않을 수 있다면, 모든 나라가 그 마음에 귀의하여 선왕이 대대로 흠향을 받게 될 것이다. 공자가 앞머리에 '명왕(明王)'이라 지칭하고, 이어서 감히 하지 않음을 말한 것은 감히 하지 않는 마음은 곧 공경하고 두려워하는 정성에 해당하니, 경문에서 천자의 효는 감히 사람들을 미워하거나 태만히 굴지 않는다고 한 말에 해당한다.

附註 大義云"小國之臣, 謂附庸之臣. 公侯伯子男, 謂大國之臣", 恐未然. 小國之民, 通指子男附庸之臣, 公侯伯子男, 是指諸侯之君也. 『대의』에서는 "소국의 신하는 부용국의 신하를 뜻한다. 공작·후작·백작·자작·남작은 대국의 신하를 뜻한다."라 했는데, 아마도 그렇지 않을 것이다. 소국의 신하는 자작·남작·부용국의 신하를 통괄해서 가리키는 것이고, 공작·후작·백작·자작·남작은 제후국의 군주를 가리킨다.

【015】

"治國者不敢侮於鰥寡, 而況於士民乎? 故得百姓之歡心, 以事其先君."

계속하여 공자가 말하길, "나라를 다스리는 자는 감히 홀아비와 과부도 업신여기지 않았는데, 하물며 사와 백성에게 있어서는 어떠했겠는가? 그러므로 백성(百姓)의 환심을 얻어서 선군을 섬겼다."라 했다.

大義 此言諸侯之孝治. 諸侯, 治一國者也. 老而無妻曰鰥, 老而無夫曰寡, 此二者則所謂天下窮民, 與夫疲癃殘疾顚連無告皆在矣. 侮, 慢忽也. 一命以上爲士, 民則農·工·商·賈也. 諸侯有卿大夫, 只言士民, 亦舉小以見大耳. 百姓, 或謂百官族姓, 或謂民之族姓, 然以上文萬國例之, 當是官族大夫之家. 先君, 始受命爲國君者也. 自天子以孝治天下, 而諸侯亦以孝治其國, 推其愛敬之心以及於國人, 至於鰥寡之微亦不敢侮慢之, 而況於士民乎? 以此之故, 所以得百姓之歡心. 百姓之心無不歡悅, 則能和其民人, 保其社稷矣. 以此而事奉其先君, 豈非孝道之大者乎? 此與經言諸侯之孝相發明. 不敢侮鰥寡, 卽不驕不奢之極. 得百姓之歡心, 卽長守富貴之本也.

이것은 제후가 효로 다스리는 것을 말한 것이다. 제후는 한 나라를 다스리는 자이다. 늙었는데 처가 없는 자를 '환(鰥)'이라 부르고, 늙었는데 남편이 없는 자를 '과(寡)'라 부르니, 이 두 경우에 해당한다면 이른바 천하의 곤궁한 백성들로, 병으로 인해 쇠약해지고 가난한데도 하소연할 곳이 없는 자들 모두 여기에 포함된다. '모(侮)'는 태만히 굴고 소홀히 대한다는 뜻이다. 1명(命) 이상은 사(士)가 되고, '민(民)'은 농부·공인·행상·상인에 해당한다. 제후에게는 경과 대부가 소속되어 있는데, 단지 사와 민만을 말한 것은 또한 작은 것을 제시하여 큰 것까지도 드러냈기 때문이다. '백성(百姓)'에 대해 혹자는 백관(百官)의 족성(族姓)이라 하고 또 다른 이는 민(民)의 족성(族姓)이라 하는데, 앞 만중에서 말한 만국

(萬國)이란 말로 따져보면 이것은 관족(官族)인 대부의 집에 해당한다. '선군(先君)'은 처음으로 명을 받아 제후국의 군주가 된 자이다. 천자로부터 효로 천하를 다스리고, 제후 또한 효로 자신의 나라를 다스리는데, 사랑하고 공경하는 마음을 미루어서 나라 사람들에게까지 미치고, 홀아비나 과부와 같이 미천한 자에게 이르러서도 감히 업신여기거나 태만히 굴지 않는데, 하물며 사와 민에게 있어서는 어떠하겠는가? 이러한 까닭으로 백성의 환심을 얻었던 것이다. 백성의 마음에 기뻐하지 않음이 없다면 인민들을 조화롭게 할 수 있고 사직을 보존할 수 있다. 이로써 선군을 섬기고 받든다면, 어찌 효도의 큼이 아니라 하겠는가? 이것은 경문에서 말한 제후의 효와 상호 그 뜻을 밝혀 드러낸 것이다. 홀아비와 과부를 감히 업신여기지 않는다는 것은 교만하게 굴지 않고 사치를 부르지 않는 것의 지극함에 해당한다. 백성의 환심을 얻는다는 것은 곧 부유함과 존귀함을 길이 지키는 근본에 해당한다.

【016】
"治家者, 不敢失於臣妾, 而況於妻子乎? 故得人之懽心以事其親."
계속하여 공자가 말하길, "가(家)를 다스리는 자는 감히 신첩을 잃지 않는데, 하물며 처자에게 있어서는 어떠하겠는가? 그러므로 사람의 환심을 얻어서 그 부모를 섬겼다."라 했다.

大義 此言卿·大夫之孝治, 士·庶人亦幷擧矣. 古者卿置側室, 大夫有貳宗, 士有隷子弟, 庶人·工·商各有分親, 皆所謂臣妾也. 臣妾賤而疎, 妻子貴而親, 人之情常厚於親貴, 而薄於疎賤. 而昔之爲卿大夫以孝治其家者, 推其愛敬之心, 下及於臣妾, 曾不敢少有失於臣妾之心. 彼疎賤者尙如此, 而況於妻子之親貴乎? 則不失其心可知矣. 是以無貴無賤, 無親無疎, 皆得其人之歡心, 而有以事其父母矣. 이것은 경과 대부가 효로 다스리는 것을 말하며, 사와 서인에 대해서도

함께 열거한 것이다. 고대에 경은 측실(側室)을 두었고, 대부는 이종(貳宗)이 있었으며, 사는 예자제(隷子弟)가 있었고, 서인과 공인 및 상인은 각각 분친(分親)이 있었는데, 이들은 모두 '신첩(臣妾)'이라 하는 자들에 해당한다. 신첩은 신분이 미천하고 관계도 소원하며, 처자는 신분이 존귀하고 관계도 가까운데, 사람의 정감은 항상 친하고 존귀한 자에 대해서는 후하게 대하고 소우너하고 천한 자에 대해서는 박하게 대한다. 그러나 옛날에 경과 대부였던 자들 중 효로 그 가를 다스렸던 자는 사랑하고 공경하는 마음을 미루어서 밑으로 신첩에게까지 미쳤고, 일찍이 조금이라도 신첩의 마음에 대해 감히 잃은 적이 없었다. 저 소원하고 미천한 자에 대해서도 오히려 이와 같이 했는데, 하물며 처자와 같이 친근하고 존귀한 자에게 있어서는 어떠했겠는가? 그렇다면 그들의 마음을 잃지 않았다는 것을 알 수 있다. 이러한 까닭으로 존귀하거나 미천함 또 친하거나 소원함과 관계없이 모두 그 사람들의 환심을 얻었고 이를 통해 자신의 부모를 섬길 수 있었다.

【017】

"夫然故生則親安之, 祭則鬼亨之. 是以天下和平, 災害不生, 禍亂不作, 故明王之以孝治天下如此. 詩云: '有覺德行, 四國順之.'"[夫音扶. 行去聲.]

계속하여 공자가 말하길, "그러하기 때문에 살아계실 때에는 부모가 편안하게 여겼고, 제사를 지내게 되면 귀신이 흠향을 했다. 이러한 까닭으로 천하가 화평하여 재해가 발생하지 않았고 환란이 일어나지 않았다. 그러므로 명철한 군주가 효로 천하를 다스림이 이와 같았다. 『시』에서는 '정직한 덕이 있으면 사국이 순종하리라.'[1]"라 했다. ['夫'자의 음은 '扶(부)'이다. '行'자는 거성으로 읽는다.]

---

1) 『시』「대아(大雅)·억(抑)」: 無競維人, 四方其訓之. <u>有覺德行, 四國順之</u>. 訏謨定命, 遠猶辰告. 敬愼威儀, 維民之則.

大義 此總結治天下國家三節. 夫然, 猶言惟其如此也. 故, 猶言是
以如此也. 生, 謂父母存時. 祭, 謂沒後奉祀. 安者, 其心無憂. 享者,
其魂來格. 人死曰鬼, 氣屈而歸也. 天子・諸侯・卿大夫皆以孝治天
下國家, 而得人之歡心, 以事其親如此, 故其生而存則親安之, 沒而
祭則鬼享之, 由其心意之所安, 所以魂氣之易感也. 是以普天之下,
旣和且平: 和則無乖戾之氣, 故灾害不生; 平則無悖逆之事, 故禍亂
不作. 灾害, 如水旱疾疫, 生於天者也. 禍亂, 如賊君弑父, 作於人者
也. 孝者, 天之經, 地之義, 而人之行也. 人人盡孝, 則心和氣和, 而
天地之和應矣. 夫子遂總結之曰: 故明王之以孝治天下如此. 蓋由天
子身率於上, 諸侯以下化而行之, 所以至此, 皆明王之力也. 又引抑
詩以明之, 義取天子有大德行, 則四方之國順而行之, 以明明王以孝
治天下, 故諸侯・卿大夫皆以孝治其國家也.

이것은 천하와 나라 및 가를 다스리는 세 절을 총괄적으로 결론 맺은
것이다. '부연(夫然)'은 "오직 이와 같다."는 말과 같다. '고(故)'는 "이러
한 까닭으로 이와 같다."는 말과 같다. '생(生)'은 부모가 생존해 계실 때
를 뜻한다. '제(祭)'는 부모가 돌아가신 이후 제사를 받든다는 뜻이다.
'안(安)'은 그 마음에 근심거리가 없다는 뜻이다. '향(享)'은 그 혼령이 찾
아와 이르렀다는 뜻이다. 사람이 죽게 되면 '귀(鬼)'라 부르니, 기가 굽혀
져 되돌아간다는 뜻이다. 천자, 제후, 경과 대부는 모두 효로 천하와 국가
및 가를 다스리는데, 사람들의 환심을 얻어 자신의 부모를 섬기는 것이
이와 같다. 그렇기 때문에 생존해계실 때에는 부모가 편안하게 여기는
것이고, 돌아가셔서 제사를 지내게 되면 귀가 찾아와 흠향을 하니, 그
마음과 뜻에서 편안히 여기는 것에 따라서 혼기가 쉽게 감응하는 것이다.
이러한 까닭으로 온 천하가 이미 조화롭고 또 평안하게 되었는데, 조화롭
다면 어그러지는 기가 없기 때문에 재해가 생겨나지 않고, 평안하다면
거스르는 일이 없기 때문에 환란이 일어나지 않는다. 재해는 홍수나 가뭄
및 역병과 같은 것으로 하늘에서 생겨나는 것이다. 환란은 군주의 지위를

찬탈하고 부친을 시해하는 것과 같은 것으로 사람에게서 발생하는 것이다. 효는 하늘의 경이고 땅의 의이며 사람의 행이다. 사람마다 효를 다하게 되면 마음과 기가 조화롭게 되고 천지의 조화로움이 호응하게 된다. 공자는 결국 총괄적으로 결론을 맺으며, "그러므로 명철한 군주는 효로 천하를 이와 같이 다스렸다."라 했다. 천자가 직접 위에서 솔선수범하여, 제후로부터 그 이하가 감화되어 시행하는 것이 이와 같은 경지에 도달하는 것은 모두 명철한 군주의 노력 때문이다. 또 「억(抑)」편의 시를 인용해서 이러한 사실을 밝혔으니, 그 의미는 천자가 큰 덕을 가지고 시행한다면 사방의 국가들이 순종하며 시행한다는 뜻에서 취하여, 이를 통해 명철한 군주가 효로 천하를 다스리기 때문에, 제후 및 경과 대부가 모두 효로 나라와 가를 다스린다는 사실을 나타낸 것이다.

附註 右第三章.
여기까지는 제 3장이다.

◇ 제 4 장(第四章)

【018】

曾子曰: "敢問聖人之德, 其無以加於孝乎?"

증자가 말하길, "감히 묻겠으니, 성인의 덕은 효보다 더한 것이 없습니까?"
라 했다.

> **大義** 曾子旣聞明王以孝治, 其極至之效如此, 於是又推廣而言, 敢
> 問天子聖人之所以爲治者, 固皆本於孝矣, 不知聖人之所以爲德者,
> 果無以加於孝乎? 抑亦有在於孝之上, 可以致理成化過於此者乎?

증자는 이미 명철한 군주가 효로 다스림에 그 지극한 효험이 이와 같다는
사실을 들었고, 이에 재차 미루어 범위를 넓혀서 말한 것으로, 감히 묻겠
으니 천자인 성인이 다스림을 시행하는 것은 진실로 모두 효에 근본을
두고 있지만 성인이 덕으로 삼는 것에 과연 효보다 더한 것이 없는지,
아니면 또한 효보다 위에 있어서 이보다 더 이치를 지극히 하고 교화를
완성할 수 있는 것이 있는지 모르겠다고 말한 것이다.

> **附註** "無"字, 今文作"何"字.

'무(無)'자를 『금문본』에서는 '하(何)'자로 기록했다.

【019】

子曰: "天地之性, 人爲貴. 人之行, 莫大於孝."[行去聲.]

공자가 말하길, "천지의 성을 받은 것 중에서 사람은 귀한 대상이 된다.
사람의 행실 중에서 효보다 큰 것은 없다."라 했다. [‘行’자는 거성으로 읽는다.]

> **大義** 天以陽生萬物, 地以陰成萬物. 天地之生成萬物者, 雖以陰陽
> 之氣, 然氣以成形, 而理亦賦焉, 故夫子言人所稟受於天地之性, 則

比萬物爲最貴, 以能與天地參爲三才也. 以天地之性言之, 則人爲貴. 以人之行言之, 則孝爲大. 何也? 人稟天地之性, 不過仁·義·禮·智·信五者而已. 專言仁, 又爲人心之全德, 義·禮·智·信皆包括於其中. 仁主於愛, 愛莫先於愛親, 故仁之發見如水之流行, 親親爲第一坎, 仁民爲第二坎, 愛物爲第三坎, 此人所行之行莫大於孝也. 人惟不知孝之大也, 是故失於自小; 惟不知人之貴也, 所以失於自賤. 自賤則雖有人之形, 無以遠於禽獸矣. 自小則雖有聖賢之資, 無以拔於凡庶矣. 此夫子答曾子之問, 必先之曰"天地之性, 人爲貴, 人之行, 莫大於孝", 所以使人知所自貴而先務其大者. 董仲舒謂必知自貴於物, 而後可與爲善, 亦夫子之意也.

하늘은 양으로 만물을 생겨나게 하고 땅은 음으로 만물을 완성시킨다. 천지가 만물을 낳고 완성시키는 것은 비록 음양의 기로써 하지만, 기를 통해 형체를 이루고 리 또한 부여된다. 그렇기 때문에 공자는 사람이 천지의 성을 품수받았다면 만물과 비교했을 때 가장 존귀한 대상이 된다고 말한 것이니, 천지와 함께 하여 삼재가 되기 때문이다. 천지의 성을 기준으로 말을 한다면 사람은 귀한 존재가 된다. 사람의 행실을 기준으로 말을 한다면 효는 큰 것이 된다. 어째서인가? 사람이 천지의 성을 품수받은 것은 인·의·예·지·신이라는 다섯 가지에 불과할 따름이다. 전적으로 인에 대해서 말한다면 이것은 또한 인심의 온전한 덕이 되며, 의·예·지·신은 모두 그 가운데 포괄된다. 인은 사랑함을 위주로 하고, 사랑함은 부모를 사랑하는 것보다 앞서는 것이 없다. 그렇기 때문에 인이 발현하는 것은 물이 흘러 가는 것과 같아서 부모를 친애하는 것이 첫 번째 웅덩이가 되고, 백성들에게 인자하게 대하는 것은 두 번째 웅덩이가 되며, 만물을 사랑하는 것은 세 번째 웅덩이가 된다. 이것은 사람이 행하게 되는 행실 중 효보다 큰 것이 없는 이유이다. 사람은 다만 효가 크다는 사실을 알지 못한다. 이러한 까닭으로 스스로 작게 여기는 잘못을 범한다. 다만 사람이 귀하다는 것을 알지 못하여 스스로 천하게 여기는 잘못을 범한다. 스스로 천하게 여기면 비록 사람의 형체를 지녔다고 하지만 금수와 차이가 멀지 않게 된다. 스스로 작게 여기면 비록 성현의 자질을 갖췄다 하더라도 일반인들보다 빼어날 수 없게 된다. 이것은 공자가 증자의 질문에 대답을 하며, 반드시 먼저 "천지의 성을 받은 것 중에서 사람은 귀한 대상이 된다. 사람의 행실 중에서 효보다 큰 것은 없다."라 하여, 사람들로 하여금 스스로를 귀하게 여길 줄 알게 하여 우선적으로 큰 것에 힘쓰도록 한 것이다. 동중서가 "반드시 스스로를 사물보다 존귀하게 여길 줄 알아야만 그런 뒤에야 함께 선을 시행할 수 있다."라 했는데, 이 또한 공자의 뜻과 같다.

【020】

"孝莫大於嚴父, 嚴父莫大於配天, 則周公其人也."

계속하여 공자가 말하길, "효는 부친을 존경하는 것보다 큰 것이 없고, 부친을 존경하는 것은 하늘에 배향하는 것보다 큰 것이 없으니, 주공이 그러한 사람이다."라 해다.

大義 此極言孝之大者. 嚴, 尊敬也. 配, 合也. 周公, 文王之子, 武王之弟, 成王之叔父, 名旦, 食采於周, 位居三公, 故稱周公. 人子之孝於親者無所不至, 而莫大於尊敬其父. 尊敬其父者亦無所不至, 而莫大於配享上天. 惟天爲大, 尊無與對, 而能以己之父與之配享, 所以尊敬其父者至矣極矣, 不可以復加矣. 然仁人孝子愛親之心雖無窮, 而立經陳紀制禮之節則有限, 求其能盡孝之大, 而嚴父以配天者, 則惟周公其人也. 中庸曰: "武王末受命, 周公成文·武之德, 追王大王·王季, 上祀先公以天子之禮." 制爲嚴父配天之禮者, 周公也, 故夫子稱之.

이것은 효의 큼에 대해 극언한 것이다. '엄(嚴)'은 존경한다는 뜻이다. '배(配)'는 합한다는 뜻이다. '주공(周公)'은 문왕의 아들이며, 무왕의 동생이고, 성왕의 숙부로, 이름은 단(旦)인데, 주나라 수도에 채읍을 가지고 있었거 지위는 삼공에 올랐다. 그렇기 때문에 '주공(周公)'이라 지칭한다. 사람의 자식된 자가 부모에게 효를 함에 있어서 지극하지 않은 것이 없지만 부친을 존경하는 것보다 큰 것이 없다. 부친을 존경하는 것에 있어서도 지극하지 않은 것이 없지만, 상천에 배향하는 것보다 큰 것이 없다. 오직 하늘은 큼이 되어 존귀함에 있어서는 생다할 바가 없는데, 자신의 부친을 상천과 더불어 배향하였으니, 부친을 존경하는 것이 지극하여, 다시 더할 것이 없는 것이다. 그런데 인자한 사람과 효자는 부모를 사랑하는 마음에 끝이 없지만 버리를 세우고 기강을 펼치며 예를 제정하는 절도 에 있어서는 제한이 있으니, 효의 큼을 다할 수 있고 부친을 존경하여 하늘에 배향하는 자를 찾는다면 오직 주공만이 그 사람에 해당한다. 『중용』에서는 "무왕은 노년에 천명을 받으셨고, 주공은 문왕과 무왕의 덕을 완성하여 태왕과 왕계를 추존해서 천자로 높였으며, 위로는 선공에게 제사를 지내며 천자의 예법을 사용하셨다."[1]라 했다. 부친을 존경하여 하늘에 배향하는 예법을 제정한 사람은 주공이다. 그렇기 때문에 공자가 주공을 칭술한 것이다.

【021】

"昔者周公郊祀后稷以配天, 宗祀文王於明堂, 以配上帝, 是以四海之內各以其職來助祭. 夫聖人之德, 又何以加於孝乎?"[夫音扶.]

계속하여 공자가 말하길, "옛날에 주공은 후직에게 교사하여 하늘에 배향하였고, 명당에서 문왕을 종주로 삼아 제사를 지내서 상제에게 배향하였다. 이러한 까닭으로 사해 이내에서는 각각 자신의 직무에 따라 찾아와졌

---

1) 『중용』「18장」: 武王末受命, 周公成文‧武之德, 追王大王‧王季, 上祀先公以天子之禮. 斯禮也, 達乎諸侯‧大夫及士‧庶人. 父爲大夫, 子爲士, 葬以大夫, 祭以士. 父爲士, 子爲大夫, 葬以士, 祭以大夫. 期之喪, 達乎大夫. 三年之喪, 達乎天子. 父母之喪, 無貴賤一也.

제사를 도왔다. 성인의 덕에 있어서 또한 무엇이 효보다 더한 것이 있겠는 가?"라 했다. ['夫'자의 음은 '扶(부)'이다.]

大義 郊祀, 祭天也. 祭天於南郊, 故曰郊. 后稷, 舜之臣, 名棄. 舜命爲稷, 使敎民播種百穀, 始封於邰, 爲諸侯, 君其國, 故稱曰后稷, 是爲周之始祖. 文王, 大王之孫, 王季之子, 武王之父, 名昌. 明堂, 王者出政布治之堂, 南面向明, 故曰明堂. 宗祀, 謂宗廟之祭也. 天以形體言, 上帝以主宰言. 夫子言昔者周公之制禮也, 郊祀祭天, 則以后稷配, 尊后稷猶天也; 宗祀祭帝, 則以文王配, 尊文王猶帝也. 周公之所以尊敬其祖·父如此, 是以德敎刑于四海. 四海之內爲諸侯者, 各以其職分所當然, 皆來助祭, 敬供郊廟之事. 孝道之感人若是, 則夫聖人之德, 又有何者可以加於孝乎? 夫子答曾子之問, 意已盡矣, 下文復申言聖人敎人以孝之故.

'교사(郊祀)'는 하늘에 제사지내는 것이다. 남쪽 교외에서 하늘에 제사를 지냈기 때문에 '교(郊)'라 부른다. '후직(后稷)'은 순임금의 신하로 이름은 기(棄)이다. 순임금이 명령하여 직(稷)으로 삼았고, 그로 하여금 백성들에게 온갖 곡식을 파종하는 것을 가르치게 하였으며, 처음으로 태(邰) 땅에 분봉하여 제후로 삼아 그 나라를 다스리게 했다. 그렇기 때문에 '후직(后稷)'이라 지칭하는데, 주나라의 시조에 해당한다. '문왕(文王)'은 태왕의 손자이며 왕계의 자식이고 무왕의 부친으로, 이름은 창(昌)이다. '명당(明堂)'은 천자가 정령을 내리고 정치를 펼치는 당으로 남쪽을 바라보아 밝은 쪽을 향하기 때문에 '명당(明堂)'이라 부른다. '종사(宗祀)'는 종묘에서 지내는 제사를 뜻한다. '천(天)'은 형체를 기준으로 말한 것이고, '상제(上帝)'는 주재함의 측면에서 말한 것이다. 공자가 말하길, 옛날 주공이 예법을 제정했을 때, 교사에서 하늘에 제사를 지내게 되면 후직을 배향하였으니, 후직을 존숭함을 하늘과 같이 여긴 것이고, 종묘에서 제사하여 상제에게 제사를 지내게 되면 문왕을 배향하였으니, 문왕을 존숭함을 상제와 같이 여긴 것이다. 주공이 자신의 조부와 부친을 존경하는 것이 이와 같았으니, 이러한 까닭으로 덕에 따른 교화가 사해에 모범이 되었다. 사해 이내의 제후가 된 자들은 각각 자신의 직분상 마땅히 그러해야 하는 것에 따라서 모두 찾아와서 제사를 더왔으니, 교와 종묘의 제사를 공경하고 이바지하였다. 효도가 사람을 감응시킴이 이와 같다면 성인의 덕에 또한 무엇을 효에 더할 수 있는 것이 있겠냐고 말한 것이다. 공자가 증자의 질문에 답하여 그 뜻이 이미 다 드러났는데도 아래 문장에서는 다시 성인이 사람들을 효로 가르쳤던 까닭을 거듭 언급하였다.

附註 "來"下, 今文無"助"字.
'내(來)'자 뒤에 『금문본』에는 '조(助)'자가 없다.

附註 右第四章.
여기까지는 제 4장이다.

◐ 제 5 장(第五章)

【022】

子曰: "父子之道, 天性也, 君臣之義也. 父母生之, 續莫大焉. 君親臨
之, 厚莫重焉. 故不愛其親而愛他人者, 謂之悖德. 不敬其親而敬他
人者, 謂之悖禮."[本在"其所因者本也"下.]

공자가 말하길, "부모와 자식의 도는 천성이고, 군주와 신하가 지켜야 하는
도의이다. 부모가 낳아주었으니 대를 잇는 것이 이보다 큰 것이 없다. 군주
가 친히 임하시니 후함이 이보다 중대한 것이 없다. 그렇기 때문에 자신의
부모를 사랑하지 않고 타인을 사랑하는 것을 '패덕(悖德)'이라 부른다. 또
자신의 부모를 공경하지 않고 타인을 공경하는 것을 '패례(悖禮)'라 부른
다."라 했다. [본래는 "따르는 바가 근본이기 때문이다."라고 한 문장 뒤에 수록되어 있었
다.]

大義 此章雖引以"子曰"字更端, 終是承上章之意. 父子之道天性,
謂親也. 君臣之義, 謂嚴也. 易曰: "家人有嚴君焉, 父母之謂也." 以
父之親言, 故曰"續莫大焉". 以君之尊言, 故曰"厚莫重焉". 德主愛,
亦是就親字說. 禮主敬, 亦是就嚴字說. 此蓋就所因者本也, 說一本
之意. 親親而仁民, 仁民而愛物, 如水之一源, 而千條萬派皆此源之
流; 如木之一根而千枝萬葉皆此根之發. 孟子一本之說, 正謂是也.
若昧一本之說, 不愛其親而愛他人者, 則謂之悖德; 不敬其親而敬他
人者, 則謂之悖禮. 蓋由愛敬其親, 而推以愛敬他人, 則爲順; 不愛敬
其親, 而先以愛敬他人, 則爲逆矣.

이 장은 '자왈(子曰)'이라는 말을 인용하여 단서를 새롭게 하였으나 결국
에는 앞 장의 뜻을 이은 것이다. 부모와 자식의 도가 천성이라는 것은
친근함을 뜻한다. 군주와 신하의 도의라는 것은 존엄함을 뜻한다. 『역』
에서는 "가인에 엄한 군주가 있으니 부모를 말한다."[1]라 했다. 부친의
친근함을 기준으로 말했기 때문에 "대를 잇는 것이 이보다 큰 것이 없다."

라 했다. 군주의 존귀함을 기준으로 말했기 때문에 "후함이 이보다 중대한 것이 없다."라 했다. 덕은 사랑함을 위주로 하기 때문에 또한 친(親)자로 설명한 것이다. 예는 공경함을 위주로 하기 때문에 또한 엄(嚴)자로 설명한 것이다. 이것은 따르는 바가 근본이라는 것에 나아가 하나의 근본이라는 뜻을 설명한 것이다. 친근한 잘르 친애하고서 백성들에게 인자하게 대하며, 백성들에게 인자하게 대하고서 만물을 사랑하는 것은 마치 물이 하나의 근원인데 천갈래 만갈래로 갈라지는 것들이 모두 이 근원의 흐름인 것과 같고, 또 나무가 하나의 뿌리인데, 천 개의 가지와 만 개의 잎사귀가 모두 이 뿌리에서 발원하는 것과 같다. 맹자가 하나의 근본에 대해 설명한 것이 바로 이것을 뜻한다. 만약 하나의 근본에 대하 말에 어두워서 자신의 부모를 사랑하지 않고 타인을 사랑한다면 이것을 '패덕(悖德)'이라 부르고, 자신의 부모를 공경하지 않고 타인을 공경한다면 이것을 '패례(悖禮)'라 부른다. 자신의 부모를 사랑하고 공경함으로 말마임아 이를 미루어 타인을 사랑하고 경경한다면 순(順)이 되고, 자신의 부모를 사랑하거나 공경하지 않는데 그보다 앞서 타인을 사랑하고 공경한다면 역(逆)이 되기 때문이다.

附註 "天性"下, 古文無"也"字. "重焉"下, 無"故"字, 有"子曰"二字. "禮"字下, 舊有"以順則逆"止"其儀不忒"凡九十字, 朱子刊誤竝刪去. '천성(天性)' 뒤에 『고문본』에는 '야(也)'자가 없다. '중언(重焉)' 뒤에 '고(故)'자가 없고 자왈(子曰)이라는 두 글자가 있다. '예(禮)'자 뒤에 옛 판본에는 "이로써 순종시켜야 하는데 어기게 된다면"이라는 말로부터 "그 위의가 법도에서 어긋나지 않는구나."라고 한 말까지 모두 90개의 글자가 기록되어 있었는데,[2] 주자의 『간오』에서는 모두 삭제하였다.

---

1) 『역』「가인괘(家人卦)」: 家人, 有嚴君焉, 父母之謂也.
2) 『효경』「성치장(聖治章)」: 曾子曰, 敢問聖人之德無以加於孝乎. 子曰, 天地之性人爲貴. 人之行莫大於孝, 孝莫大於嚴父. 嚴父莫大於配天, 則周公其人也.

【023】

"故親生之膝下, 以養父母日嚴. 聖人因嚴而敎敬, 因親以敎愛. 聖人
之敎, 不肅而成, 其政不嚴而治, 其所因者本也."[養去聲.]

계속하여 공자가 말하길, "그러므로 부모가 낳아주어 어려서 슬하에서 즐
겁게 노닐고 이를 통해 부모를 봉양하며 날로 존엄히 대한다. 성인은 존엄
히 대하는 마음에 따라서 공경을 가르치고, 부모를 친근히 여기는 마음에
따라서 사랑을 가르친다. 성인의 가르침은 엄숙하지 않아도 완성되고, 그
정치도 엄숙하게 하지 않아도 다스려지니, 따르는 바가 근본이기 때문이
다."라 했다. ['養'자는 거성으로 읽는다.]

大義 親, 父母也. 膝下, 謂孩幼嬉戲於父母之膝下也. 養, 奉養也.
嚴, 尊嚴也. 敬, 禮敬也. 親, 親昵也. 愛, 慈愛也. 本, 謂天性也. 聖
人敎人以孝, 非強之使然, 乃順其自然. 蓋親生膝下, 其初固惟知有
親昵而已, 未嘗知有所謂尊嚴之道. 然一體而分, 則自然有親愛, 不
容已之情, 天之性也. 雖曰親昵, 而其尊卑已自有一定不可易之序存
焉, 天之分也. 此蓋其本然之所固有, 而聖人立敎亦非強其所無而爲
之, 故曰因嚴而敎敬, 因親以敎愛. 所以敎之愛敬者, 不過啓其良心,
發其善性, 而非有所待乎外也. 故其敎不待肅而自成, 其政不待嚴而
自治. 人子之生也, 三年然後免於父母之懷. 長我育我, 顧我復我,
出入腹我, 骨肉之親無有密於此者, 生養之恩無有大於此者, 故曰欲
報之德, 昊天罔極, 言父母恩德與天地並, 雖盡孝道欲以報之, 亦復

昔者周公郊祀后稷以配天. 宗祀文王於明堂以配上帝. 是以四海之內, 各以其
職來祭. 夫聖人之德, 又何以加於孝乎. 故親生之膝下以養父母嚴. 聖人因
嚴以敎敬因親以敎愛. 聖人之敎不肅而成其政不嚴而治. 其所因者本也. 父子
之道天性也君臣之義也. 父母生之續莫大焉. 君親臨之厚莫重焉. 故不愛其親
而愛他人者謂之悖德, 不敬其親而敬他人者謂之悖禮. 以順則逆民無則焉, 不
在於善而皆在於凶德, 雖得之君子不貴也. 君子則不然, 言思可道行思可樂.
德義可尊作事可法, 容止可觀進退可度, 以臨其民是以其民畏而愛之則而象
之. 故能成其德敎而行其政令, 詩云淑人君子其儀不忒.

無有窮極, 此皆人心固有之理. 是以孩提之童無不知愛其親, 聖人復恐其狎恩恃愛, 而易失於不敬, 於是因嚴教敬, 使愛而不至於褻; 又因親教愛, 使敬而不至於疎. 此聖人所以有功於人心天理, 而扶植彝倫於不墜也.

'친(親)'은 부모를 뜻한다. '슬하(膝下)'는 어린아이가 부모의 슬하에서 즐겁게 노는 것을 뜻한다. '양(養)'은 봉양한다는 뜻이다. '엄(嚴)'은 존엄하게 대한다는 뜻이다. '경(敬)'은 예법에 따라 공경하는 것을 뜻한다. '친(親)'은 친근하게 대한다는 뜻이다. '애(愛)'는 자애롭다는 뜻이다. '본(本)'은 천성을 뜻한다. 성인이 사람들을 효로 가르치는 것은 억지로 그처럼 시킨 것이 아니니, 그 자연스러움에 따른 것이다. 부모가 낳아주어 슬하에서 노닐 때, 처음에는 진실로 친근히 여길 줄만 알 따름으로, 일찍이 이른바 존엄의 도라는 것이 있는 줄은 알지 못했다. 그러나 한 몸이었다가 분리가 되고 나면 자연히 친애하는 마음이 생기니, 이것은 그만 둘 수 없는 정이며, 하늘의 성이다. 비록 친근하게 여긴다고 말했지만 존비의 차이에 있어서는 이미 자연히 고정되어 바뀔 수 없는 차례가 존재하게 되니, 이것은 하늘의 구분이다. 이것은 본래부터 고유하게 있는 것이고, 성인이 가르침을 세울 때에도 없던 것을 억지로 강요해서 하게 만들지 않았다. 그렇기 때문에 존엄함에 따라서 공경을 가르치고, 친근함에 따라서 사랑을 가르쳤다고 말한 것이다. 사랑과 공경을 가르치는 것은 양심을 열어주고, 선한 본성을 드러나게 하는데 발귀하며, 외부에서 기다리는 것이 아니다. 그렇기 때문에 그 가르침은 엄숙하게 하지 않아도 저절로 완성되고, 그 정치도 엄숙하게 하지 않아도 저절로 다스려진다. 사람의 자식은 태어나게 되면 3년이 지난 뒤에야 부모의 품에서 벗어나게 된다. 나를 키워주고 나를 길러주며 나를 돌아봐주고 나를 다시 살펴주며, 출입함에 나를 안아주니, 골육의 친함에는 이보다 밀접한 것이 없고 낳아주고 길러준 은혜에는 이보다 큰 것이 없다. 그렇기 때문에 "그 은덕을 갚고자 하는데 하늘처럼 다함이 없다."[3]라 말한 것이니, 부모의 은덕은 천지와 나란하여, 비록 효도를 다하여 그에 보답하고자 하지만 또한 다함이 없다는 뜻으로, 이것은 모두 인심에 고유한 이치이다. 이러한 까닭으로 어린 아이 중에는 자신의 부모를 사랑할 줄 모르는 자가 없다. 그러나 성인은 재차 은혜를 친압하고 사랑함을 믿고서 공경하지 않는 잘못을 쉽게 품할 것을 걱정했다. 이에 존엄히 여기는 것에 따라 공경을 가르쳐서 사랑하도록 하되 너무 버릇없이 구는 지경에는 이르지 않게 했다. 또 친근히 여기는 것에 따라 사랑을 가르쳐서 공경하도록 하되 너무 소원하게 대하는 지경에는 이르지 않게 했다. 이것은 성인이 인심과 천리에 공적을 세워서, 인륜이 떨어지지 않게끔 붙잡아두었던 것이다.

附註 生之膝下, 謂子生於父母之膝下. 註云嬉戲於膝下, 恐未然.
'생지슬하(生之膝下)'는 자식이 부모의 슬하에서 태어났다는 뜻이다. 주에서 "슬하에서 기쁘게 놀았다."라 했는데, 아마도 그렇지 않을 것이다.

附註 此一段本在第四章, 今移于此.
이 한 단락은 본래 제 4장에 있었는데, 지금은 이곳으로 옮겼다.

附註 右第五章.
여기까지는 제 5장이다.

---

3) 『시』「소아(小雅) · 요아(蓼莪)」: 父兮生我, 母兮鞠我. 拊我畜我, 長我育我, 顧我復我, 出入腹我. 欲報之德, 昊天罔極.

【024】

子曰: "孝子之事親也, 居則致其敬, 養則致其樂, 病則致其憂, 喪則
致其哀, 祭則致其嚴. 五者備矣, 然後能事親."[養去聲. 樂音洛.]

공자가 말하길, "자식이 부모를 섬길 때, 거처함에는 공경을 지극히 하고,
봉양함에는 즐거움을 지극히 하며, 병에 걸렸을 때에는 근심을 지극히 하
고, 상에서는 슬픔을 지극히 하며, 제사에서는 엄숙함을 지극히 한다. 이
다섯 가지가 갖춰진 뒤에야 부모를 잘 섬길 수 있다."라 했다. [養자는 거성으
로 읽는다. '樂'자의 음은 '洛(낙)'이다.]

大義 此教之以善也. 居, 謂平居暇日, 無事之時. 致者, 推之而至其
極也. 敬者, 常存恭敬, 不敢慢易也. 養, 謂飮食奉養之時. 樂者, 歡
樂, 悅親之志也. 病者, 謂父母有疾, 疾甚而病. 憂, 憂慮, 不遑寧處
也. 喪, 謂不幸親死, 服其喪也. 哀, 哀戚, 追念痛切也. 祭, 謂親沒而
祭祀之. 嚴, 謂精潔肅敬, 謹畏將事也. 人有一身, 心爲之主. 士有百
行, 孝爲之大. 爲人子者誠以愛親爲心, 而不忘事親之孝, 平居無事,
常有以致其敬, 則敬存而心存. 一敬旣立, 遇養則樂, 遇病則憂, 遇喪
則哀, 遇祭則嚴. 五者有一不備, 不可謂能, 然皆以敬爲本.

이것은 선으로 가르친 것이다. '거(居)'는 평상시 거처하며 한가로운 때로
특별한 일이 없는 시기를 뜻한다. '치(致)'는 미루어서 그 지극함을 다한
다는 뜻이다. '경(敬)'은 항상 공경하는 마음을 보존하여 감히 태만하거나
소홀히 하지 않는다는 뜻이다. '양(養)'은 음식으로 봉양하는 때를 뜻한
다. '낙(樂)'은 즐거워하는 것으로 부모의 뜻을 기쁘게 만든다는 의미이
다. '병(病)'은 부모에게 질병이 생겼는데, 질병이 심해져서 병환에 든 것
을 의미한다. '우(憂)'는 근심하여 편안히 거처할 겨를이 없는 것이다.
'상(喪)'은 불행히도 부모가 돌아가셔서 복상한다는 뜻이다. '애(哀)'는 슬
퍼함이니, 지난 날을 돌이켜보며 통렬히 슬퍼하는 것이다. '제(祭)'는 부

모가 돌아가셔서 제사를 지낸다는 뜻이다. '엄(嚴)'은 정결하고 엄숙히 하여 조심하고 외경하며 제사지내는 것을 뜻한다. 사람은 하나의 몸을 가지고 있음에 마음은 그것의 주인이 된다. 사는 온갖 행실을 갖추는데 효가 그 중에서도 큰 것이 된다. 자식된 자가 진실로 부모를 사랑하는 것으로 마음을 삼고 부모 섬기를 효를 잊지 않아서 평상시 특별한 일이 없을 때에도 항상 공경을 지극히 함이 있다면 공경이 보존되고 마음이 보존된다. 하나의 공경이 확립되었다면 봉양하는 일을 당해서는 부모를 즐겁게 만들고 병환을 접하게 되어서는 근심하게 되며 상에 처해서는 슬퍼하게 되고 제사를 지내게 되면 엄숙하게 된다. 이 다섯 가지 중에서 하나라도 갖춰지지 않은 것이 있다면 잘한다고 할 수 없으니, 그렇다면 이 모두는 공경을 근본으로 삼는 것이다.

【025】
"事親者, 居上不驕, 爲下不亂, 在醜不爭. 居上而驕則亡, 爲下而亂則刑, 在醜而爭則兵. 三者不除, 雖日用三牲之養, 猶爲不孝也."[養去聲.]

계속하여 공자가 말하길, "부모를 섬기는 자는 윗자리에 처해서는 교만하지 않고 아랫자리에 처해서는 문란하지 않으며, 무리에 속해서는 다투지 않는다. 윗자리에 처해서 교만하다면 망하게 되고, 아랫자리에 처해서 문란하다면 형벌을 받게 되며, 무리에 속해서 다투게 된다면 칼부림을 하게 된다. 이 세 가지를 제거하지 않는다면 비록 날마다 세 가지 희생물을 사용하여 봉양하더라도 오히려 불효가 된다."라 했다. ['養'자는 거성으로 읽는다.]

大義 此戒之以不善也. 孝子之事親者, 居人上, 則當莊敬以臨下, 而不可驕矜; 爲人下, 則當恭謹以事上, 而不可悖亂; 在己之醜類等夷, 則當和順以處衆, 而不可爭競. 苟居上而驕, 則失道而取亡; 爲下而亂, 則犯分而致刑; 在醜而爭, 則啓釁而召兵. 曰驕·曰亂·曰爭,

三者不除, 而曰亡・曰刑・曰兵, 三者必至, 危亡之禍憂, 將及親, 其
爲不孝大矣. 雖曰具牛・羊・豕三牲之養, 自以爲盡禮, 親得安坐而
食乎? 故曰: "猶爲不孝也." 愚按: 此章以敬爲主, 則有前之善, 無後
之不善, 不敬者反是. 事親而欲盡孝者, 可不愛親而先盡敬乎?

이것은 불선함을 경계한 것이다. 자식이 부모를 섬기는 경우, 남의 윗자
리에 처해서는 마땅히 장엄함과 공경함을 아랫사람을 임해야 하고 교만
하거나 과시해서는 안 된다. 또 남의 아랫자리에 처해서는 마땅히 공손함
과 조심함으로 윗사람을 섬겨야 하며 어그러지거나 문란하게 해서는 안
된다. 자신과 동류의 무리들과 있게 되면 마땅히 좌화로움과 순종함으로
사람들을 대처해야 하며 다투어서는 안 된다. 만약 윗자리에 처해서 교만
하게 군다면 도를 잃게 되고 망하게 되며, 아랫자리에 처해서 문란하게
한다면 분수를 어기고 형벌을 받게 되고, 무리들과 있으면서 다투게 된다
면 틈을 벌려 칼부림을 불러오게 된다. 교만하다거나 문란하다거나 다툰
다거나 한 세 가지 것들을 제거하지 않으면, 망하고 형벌을 받으며 칼부
림을 불러온다고 한 세 가지가 반드시 이르게 될 것이며, 위태롭고 망하
게 되는 재앙이 장차 부모에게까지 미치게 되므로, 불효됨이 큰 것이다.
비록 날마다 소・양・돼지라는 세 가지 희생물을 갖춰서 봉양을 하여,
제 스스로 예법을 다한다고 여기더라도 부모가 편안히 앉아서 식사를 할
수 있겠는가? 그러므로 "오히려 불효가 된다."라 했다. 내가 생각하기에,
이 장은 공경을 위주로 하고 있는데, 앞에는 선이 있지만 뒤에는 불선함
이 나타나지 않는다. 그 이유는 공경하지 않는 자는 이와 반대로 하기
때문이다. 부모를 섬기며 효를 다하고자 하는 자가 부모를 사랑함에 먼저
공경을 다하지 않을 수 있겠는가?

附註 右第六章.
여기까지는 제 6장이다.

◇ 제 7 장(第七章)

【026】

子曰: "五刑之屬三千, 而罪莫大於不孝."

공자가 말하길, "오형의 부류는 삼천 가지이지만, 그 죄 중에는 불효보다
큰 것이 없다."라 했다.

> **大義** 五刑, 墨·劓·荆·宮·大辟五等之刑. 墨者, 刺字而涅以墨.
> 劓, 截其鼻. 荆, 斬其趾. 宮, 男子割勢, 婦人幽閉. 辟, 法也; 大法,
> 死刑也. 古用肉刑, 漢文帝始除之. 斬左趾者, 笞五百; 當劓者, 笞三
> 百, 率多死. 景帝又定律, 笞五百曰三百, 笞三百曰二百. 呂刑云: "墨
> 罰之屬千, 劓罰之屬千, 剕罰之屬五百, 宮罰之屬三百, 大辟之罰其
> 屬二百, 五刑之屬三千." 孔子蓋引此句以爲刑罰之條目, 雖如此其
> 多, 而罪之至大者, 無過於不孝. 則不孝者, 天地所不容也. 上章已
> 足爲天子·諸侯·卿大夫之戒矣, 於此又兼士·庶人之戒焉.

'오형(五刑)'은 묵형·의형·비형·궁형·대벽이라는 다섯 가지 형벌을
뜻한다. 묵형은 몸에 글자를 파서 검게 물들이는 것이다. 의형은 코를
자르는 것이다. 비형은 발꿈치를 자르는 것이다. 궁형은 남자의 경우 거세
를 하고 부인의 경우 유폐시키는 것이다. '벽(辟)'은 법을 뜻하니, 큰 법이라
는 것은 사형을 뜻한다. 고대에는 육형을 사용했는데, 한나라 문제 때가
되어서에 폐지했다. 좌측 발꿈치를 벨 죄에 해당하는 경우에는 태형 500대
로 했고, 의형에 해당하는 자는 태형 300대로 했는데, 대부분 죽었다.
경제 때에는 재차 율법을 정리하여, 태형 500대에 해당하는 경우에는 300
대로 했고, 태형 300대에 해당하는 경우에는 200대로 했다. 「여형」편에서
는 "묵벌에 속하는 것이 천 가지이고, 의벌에 속하는 것이 천 가지이며,
비벌에 속하는 것이 오백 가지이고, 궁벌에 속하는 것이 삼백 가지이며,
대벽의 벌에 속하는 것이 이백 가지이니, 오형에 속하는 것은 삼천 가지이

다."[1]라 했다. 공자는 아마도 이 구문을 인용하면서 형벌의 조목은 비록 이와 같이 많지만 죄 중에서도 지극히 큰 것으로는 불효보다 지나친 것이 없다고 여겼으니, 불효는 천지사이에서 용납할 수 없는 것이다. 앞 장에서는 이미 충분히 천자·제후·경과 대부에 대한 경계를 했으므로, 여기에서는 또한 사와 서인에 대한 경계까지도 겸해서 말한 것이다.

【027】

"要君者無上, 非聖人者無法, 非孝者無親, 此大亂之道也."[要平聲.]

계속하여 공자가 말하길, "군주에게 요구하는 자는 윗사람이 안중에 없는 것이고, 성인을 비방하는 자는 법도를 무시하는 것이며, 효를 비난하는 자는 부모가 안중에 없는 것이니, 이것은 크게 문란하게 되는 도이다."라 했다. ['要'자는 평성으로 읽는다.]

大義 此極言不孝之罪所以爲大. 君者, 臣之所稟令者也, 而敢於要脅之, 是無其上也. 聖人者, 法之所從出也, 而敢於非議之, 是無其法也. 人莫不有父母也, 而敢以孝道爲非, 是無其親也. 人必有親以生, 有君以安, 有法以治, 而後人道不滅, 國家不亂. 若三者皆無之, 此大亂之道也. 三者又以不孝爲首, 蓋孝則必忠於君, 必畏聖人之法矣. 惟其不孝, 不顧父母之養, 是以無君臣, 無上下, 詆毀法令, 觸犯刑辟, 不孝之罪蓋不容誅也.

이것은 불효의 죄가 큼이 되는 이유를 극언한 것이다. 군주는 신하가 명령을 받게 되는 대상인데 감히 요구하게 위협한다면 이것은 윗사람이 안

---

1) 『서』「주서(周書)·여형(呂刑)」: 墨辟疑赦, 其罰百鍰, 閱實其罪. 劓辟疑赦, 其罰惟倍, 閱實其罪. 剕辟疑赦, 其罰倍差, 閱實其罪. 宮辟疑赦, 其罰六百鍰, 閱實其罪. 大辟疑赦, 其罰千鍰, 閱實其罪. 墨罰之屬千, 劓罰之屬千, 剕罰之屬五百, 宮罰之屬三百, 大辟之罰, 其屬二百, 五刑之屬三千. 上下比罪, 無僭亂辭. 勿用不行, 惟察惟法, 其審克之.

중에 없는 것이다. 성인은 법도가 나오게 되는 대상인데, 감히 비방한다면 이것은 법도를 무시하는 것이다. 사람 중에 부모가 있지 않은 경우가 없는데, 감히 효도를 비방의 대상으로 삼는다면 이것은 부모가 안중에 없는 것이다. 사람은 반드시 부모가 있어야만 태어나게 되고, 군주가 있어야만 편안하게 되며, 법도가 있어야만 다스려지게 되며, 그런 뒤에야 인도가 없어지지 않고 국가가 혼란스럽게 되지 않는다. 만약 이 세 가지를 모두 무시하게 된다면 이것은 크게 혼란스럽게 되는 도가 된다. 세 가지 중에서는 또한 불효가 첫 번째가 되니, 효를 하게 되면 반드시 군주에게 충을 하게 되며, 반드시 성인의 법도를 외경하게 된다. 다만 불효를 한다면, 부모를 봉양하는 일을 돌아보지 않고, 이러한 까닭으로 군신의 구분과 상하의 질서를 무시하게 되며, 법령을 속이고 무너트리며, 형벌을 범하게 되니, 불효의 죄는 주살을 면치 못한다.

附註 右第七章.

여기까지는 제 7장이다.

◇ 제 8 장(第八章)

【028】

子曰: "敎民親愛, 莫先於孝. 敎民禮順, 莫先於弟. 移風易俗, 莫先於樂. 安上治民, 莫先於禮."

공자가 말하길, "백성들에게 친애함을 가르치는 데에는 효보다 뛰어난 것이 없다. 백성들에게 예법에 따라 순종하는 것을 가르치는 데에는 공손함보다 뛰어난 것이 없다. 풍속을 변화시키는 데에는 음악보다 뛰어난 것이 없다. 윗사람을 편안히 하고 백성들을 다스리는 데에는 예보다 뛰어난 것이 없다."라 했다.

大義 釋至德章旣言敎民以孝悌之事, 至此章又申言之, 而幷及乎禮·樂. 孝, 所以愛其親也, 故欲敎民以相親相愛, 則莫有善於孝者矣. 悌, 所以敬其長也, 故欲敎民以有禮而順, 則莫有善於悌者矣. 得其和之謂樂, 樂有鼓舞動蕩之意, 故欲移改其風變易其俗, 則莫有善於樂者矣. 得其序之謂禮, 禮有上下尊卑之分, 故欲上安其君, 下治其民, 則莫有善於禮者矣. 此四者蓋擧其要而言, 然孝·悌·禮·樂一本也. 此經本以孝爲要道, 而四者之中孝又爲要. 孝於親必悌於長, 孝悌之人, 心必和順. 和則樂也, 順則禮也. 四者相因而擧, 有則俱有矣.

지덕장(至德章)에서 이미 백성들을 효와 공손의 사안으로 가르치는 것을 언급하였는데, 이 장에 이르러 재차 언급을 하고 아울러 예와 악까지 언급하였다. 효는 부모를 사랑하는 것이다. 그렇기 때문에 백성들에게 서로 친애하기를 가르치고자 한다면, 효보다 좋은 것이 없다. 공손함은 어른을 공경하는 것이다. 그렇기 때문에 백성들에게 예를 갖춰 순종하는 것을 가르치고자 한다면 공손함보다 좋은 것이 없다. 조화로움을 갖추는 것을 '악(樂)'이라 부르는데, 음악에는 춤을 추며 움직이는 뜻이 포함되어 있다. 그렇기 때문에 풍속을 바꾸고 변화시키고자 한다면 음악보다 좋은 것이 없다. 질서를 갖추는 것을 '예(禮)'라 부르는데, 예에는 상하와 존비의 구분이 있다. 그렇기 때문에 위로 군주를 편안하게 하고 아래로 백성들을 다스리고자 한다면, 예보다 좋은 것이 없다. 이 네 가지는 중요한 것을 들어 말한 것이지만, 효·공손·예·악은 하나의 근본이다. 이곳 경문은 본래 효를 중요한 도로 삼고 있고, 네 가지 중에서도 효는 또한 중요한 것이 된다. 부모에게 효를 하는 자는 반드시 어른에게 공손하게 하며, 효와 공손을 시행하는 사람은 마음이 분명 조화롭고 유순하게 된다. 조화롭다면 음악을 갖춘 것이고, 순종한다면 예를 갖춘 것이다. 이 네 가지는 서로 연유하여 시행하니, 하나를 갖추게 된다면 모두 갖추는 것이다.

【029】

"禮者, 敬而已矣. 故敬其父則子悅, 敬其兄則弟悅, 敬其君則臣悅, 敬一人而千萬人悅. 所敬者寡, 而悅者衆, 此之謂要道."

계속하여 공자가 말하길, "예는 공경일 따름이다. 그러므로 자신의 부친에게 공경하면 자식이 기뻐하고, 자신의 형에게 공경하면 동생이 기뻐하며, 자신의 군주에게 공경하면 신하가 기뻐하니, 한 사람을 공경하면 모든 사람들이 기뻐한다. 공경을 받는 자는 적지만 기뻐하는 자는 많으니, 이것을 중요한 도라 부른다."라 했다.

大義 上文兼言孝·悌·禮·樂四者, 至此又獨歸重於禮, 至於言禮, 則又以敬爲主. 蓋父母於子一體而分, 愛易能而敬難盡, 故經雖以愛敬兼言, 而此獨言敬而以禮爲重者, 蓋其所以有序而和者, 未有不本於敬而能之也. 故又極推廣敬之功用. 蓋此心之敬, 隨寓而見, 以此之敬而敬人之父, 則凡爲之子者莫不悅矣; 以此之敬而敬人之兄, 則凡爲之弟者莫不悅矣; 以此之敬而敬人之君, 則凡爲之臣者莫不悅矣. 彼爲人子·爲人弟·爲人臣者, 本皆有敬父·敬兄·敬君之心, 而吾先有以敬之, 則深得其歡心矣. 此之敬加於一人, 而彼則千萬人悅. 所敬者寡而悅者衆, 所守者約而施者博, 此之謂要道也. 所以結一章之旨.

앞 문장에서는 효·공손·예·악이라는 네 가지를 겸해서 말했는데, 이곳에 이르러서는 또한 유독 예에 중점을 귀속시켰고, 예를 언급함에 이르러서는 또한 공경을 위주로 하고 있다. 무릇 부모와 자식은 하나의 몸에서 나뉘어진 것으로 사랑함은 쉽게 할 수 있지만 공경함은 다하기가 어렵다. 그렇기 때문에 경문에서는 비록 사랑과 공경을 겸해서 말했지만 이곳에서는 유독 공경을 언급하고 예를 중요한 것으로 삼았는데, 그 이유는 질서를 갖추면서도 조화를 이루는 것은 공경에 근본을 두지 않고서 가능한 경우가 없기 때문이다. 그래서 또한 공경의 공용에 대해 지극히도 미루어 넓힌 것이다. 이 마음에 있는 공경은 만다는 것에 따라서 드러나니, 이러한 공경으로 남의 부친을 공경한다면 모든 자식된 자들 중 기뻐하지 않는 자가 없게 된다. 또 이러한 공경으로 남의 형을 공경한다면 모든 동생된 자들 중 기뻐하지 않는 자가 없게 된다. 또 이러한 공경으로 군주를 공경한다면 모든 신하된 자들 중 기뻐하지 않는 자가 없게 된다. 저 남의 자식이나 남의 동생이나 남의 신하가 되는 자들도 본래는 모두 부친을 공경하고 형을 공경하며 군주를 공경하는 마음을 갖추고 있는데, 내가 먼저 그들을 공경하게 된다면 깊이 그들의 기뻐하는 마음을 얻을 수 있다. 이러한 공경이 한 사람에게 더하지게 되지만 저들은 수많은 사람들이 기뻐하게 된다. 공경을 받는 대상은 적지만 기뻐하는 자가 많고, 지키는 것은 간략하지만 펼쳐지는 것은 넓으니, 이것을 중요한 도라고 부른다. 이것은 1장의 뜻을 결론 맺은 것이다.

附註 "道"下, 今文有"也"者.
'도(道)'자 뒤에 『금문본』에는 '야(也)'자가 기록되어 있다.

附註 右第八章.
여기까지는 제 8장이다.

◇ 제 9 장(第九章)

【030】

子曰: "君子之教以孝也, 非家至而日見之也. 教以孝, 所以敬天下之
爲人父者也. 教以弟, 所以敬天下之爲人兄者也. 教以臣, 所以敬天
下之爲人君者也. 詩云: '愷悌君子, 民之父母.' 非至德, 其孰能順民
如此其大者乎?"

공자가 말하길, "군자가 효로써 가르치는 것은 집집마다 찾아가서 날마다
만나보는 것이 아니다. 효로 가르치는 것은 천하의 부친인 자를 공경하는
것이다. 공손으로 가르치는 것은 천하의 형인 자를 공경하는 것이다. 신
하의 도의로 가르치는 것은 천하의 군주인 자를 공경하는 것이다. 『시』
에서는 '화락하고 너그러운 군자여 백성들의 부모로다.'[1]라 했다. 지극한
덕이 아니라면 그 누가 백성들을 따르게 함에 이와 같이 위대하게 할
수 있겠는가?"라 했다.

大義 夫子言君子之教人以孝也, 非必家至而戶到, 耳提而面命之
也, 亦在施得其要而已. 必教之以孝, 使凡爲子者皆知盡事父之道,
卽所以敬天下之爲人父者也; 教之以悌, 使凡爲人弟者皆知盡事兄
之道, 卽所以敬天下之爲人兄者也; 教之以臣, 使凡爲人臣者皆知盡
事君之道, 卽所以敬天下之爲人君者也. 蓋致吾之敬者終有限, 惟能
使人各自致其敬者斯無窮也. 又引泂酌之詩曰, 君子有如此愷悌之
德, 民愛之如父母, 蓋能以至德爲教, 順天下之心, 故其效如此其大
也.

공자가 말하길, 군자가 사람들을 효로 가르칠 때에는 반드시 집집마다
찾아가 방문에 이르러 귀를 끌어다가 면전에서 명령하는 것이 아니니,

---

1) 『시』「대아(大雅)·형작(泂酌)」: 泂酌彼行潦, 挹彼注茲, 可以餴饎. <u>豈弟君子,
民之父母</u>.

또한 시행함에 그 요점을 얻는 것에 달려 있을 따름이다. 반드시 효로 가르쳐서 모든 자식된 자들로 하여금 모두들 부모를 섬기는 도를 다할 줄 알게 하는 것은 곧 천하의 부친인 자를 공경하는 것이다. 또 공손으로 가르쳐서 모든 동생된 자들로 하여금 모두들 형을 섬기는 도를 다할 줄 알게 하는 것은 곧 천하의 형인 자들을 공경하는 것이다. 또 신하의 도의로 가르쳐서 모든 신하된 자들로 하여금 모두들 군주를 섬기는 도를 다할 줄 알게 하는 것은 곧 천하의 군주인 자를 공경하는 것이다. 나의 공경을 지극히 하는 것에 있어서는 끝내 제한이 있지만 사람들로 하여금 각자 스스로 그 공경을 지극히 하게 할 수 있는 것에는 다함이 없다. 또 「형작」편의 시를 인용하여, 군자는 이와 같은 화락하고 너그러운 덕을 가지고 있어서 백성들이 사랑하길 마치 부모에 대한 경우처럼 한다고 했으니, 지극한 덕을 가르침을 숨어서 천하의 마음을 순종시킬 수 있기 때문에 그 효과가 이와 같이 큰 것이다.

附註 "父者"·"兄者"·"君者"下, 古文無"也"字.
'부자(父者)'·'형자(兄者)'·'군자(君者)'자 뒤에 『고문본』에는 '야(也)'자가 없다.

附註 右第九章.
여기까지는 제 9장이다.

◊ 제 10 장(第十章)

【031】

子曰: "君子之事親孝, 故忠可移於君. 事兄悌, 故順可移於長. 居家理, 故治可移於官. 是以行成於內, 而名立於後世矣."[長上聲. 行去聲.]

공자가 말하길, "군자는 부모를 섬기길 효로써 하기 때문에 충을 군주에게로 옮길 수 있다. 또 형을 섬기길 공손으로써 하기 때문에 순종함을 어른에게로 옮길 수 있다. 집에 거처함에는 집안을 다스리기 때문에 다스림을 관직으로 옮길 수 있다. 이러한 까닭으로 행실이 안에서 완성되어 명성을 후세에 떨치게 된다.[長자는 상성으로 읽는다. '行'자는 거성으로 읽는다.]

大義 名, 非君子所尙也. 又曰: "君子疾沒世而名不稱焉." 聖人豈教人以好名哉? 名者, 實之賓, 有其實者必有其名. 苟沒世而名不見稱, 則是終其身無爲善之實矣, 是以君子疾之. 苟疾其名之不稱, 當常恐其實之不至而孜孜勉焉, 可也. 夫子於此廣其義, 以終經言立身揚名之旨. 謂爲君子者之於事親, 苟極其孝矣, 以孝事君則忠, 故忠可移於君; 事兄苟極其悌矣, 以敬事長則順, 故順可移於長; 居家苟極其理矣, 惟孝友于兄弟, 克施有政, 故治可移於官. 事君者, 事親之推也. 事長者, 事兄之推也. 居官者, 居家之推也. 根固者葉必茂, 源深者流必長, 膏沃者光必燁, 是以孝悌之行成於內, 忠順之道達於外. 君子務實, 雖不求名, 而州閭鄕黨稱其孝, 兄弟親戚稱其慈, 僚友稱其悌, 執友稱其仁, 交遊稱其信, 不惟譽藹於一時, 而且名立於後世矣. 舜在側微, 又處頑父 · 嚚母 · 傲弟之間, 而能和以孝道, 是以帝堯聞之, 四岳擧之, 天下君之, 萬世師之, 豈有他哉? 孝悌而已矣. 所謂以顯父母者, 豈有過於此哉?

명성은 군자가 숭상하는 것은 아니다. 또 말하길, "군자는 종신토록 이름이 일컬어지지 않는 것을 싫어한다."[1]라 했다. 그런데 성인은 어찌하여 사람들에게 명성을 좋아하는 것으로 가르쳤는가? 명성이라는 것은 실질의 객체이고, 실질을 가지고 있는 자는 반드시 그에 걸맞은 명성을 가지고 있다. 만약 죽을 때까지 명성이 드러나거나 일컬어지지 않는다면 그는 종신토록 선을 행한 실질이 없는 것이다. 이러한 까닭으로 군자가 그러함을 미워했던 것이다. 만약 그 명성이 일컬어지지 않는 것을 미워한다면 마땅히 항상 실질이 지극하지 못함을 두려워하여 열심히 노력해야만 한다. 공자는 여기에서 그 뜻을 넓혀서 경문에서 입신양명한다고 말한 뜻을 마무리한 것이다. 즉 군자된 자는 자신의 부모를 섬기는 일에 있어서 진실로 그 효를 지극히 하니, 이러한 효로써 군주를 섬긴다면 충이 된다. 그렇기 때문에 충을 군주에게로 옮길 수 있는 것이다. 또 형을 섬김에 진실로 그 공손함을 지극히 하니, 이러한 공경으로 어른을 섬긴다면 순종함이 된다. 그렇기 때문에 순종을 어른에게로 옮길 수 있다. 또 집에 머물며 진실로 그 다스림을 지극히 하니, 형제 사이에서 효와 우애를 실천하여 정사를 펼칠 수 있기 때문에 다스림을 관직으로 옮길 수 있는 것이다. 군주를 섬기는 것은 부모 섬기는 것을 미룬 것이다. 어른을 섬기는 것은 형 섬기는 것을 미룬 것이다. 관직에 머무는 것은 집에 머무는 것을 미룬 것이다. 뿌리가 단단한 것은 잎도 반드시 무성하고, 근원이 깊은 것은 흐름도 반드시 길며, 기름지고 비옥한 것은 광채가 반드시 빛나게 된다. 이러한 까닭으로 효와 공손의 행실을 안에서 완성하여 충순의 도가 밖으로 통하게 되는 것이다. 군자는 실질에 힘쓰니 비록 명성을 구하지 않지만 마을과 향당에서는 그의 효를 칭송하고, 형제와 친척은 그의 자애로움을 칭송하며, 동료와 벗들은 그의 공손함을 칭송하고, 친우들은 그의 인함을 칭송하며, 교류하는 자들은 그의 신의를 칭송하니, 그 명예가 한 시기에만 무성할 뿐만 아니라 명성이 후세에도 전해지게 된다. 순임금은 미천한 신분이었고 또 완악한 부친과 간사한 모친과 오만한 동생 사이에 처했음에도 효도로 화합시킬 수 있었다. 이러한 까닭으로 요임금이 그 소문을 듣고 사악이 그를 천거하며 천하가 그를 군주로 삼고 모든 세대에

---

1) 『논어』「위령공(衛靈公)」 : 子曰, "君子疾沒世而名不稱焉."

서 그를 스승으로 삼았는데, 어찌 다른 이유가 있어서였겠는가? 효와 공
손일 따름이다. 이른바 부모를 드러낸다는 것에 어찌 이보다 더한 것이
있겠는가?

附註 右第十章.
여기까지는 제 10장이다.

◇ 제 11 장(第十一章)

【032】

子曰: "閨門之內, 具禮矣乎! 嚴父嚴兄, 妻子臣妾, 猶百姓徒役也."

공자가 말하길, "규문 안에 예가 갖춰져 있구나! 엄존한 부친이 있고 엄존한 형이 있으며 처자가 있고 신첩이 있으니, 이것은 백성과 하인이 있는 것과 같다."라 했다.

大義 此因上章言以治家之道而推之於一國, 此章又以治國之道而施之於一家. 蓋閨門之內, 恩常掩義, 至於治國之道, 則以義而斷恩. 傳者之意, 恐其閨門之內狃恩恃愛, 易以流於親愛昵比之私, 故謂雖處閨門之內, 一國之理實具焉. 嚴父, 有君之道, 嚴兄, 有長之道, 妻子臣妾, 卽百姓徒役也. 以此施之, 則義有以制私, 尊卑內外整整然其有條理矣. 此實治國之要道也.

이것은 앞 장에서 집을 다스리는 도를 한 나라에 미루어 나간다고 말한 것에 따라서, 이 장에서는 또한 나라를 다스리는 도를 한 집에서 시행하는 것을 언급하였다. 규문 안에서는 은혜로움이 항상 의로움을 가리게 되는데, 나라를 다스리는 도에 있어서는 의로움으로 은혜로움을 재단한다. 전문을 기록한 자의 뜻은 아마도 규문 안에서 은혜로움을 친압하고 사랑함만을 믿고서 지나치게 친애하고 가까워지는 사사로움으로 쉬이 흘러갈 것을 염려한 것이다. 그렇기 때문에 비록 규문 안에 처해 있더라도 한 나라를 다스리는 실질이 갖춰져 있다고 말한 것이다. 엄존한 부친은 군주의 도를 갖추고 있고, 엄존한 형은 어른의 도를 갖추고 있으며, 처자와 신첩은 백성과 하인에 해당한다. 이것으로 그들에게 시행한다면 의로움이 사사로움을 제어하게 되어, 존비와 내외의 구분이 가지런하여 조리를 갖추게 된다. 이것은 실제로 나라를 다스리는 중요한 도이다.

여기까지는 제 11장이다.

附註 朱子曰: 此因上章三可移而言. 嚴父, 君也, 嚴兄, 長也, 妻子
臣妾, 臣也.

주자가 말하길, 이것은 앞 장에서 세 가지를 옮길 수 있다고 한 것에 연유
하여 말한 것이다. 엄존한 부친은 군주에 해당하고, 엄존한 형은 어른에
해당하며, 처자와 신첩은 신하에 해당한다.

◇ 제 12 장(第十二章)

【033】

曾子曰: "若夫慈愛·恭敬·安親·揚名, 則聞命矣. 敢問子從父之令, 可謂孝乎?"[夫音扶. 令去聲, 今文作則.]

증자가 말하길, "자애로움과 공경함과 부모를 편안히 하는 것과 이름을 드날리는 것에 있어서는 가르침을 들었습니다. 감히 묻겠습니다. 자식이 부친의 명령을 따르기만 한다면 이것을 효라고 할 수 있습니까?"라 했다. [夫'자의 음은 '扶(부)'이다. '令'자는 거성으로 읽는데, 『금문본』에서는 '則'자로 기록했다.]

大義 夫子教曾子以孝, 曾子一歎孝之大, 次問無以加於孝, 夫子皆詳告之. 孝之始終備矣, 惟幾諫一節言之未及, 曾子於是包攝夫子之所已言者, 謂若夫慈愛·恭敬·安親·揚名, 凡此之道則既得聞夫子之教命矣. 敢問爲人子者一以順從爲孝? 然則父母有命令, 將不問可否而悉從之, 然後可以爲孝乎? 此曾子之善問也. 慈愛, 如養致其樂, 恭敬, 如居致其敬, 安親, 不近兵刑, 揚名, 如立身行道, 揚名於後世之類.

공자는 증자에게 효를 가르쳐주어, 증자는 한 차례 효의 큼에 대해 탄식을 하였고, 그 다음으로 효에 더할 것이 없는지를 물어보았는데, 공자가 모두에 대해 상세히 일러주었다. 효의 시작과 끝에 대해 상세히 설명을 했지만 은미하게 간언하는 한 절에 대해서는 언급을 하지 않았기 때문에 증자가 이에 공자가 이미 언급해준 것을 포괄해서 "자애로움과 공경함과 부모를 편안히 하는 것과 이름을 드날리는 것에 있어서, 이러한 도에 대해서는 이미 선생님의 가르침을 들을 수 있었습니다. 그런데 감히 묻겠으니, 사람의 자식된 자가 한결같이 순종하는 것만을 효로 삼아야 합니까? 그렇다면 부모가 명령을 하면 그것의 옳고 그름을 따지지 않고 모두 따른 뒤에야 효라 할 수 있습니까?"라 한 것이니, 이것은 증자의 좋은 질문이다. 자애는 봉양하며 즐거움을 지극히 하는 것과 같고, 공경은 거처할 때 공경을 지극히 하는 것과 같으며, 부모를 편안히 하는 것은 싸움과 형벌을 가까이 하지 않는 것ㅇ티고, 이름을 드날리는 것은 입신하여 도를 시행해서 후세에 이름을 드날리는 부류와 같다.

問子從父之令, "問"下, 古文無"子"字.

'문자종부지령(問子從父之令)'이라고 했는데, '문(問)'자 뒤에 『고문본』에는 '자(子)'자가 없다.

【034】

子曰: "是何言歟! 是何言歟! 昔者天子有爭臣七人, 雖無道, 不失其天下. 諸侯有爭臣五人, 雖無道, 不失其國. 大夫有爭臣三人, 雖無道, 不失其家. 士有爭友, 則身不離於令名. 父有爭子, 則身不陷於不義. 故當不義, 則子不可以不爭於父, 臣不可以不爭於君. 故當不義則爭之, 從父之令, 又焉得爲孝乎?"[與平聲. 爭諍同. 離·令, 並去聲. 焉, 於虔反.]

공자가 말하길, "이것은 무슨 말인가! 이것은 무슨 말인가! 옛날에는 천자에게 간언을 해주는 신하 7명이 있다면 비록 무도하더라도 천하를 잃지는 않았다. 또 제후에게 간언을 해주는 신하 5명이 있다면 비록 무도하더라도 나라를 잃지는 않았다. 또 대부에게 간언을 해주는 신하 3명이 있다면 비록 무도하더라도 가를 잃지는 않았다. 또 사에게 간언을 해주는 벗이 있다면 그 몸은 아름다운 명예에서 멀어지지 않았다. 또 부친에게 간언을 해주는 자식이 있다면 그 몸은 불의에 빠지지 않았다. 그렇기 때문에 의롭지 못한 것에 해당한다면 자식은 부친에게 간언을 하지 않아서는 안 되고, 신하는 군주에게 간언을 하지 않아서는 안 된다. 그렇기 때문에 의롭지 못한 것에 해당한다면 간언을 해야 하니, 부친의 명령에만 따르는 것이 어찌 효가 될 수 있겠는가?"라 했다. ['與'자는 평성으로 읽는다. '爭'자는 '諍(쟁)'자와 같다. '離'자와 '令'자는 모두 거성으로 읽는다. '焉'자는 '於(어)'자와 '虔(건)'자의 반절음이다.]

大義 見非而從, 成父不義, 有害於孝, 理所不可, 夫子故重言"是何言與"以戒之. 謂以從父之令爲孝, 是何等言, 不可以訓也. 曾子本以從父之令爲問, 夫子又推而廣之, 自天子至於庶人, 爲臣子者見君父之過, 皆不可以苟順而不諫諍. 故昔者, 天子必有爭臣七人, 則雖無道, 亦可以不失其天下; 諸侯必有諍臣五人, 則雖無道, 亦可以不失其國; 大夫必有諍臣三人, 則雖無道, 亦可以不失其家. 天子有天下四海之大, 萬幾之繁, 善則億兆蒙其福, 不善則宗社受其禍, 故必有諫諍之臣以救其過而後可. 古者立誹謗之木, 設敢諫之鼓, 大開言路, 廣集忠益, 諍臣豈止七人而已哉? 夫子姑約而言之耳. 若次於天子爲諸侯, 又次於諸侯爲大夫, 國小於天下, 其事必簡, 故五人而可. 家小於國, 其事又簡, 故三人而可. 其實諫不厭多, 非必以數拘也. 下至於士則無臣, 未爲大夫則無家, 所有者身, 所賴者友, 故士以友諍, 則身不離其令名, 父以子諍, 則身不陷於不義. 人之大倫有五, 君臣 · 父子, 爲之首, 而朋友居其末. 君臣 · 朋友皆以人合, 惟父子爲天屬之親. 臣之忠愛其君者, 以道事君, 不可則止. 友之忠愛其友者, 忠告而善道之, 亦不可則止. 若子之於父, 無可止之義. 故曰: "君有過則諫, 三諫而不聽則去; 親有過則諫, 三諫而不聽, 則號泣而隨之." 又曰: "事父母幾諫, 見志不從, 又敬不違, 勞而不怨. 起敬起孝, 悅則復諫." 積誠以感動之, 必其從而後已. 此則人子愛親之至, 終欲其歸於至善. 又有非臣與友之所得爲者. 自士以下, 雖謂庶人, 然天子 · 諸侯 · 大夫 · 士之子均爲子也, 均愛父也, 父若有過, 子必幾諫無諛之諍臣 · 諍友可也. 夫子是以總言之, 曰: "故當不義, 則子不可以弗爭於父, 臣不可以弗爭於君." 先父子而後君臣, 其旨深矣. 又曰: "故當不義則爭之, 從父之令又焉得爲孝乎?" 所以結一章之旨, 而終言"是何言與"之義也.

잘못됨을 보고도 따르는 것은 부친을 의롭지 못하게 만들어 효에 해가 되며 이치상 할 수 없는 것이다. 공자가 이러한 이유로 인해 거듭해서

"이것은 무슨 말인가."라고 말하여 경계를 한 것이다. 즉 부친의 명령에 따르기만 하는 것을 효로 삼는다고 하니 이것은 무슨 말인가? 가르침으로 삼을 수 없다는 말이다. 증자는 본래 부친의 명령에 따르는 것으로 질문을 하였는데, 공자는 또한 그것을 미루어 확대해서 천자로부터 서인에 이르기까지 신하와 자식된 자가 군주와 부친의 잘못을 보게 된다면 모두 구차하게 순종하며 간언을 하지 않을 수 없다고 한 것이다. 그러므로 옛날에 천자가 반드시 간언을 해주는 신하 7명을 두었다면 비록 무도하더라도 천하를 잃지 않을 수 있다. 또 제후가 반드시 간언을 해주는 신하 5명을 두었다면 비록 무도하더라도 나라를 잃지 않을 수 있다. 대부가 반드시 간언을 해주는 신하 3명을 두었다면 비록 무도하더라도 가를 잃지 않을 수 있다고 한 것이다. 천자는 천하와 사해의 큼과 번다한 모든 기미를 갖게 되니, 선하게 한다면 모든 백성드이 그 복을 받게 되며 선하지 못하면 종묘와 사직이 그 재앙을 받게 된다. 그렇기 때문에 반드시 간언을 해주는 신하를 두어서 잘못을 구원한 이후에야 옳게 될 수 있다. 옛날에 비방을 호소하는 나무를 세우고 간언을 감행할 수 있는 북을 설치하여 언로를 크게 열고 충심이 담겨 있고 보탬이 되는 말들을 널리 채집하였으니, 간언을 해주는 신하가 어찌 7명에 지나지 않았겠는가? 공자가 일부러 간략히 설명해준 것일 뿐이다. 천자의 다음이 되는 자는 제후이고, 제후의 다음이 되는 자는 대부인데, 나라는 천하보다 작고 그 사안도 분명 상대적으로 간략하다. 그렇기 때문에 5명이면 된다. 가는 나라보다 작고 그 사안 또한 더더욱 간략하기 때문에 3명이면 된다. 그러나 실질은 간언하는 자는 많다고 해서 싫은 것은 아니니 반드시 숫자에 구애될 필요는 없다. 아래로 사에 이르게 되면 신하가 없고 아직 대부가 되지 않았다면 가가 없으니, 가지고 있는 것은 자신의 몸이고 의지하는 것은 벗이다. 그렇기 때문에 사가 벗을 통해 간언을 듣는다면 그 몸은 아름다운 명성에서 멀어지지 않을 것이고, 부친이 자식을 통해 간언을 듣는다면 그 몸은 불의한데 빠지지 않을 것이다. 사람의 큰 인륜에는 다섯 가지가 있는데,

군신과 부자관계가 그것들의 으뜸이 되고, 벗의 관계는 그 말단에 놓여있다. 군신관계와 벗의 관계는 모두 남과 관계를 맺는 것인데 오직 부잔관계만이 천속의 친함이 된다. 신하가 자신의 군주에게 충과 사랑을 하는 것은 도로 군주를 섬기는 것이며 그것이 불가하다면 그친다. 벗이 자신의 벗에게 충과 사랑을 하는 것은 충심으로 일러주고 선히 인도하는 것이며 또한 그것이 불가하다면 그친다. 자식과 부친의 관계에서는 그칠 수 있는 도의가 없다. 그렇기 때문에 "군주에게 잘못이 있으면 간언을 하고, 세 차례 간언을 했는데도 따르지 않는다면 떠난다. 부모에게 잘못이 있으면 간언을 하고, 세 차례 간언을 했는데도 따르지 않는다면 울부짖으며 따른다."라 했고, 또 "부모를 섬길 때에는 은미하게 간언을 하며, 뜻을 따라주지 않음을 보더라도 또한 공경하여 어기지 말며 수고롭더라도 원망하지 않는다. 공경을 일으키고 효를 일으키며 기뻐한다면 재차 간언한다."라 했다. 따라서 정성을 쌓아 감동을 시켜서 반드시 따르게 된 이후에야 그친다. 이것은 자식된 자가 부모를 사랑함이 지극한 것이며 끝내 지극한 선으로 귀의시키고자 함이다. 또 신하나 벗이 할 수 있는 있는 것이 아니다. 사로부터 그 이하의 계층을 비록 서인이라 하지만, 천자·제후·대부·사의 자식은 모두 자식의 신분이 되며, 그들은 모두 부친을 사랑한다. 부친에게 만약 잘못이 있다면 자식은 반드시 은미하게 간언을 하여, 간언을 해주는 신하나 벗에게만 맡기지 않아야 옳다. 공자는 이러한 까닭으로 총괄해서 말하길, "그러므로 의롭지 못한 것에 해당한다면 자식은 부모에게 간언을 하지 않아서는 안 되며, 신하는 군주에게 간언을 하지 않아서는 안 된다."라 했다. 부자관계를 먼저 언급하고 군신관계를 뒤에 언급하였으니, 그 뜻이 심오하다. 또 "그러므로 의롭지 못한 것에 해당한다면 간언을 해야 하니, 부친의 명령에만 따르는 것이 어찌 효가 될 수 있겠는가?"라 했다. 이것은 한 장의 뜻을 맺어서 "이것은 무슨 말인가."라고 한 뜻을 결론 맺어 말한 것이다.

附註 右第十二章.

여기까지는 제 12장이다.

◎ 제 13 장(第十三章)

【035】

子曰: "昔者明王事父孝, 故事天明. 事母孝, 故事地察. 長幼順, 故上
下治. 天地明察, 神明彰矣. 故雖天子, 必有尊也, 言有父也. 必有先
也, 言有兄也. 宗廟致敬, 不忘親也. 修身愼行, 恐辱先也. 宗廟致敬,
鬼神著矣. 孝悌之至, 通於神明, 光乎四海, 無所不通. 詩云: '自西自
東, 自南自北, 無思不服.'"[長上聲. 行去聲.]

공자가 말하길, "옛날에 명철한 군주는 부친을 효로 섬겼기 때문에 하늘을
밝음으로 섬겼다. 모친을 효로 섬겼기 때문에 땅을 살핌으로 섬겼다. 장유
관계에서는 순종하였기 때문에 상하관계가 다스려졌다. 하늘과 땅에 대해
밝고 살핌으로 섬기면 신명이 드러난다. 그렇기 때문에 비록 천자라 하더
라도 반드시 존귀하게 높이는 대상이 있으니, 부친이 있음을 말하는 것이
며, 반드시 우선해야 할 대상이 있으니, 형이 있음을 말하는 것이다. 종묘
에서 공경을 지극히 하는 것은 부모를 잊지 않기 위해서이다. 몸을 닦고
행실을 신중히 하는 것은 선조를 욕보이게 될까 염려하기 때문이다. 종묘
에서 공경을 지극히 하면 귀신이 드러난다. 효와 공손의 지극함은 선명과
통하고 사해에 밝게 드러나서 통하지 않는 것이 없기 때문이다. 『시』에서
는 '서쪽에서부터 동쪽에 이르기까지, 남쪽에서 북쪽에 이르기까지, 복종
하지 않으려고 마음 먹은 자가 없다.'[1]라 했다. [長'자는 상성으로 읽는다. '行'
자는 거성으로 읽는다.]

大義 易曰: "乾, 天也, 故稱乎父. 坤, 地也, 故稱乎母." 父有天道,
母有地道, 王者, 繼天作子, 父天母地, 凡其所以事天地之道, 亦不外
事父母之道而已. 天人幽顯之道, 一也, 能事人則能事神矣. 事父孝,
故事天明, 能事父以孝, 則其事天也必明矣. 事母孝, 故事地察, 能事
母以孝, 則其事地也必察矣. 此明察二字, 亦是就前章天經地義一句

---

1) 『시』 「대아(大雅)·문왕유성(文王有聲)」 : 鎬京辟廱, <u>自西自東, 自南自北, 無</u>
<u>思不服</u>. 皇王烝哉.

引來. 孔子曰: "明於天之道, 而察於民之故." 孟子曰: "舜明於庶物, 察於人倫." 大抵經是總言其大者, 義是中間事物, 纖悉曲折之宜. 董子所謂常經通義, 亦是此意. 惟其爲天之經也, 所以事父孝, 故事天明. 惟其爲地之義也, 所以事母孝, 故事地察. 明字氣象大, 聰明睿智, 無所不照. 察則工夫細, 文理密察, 無所不周. 長幼順, 蓋就事父母推之, 上下治, 蓋就事天地推之. 長幼尊卑無一不順其序, 則人道盡矣. 極其孝, 則三光全, 寒暑平, 而天道淸矣, 山川鬼神亦莫不寧, 鳥獸魚鼈咸若, 而地道寧矣. 所謂神明者, 卽造化之功用也. 事天地而至於如此, 豈不洋洋如在其上, 如在其左右乎? 此亦昔者明王之事如此, 後之爲天子者所宜取法也. 必有尊也, 言有父也, 因事父事母孝二句. 必有先也, 言有兄也, 因長幼順一句. 誰無父母? 皆可爲孝. 誰無兄長? 皆可爲悌. 又推而上之, 不特事父兄爲然, 至於奉宗廟事先祖, 亦莫不然, 但須盡吾立身之道而已. 脩身愼行, 此是事親之始終, 不出於此. 故爲人子, 一擧足而不敢忘父母, 一出言而不敢忘父母, 惟恐一言一行之玷, 以辱其親. 若其事宗廟致敬, 其彰著尤可見, 其實皆自充吾一念之孝悌, 而至其極, 則其幽也可以通於神明, 其顯也可以光于四海, 其無所不通, 故引文王有聲之詩以贊之. 嗚呼! 是道非仁孝誠敬之至, 豈足以與於此哉? 天人之道昭矣! 感應之理微矣! 讀是章者, 必有以深體而默識之.

『역』에서는 "건은 하늘이므로 부친이라 칭한다. 곤은 땅이므로 모친이라 칭한다."[2]라 했다. 부친에게는 하늘의 도가 있고 모친에게는 땅의 도가 있다. '왕(王)'은 하늘을 계승하여 자식이 된 자로 하늘을 부친으로 삼고 땅을 모친으로 삼으니, 무릇 천지를 섬기는 도는 또한 부모를 섬기는 도에서 벗어나지 않을 따름이다. 하늘과 사람, 그윽한 저 세상과 밝게 드러나는 현 세상의 도는 동일하니, 사람을 잘 섬길 수 있다면 신도 잘 섬길 수 있다. 부친을 효로 섬기기 때문에 하늘을 밝음으로 섬긴다는 것은 부

---

2) 『역』 「설괘전(說卦傳)」 : 乾, 天也, 故稱乎父, 坤, 地也, 故稱乎母.

친을 효로써 섬길 수 있다면 하늘을 섬김에 있어서도 반드시 밝게 된다는 뜻이다. 모친을 효로써 섬기기 때문에 땅을 살핌으로 섬긴다는 것은 모친을 효로써 섬길 수 있다면 땅을 섬김에 있어서도 반드시 잘 살핀다는 뜻이다. 여기에 나온 '명(明)'과 '찰(察)'이라는 두 글자는 또한 앞에서 '천경지의(天經地義)'라고 한 구문에 나아가 끌어온 것이다. 공자는 "하늘의 도를 밝히고 백성들의 연고를 살핀다."³⁾라 했다. 맹자는 "순임금은 여러 사물의 이치에 밝았고 인륜에서 살폈다."⁴⁾라 했다. 대체로 '경(經)'은 그 큼에 대해 총괄해서 말한 것이고, '의(義)'는 중간에 있는 사물의 세밀하고 자세한 마땅한 도리에 해당한다. 동자가 말한 '상경통의(常經通義)'이라 한 것 또한 이러한 뜻에 해당한다. 다만 효는 하늘의 경이 되기 때문에 부친을 효로 섬기므로 하늘을 밝음으로 섬기는 것이다. 또 효는 땅의 의가 되기 때문에 보친을 효로 섬기므로 땅을 살핌으로 섬기는 것이다. 명(明)은 기상이 큰 것으로 총명하고 지혜로워 비춰주지 않는 것이 없다. 살핀다는 것은 공부가 세밀한 것으로, 문장과 조리 상세하고 밝게 분별함에 두루하지 않음이 없는 것이다. 장유관계에서 순종한다는 것은 부모를 섬기는 것에 나아가 미루어 말한 것이고, 상하관계가 다스려진다는 것은 천지를 섬기는 것에 나아가 미루어 말한 것이다. 장유관계과 존비관계에 하나라도 그 질서를 따르지 않음이 없다면 인도가 다하게 된다. 그 효를 지극히 하면 삼광이 온전해지고 추위와 더위가 균평해지며 하늘의 도가 맑아지니, 산천과 귀신 또한 편안하지 않음이 없고 조수와 어별 모두 제 본성대로 하여 땅의 도가 편안하게 된다. 이른바 '신명(神明)'이라는 것은 조화의 공용에 해당한다. 천지를 섬기며 이와 같이 되는 경지에 도달한다면 어찌 아름답고 융성하게 그 위에 있는 것과 같고 또

---

3) 『역』「계사상(繫辭上)」: 是以明於天之道, 而察於民之故, 是興神物, 以前民用, 聖人, 以此齋戒, 以神明其德夫.

4) 『맹자』「이루하(離婁下)」: 孟子曰, "人之所以異於禽獸者幾希, 庶民去之, 君子存之. 舜明於庶物, 察於人倫, 由仁義行, 非行仁義也."

그 좌우에 있는 것과 같지 않겠는가? 이것은 또한 옛날에 명철한 군주가 섬길 때에는 이와 같이 하였으니, 후대의 천자가 된 자는 마땅히 법도로 취해야 할 것이다. 반드시 존귀하게 높이는 대상이 있으니 부친이 있음을 말한다고 했는데, 부친을 효로 섬기고 모친을 효로 섬긴다고 한 두 구문 으로 인해 말한 것이다. 반드시 우선해야 할 대상이 있으니, 형이 있음을 말하는 것이라고 했는데, 장유관계에서 순종한다고 한 구문으로 인해 말 한 것이다. 그 누구에게 부모가 없겠는가? 그러므로 모두 효를 할 수 있 다. 또 그 누구에게 형이나 어른이 없겠는가? 그러므로 모두 공손을 행할 수 있다. 또 이것을 미루어 위로 올라가면 단지 부모나 형을 섬기는데 이러할 뿐만 아니며, 종묘를 받들고 선조에게 제사를 지내는 것에 있어서 도 이러하지 않음이 없다. 다만 나 자신을 입신하는 도를 다할 따름이다. 몸을 닦고 행실을 신중히 한다는 것은 부모를 섬기는 시작과 끝이 여기에 서 벗어나지 않는다. 그렇기 때문에 자식된 자가 한 차례 발을 뗄 때에도 감히 부모에 대해 잊지 않으며, 한 차례 말을 내뱉을 때에도 감히 부모에 대해 잊지 않으니, 한 마디 말과 한 가지 행실의 오점이 부모를 욕되게 할까 염려하기 때문이다. 만약 종묘에서 제사를 지녀매 공경을 지극히 하면 신명이 밝게 드러나는 것을 더더욱 잘 볼 수 있게 되는데, 실질은 모두 내 일념의 효와 공손을 확충하여 그 지극함에 이르게 되면 그윽한 세상에 있어서는 신명과 통할 수 있고, 밝은 세상에 있어서는 사해에 비 출 수가 있어 통하지 않음이 없게 되기 때문이다. 그래서 「문왕유성」편 의 시를 인용하여 찬미한 것이다. 오호라! 이 도는 인·효·성·경의 지 극함이 아니라면 어떻게 이러한 일에 참여할 수 있겠는가? 하늘과 사람 의 도가 밝음이여! 감응하는 이치의 은미함이여! 이 장을 읽는 자들은 반드시 깊에 체찰하고 묵묵히 터득해야만 한다.

附註 右第十三章.
여기까지는 제 13장이다.

【036】

子曰: "君子之事上也, 進思盡忠, 退思補過, 將順其美, 匡救其惡, 故上下能相親也. 詩云: '心乎愛矣, 遐不謂矣. 中心藏之, 何日忘之?'"

공자가 말하길, "군자가 군주를 섬길 때 나아가서는 충을 다하기를 생각하고, 물러나서는 잘못을 보필하길 생각하여, 아름다움은 따르고 나쁜 점은 바로잡아 구제한다. 그렇기 때문에 상하가 서로 친애할 수 있다. 『시』에서는 '마음으로 친애를 하니, 멀리 떨어져 있어도 멀어졌다고 하지 않는다. 항상 마음속에 품고 있으니, 어찌 하루라도 잊을 수가 있겠는가?'[1]라 했다.

大義 上, 謂君也. 進, 謂進見於君, 退, 謂旣見而退, 謂爲臣者趨朝退朝時也. 內則父子, 外則君臣, 人之大倫也. 父子主恩, 君臣主敬, 故夫子言君子之事君上也, 進見於君, 己有善道, 則思竭盡其忠, 極言無隱; 及其旣退, 君有闕失, 則思補塞其過, 進則復言. 至於君有美意, 則將順其美, 助而成之, 惟恐不及; 君有惡念, 則匡救其惡, 諫而止之, 惟恐或形. 蓋忠臣之事君, 如孝子之事親, 先其意, 承其志, 迎其幾, 而致其力. 一念之善, 則助成之, 無使優游不決, 沮遏而中止也. 一念之惡, 則諫止之, 無使昏蔽不明, 邃成而莫救也. 所以忠愛其君者如此, 則君享其安佚, 臣預其尊榮, 故君臣上下能相親也. 君猶父, 臣猶子, 相親猶一家也. 君爲元首, 臣爲股肱, 相親猶一體也, 此相親之至也. 又引隰桑之詩, 以言臣心愛君, 雖在遐遠, 不謂爲遠, 蓋愛君一念, 常藏心中, 無日暫忘也. 遠者猶不忘也, 而況於近可不盡忠愛乎?

'상(上)'은 군주를 뜻한다. '진(進)'은 나아가 군주를 알현한다는 뜻이고, '퇴(退)'는 알현이 끝나서 물러나는 것을 뜻하니, 신하가 조정에 나아가고

---

1) 『시경』「소아(小雅)·습상(隰桑)」: 心乎愛矣, 遐不謂矣. 中心藏之, 何日忘之.

물러나는 때를 의미한다. 안으로는 부자관계가 있고 밖으로는 군신관계가 있는데, 이것은 인륜 중에서도 큰 것이다. 부자관계에서는 은혜로움을 위주로 하고 군신관계에서는 공경함을 위주로 한다. 그렇기 때문에 공자는 군자가 군주를 섬길 때, 나아가서 군주를 알현하며 본인에게 선한 도가 있다면 충을 다하기를 생각하여 극언하며 숨김이 없어야 하고, 물러나게 되었는데 군주에게 잘못이 있다면 잘못을 보필할 것을 생각하여 나아가면 다시 아뢴다. 군주에게 아름다운 뜻이 있는 경우에는 그 아름다움에 따라서 도와 완성시키며 오직 미치지 못할까를 염려하고, 군주에게 나쁜 생각이 있으면 나쁜 것을 바로잡아 구제하여 간언하고 그치게 하니, 혹여 그것이 형체로 드러날까를 염려할 따름이라고 했다. 충신이 군주를 섬기는 것은 효자가 부모를 섬기는 것과 같으니, 그 생각보다 앞서서 하고 그 뜻을 받들며 그 기미를 맞이하여 힘을 지극히 하는 것이다. 하나의 생각이 선하다면 도와서 완성하여 우유부단하여 막혀서 중지되지 않도록 한다. 하나의 생각이 악하다면 간언을 하여 그치게 해서 어둡고 가려져 밝지 못해 결국 그것이 이루어져 구원하지 못하지 않게끔 한다. 군주에게 충을 하고 사랑하는 것이 이와 같다면 군주는 편안함을 누리게 되며 신하는 존귀함과 영화로움을 누리게 된다. 그렇기 때문에 군주와 신하 및 상하계층이 서로 친애할 수 있다. 군주는 부친과 같고 신하는 자식과 같으니, 서로 친애하는 것은 한 가족과 같다. 군주는 머리가 되고 신하는 팔과 다리가 되니, 서로 친애하는 것은 한 몸과 같다. 이것이 서로 친애함의 지극함이다. 또 「습상」편의 시를 인용하여 신하는 마음으로 군주를 사랑하여 비록 멀리 떨어져 있어도 멀다고 하지 않는다고 했는데, 군주를 사랑하는 일념이 항상 마음에 간직되어 있어서 하루나 잠시라도 잊은 적이 없기 때문이다. 멀리 떨어져 있는 경우에도 오히려 잊지 않는데, 하물며 가까이에 있는 경우라면 충과 사랑함을 다하지 않을 수 있겠는가?

附註 遐, 與何通, 註說未然.

'하(遐)'자는 하(何)자와 통하니, 주의 설명은 아마도 그렇지 않을 것이다.

附註 右第十四章.
여기까지는 제 14장이다.

◇ 제 15 장(第十五章)

【037】

子曰: "孝子之喪親也, 哭不偯, 禮無容, 言不文, 服美不安, 聞樂不樂, 食旨不甘, 此哀戚之情也." [偯, 於豈反. 不樂音洛.]

공자가 말하길, "자식이 부모의 상을 치를 때, 곡을 할 때에는 격식에 맞춰 울지 않고, 예를 시행할 때에는 용모를 꾸미지 않으며, 말을 할 때에는 수식을 붙이지 않고, 아름다운 복장을 입어도 편안하지 않고, 음악을 들어도 즐겁지 않으며, 기름진 음식을 먹어도 맛있지 않으니, 이것은 슬퍼하는 정감 때문이다."라 했다. ['偯'자는 '於(어)'자와 '豈(기)'자의 반절음이다. '不樂'에서의 '樂'은 그 음이 '洛(낙)'이다.]

[大義] 言孝子之喪其親也. 哀痛之極, 其哭也不偯, 氣竭而盡, 不能委曲也. 其禮也無容, 觸地局脊, 不能爲容也. 其言也不文, 內憂無情, 不能爲文也. 服衣之美, 有所不安, 聞樂之和, 有所不樂, 食味之旨, 有所不甘. 無他, 人子之心念念痛親之死而已, 豈復計吾之生哉? 故寢苫, 枕塊, 服衰麻, 食溢米, 苟延殘喘於天地間, 已爲過矣. 耳目之接, 口體之奉, 尙何心乎? 夫子故言此而結之曰: "此哀戚之情." 蓋謂此乃人心自有之情, 非聖人强之也.

자식이 부모의 상을 치르는 것을 말한 것이다. 애통함이 지극할 때에는 곡을 하며 격식에 맞추지 않는데, 기운을 다하니 격식에 따라 할 수 없기 때문이다. 예를 시행할 때에는 용모를 꾸미지 않으니, 땅에 대고 허리를 굽혀서 용모를 꾸밀 수 없기 때문이다. 말을 할 때에는 문식을 꾸미지 않은데, 내면에 근심이 가득하고 다른 정감이 떠오르지 않아서 문식을 꾸밀 수 없기 때문이다. 아름다운 의복을 입어도 불안한 점이 있고, 조화로운 음악을 들어도 즐겁지 않은 점이 있으며, 기름지고 맛있는 음식을 먹어도 맛있게 느끼지 못하는 점이 있다. 이것은 다름이 아니라 자식된 자의 마음이 생각하고 생각함에 부친의 죽음을 애통해할 따름인데 어찌

344 譯註 禮記類編大全

다시 나의 삶을 도모할 수 있겠는가? 그러므로 거적을 깔고 자며 흙덩이를 베개로 삼으며 상복을 입고 쌀죽을 먹으며, 구차하게도 천지 사이에서 생명을 이어가는 것도 이미 과분하다. 따라서 귀와 눈이 접하고 입과 몸을 받드는 것에 있어서 일찍이 어찌 마음을 쓰겠는가? 공자는 이러한 까닭으로 이와 같은 말을 하여 결론을 맺으면서 "이것은 슬퍼하는 정감 때문이다."라 했다. 즉 이것은 사람의 마음에 그 자체로 갖춰져 있는 정으로 인한 것이지 성인이 억지로 강요한 것이 아니라는 의미이다.

【038】

"三日而食, 敎民無以死傷生, 毁不滅性, 此聖人之政也. 喪不過三年, 示民有終也."

계속하여 공자가 말하길, "3일이 지나서 음식을 먹는 것은 백성들에게 부모의 죽음으로 인해 살아있는 자의 생명을 해치지 않게끔 하고 몸을 수척하게 하는 것으로 성명을 멸하게 하지 않게끔 하는 것을 가르치는 것이니, 이것이 성인의 정치이다. 또 상을 치름에 삼년을 넘기지 않는 것은 백성들에게 마침이 있음을 보이기 위해서이다."라 했다.

大義 禮: 三年之喪, 三日不食. 過三日則傷生矣, 所以三日而食者, 謂敎天下之人無以哀死而至於傷生, 雖毁瘠而不滅其性. 性者, 人之所受於天以生者也. 性中有仁, 仁之發主於愛, 愛莫大於愛親. 父母存而愛敬之者, 根於性也. 父母歿而哀戚之者, 亦根於性也. 若以哀戚之過而傷生, 是性可滅也. 性可滅, 則生人之類滅矣, 此聖人之爲政所以爲生民立命也. 人親之亡也, 孝子之心何有限量? 然而遂之, 是無節也. 故聖人爲之立其中, 制不過三年, 所以示民有終極也.

예법에 따르면 삼년상을 치를 때에는 3일 동안 먹지 않는다고 했다. 3일이 지나게 되면 생명을 해치게 되니, 3일이 지나서 음식을 먹는 것은 천하 사람들에게 죽은 자에 대한 애통함으로 인해 생명을 해치는 지경에 이르지 않게끔 하고, 비록 수척해지더라도 그 생명을 없애지 않게금 함을 가르치는 것을 말한다. '성(性)'은 사람이 하늘에게서 받아 이로써 태어나게 되는 것이다. 성 중에는 인(仁)이 있고, 인이 드러남에는 사랑을 위주로 하며, 사랑에는 부모를 사랑하는 것보다 큰 것이 없다. 부모가 생존해 계실 때 사랑하고 공경하는 것은 성에 뿌리를 둔 것이다. 부모가 돌아가셔서 슬퍼하는 것 또한 성에 뿌리를 둔 것이다. 만약 슬퍼함이 지나쳐서 생명에 해를 끼치게 된다면 이것은 성을 없앨 수 있다. 성을 없앨 수 있다면 살아있는 사람들의 부류가 없어지게 된다. 이것이 성인이 정치를 함에 백성들을 위해서 명을 세운 이유이다. 부모가 돌아가셨을 때 자식의 마음에 어찌 제한이 있겠는가? 그러나 그에 따르기만 하는 것은 절제함이 없는 것이다. 이러한 까닭으로 성인은 그것을 위해 중도를 세워 3년을 넘기지 않게끔 했으니, 백성들에게 다함이 있음을 보이기 위해서이다.

附註 "政"下, 古文無"也"字.
'정(政)'자 뒤에 『고문본』에는 '야(也)'자가 없다.

【039】

"爲之棺椁衣衾而擧之; 陳其簠簋而哀戚之; 擗踊哭泣, 哀以送之; 卜其宅兆, 而安措之; 爲之宗廟, 以鬼亨之; 春秋祭祀, 以時思之."
계속하여 공자가 말하길, "그것을 위해 관곽과 의복 및 이불을 만들어서 시신을 들어 안치하게 했고, 보와 궤 등을 진설하여 슬퍼하도록 했으며, 가슴을 두드리고 발을 구르며 곡하고 눈물을 흘리게 하여 애통해하며 전송하게 했고, 장지에 대해 점을 쳐서 안장토록 했으며, 그를 위해 종묘를 만들어서 신으로 흠향시키게 했고, 봄과 가을마다 제사를 지내서 때에 맞게 생각하게끔 했다."라 했다.

大義 其始死也, 爲之棺以周衣, 椁以周棺, 衣衾以周身, 然後擧而斂之. 其將葬也, 陳其簠簋, 奠以素器, 而不見親之在, 則傷痛而哀戚之. 其祖餞也, 女擗男踊, 號哭涕泣, 而不忍親之去, 則悲哀而往送之. 塚穴曰宅, 墓域曰兆, 必得吉而安厝之, 此皆愼終之禮也. 三年喪畢, 遷主於廟, 始以鬼而禮享之. 及其久也, 寒暑變遷, 益用增感, 春秋祭祀, 以寓時思, 此追遠之禮也. 至於忌日不用, 所謂君子有終身之喪, 念親之意, 果何有窮已哉? 此皆聖人之政, 因人之情爲之節文, 使過之者俯就, 不至者跂及也.

부모가 이제 막 돌아가셨을 때에는 그를 위해 관을 두어 의복을 입힌 시신을 두르게 했으며, 외관을 두어 관을 두르게 했으며, 의복과 이불을 두어 몸을 두르게 하고 그런 뒤에야 시신을 들어 거두게 했다. 장례를 치르게 될 때에는 보와 궤를 진설하고 소기로 전제사를 지내지만 부모가 계신 것을 볼 수 없으니, 애통하고 슬퍼하게 된다. 영구를 전송함에 있어서는 여자는 가슴을 두드리고 남자는 발을 구르며 울부짖고 콧물과 눈물을 흘리며 부모가 떠나는 것을 참아낼 수 없으니, 비통한 마음으로 따라가 전송하는 것이다. 무덤의 구덩이를 '댁(宅)'이라 하고, 묘역을 '조(兆)'라 하는데, 반드시 길한 점괘를 얻은 뒤에야 안치하게 되니, 이 모두는 끝을 신중히 처리하는 예법이다. 삼년상을 끝내게 되면 묘로 신주를 옮기고 처음으로 귀신에 대한 것으로 예에 따라 흠향을 시킨다. 시간이 오래되면 추위와 더위가 바뀔 때 그 애통함을 더더욱 느끼게 되어 봄과 가을에 제사를 지내서 때에 따라 생각하게 하니, 이것은 추원하는 예법이다. 기일이 되어서 다른 것을 하지 않는 것은 이른바 군자에게는 종신토록 지속되는 상이 있는 것으로, 부모를 생각하는 뜻에 어찌 다함이 있겠는가? 이것은 모두 성인의 정치가 사람의 정감에 따라서 그것에 절문을 하여 지나친 자로 하여금 굽혀 나아가게 하고 미치지 못하는 자로 하여금 발돋음해서 이르게 했던 것이다.

附註 "厝", 一本作"厝".

'조(措)'자를 다른 판본에서는 '厝(조)'자로 기록했다.

【040】

"生事愛敬, 死事哀戚, 生民之本盡矣, 死生之義備矣, 孝子之事親終矣."

계속하여 공자가 말하길, "살아계실 때에는 사랑과 공경으로 삼기고, 돌아가셨을 때에는 슬퍼함으로 섬기면 백성들의 근본이 극진하게 되며 생사의 도의가 갖춰지게 되며, 자식이 부모를 섬기는 일의 마침이다."라 했다.

大義 此又合始終而言之, 以結一書之旨. 孝子之事親也, 事死如事生, 事亡如事存. 於其生也, 事之以愛敬; 於其死也, 事之以哀戚. 生民之道, 孝悌爲本, 於此盡矣. 養生送死, 其義爲大, 於此備矣. 至此, 則孝子之事親其道終矣. 凡人之情有所愛, 而所愛施於所親. 一錢之錐, 視爲己物, 必營護之. 一飯之恩, 嘗爲己惠, 必思報之. 父兮生我, 母兮鞠我, 父母之德, 較之一飯之恩, 孰小孰大? 父母之身, 比之一錢之錐, 孰重孰輕? 尙能思報一飯之恩, 營護一錢之錐, 則所以思報父母, 營護父母者, 宜知所盡心而竭力矣. 居則致其敬, 養則致其樂, 生事愛敬也. 喪則致其哀, 祭則致其嚴, 死事哀戚也. 夫民幼者非壯則不長, 老者非少則不養, 死者非生則不藏. 人情莫不愛其親, 愛之篤者, 莫若父子. 聖人因天之性, 順人之情, 而利導之. 敎父以慈, 敎子以孝, 使幼者得壯, 老者得養, 死者得藏, 是以民不夭折棄捐, 而咸遂其生, 日以蕃息, 而莫能傷. 故孝者, 生民之本也. 古者葬之中野, 厚衣之以薪, 喪期無數, 後世聖人爲之中制, 中則欲其可繼也, 繼則欲其可久也. 措之天下, 而人共守之, 此法之所以不廢, 人之所以無憾也. 苴斬之服, 饘粥之食, 顏色之戚, 哭泣之哀, 皆出於人情, 不安於彼而安於此, 非聖人强之也. 三日而食, 三年而除, 上取象於天, 下取法於地, 不以死傷生, 毀不滅性, 因人情而爲之節也. 死者, 人之大

變也. 舉而斂之, 哀戚而奠之, 擗踊哭泣而送之, 措之以宅兆, 享之以
宗廟, 時思之以祭祀, 情文盡於此矣, 所以常久而不廢也. 夫有生必
有死, 有始必有終. 生事以禮, 死葬以禮, 祭之以禮, 則可謂孝矣. 故
曰: "死生之義備矣, 孝子之事親終矣." 然夫子此書, 雖以授曾子, 而
備言五孝之用, 則自天子·諸侯·卿大夫·士·庶人皆所通行, 而爲
人上者又德敎之所自出, 故一則曰先王有至德要道, 二則曰明王以
孝治天下, 三則曰明王事父孝, 事母孝, 至末章則亦曰敎民無以死傷
生, 又曰示民有終也. 是則孝者, 天地之經, 人道之本, 誠有天下國家
者之所先務也. 故雖生事葬祭, 貴賤有等, 禮不可違, 而獨三年之喪,
自天子達於庶人, 無貴賤, 一也. 聖人之爲生民慮者, 豈不深且遠哉?
宰予學於孔門, 親受夫子之敎, 乃曰朞可已矣, 又何怪齊宣王之短
喪, 漢文帝之以日易月? 自是而後, 習以爲常. 爲人上者如此, 何以
責其下哉? 尊信孟子, 惟一滕文公, 雖其父兄百官皆不欲, 曰: "吾先
君莫之行, 吾宗國魯先君亦莫之行." 三年之喪, 能行者寡矣. 文公獨
有感於孟子"親喪, 固所自盡"之一語, 排群議而力行之, 然後百官有
司莫敢不哀, 百官族人可謂曰知, 至於四方之來弔者, 莫不大悅其有
禮, 秉彝好德之良心, 蓋甚昭昭乎不可泯也. 然則感人心, 厚風俗, 至
德要道, 何以加於孝哉?

이것은 또한 시작과 끝을 합해서 말하여, 이 책의 뜻을 결론 맺은 것이다.
자식이 부모를 섬김에 있어서 죽은 부모를 섬기길 살아계실 때 섬기는
것처럼 하고 돌아가신지 오래된 부모 섬기길 생존해 계실 섬기는 것처럼
한다. 살아계실 때에는 사랑과 공경으로 섬기고, 돌아가셨을 때에는 애통
함으로 섬긴다. 백성의 도는 효와 공손을 근본으로 삼으니, 이에 이 도의
가 다하게 된다. 살아계실 때 봉양하고 돌아가셨을 때 전송하는 것은 그
뜻이 크니, 여기에서 그 뜻이 갖춰지게 된다. 여기에 이르게 되면 자식이
부모를 섬기는 그 도가 마치게 된다. 모든 사람의 정에는 사랑하는 바가
있어서 사랑하는 바를 가깝게 여기는 자에게 시행하게 된다. 1전의 송곳

이라도 자신의 물건으로 간주하면 반드시 간직하길 꾀한다. 밥 한 그릇의 은혜라도 일찍이 자신에게 주어진 은혜로 여기게 된다면 반드시 보답하고자 생각하게 된다. 부친은 나를 낳아주셨고 모친은 나를 길러주셨으니, 부모의 덕을 밥 한 그릇의 은혜와 비교해보면 어느 것이 작고 어느 것이 크겠는가? 부모가 물려주신 몸을 1전의 송곳과 비교해보면 어느 것이 무겁고 어느 것이 가볍겠는가? 오히려 밥 한 그릇의 은혜는 보답하길 생각할 줄 알고, 1전의 송곳은 간직하길 꾀할 수 있다면, 부모에게 보답하길 생각하고 부모가 물려주신 몸을 보호하길 꾀하는 자는 마땅히 마음을 다하고 힘을 다해야 할 바를 알 것이다. 거처할 때에는 공경함을 지극히 하고 봉양할 때에는 즐거움을 지극히 하는 것은 살아계실 때 사랑과 공경으로 섬기는 것이다. 상을 치를 때 슬픔을 지극히 하고 제사를 지낼 때 엄숙함을 지극히 하는 것은 돌아가셨을 때 애통함으로 섬기는 것이다. 무릇 백성은 어린자는 장성한 자가 아니라면 자라나지 못하고, 노인은 젊은 자가 아니라면 봉양을 받지 못하며, 죽은 자는 산 자가 아니라면 장례를 치르지 못한다. 사람의 정감에는 자신의 부모를 사랑하지 않음이 없지만 사랑이 돈독한 것 중에는 부자관계만한 것이 없다. 성인은 천성에 따르고 인정에 따라서 이롭게 인도하였다. 부친에게는 자애를 가르치고, 자식에게는 효를 가르쳐서, 어린 자로 하여금 장성할 수 있게 했고 노인으로 하여금 봉양을 받을 수 있게 했으며 죽은 자로 하여금 장례를 치를 수 있게 했다. 이러한 까닭으로 백성들은 요절하지 않고 버림을 받지 않게 되어 모두가 그 생명을 다하게 되어 날로 번식하면서도 상처를 입지 않을 수 있었다. 그러므로 효는 백성들의 근본이 된다. 옛날에는 들판 가운데에서 장례를 치르고 섶을 두껍게 입혔으며, 상기에서 정해진 수치가 없었는데, 후세 성인이 그것에 대한 알맞은 제도를 만들었으니, 알맞으면 그것을 계속하고자 하며, 계속하게 되면 그것을 오래도록 하고자 한다. 천하에 시행하여 사람들이 모두 그것을 지키니 이것이 법이 폐지되지 않고 사람들이 유감을 없앨 수 있었던 이유이다. 상복을 착용하고 쌀

죽을 먹으며 안색이 수척하고 곡하며 눈물을 흘리는 애통함은 모두 사람의 정에서 나온 것이니, 저것에 편안하지 않고 이것에 편안하기 때문으로, 성인이 억지로 시킨 것이 아니다. 3일이 지나서 음식을 먹고 3년이 지나서 상복을 벗는 것은 위로 하늘에서 상을 취하고 아래로 땅에서 법을 취한 것이며, 죽은 자로 인해 산 자를 해치지 않고 수척하더라도 생명을 멸하지 않게 한 것은 인정에 따라서 그것에 절문을 한 것이다. 죽음은 사람에게 있어서는 큰 변화이다. 시신을 들어 안치하고, 슬퍼하며 전제사를 지내고, 가슴을 두드리고 밥을 구르며 곡하고 눈물을 흘리며 전송하고, 무덤에 안장하고, 종묘에서 흠향을 드리며, 제사를 통해 때에 맞게 생각하니, 정감에 따른 절문에 여기에서 다하게 되며, 오래 지속되더라도 폐지되지 않는 이유이다. 태어남이 있으면 반드시 죽음이 있게 되고, 시작이 있으면 반드시 마침이 있게 된다. 살아계실 때 예로써 섬기고, 돌아가셨을 때 예로써 장례를 치르며, 예법에 따라 제사를 지낸다면 효라 할 수 있다. 그러므로 "생사의 도의가 갖춰지고 자식이 부모를 섬기는 것이 마친다."라 했다. 그런데 공자의 이 책은 비록 증자에게 주었지만, 다섯 가지 효의 작용을 자세히 갖춰 언급하였으니, 천자로부터 제후·경과 대부·사·서인에 이르기까지 모두에게 통용되는 것이며, 윗자리에 있는 자에게는 또한 덕교가 나오는 바이다. 그렇기 때문에 첫 번째에서는 선왕에게는 지덕과 요도가 있다고 했고, 두 번째에서는 명왕이 효로 천하를 다스렸다고 했으며, 세 번째에서는 명왕이 부친을 효로 섬기고 모친을 효로 섬긴다고 했으며, 끝장에 이르러서는 또한 백성들에게 죽은 자로 인해 생명을 해치지 않게끔 가르쳤다고 했고, 또 백성들에게 마침이 있음을 보였다고 했다. 이것은 효는 천지의 경이고 인도의 근본이니, 진실로 천하·국·가를 서유한 자가 우선적으로 힘써야 할 바이다. 그렇기 때문에 비록 살아계실 때 섬기고 장례를 치르고 제사를 지냄에 있어서 귀천의 등급이 있어 예를 어길 수 없지만, 유독 삼년상에 있어서만은 천자로부터 서인에 이르기까지 귀천의 차이가 없이 동일하다. 성인이 백성들을 위해

엄려한 것이 어찌 깊고 원대하다 하지 않을 수 있겠는가? 재여는 공자의 문하에서 수학을 하여 직접 공자의 가르침을 받았는데도 기년상을 치르면 그만 둘 수 있다고 했으니, 또한 어찌 제선왕이 상기를 단축하고 한문제가 날로 달을 바꾼 것을 괴이하게 여기겠는가? 이로부터 그 이후로는 이것을 익숙히 하여 상도로 여기게 되었다. 위에 있는 자들이 이와 같이 하였는데, 어떻게 그 아랫사람을 문책할 수 있겠는가? 맹자를 존경하고 믿었던 자는 오직 등문공 한 사람 뿐이었는데, 비록 그 부형과 백관들이 모두 하려고 하지 않으면서 "우리 선군들도 그것을 시행하지 않았고, 우리 종국인 노나라 선군 또한 시행하지 않았다."라 했으니, 삼년상을 잘 시행했던 자가 적었던 것이다. 문공만이 유독 맹자가 "부모의 상은 진실로 스스로 힘을 다해야 하는 것이다."라고 한 한 마디 말에 감동함이 있어 여러 의론들을 배격하고 힘써 시행했으니, 그런 뒤에 백관과 유사들 중에 감히 슬퍼하지 않는 자가 없게 되었고, 백관과 족인들이 예를 안다고 이를 만하다고 하였으며, 사방에서 찾아와 조문하는 자들에게 있어서도 그 예가 있음을 크게 기뻐하지 않는 자가 없게 되었으니, 떳떳함을 지키고 덕을 좋아하는 양심은 매우 밝아서 없앨 수 없기 때문이다. 그렇다면 사람의 마음을 감동시키고 풍속을 두텁게 하는 지덕과 요도에 있어서 무엇이 효보다 더하겠는가?

附註 右第十五章.
여기까지는 제 15장이다.

附註 以上孝經本文, 孔子與曾子言孝.
이상은 『효경』의 본문으로, 공자가 증자와 함께 효에 대해 언급한 내용이다.

附註 按: 孝經是孔·曾問答, 似不當分經傳. 故章次姑仍本文, 讀者詳之. 又按: 董氏大義, 太支蔓, 今輒刪略, 觀者詳之.

살펴보니,『효경』은 공자와 증자의 문답에 대한 것으로, 아마도 경문과 전문으로 나눠서는 안 될 것 같다. 그러므로 장의 순차에 있어서는 잠시 본문에 따르니, 이 글을 읽는 자들이 상세히 살펴주기 바란다. 또 살펴보니, 동씨의『효경대의』는 너무 지리하고 산만하여 이제 산정해서 간략히 하였으니, 이 글을 보는 자들이 상세히 살펴주기 바란다.

◇ 증자가 효를 말함[曾子言孝]

【041】

曾子曰: "孝有三: 大孝尊親, 其次弗辱, 其下能養[去聲]." 〈祭義-032〉 1)

[祭義. 本在"其義一也"下.]

증자는 "효에는 세 단계가 있다. 가장 위대한 효는 부모를 존숭하는 것이고, 그 다음 수준은 부모를 욕되게 하지 않는 것이며, 가장 낮은 수준은 봉양만['養'자는 거성으로 읽는다.] 잘하는 것이다."라고 했다. [「제의」편의 문장이다. 본래는 "의미가 동일하다."2)라고 한 문장 뒤에 수록되어 있었다.]

集說 大孝尊親, 嚴父配天也.

"대효는 부모를 존숭한다."는 말은 부모를 존엄하게 여겨서 하늘에 배향하는 것이다.3)

---

1) 『예기』「제의(祭義)」032장 : 曾子曰: "孝有三: 大孝尊親, 其次弗辱, 其下能養." 公明儀問於曾子曰: "夫子可以爲孝乎?" 曾子曰: "是何言與? 是何言與? 君子之所謂孝者, 先意承志, 諭父母於道. 參直養者也, 安能爲孝乎?"

2) 『예기』「제의(祭義)」031장 : 君子曰: "禮樂不可斯須去身." 致樂以治心, 則易·直·子·諒之心油然生矣. 易·直·子·諒之心生, 則樂; 樂則安, 安則久, 久則天, 天則神. 天則不言而信, 神則不怒而威, 致樂以治心者也. 致禮以治躬則莊敬, 莊敬則嚴威. 心中斯須不和不樂, 而鄙詐之心入之矣; 外貌斯須不莊不敬, 而慢易之心入之矣. 樂也者, 動於內者也; 禮也者, 動於外者也. 樂極和, 禮極順, 內和而外順, 則民瞻其顏色而不與爭也, 望其容貌而衆不生慢易焉. 故德煇動乎內, 而民莫不承聽; 理發乎外, 而衆莫不承順. 故曰: "致禮樂之道, 而天下塞焉, 擧而措之無難矣." 樂也者, 動於內者也; 禮也者, 動於外者也. 故禮主其減, 樂主其盈. 禮減而進, 以進爲文; 樂盈而反, 以反爲文. 禮減而不進, 則銷; 樂盈而不反, 則放. 故禮有報而樂有反, 禮得其報則樂, 樂得其反則安. 禮之報, 樂之反, 其義一也.

3) 『효경』「성치장(聖治章)」 : 子曰, 天地之性人爲貴. 人之行莫大於孝, 孝莫大於嚴父. 嚴父莫大於配天, 則周公其人也.

曾子曰: "孝子之養老也, 樂[洛]其心, 不違其志, 樂其耳目, 安其寢處, 以其飲食忠養之, 孝子之身終. 終身也者, 非終父母之身, 終其身也. 是故父母之所愛亦愛之, 父母之所敬亦敬之. 至於犬馬盡然, 而況於人乎!"〈內則-072〉[內則. 本在"玄衣而養老"下.]

증자가 말하길, "자식이 나이든 부모를 봉양할 때에는 부모의 마음을 즐겁게['樂'자의 음은 '洛(락)'이다.] 해드리며, 부모의 뜻을 위배하지 않고, 부모의 귀와 눈을 즐겁게 해드리며, 부모가 주무시는 잠자리를 편안하게 해드리고, 음식으로 충심을 다하여 봉양하니, 자식이 죽을 때까지 이처럼 시행한다. 그 몸이 죽는다고 했는데, 이것은 부모가 돌아가신 것을 뜻하는 말이 아니며, 자식이 죽을 때를 뜻한다. 이러한 까닭으로 부모가 사랑하는 대상에 대해서는 자식 또한 사랑하고, 부모가 공경하던 대상에 대해서는 자식 또한 공경한다. 부모가 아끼던 개나 말에 대해서도 이처럼 그 마음을 다하게 되는데, 하물며 사람에게 있어서는 어떠하겠는가!"라고 했다. [「내칙」편의 문장이다. 본래는 "현의를 입고서 노인을 봉양했다."[4]라고 한 문장 뒤에 수록되어 있었다.]

集說 樂其心, 喩父母於道也. 不違其志, 能養志也. 飲食忠養以上,

---

4) 『예기』「내칙(內則)」071장 : 凡養老, 有虞氏以燕禮, 夏后氏以饗禮, 殷人以食禮, 周人脩而兼用之. 凡五十養於鄉; 六十養於國; 七十養於學, 達於諸侯; 八十拜君命, 一坐再至, 瞽亦如之; 九十者使人受. 五十異粻, 六十宿肉, 七十貳膳, 八十常珍, 九十飲食不違寢, 膳飲從於遊可也. 六十歲制, 七十時制, 八十月制, 九十日修, 惟絞·紟·衾·冒, 死而後制. 五十始衰, 六十非肉不飽, 七十非帛不煖, 八十非人不煖, 九十雖得人不煖矣. 五十杖於家, 六十杖於鄉, 七十杖於國, 八十杖於朝, 九十者天子欲有問焉, 則就其室, 以珍從. 七十不俟朝, 八十月告存, 九十日有秩. 五十不從力政, 六十不與服戎, 七十不與賓客之事, 八十齊喪之事弗及也. 五十而爵, 六十不親學, 七十致政. 凡自七十以上, 惟衰麻爲喪. 凡三王養老皆引年. 八十者一子不從政, 九十者其家不從政, 瞽亦如之. 凡父母在, 子雖老不坐. 有虞氏養國老於上庠, 養庶老於下庠; 夏后氏養國老於東序, 養庶老於西序; 殷人養國老於右學, 養庶老於左學; 周人養國老於東膠, 養庶老於虞庠. 虞庠在國之西郊. 有虞氏皇而祭, 深衣而養老; 夏后氏收而祭, 燕衣而養老; 殷人冔而祭, 縞衣而養老; 周人冕而祭, 玄衣而養老.

是終父母之身; 愛所愛, 敬所敬, 則終孝子之身也.

"그 마음을 즐겁게 한다."는 말은 부모에게 도에 대해 아뢴다는 뜻이다.
"그 뜻을 어기지 않는다."는 말은 부모의 뜻을 잘 보필한다는 의미이다.
'음식충양(飮食忠養)'이라는 구문부터 그 이상의 내용은 부모가 돌아가
실 때까지 시행하는 것이며, 사랑하던 대상을 사랑하고, 공경하던 대상을
공경한다는 것은 곧 자식 본인이 죽을 때까지 시행하는 것이다.

附註 孝子之養老養, 上聲, 忠養, 去聲, 恐當並從上聲. 樂其心, 註
謂喩父母於道, 恐疏.

'효자지양로(孝子之養老)'라 할 때의 '양(養)'자는 상성으로 읽고, '충양
(忠養)'의 '양(養)'자는 거성으로 읽었는데, 아마도 둘 모두 상성으로 읽
어야 할 것 같다. '낙기심(樂其心)'에 대해 주에서는 부모에게 도에 대해
아뢴다고 풀이했는데, 아마도 성근 해석인 것 같다.

【043】

孝子之有深愛者, 必有和氣; 有和氣者, 必有愉色; 有愉色者, 必有
婉容. 孝子如執玉, 如奉[上聲]盈, 洞洞屬屬然如弗勝, 如將失之. 嚴
威儼恪, 非所以事親也, 成人之道也.〈祭義-013〉[祭義. 本在“如是而祭失之
矣”下.]

자식 중 친애하는 마음이 깊은 자는 반드시 조화로운 기운이 있고, 조화로
운 기운이 있는 자는 반드시 기쁜 표정을 짓게 되며, 기쁜 표정을 짓는
자는 반드시 유순한 태도를 갖추게 된다. 자식은 마치 옥을 들고 있을 때처
럼 조심하고, 물이 가득 찬 그릇을 든[‘奉’자는 상성으로 읽는다.] 것처럼 조심하
며, 공경스럽고 진실되어 마치 감당하지 못하는 것처럼 하고, 앞으로 잃게
되지는 않을까 걱정하는 것처럼 한다. 따라서 엄격한 행동거지와 공손하고
삼가는 행동거지는 부모를 섬기는 방법이 아니며, 단지 성인으로서 따라야
하는 도이다. [「제의」편의 문장이다. 본래는 “이처럼 제사를 지내는 것은 제사의 도의를
버리는 일이다.”[1]라고 한 문장 뒤에 수록되어 있었다.]

集說 和氣 · 愉色 · 婉容, 皆愛心之所發; 如執玉 · 如奉盈 · 如弗
勝 · 如將失之, 皆敬心之所存. 愛敬兼至, 乃孝子之道; 故嚴威儼恪,
使人望而畏之, 是成人之道, 非孝子之道也.

조화로운 기운, 기쁜 표정, 유순한 태도는 모두 친애하는 마음이 나타난
것이다. 옥을 들고 있는 것과 같고, 물이 가득 찬 것을 들고 있는 것과
같으며, 감당하지 못하는 것과 같고, 앞으로 잃게 되리라 걱정하는 것과
같은 것들은 모두 공경하는 마음이 담겨 있는 것이다. 친애함과 공경함을
모두 지극히 하는 것이 자식의 도리이다. 그렇기 때문에 엄격한 행동거지
와 공손하고 삼가는 행동거지는 사람들로 하여금 그를 바라보며 외경하

---

1)『예기』「제의(祭義)」012장 : 孝子之祭可知也: 其立之也, 敬以詘; 其進之也, 敬
以愉; 其薦之也, 敬以欲. 退而立, 如將受命; 已徹而退, 敬齊之色, 不絶於面.
孝子之祭也, 立而不詘, 固也; 進而不愉, 疏也; 薦而不欲, 不愛也; 退立而不如
受命, 敖也; 已徹而退, 無敬齊之色, 而忘本也. 如是而祭, 失之矣.

게 만드는 것이니, 성인의 도이지 자식의 도는 아니다.

[類編] 右曾子言孝. [以下附.]
여기까지는 '증자언효(曾子言孝)'에 대한 내용이다. [이하는 덧붙인 내용이
다.]

◇ 공명의가 효에 대해 물음[公明儀問孝]

【044】

公明儀問於曾子曰: "夫子可以爲孝乎?" 曾子曰: "是何言與? 是何言與? 君子之所謂孝者, 先[去聲]意承志, 諭父母於道. 參直養者也, 安能爲孝乎?"〈祭義-032〉[1] [本在"其下能養"下. 祭義, 下並同.]

공명의는 증자에게 질문하며, "그렇다면 선생님께서는 효를 한다고 하실 수 있습니까?"라고 했다. 증자는 "이 무슨 말인가? 이 무슨 말인가? 군자가 말하는 효는 부모의 뜻에 앞서[先'자는 거성으로 읽는다.] 그 의지를 계승하고, 도리를 통해서 부모를 깨우치는 것이다. 나는 그저 봉양만 하는 자인데 어떻게 효를 한다고 할 수 있겠는가?"라고 대답했다. [본래는 "가장 낮은 수준은 봉양만 잘하는 것이다."라고 한 문장 뒤에 수록되어 있었다. 「제의」편의 문장이며, 아래도 모두 이와 같다.]

集說 公明儀, 曾子弟子.

'공명의(公明儀)'는 증자의 제자이다.

【045】

曾子曰: "身也者, 父母之遺體也. 行父母之遺體, 敢不敬乎? 居處不莊, 非孝也. 事君不忠, 非孝也. 涖官不敬, 非孝也. 朋友不信, 非孝也. 戰陳[去聲]無勇, 非孝也. 五者不遂, 裁及於親, 敢不敬乎?"〈祭義-033〉

증자는 "자신의 몸은 부모가 물려주신 몸이다. 따라서 부모가 물려주신 몸을 가지고 행동함에 있어서 어찌 감히 공경스럽지 않을 수 있겠는가? 따라

---

1) 『예기』「제의(祭義)」032장 : 曾子曰: "孝有三: 大孝尊親, 其次弗辱, 其下能養." 公明儀問於曾子曰: "夫子可以爲孝乎?" 曾子曰: "是何言與? 是何言與? 君子之所謂孝者, 先意承志, 諭父母於道. 參直養者也, 安能爲孝乎?"

서 거처할 때 장중하게 행동하지 않는 것은 효가 아니다. 군주를 섬길 때 충심을 다하지 않는 것은 효가 아니다. 관직에 임하여 공경스럽게 행동하지 않는 것은 효가 아니다. 벗 사이에서 신의를 지키지 않는 것은 효가 아니다. 전쟁에 임하여['陳'자는 거성으로 읽는다.] 용맹하게 행동함이 없는 것은 효가 아니다. 이러한 다섯 가지를 제대로 이루지 못하면, 재앙이 부모에게까지 미치니, 어찌 감히 공경스럽지 않을 수 있겠는가?"라고 했다.

集說 承上文弗辱與養而言. 此五者, 皆足以辱親, 故曰灾及於親.

앞 문장에서 욕되게 하지 않고 봉양한다고 했던 뜻을 이어서 말한 것이다. 이러한 다섯 가지는 모두 부모를 욕되게 하기에 충분하다. 그렇기 때문에 "재앙이 부모에게 미친다."라고 말한 것이다.

【046】

"亨[烹]孰羶薌, 嘗而薦之, 非孝也, 養也. 君子之所謂孝也者, 國人稱願然曰: '幸哉有子如此.' 所謂孝也已. 衆之本敎曰孝, 其行曰養[去聲]. 養可能也, 敬爲難. 敬可能也, 安爲難. 安可能也, 卒爲難. 父母旣沒, 愼行其身, 不遺[去聲]父母惡名, 可謂能終矣. 仁者仁此者也, 禮者履此者也, 義者宜此者也, 信者信此者也, 强者强此者也. 樂自順此生, 刑自反此作."〈祭義-034〉

증자가 계속하여 말하길, "삶고['亨'자의 음은 '烹(팽)'이다.] 익힌 음식을 바치고 희생물의 지방과 곡물을 태우며, 음식을 맛보고 바치는 것은 효가 아니며 봉양이다. 군자가 말하는 효라는 것은 나라 사람들이 칭송하고 흠모하며, '그 부모는 참으로 행복하겠구나, 그와 같은 자식을 두었으니.'라고 말하게 되어야만 효라고 할 수 있을 따름이다. 백성들을 가르치는 근본을 효라고 부르며, 그것을 시행하는 것을 봉양이라고['養'자는 거성으로 읽는다.] 부른다. 봉양이라는 것은 비교적 수월하게 할 수 있지만 공경을 시행하기는 어렵다. 또 공경은 비교적 수월하게 할 수 있지만 편안하게 여기며 시행하는 것은 어렵다. 편안하게 여기며 시행하는 것은 비교적 수월하게 할 수 있지만 본인이 죽을 때까지 지속적으로 시행하는 것은 어렵다. 부모가 이미 돌아가셨더라도 자신의 행실을 신중히 하여, 부모에게 오명을 끼쳐서는['遺'자는 거성으로 읽는다.] 안 되니, 이처럼 하는 것을 끝까지 잘한다고 할 수 있다. 인(仁)이라는 것은 친애한 마음으로 효를 시행하는 것이다. 예(禮)는 효를 실천하는 것이다. 의(義)는 효를 합당하게 시행하는 것이다. 신(信)은 신의를 가지고 효를 시행하는 것이다. 강(强)은 효를 굳건하게 시행하는 것이다. 즐거움이란 이러한 것들을 따르는 것으로부터 생겨나고, 형벌은 이러한 것들을 거스르는 것으로부터 만들어진다."라고 했다.

集說 願, 猶羨也. 稱願, 稱揚羨慕也. 然, 猶而也. 孝經曰: "夫孝, 德之本也, 敎之所由生也." 衆之本敎曰孝, 亦此意, 言孝爲敎衆之本也. 其行曰養, 行, 猶用也, 言用之於奉養之間也. 安爲難者, 謂非勉强矯拂之敬也. 卒爲難者, 謂不特終父母之身, 孝子亦自終其身也. 能終, 卽說上文卒字, 仁者仁此者也以下, 凡七此字, 指孝而言也.

'원(願)'자는 "부러워한다."는 뜻이다. '칭원(稱願)'은 칭송하며 흠모한다는 뜻이다. '연(然)'자는 이(而)자와 같다. 『효경』에서는 "효는 덕의 근본이며, 가르침이 생겨나오는 바탕이다."[2]라고 했다. "백성들이 근본으로 삼는 가르침을 효(孝)라고 부른다."고 한 말도 이러한 뜻이니, 효는 백성들을 가르치는 근본이라는 의미이다. "그 행(行)을 양(養)이라고 부른다."라 했는데, '행(行)'자는 "사용한다."는 뜻이니, 봉양하는 때에 사용한다는 의미이다. "편안하게 하는 것이 어렵다."는 말은 억지로 시행하며 자신의 뜻과 상반되게 시행하는 공경이 아니라는 의미이다. "끝까지 하는 것이 어렵다."는 말은 단지 부모가 돌아가실 때까지만 하는 것이 아니라, 자식 본인이 죽을 때까지 시행한다는 뜻이다. '능종(能終)'은 앞에서 말한 '졸(卒)'자의 뜻을 설명한 것이다. '인자인차자야(仁者仁此者也)'라는 구문으로부터 그 이하의 구문에 나온 7개의 '차(此)'자는 모두 효(孝)를

---

2) 『효경』「개종명의장(開宗明義章)」: 子曰, 夫孝德之本也, 敎之所由生也. 復坐吾語汝.

가리켜서 한 말이다.

【047】

曾子曰: "夫孝, 置之而塞乎天地, 溥[如字]之而橫乎四海, 施諸後世而
無朝夕, 推而放[上聲]諸東海而準, 推而放諸西海而準, 推而放諸南
海而準, 推而放諸北海而準. 詩云: '自西自東, 自南自北, 無思不服.'
此之謂也." 〈祭義-035〉

증자는 "효를 수립하면 천지 사이에 가득차고, 펼치게['溥'자는 글자대로 읽는
다.] 되면 사해에 두루 퍼지며, 후세에 전하게 되면 하루라도 시행되지 않는
날이 없으니, 미루어 나가면 동해 · 서해 · 남해 · 북해에 이르러['放'자는 상성
으로 읽는다.] 사람들이 준칙으로 삼게 된다. 『시』에서 '서쪽으로부터 하고
동쪽으로부터 하며, 남쪽으로부터 하고 북쪽으로부터 하여, 복종하지 않는
자가 없다.'라고 했는데, 바로 이러한 뜻을 말한다."라고 했다.

集說 溥, 舊讀爲敷, 今如字. 詩, 大雅 · 文王有聲之篇.

'부(溥)'자를 옛 주석에서는 '부(敷)'자로 풀이했는데, 현재는 글자대로 읽
는다. '시(詩)'는 『시』「대아(大雅) · 문왕유성(文王有聲)」편이다.3)

集說 方氏曰: 置者, 直而立之. 溥者, 敷而散之. 施, 言其出無窮.
推, 言其進不已. 放, 與孟子放乎四海之放同. 準, 言人以是爲準.

방씨가 말하길, '치(置)'자는 수립한다는 뜻이다. '부(溥)'자는 펼친다는
뜻이다. '시(施)'자는 나타남에 끝이 없다는 뜻이다. '추(推)'자는 나아가
길 그치지 않는다는 뜻이다. '방(放)'자는 『맹자』에서 "사해에 이른다."4)

---

3) 『시』「대아(大雅) · 문왕유성(文王有聲)」: 鎬京辟廱, <u>自西自東, 自南自北, 無
   思不服</u>. 皇王烝哉.
4) 『맹자』「이루하(離婁下)」: 孟子曰, 原泉混混, 不舍晝夜, 盈科而後進, <u>放乎四
   海</u>. 有本者如是, 是之取爾.

라고 했을 때의 방(放)자와 같다. '준(準)'자는 사람들이 이것을 준칙으로 삼는다는 뜻이다.

【048】

曾子曰: "樹木以時伐焉, 禽獸以時殺焉. 夫子曰: '斷[短]一樹, 殺一獸, 不以其時, 非孝也.'"〈祭義-036〉

증자는 "나무는 때에 맞게 벌목하고, 짐승은 때에 맞게 잡는다. 공자께서는 '한 그루의 나무를 베고['斷'자의 음은 '短(단)'이다.] 한 마리의 짐승을 잡더라도, 정해진 때에 하지 않는다면 효가 아니다.'라고 하셨다."라고 했다.

集說 上言仁者人此者也, 此二者亦爲惡其不仁, 故言非孝, 曾子又引夫子之言以爲證.

앞에서는 "인(仁)이라는 것은 효를 친애하는 마음으로 시행하는 것이다." 라고 했는데, 이곳에서 말한 두 가지 것들 또한 불인(不仁)함을 실어했기 때문이다. 그래서 "효가 아니다."라고 말했는데, 증자는 또한 공자의 말을 인용하여 증명한 것이다.

【049】

"孝有三: 小孝用力, 中孝用勞, 大孝不匱. 思慈愛忘勞, 可謂用力矣. 尊仁安義, 可謂用勞矣. 博施[去聲]備物, 可謂不匱矣. 父母愛之, 喜而弗忘. 父母惡之, 懼而無怨. 父母有過, 諫而不逆. 父母旣沒, 必永仁者之粟以祀之, 此之謂禮終."〈祭義-037〉

증자가 계속하여 말하길, "효에는 세 등급이 있다. 소효(小孝)는 단순히 힘만 쓰는 것이고, 중효(中孝)는 수고를 아끼지 않는 것이며, 대효(大孝)는 모자람이 없는 것이다. 부모의 자애로운 마음을 생각하여 힘든 일도 잊게 되니, 이처럼 하면 힘을 쓰는 소효라고 할 수 있다. 인(仁)을 존숭하고 의

(義)를 편안히 여겨 시행하면, 수고를 아끼지 않는 중효라 할 수 있다. 은혜를 널리 베풀고['施'자는 거성으로 읽는다.] 온갖 사물을 갖추게 되면, 모자람이 없는 대효라 할 수 있다. 부모가 친애한다면 기뻐하며 그 마음을 잊지 않는다. 부모가 미워하면 두려워하되 원망하지 않는다. 부모에게 과실이 있다면 간언을 올리되 거스르지 않는다. 부모가 돌아가셨다면 반드시 인(仁)한 자에게서 곡식을 구해 이를 통해 제사를 지내니, 이처럼 하는 것을 예법에 따라 마친다고 부른다."라고 했다.

集說 庶人思父母之慈愛, 而忘己躬耕之勞, 可謂用力矣, 此其下能養之事也. 諸侯·卿·大夫·士, 尊重於仁, 安行於義, 功勞足以及物, 可謂用勞矣, 此其次弗辱之事也. 匱, 乏也; 博施, 謂德敎加於百姓, 刑于四海也; 備物, 謂四海之內, 各以其職來助祭, 可謂不匱矣; 此卽大孝尊親之事也.

서인들은 부모의 자애로운 마음을 생각하며 자신이 몸소 경작하는 수고로움을 잊게 되니, 이러한 것들은 "힘을 쓴다."라고 말할 수 있지만, 이것은 봉양만 잘하는 하등에 해당한다. 제후·경·대부·사는 인(仁)에 대해서 존중하고 의(義)에 대해서 편안하게 시행하며, 그 노력과 수고로움이 다른 대상에게까지 미치기에 충분하니, 이러한 것들은 "수고로움을 쓴다."라고 말할 수 있지만, 이것은 오명을 끼치지 않는 다음 등급에 해당한다. '궤(匱)'자는 "모자라다."는 뜻이다. '박시(博施)'는 덕행과 교화를 백성들에게 베풀고, 사해에 속한 사람들에게 모범이 되도록 한다는 뜻이다.5) '비물(備物)'은 "천하의 모든 제후들이 각각 그들의 직무에 따라 찾아와서 제사를 돕는다."6)라는 뜻이다. 이러한 것들은 "부족하지 않다."라고 말할 수 있다. 이것은 곧 대효이며 부모를 존숭하는 일에 해당한다.

---

5) 『효경』「천자장(天子章)」: 子曰, 愛親者, 不敢惡於人. 敬親者, 不敢慢於人. 愛敬盡於事親, 而德敎加於百姓, 刑于四海. 蓋天子之孝也.
6) 『효경』「성치장(聖治章)」: 是以四海之內, 各以其職來祭. 夫聖人之德, 又何以加於孝乎.

여기까지는 '공명의문효(公明儀問孝)'에 대한 내용이다.

◇ 악정자춘이 효를 말함[樂正子言孝]

【050】

樂正子春下堂而傷其足, 數月不出, 猶有憂色. 門弟子曰: "夫子之足
瘳[抽]矣, 數月不出, 猶有憂色, 何也?" 樂正子春曰: "善如爾之問也,
善如爾之問也. 吾聞諸曾子, 曾子聞諸夫子曰: '天之所生, 地之所養,
無人爲大. 父母全而生之, 子全而歸之, 可謂孝矣. 不虧其體, 不辱
其身, 可謂全矣. 故君子頃[跬]步而弗敢忘孝也.' 今予忘孝之道, 予是
以有憂色也. 壹擧足而不敢忘父母, 壹出言而不敢忘父母. 壹擧足
而不敢忘父母, 是故道而不徑, 舟而不游, 不敢以先父母之遺體行
殆. 壹出言而不敢忘父母, 是故惡言不出於口, 忿言不反於身. 不辱
其身, 不羞其親, 可謂孝矣."〈祭義-038〉

악정자춘은 당하로 내려가다가 발을 다쳤는데, 수개월이나 지났는데도 밖
으로 나가지 않았고, 여전히 근심스러운 표정을 지었다. 그의 제자는 "선생
님의 발은 이미 다 나았는데도['瘳'자의 음은 '抽(추)'이다.] 수개월이나 밖으로
나가지도 않으시고 여전히 얼굴에 수심이 가득한 것은 어째서입니까?"라
고 물었다. 그러자 악정자춘은 "너의 질문이 참으로 좋구나, 너의 질문이
참으로 좋구나. 나는 스승이신 증자께 들었고, 증자께서는 공자께 들었는
데, '하늘이 낳아준 대상과 땅이 나아준 대상 중에는 사람만큼 존귀한 것이
없다. 부모가 온전히 자신을 낳아주었으니, 자식이 자신의 몸을 온전히 하
여 땅으로 되돌려주는 것을 효라고 할 수 있다. 몸을 훼손시키지 않고 자신
을 욕되게 하지 않는 것을 온전히 한다고 할 수 있다. 그러므로 군자는
반걸음을['頃'자의 음은 '跬(규)'이다.] 뗄 때에도 감히 효를 잊지 않는다.'라고
하셨다. 그러므로 나는 효의 도리를 잊은 것이니, 이러한 이유로 근심스러
운 표정을 지은 것이다. 한 걸음을 뗄 때라도 감히 부모를 잊지 않아야
하고, 한 마디 말을 할 때라도 감히 부모를 잊지 않아야 한다. 한 걸음을
뗄 때라도 감히 부모를 잊지 않아야 하기 때문에 올바른 길로만 다니고
지름길로 다니지 않으며, 배를 타고 강을 건너며 헤엄을 치지 않으니, 감히
부모가 물려주신 몸으로 위험한 일을 시행할 수 없기 때문이다. 한 마디

말을 할 때라도 감히 부모를 잊지 않아야 하기 때문에 나쁜 말을 내뱉지 않고, 원망하는 말도 자신에게 돌아오지 않는다. 자신을 욕되게 하지 않고 부모를 부끄럽게 하지 않는 것을 효라고 할 수 있다."라고 대답했다.

集說 無人爲大, 言無如人最爲大, 蓋天地之性, 人爲貴也. 道, 正路也. 徑, 捷出邪徑也. 游, 徒涉也. 惡言不出於口, 己不以惡言加人也. 忿言不反於身, 則人自不以忿言復我也. 如此則不辱身, 不羞親矣.

'무인위대(無人爲大)'라는 말은 사람만큼 가장 중대한 사물은 없다는 뜻이니, 천지 사이의 생명체 중에서 사람이 가장 존귀하기 때문이다. '도(道)'자는 올바른 길을 뜻한다. '경(徑)'자는 빨리 가는 샛길이다. '유(游)'자는 헤엄친다는 뜻이다. "나쁜 말이 입에서 나오지 않는다."는 말은 본인이 남에게 나쁜 말을 하지 않는다는 뜻이다. "원망하는 말이 자신에게 돌아오지 않는다."는 것은 남도 자신에게 원망하는 말을 하지 않은 것이다. 이처럼 한다면 자신을 욕되게 하지 않고 부모를 부끄럽게 하지 않는다.

附註 頃步, 音跬, 一云如字.

'경보(頃步)'의 '경(頃)'자를 음에서는 '규(跬)'라 했는데, 한편에서는 글자대로 읽는다고 한다.

類編 右樂正子言孝.

여기까지는 '악정자언효(樂正子言孝)'에 대한 내용이다.

禮記類編大全卷之二十五

『예기유편대전』 25권

◈ 仲尼燕居第二十三 / 「중니연거」 23편

此篇問答, 皆論禮之事. 經解錯簡, 今移于此. 聘義一段, 附于篇末.

이 편의 문답 내용은 모두 예를 논의한 사안에 해당한다. 『예기』「경해(經解)」편의 착간된 것들은 지금 이곳으로 옮겨둔다. 『예기』「빙의(聘義)」편의 한 단락은 편말에 덧붙인다.

本居哀公問之下. 凡三節.

본래는 『예기』「애공문(哀公問)」편 뒤에 수록되어 있었다. 모두 3개 절이다.

「중니연거」편 문장 순서 비교		
『예기집설』	『예기유편대전』	
	구분	문장
001	子貢言游問禮	001
002		002
003		003
004		004
005		005
006		006
007		007
008		008
009		009
010		010
011	子張問政	011
012		012
013		經解-002
014		經解-003
		經解-004
		經解-005
		經解-006

「중니연거」편 문장 순서 비교		
『예기집설』	『예기유편대전』	
	구분	문장
		經解-007前
		013
		014前
		經解-007後
		014後
	子貢問玉	聘義-010

◇ 자공과 자유가 예에 대해 물음[子貢言游問禮]

【001】

仲尼燕居, 子張·子貢·言游侍, 縱言至於禮. 子曰: “居, 女[汝]三人者! 吾語[去聲]女禮, 使女以禮周流無不徧也.” 子貢越席而對曰: “敢問何如?” 子曰: “敬而不中[去聲]禮謂之野, 恭而不中禮謂之給, 勇而不中禮謂之逆.” 子曰: “給奪慈仁.”〈001〉

공자가 한가롭게 머물고 있는데, 자장·자공·자유가 모시고 있었다. 이런 저런 말들을 하다가 그 사안이 예에 이르게 되었다. 그러자 공자는 “이리 앉아라, 너희['女'자의 음은 '汝(여)'이다.] 세 사람이여. 내가 너희들에게 예에 대해 설명하여['語'자는 거성으로 읽는다.] 너희들로 하여금 예에 따라 시행하여 알맞지 않은 일이 없게끔 하겠다.”라고 했다. 그러자 자공은 본래 있던 자리를 벗어나 대답을 하며, “감히 묻습니다. 예란 어떠한 것입니까?”라고 했다. 공자는 “공경하되 예에 맞지['中'자는 거성으로 읽는다.] 않으면 '야(野)'라 부르고, 공손하되 예에 맞지 않으면 '급(給)'이라 부르며, 용맹하되 예에 맞지 않으면 '역(逆)'이라 부른다.”라고 했다. 계속하여 공자는 “급(給)의 폐단은 인자함을 빼앗는다.”라고 했다.

集說 縱言, 汎言諸事也. 周流無不徧者, 隨遇而施, 無不中節也. 敬以心言, 恭以容言. 禮雖以敬恭爲主, 然違於節文, 則有二者之弊. 給者, 足恭便佞之貌. 逆者, 悖戾爭鬪之事. 夫子嘗言恭而無禮則勞, 勇而無禮則亂, 給則勞, 逆則亂矣. 夫子於三者之獎, 獨言給之爲害, 何也? 蓋野與逆二者, 猶是直情徑行而然, 使習於禮, 則無此患矣. 惟足恭便給之人, 是曲意徇物, 致飾於外, 務以悅人, 貌雖類於慈仁, 而本心之德則亡矣, 故謂之 “奪慈仁”, 謂 “巧言令色鮮矣仁” 而恥乎足恭, 正此意也.

'종언(縱言)'은 여러 일들에 대해서 두루 언급한다는 뜻이다. '주류무불편(周流無不徧)'은 딱 맞는 것에 따라 시행하여 절도에 알맞지 않는 것이 없다는 뜻이다. 공경함은 마음을 기준으로 말한 것이고, 공손함은 행동거지를 기준으로 말한 것이다. 예가 비록 공경함과 공손함을 위주로 하더라도 예법에 위배된다면 이 두 가지에 대한 폐단이 생긴다. '급(給)'은 지나치고 공손하며 실제가 없이 말주변만 좋은 모습을 뜻한다. '역(逆)'은 이치를 어그러트리며 다투는 일을 뜻한다. 공자는 일찍이 "공손하되 예가 없으면 수고롭고, 용맹하되 예가 없으면 혼란스럽다."[1]고 했으니, 급(給)하게 되면 수고롭게 되고 역(逆)하게 되면 혼란스럽게 된다. 공자가 세 가지 폐단에 대해서 유독 급(給)의 폐해만 언급한 것은 어째서인가? 무릇 야(野)와 역(逆)이라는 두 가지 것들은 여전히 감정에만 충실하고 경솔하게 시행하여 그처럼 된 것이므로, 예를 익히게 한다면 이러한 우환이 없게 된다. 그러나 오직 지나치게 공손하며 교묘하게 말주변을 늘어놓는 자라면, 자신의 뜻을 굽혀 외부 대상에만 따르고 겉을 치장하는데 주력하여 남을 기쁘게 만드는 일에만 힘쓰니, 그 모습이 비록 인자함과 비슷하더라도 본래의 마음에 있는 덕은 없어진 것이다. 그렇기 때문에 "인자함을 빼앗는다."고 했으니, "말을 교묘하게 하고 낯빛을 꾸미는 자들 중에는 인한 사람이 드물다."[2]고 말하고, "지나친 겸손을 부끄러워했다."[3]고 말한 것은 바로 이러한 뜻을 나타낸다.

【002】
子曰: "師爾過, 而商也不及. 子産猶衆人之母也, 能食[嗣]之, 不能教也." 子貢越席而對曰: "敢問將何以爲此中者也?" 子曰: "禮乎禮. 夫禮所以制中也." 〈002〉

---

1) 『논어』「태백(泰伯)」: 子曰, "<u>恭而無禮則勞</u>, 愼而無禮則葸, <u>勇而無禮則亂</u>, 直而無禮則絞. 君子篤於親, 則民興於仁, 故舊不遺, 則民不偸."

2) 『논어』「양화(陽貨)」: 子曰, "巧言令色, 鮮矣仁."

3) 『논어』「공야장(公冶長)」: 子曰, "巧言令色<u>足恭</u>, 左丘明恥之, 丘亦<u>恥</u>之. 匿怨而友其人, 左丘明恥之, 丘亦恥之."

공자가 말하길, "자장아 너는 지나친데, 자하는 미치지 못한다. 정나라 자
산은 백성들의 어머니와 같아서 그들을 잘 먹여['食'자의 음은 '嗣(사)'이다.] 살
릴 수 있었지만 제대로 가르치지 못했다."라고 했다. 그러자 자공은 본래
있던 자리를 벗어나 대답을 하며, "감히 묻습니다. 무엇을 가지고 중도로
삼아야 합니까?"라고 했다. 공자는 "예인가? 바로 예이다. 예라는 것은 중
도에 맞게끔 하는 것이다."라고 했다.

集說 能食不能敎, 亦爲不及, 故子貢幷以中爲問.

밥은 잘 먹여주었지만 가르치지 못했다는 것 또한 미치지 못한 것이 된
다. 그렇기 때문에 자공은 두 경우를 아울러 중도에 대해 질문한 것이다.

【003】

子貢退, 言游進曰: "敢問禮也者, 領惡而全好者與?" 子曰: "然." "然
則何如?" 子曰: "郊社之義, 所以仁鬼神也. 嘗禘之禮, 所以仁昭穆
也. 饋奠之禮, 所以仁死喪也. 射鄕之禮, 所以仁鄕黨也. 食[嗣]饗之
禮, 所以仁賓客也."〈003〉

자공이 물러나자 자유가 앞으로 나아가 "감히 묻겠습니다. 예라는 것은 악
함을 통솔하고 좋음을 온전히 하는 것입니까?"라고 묻자 공자는 "그렇다."
라고 대답했다. 자유는 재차 "그렇다면 어떻게 하는 것입니까?"라고 묻자
공자는 "교사의 예의는 귀신 섬기는 것을 선하게 인도하는 방법이다. 상체
의 예의는 소목에 속한 자손들을 선하게 인도하는 방법이다. 궤전의 예의
는 사상례를 선하게 인도하는 방법이다. 향사례나 향음주례는 향당에 있는
자들을 선하게 인도하는 방법이다. 사향의['食'자의 음은 '嗣(사)'이다.] 예의는
빈객들을 선하게 인도하는 방법이다."라고 했다.

集說 前言禮釋回, 增美質, 此言領惡全好, 大意相類. 仁昭穆, 謂祭
時則群昭·群穆咸在也. 饋奠, 喪奠也, 非吉祭. 鄕射鄕飮酒, 皆行之
於鄕, 故曰: "仁鄕黨." 人而不仁如禮何? 此五者之禮, 皆發於本心之

仁也.

앞에서는 예가 사벽함을 제거하고 아름다운 본바탕을 배양시킨다고 했고, 이곳에서는 악함을 다스려서 좋음을 온전히 한다고 했는데, 큰 의미에서는 그 뜻이 비슷하다. "소목(昭穆)을 인(仁)하게 한다."는 말은 제사를 지낼 때라면 뭇 소묘(昭廟)와 뭇 목묘(穆廟)에 해당하는 자손들이 모두 모여 있게 된다는 뜻이다. '궤전(饋奠)'은 상전(喪奠)을 뜻하니, 길제(吉祭)⁴⁾가 아니다. 향사례(鄕射禮)와 향음주례(鄕飮酒禮)는 모두 향당에서 시행하는 것이다. 그렇기 때문에 "향당을 인(仁)하게 한다."라고 했다. 사람이 되고서 인(仁)하지 못하다면 예를 어떻게 하겠는가?⁵⁾ 이러한 다섯 가지 예법은 모두 본래의 마음에 있는 인(仁)에서 나타난 것이다.

集說 應氏曰: 領, 謂摠攬收拾之也. 好惡對立, 一長一消, 惡者收斂而無餘, 則善者渾全而無虧矣. 夫禮之制中, 非屑屑然與惡爲敵而去之也, 養其良心, 啓其善端, 而不善者自消矣. 仁者, 善之道也, 祭祀聘享, 周旋委曲焉者, 凡以全此而已. 仁心發於中, 而後禮文見於外, 及禮之旣擧而是心達焉, 則幽明之間, 咸順其序, 驩欣浹洽, 皆在吾仁之中, 是仁之周流暢達也.

응씨가 말하길, '영(領)'은 총괄하고 수습한다는 뜻이다. 좋음과 나쁨은 대립이 되는데, 어떤 것이 늘어나면 다른 것은 줄어드니, 나쁨이 수렴되어 남김이 없게 된다면 선함이 온전해져서 이지러진 것이 없게 된다. 예

---

4) 길제(吉祭)는 상례(喪禮)의 단계를 뜻한다. 우제(虞祭)를 지낸 뒤, 졸곡(卒哭)을 하며 제사를 지내게 되는데, 이 단계부터 지내는 제사를 '길제'라고 부른다. 상(喪)은 흉사(凶事)에 해당하는데, 그 이전까지는 슬픔에서 벗어나기 힘들기 때문에 흉제(凶祭) 또는 상제(喪祭)라고 부르며, 이 단계부터는 평상시처럼 길(吉)한 때로 접어들기 때문에 '길제'라고 부른다. 『예기』「단궁하(檀弓下)」편에는 "是月也, 以虞易奠, 卒哭曰成事. 是日也, 以吉祭易喪祭."라는 기록이 있다. 또한 평상시 정규적으로 지내는 제사를 '길제'라고도 부른다.
5) 『논어』「팔일(八佾)」: 子曰, "人而不仁, 如禮何? 人而不仁, 如樂何?"

가 중도에 맞게 재단하는 것은 소소하게 악과 대적시켜서 그것들을 제거하는 것이 아니니, 양심을 배양하고 선한 단서를 열어주면 선하지 않은 것들은 저절로 없어지게 된다. '인(仁)'이란 선의 도리이니, 제사나 빙문 및 연회에서 행동하는 모든 것들은 무릇 이를 통해 온전히 할 따름이다. 인(仁)한 마음은 속마음에서 발현하고 그 이후에 예의 격식을 통해 겉으로 드러나는데, 예를 이미 시행한 데에 미쳐서 이 마음이 통하게 된다면 그윽한 저 세상이나 밝은 인간 세상에서 모두들 그 순서에 따르게 되고 기뻐하며 화목하게 되니, 이 모두는 내 속마음에 있는 인(仁)함에 달려 있는 것으로, 이것은 인(仁)이 두루 퍼져서 통한 것이다.

集說 劉氏曰: 領惡, 猶言克己也, 視聽言動, 非禮則勿, 所以克去己私之惡, 而全天理之善也. 一日克己復禮, 則天下歸仁, 所以鬼神 · 昭穆 · 死喪 · 鄕黨 · 賓客之禮, 無所往而不爲仁也.

유씨가 말하길, '영악(領惡)'은 자신을 극복한다는 뜻과 같으니, 보고 · 듣고 · 말하고 · 행동하는 것들은 예가 아니면 하지 말아야 하며,[6] 이것이 바로 자신의 삿된 악함을 극복하여 천리의 선함을 온전히 하는 방법이다. 하루라도 자신을 극복하여 예로 복귀할 수 있다면, 천하 사람들이 모두 인(仁)으로 회귀할 것이니, 이것이 바로 귀신 · 소목 · 사상 · 향당 · 빈객의 예에 있어서 어느 곳에 가더라도 인(仁)하지 못하는 경우가 없게 되는 방법이다.

[004]
子曰 "明乎郊社之義 · 嘗禘之禮, 治國其如指諸掌而已乎." 〈004〉

---

6) 『논어』 「안연(顏淵)」: 顏淵問仁. 子曰, "克己復禮爲仁. 一日克己復禮, 天下歸仁焉. 爲仁由己, 而由人乎哉?" 顏淵曰, "請問其目." 子曰, "非禮勿視, 非禮勿聽, 非禮勿言, 非禮勿動." 顏淵曰, "回雖不敏, 請事斯語矣."

공자가 계속하여 말하길, "교사 및 상체의 예의에 해박하다면, 나라를 다스리는 것이 마치 손바닥을 가리키는 것처럼 쉬울 것이다."라고 했다.

集說 明乎郊社之義, 則事天如事親; 明乎嘗禘之禮, 則事親如事天. 仁人孝子明於此, 故能推民胞物與之心, 而天下國家, 有不難治者矣.

교사(郊社)의 예의에 해박하다면 하늘을 섬길 때 부모를 섬기는 것처럼 하고, 상체(嘗禘)의 예의에 해박하다면 부모를 섬길 때 하늘을 섬기는 것처럼 한다. 인한 자와 효자는 이러한 것에 해박하기 때문에, 백성들은 나의 동포이고 사물들은 나와 함께 한다는 마음을 미루어 볼 수 있어서, 천하와 국가를 다스림에 어려울 것이 없게 된다.

【005】

"是故以之居處有禮, 故長幼辨也; 以之閨門之內有禮, 故三族和也; 以之朝廷有禮, 故官爵序也; 以之田獵有禮, 故戎事閑也; 以之軍旅有禮, 故武功成也."〈005〉

공자가 계속하여 말하길, "이러한 까닭으로 이를 통해 거처하게 되면 예가 있게 되므로 장유관계가 변별된다. 이를 통해 집안에서 시행하면 예가 있게 되므로 삼족이 화목하게 된다. 이를 통해 조정에서 시행하면 예가 있게 되므로 관직과 작위에 질서가 생긴다. 이를 통해 사냥을 하게 되면 예가 있게 되므로 군대와 관련된 일들이 정돈된다. 이를 통해 군대에서 시행하면 예가 있게 되므로 무공이 이루어진다."라고 했다.

集說 三族, 父·子·孫也. 上文言郊社以下五者, 此又言居處以下五事, 皆所以明禮之無乎不在也.

'삼족(三族)'은 부모·자식·손자이다. 앞에서는 교사(郊社)로부터 그 이하의 다섯 가지를 언급했고, 이곳에서는 재차 거처(居處)로부터 그 이하의 다섯 가지 사안을 언급했는데, 이 모두는 예가 있지 않은 곳이 없음을 드러내는 것이다.

【006】

"是故宮室得其度, 量鼎得其象, 味得其時, 樂得其節, 車得其式, 鬼神得其饗, 喪紀得其哀, 辨說得其黨, 官得其體, 政事得其施, 加於身而錯[措]於前, 凡衆之動得其宜."〈006〉

공자가 계속하여 말하길, "이러한 까닭으로 궁실의 제도는 그 법도를 얻게 되고, 양(量)이나 정(鼎)과 같은 기물들은 그 형상을 얻게 되며, 맛은 적절한 시기를 얻게 되고, 음악은 절도를 얻게 되며, 수레는 정해진 법식을 얻게 되고, 귀신은 흠향을 얻게 되며, 상례의 규정들은 그에 알맞은 슬픔을 나타내게 되고, 변설은 때와 장소에 알맞게 되며, 관부는 자신이 담당해야 할 본체를 얻게 되고, 정사는 적절하게 시행되니, 이러한 것들을 자신에게 부여하여 앞서 그것들을 시행하므로['錯'자의 음은 '措(조)'이다.] 대중들의 행실이 그 마땅함을 얻게 된다."라고 했다.

集說 方氏曰: 奧爲尊者所居, 阼爲主者所在, 寢則無侵, 房則有方, 至是極而中者爲極, 自是衰而殺者爲榱, 楹以盈而有所任也, 檐以瞻而有所至也. 櫨, 若顱然; 楣, 若眉然, 如是則宮室得其度矣. 若魯莊公丹楹刻桷, 臧文仲山節藻梲, 蓋失其度故也. 量, 左爲升, 以象陽之所升; 右爲合, 以象陰之所合. 仰者爲斛, 以象顯而有所承; 覆者爲斗, 以象隱而有所庇. 外圜其形, 動以天也; 內方其形, 靜以地也. 鼎口在上, 以象有所安乎上; 足在下, 以象有所立乎下. 大者爲鼐, 以象氣之所仍; 摶者爲鼒, 以象才之所任. 足奇其數, 參乎天也; 耳偶其數, 兩乎地也. 非特此而已, 以兆之則有庎, 以旣之則有槪, 而量之所象又有如此者; 以貫之則有耳, 以擧之則有鉉, 而鼎之所象又有如此者. 其音足以中黃鍾, 而量又有樂之象焉; 其亨足以享上帝, 而鼎又有禮之象焉. 易曰: "以制器者尙其象", 蓋謂是矣. 然其器疏以達者所以象春, 高以粗者所以象夏, 廉以深之象秋, 閎以奄之象冬, 器固無適而非象也. 止以量·鼎爲言者, 蓋量爲器之大者, 大者得其象則小者從可知; 鼎爲器之重者, 重者得其象, 則輕者從可知. 若春多酸, 夏多苦, 秋多辛, 冬多鹹, 所謂味得其時也. 陽而不散, 陰而不密, 剛氣不怒, 柔氣不懾, 所謂樂得其節也. 車得其式者, 六等之數, 作車之式也; 五路之用, 乘車之式也. 鬼神得其饗者, 若天神皆降, 地祇皆出, 人鬼皆格, 可得而禮是矣. 喪紀得其哀者, 或發於容體, 或發於聲音, 或發於言語飲食, 或發於居處衣服, 而各得其哀也. 辨說得其黨, 君在官言官, 在府言府, 在庫言庫, 在朝言朝之類. 官得其體, 若天官掌邦治, 地官掌邦敎之類. 政事得其施, 若施典于邦國, 施則于都鄙, 施法于官府之類.

방씨가 말하길, 아랫목은 존귀한 자가 머무는 곳이고 동쪽계단은 주인이 위치하는 곳이며, 침(寢)에는 구석지고 누추한 곳이 없고 방(房)은 반듯하게 지어졌는데, 지극히 높고 가운데 알맞게 자리한 것은 대들보이고, 후미진 곳으로부터 크기가 줄어드는 것은 서까래이며, 기둥은 가득 차서 떠받들고 있는 것이 있으며, 처마는 우러러보며 점점 높아지는 점이 있다. 두공은 두개골처럼 된 것이고, 차양은 눈썹처럼 된 것이니, 이와 같다면 궁실이 그 법도를 얻은 것이다. 마치 노나라 장공처럼 기둥에 붉은색의 옻칠을 하고[7] 서까래에 조각을 하며,[8] 장무중처럼 두공에 산 모양을 조각하고 동자기둥에 수초를 그린 것[9]들은 법도를 잃어버렸기 때문이다. '양(量)'의 좌측은 승(升)이 되니 양(陽)이 상승하는 것을 상징하고, 우측은 합(合)[10]이 되니 음(陰)이 합하는 것을 상징한다. 위로 치켜든 것은

---

7) 『춘추』「장공(莊公) 23년」: 秋, 丹桓宮楹.

8) 『춘추』「장공(莊公) 24년」: 二十有四年, 春, 王三月, 刻桓宮桷.

9) 『논어』「공야장(公冶長)」: 子曰, "臧文仲居蔡, 山節藻梲, 何如其知也?"

10) 합(合)은 용량을 재는 단위이다. 10분의 1승(升)이다. 『손자산경(孫子算經)』에서는 "十抄爲一勺, 十勺爲一合, 十合爲一升."이라고 했다. 즉 10초(抄)는 1작(勺)이 되고, 10작(勺)은 1합(合)이 되며, 10합(合)은 1승(升)이 된다는 뜻이다. 또

곡(斛)11)이 되니 드러나서 받들고 있음을 상징하고, 덮는 것은 두(斗)가 되니 드러나지 않고 덮어주는 것이 있음을 상징한다. 겉에 있어 그 형태를 둥글게 한 것은 움직일 때에는 하늘의 도에 따르는 것이고, 안에 있어 그 형태를 사각형으로 한 것은 고요할 때 땅의 도에 따르는 것이다. 솥의 입구는 위에 있어서 위에 있어 편안하게 하는 바가 있음을 상징하고, 다리는 아래에 있어서 아래로 서는 점이 있음을 상징한다. 큰 것은 내(鼐)가 되니 기운이 거듭되는 것을 상징하고, 작은 것은 자(鼒)가 되니 재질에 따라 맡고 있는 것을 상징한다. 다리를 홀수로 만드는 것은 하늘의 도에 참여하는 것이고, 귀를 짝수로 만드는 것은 땅의 도에 따르는 것이다. 단지 여기에만 한정된 것이 아니니, 그것에 채우면 채워지지 않고 움푹 들어간 곳이 있고, 수북하게 쌓이면 그것을 다듬는 평미레가 있으니, 양(量)이 상징하는 것에는 또한 이와 같은 점도 있는 것이다. 또 그것에 들 것을 끼우게 되면 끼우는 귀가 있는 것이고 그것을 들게 되면 현(鉉)이 있으니, 정(鼎)이 상징하는 것에는 또한 이와 같은 점이 있다. 그리고 양(量)의 소리는 충분히 황종(黃鍾)이라는 음에 알맞아서, 양(量)에는 또한 음악의 상이 있는 것이고, 정(鼎)으로 희생물을 삶으면 충분히 상제를 흠향시킬 수 있어서, 정(鼎)에는 또한 예의 상이 있는 것이다. 『역』에서 "기물을 만드는 자는 그 상을 숭상한다."12)라고 한 말도 아마 이러한 뜻을 나타낼 것이다. 그리고 기물을 세밀하지 않은 거친 문양으로 새겨놓으면서도 곧고 매끈하게 만드는 것은 봄을 상징하는 것이고, 높게

유향(劉向)의 『설원(說苑)』「변물(辨物)」편에서는 "千二百黍爲一龠, 十龠爲一合, 十合爲一升."이라고 했다. 즉 서(黍) 1,250개의 알갱이는 1약(龠)이 되고, 10약(龠)은 1합(合)이 되며, 10합(合)은 1승(升)이 된다는 뜻이다.

11) 곡(斛)은 곡(斠)이라고도 기록한다. '곡은 곡식의 양을 재는 기구이자, 그 수량을 표시하는 단위였다. 지역 및 각 시대마다 다소 차이를 보이는데, 고대에는 10두(斗)가 1곡이었다. 『의례』「빙례(聘禮)」편에는 "十斗曰斛."이라는 기록이 있다.

12) 『역』「계사상(繫辭上)」 : 易有聖人之道四焉, 以言者尙其辭, 以動者尙其變, 以制器者尙其象, 以卜筮者尙其占.

만들면서도 거칠고 크게 만드는 것은 여름을 상징하는 것이며, 뾰족하게 만들면서도 깊게 만드는 것은 가을을 상징하는 것이고, 가운데는 넓게 만들되 윗부분은 좁게 만드는 것은 겨울을 상징하는 것이니, 기물은 그 상을 나타내지 않는 것들이 없다. 그런데 단지 양(量)과 정(鼎)으로만 말한 것은 양(量)은 기물 중에서도 큰 것이고, 큰 것이 그 상을 얻으면 작은 것들도 상을 얻게 됨을 그에 따라 알 수 있기 때문이고, 정(鼎)은 기물 중에서도 중요한 것인데, 중요한 것이 그 상을 얻으면 상대적으로 덜 중요한 것들도 상을 얻게 됨을 그에 따라 알 수 있기 때문이다. 예를 들어 "봄에는 신맛을 많이 내고, 여름에는 쓴맛을 많이 내며, 가을에는 매운 맛을 많이 내고, 겨울에는 짠맛을 많이 낸다."라고 한 것들이 바로 맛이 그 때를 얻었다는 뜻이다. "양(陽)에 해당하는 것들이 흩어지지 않 게끔 하고, 음(陰)에 해당하는 것들이 숨지 않도록 했으며, 굳센 기운이 성냄에 이르지 않도록 했고, 부드러운 기운이 겁냄에 이르지 않도록 한 다."라고 한 것들이 바로 음악이 절도를 얻는다는 뜻이다. "수레가 식(式) 을 얻는다."라고 했는데, 여섯 등급이 규정에 따라 수레 만드는 법식을 지킨다는 뜻이며, 오로(五路)의 쓰임에 있어서 수레를 타는 법식을 뜻한 다. "귀신이 향(饗)을 얻는다."라고 했는데, 예를 들어 천신이 모두 강림 하고, 지기가 모두 나타나며, 인귀가 모두 이르러서 예에 따라 흠향시킬 수 있는 것을 가리킨다.13) "상기(喪紀)가 애(哀)를 얻는다."라고 했는데, 어떤 때에는 용모와 몸을 통해 나타나고, 어떤 때에는 소리와 음을 통해 나타나며, 어떤 때에는 언어와 음식으로 나타나며, 어떤 때에는 거처와

---

13) 『주례』「춘관(春官)·대사악(大司樂)」: 凡樂, 圜鍾爲宮, 黃鍾爲角, 大蔟爲徵, 姑洗爲羽, 雷鼓雷鼗, 孤竹之管, 雲和之琴瑟, 雲門之舞, 冬日至, 於地上之圜丘 奏之, 若樂六變, 則天神皆降, 可得而禮矣. 凡樂, 函鍾爲宮, 大蔟爲角, 姑洗爲 徵, 南呂爲羽, 靈鼓靈鼗, 孫竹之管, 空桑之琴瑟, 咸池之舞, 夏日至, 於澤中之 方丘奏之, 若樂八變, 則地示皆出, 可得而禮矣. 凡樂, 黃鍾爲宮, 大呂爲角, 大 蔟爲徵, 應鍾爲羽, 路鼓路鼗, 陰竹之管, 龍門之琴瑟, 九德之歌, 九韶之舞, 於 宗廟之中奏之, 若樂九變, 則人鬼可得而禮矣.

의복을 통해 나타나서 각각 그 슬픔에 합당하게 됨을 뜻한다. "변설(辨說)이 당(黨)을 얻는다."라고 했는데, 예를 들어 군주의 명령이 관부[官]에 대한 내용이라면 관부에 대해서 논의하고, 부(府)에 대한 내용이라면 부(府)에 대해서 논의하며, 고(庫)에 대한 내용이라면 고(庫)에 대해서 논의하고, 조정[朝]에 대한 내용이라면 조정에 대해서 논의한다고 했던 부류에 해당한다. "관(官)이 체(體)를 얻는다."라고 했는데, 예를 들어 천관(天官)에 속한 자들이 나라의 정사를 담당하고,[14] 지관(地官)에 속한 자들이 나라의 교화를 담당하는 부류와 같다.[15] "정사(政事)가 시(施)를 얻는다."라고 했는데, 예를 들어 나라에 육전(六典)을 시행하고,[16] 도비(都鄙)[17]에 팔칙(八則)[18]을 시행하며,[19] 관부에 팔법(八法)[20]을 시행하

---

14) 『주례』「천관총재(天官冢宰)」: 乃立天官冢宰, 使帥其屬而掌邦治, 以佐王均邦
國.

15) 『주례』「지관사도(地官司徒)」: 乃立地官司徒, 使帥其屬而掌邦敎, 以佐王安擾
邦國.

16) 『주례』「천관(天官)·대재(大宰)」: 乃施典于邦國, 而建其牧, 立其監, 設其參,
傅其伍, 陳其殷, 置其輔.

17) 도비(都鄙)는 천자의 수도에 있는 신하 및 자제들의 채지(采地)를 뜻한다. 『주례』
「천관(天官)·대재(大宰)」편에는 "以八則治都鄙."라는 기록이 있는데, 이에 대
한 정현의 주에서는 "都鄙, 公卿大夫之采邑, 王子弟所食邑."이라고 풀이했고,
손이양(孫詒讓)의 정의(正義)에서는 "凡公卿大夫貴戚有功德, 得世祿者, 皆頒
邑以爲其祿, 是謂采邑. 在王子弟無官者, 雖無祿, 而得以恩澤食邑"이라고 풀
이했다.

18) 팔칙(八則)은 제사(祭祀), 법칙(法則), 폐치(廢置), 녹위(祿位), 부공(賦貢), 예속
(禮俗), 형상(刑賞), 전역(田役)을 뜻한다. 도비(都鄙)를 다스리던 여덟 가지 법령
을 의미한다. '제사'는 채지(采地)에 포함된 대상들에 대해서 제사를 지냄으로써
귀신들을 좋은 쪽으로 인도하는 것이다. '법칙'은 관부에서 따르고 있는 제도이니,
제도에서 벗어나지 않게끔 하여 관부를 좋은 쪽으로 인도하는 것이다. '폐치'는
잘못을 저질렀거나 무능한 자라면 물러나게 하고 현명하고 유능한 자라면 등용하
는 것으로, 이를 통해 아전들을 좋은 쪽으로 인도하는 것이다. '녹위'는 학사(學士)
들 중에서 뛰어난 행실과 학문적 성취가 높은 자를 가려서 녹봉과 작위를 주는
것으로, 이를 통해 학사들을 좋은 쪽으로 인도하는 것이다. '부공'은 채지(采地)의
백성들에게서 세금을 거두고, 관부에서 재화의 쓰임을 절제함으로써 재화의 쓰임

을 좋은 쪽으로 인도하는 것이다. '예속'은 예법에 따라 풍속을 변화하고, 백성들이 그에 따라 행동하도록 만들어서 백성들을 좋은 쪽으로 인도하는 것이다. '형상'은 죄를 지은 자에게는 형벌을 부여하고 공을 이룬 자에게는 상을 하사하여 백성들을 좋은 쪽으로 인도하고 위엄을 외경하게 만드는 것이다. '전역'은 사냥을 하며 백성들을 동원할 때, 그들이 농사를 지어야 할 시기를 놓치지 않게끔 하여 대중들을 좋은 쪽으로 인도하는 것이다. 『주례』「천관(天官)·대재(大宰)」편에는 "以八則治都鄙: 一曰祭祀, 以馭其神; 二曰法則, 以馭其官; 三曰廢置, 以馭其吏; 四曰祿位, 以馭其士; 五曰賦貢, 以馭其用; 六曰禮俗, 以馭其民; 七曰刑賞, 以馭其威; 八曰田役, 以馭其衆."이라는 기록이 있다.

19) 『주례』「천관(天官)·대재(大宰)」: 乃施則于都鄙, 而建其長, 立其兩, 設其伍, 陳其殷, 置其輔.

20) 팔법(八法)은 관속(官屬), 관직(官職), 관련(官聯), 관상(官常), 관성(官成), 관법(官法), 관형(官刑), 관계(官計)를 뜻한다. 국가를 통치하기 위해 마련된 법(法)을 뜻하는 것으로, 앞서 열거했던 여덟 가지 항목들은 국가에 소속된 관리들과 백성들에게 통상적으로 적용되는 여덟 가지 법률 가리킨다. 첫 번째 '관속(官屬)'은 『주례』에 기록된 천관(天官), 지관(地官), 춘관(春官), 하관(夏官), 추관(秋官), 동관(冬官) 등 여섯 개의 관부를 뜻하는 말이며, 각각의 관부에는 60개의 관직이 소속되어 있다. 그렇기 때문에 '관속'이라고 부르는 것으로, 이러한 '관속'을 통해서 국가의 정치를 시행하게 된다. 두 번째 '관직(官職)'은 여섯 관부에서 각자 맡고 있는 직무를 뜻한다. 직무는 또한 그 분야에 따라 치직(治職), 교직(敎職), 예직(禮職), 정직(政職), 형직(刑職), 사직(事職) 등 여섯 가지로 나뉘는데, '관직'은 이러한 여섯 가지 직무를 통해 국가의 정치를 분야별로 구분하는 것이다. 세 번째 '관련(官聯)'은 국가의 큰 행사가 있을 때, 관련된 임무를 협조하여 함께 시행한다는 뜻으로, 이러한 '관련'을 통해 각 관부의 기능과 치적을 규합하게 된다. 네 번째 '관상(官常)'은 각 관부에게 고유하게 주어진 각자의 임무를 뜻한다. 이러한 임무들은 각 관부에서 일상적으로 시행하는 것들을 뜻한다. 다섯 번째 '관성(官成)'은 일종의 규범으로, 각 관부에서 업무를 처리하며 작성한 문서들이다. 각 사안마다 일을 처리하는 방식을 기록하여, 새로운 업무를 처리할 때 참고하여 따르게 된다. 여섯 번째 '관법(官法)'은 각 관부에서 따르고 있는 규율 및 법칙을 뜻한다. 즉 각 관부에서는 해당 부서의 규율 및 법칙에 따라 임무를 시행하며, 국가의 각 분야를 통치한다는 뜻이다. 일곱 번째 '관형(官刑)'은 각종 형벌 제도를 뜻한다. '관형'에 따라서 국가의 규율을 세우게 된다. 여덟 번째 '관계(官計)'는 각 관부의 치적을 평가하여 상벌을 시행하는 것이다. 『주례』「천관(天官)·대재(大宰)」편에는 "以八法治官府. 一曰官屬, 以擧邦治. 二曰官職, 以辨邦治. 三曰官聯, 以會

는 부류와 같다.21)

集說 劉氏曰: 禮以制中, 無過無不及, 克己復禮爲仁, 則溥博淵泉
而時出之, 故凡衆之動, 無不得其時中之宜. 經禮三百, 曲禮三千, 無
一事之非仁也.

유씨가 말하길, 예에 따라 중도에 맞게 하여 지나침도 없고 미치지 못함
도 없게 하며, 자신을 극복하여 예(禮)로 복귀할 수 있어서 인(仁)을 이
루게 된다면, 넓고 광대하며 깊고 근본이 있어서 때에 맞게 나오기 때문
에,22) 대중들의 행실에 시중(時中)의 마땅함을 얻지 못함이 없게 된다.
또한 경례(經禮)는 300가지이고, 곡례(曲禮)는 3000가지라고 하지만 하
나라도 인(仁)하지 않은 것이 없다.

【007】
子曰: "禮者何也? 卽事之治也. 君子有其事, 必有其治. 治國而無禮,
譬猶瞽之無相[去聲]與[平聲]. 倀倀[昌]乎其何之? 譬如終夜有求於幽室
之中, 非燭何見? 若無禮, 則手足無所錯[措], 耳目無所加, 進退揖讓
無所制. 是故以之居處, 長幼失其別, 閨門・三族失其和, 朝廷・官
爵失其序, 田獵・戎事失其策, 軍旅・武功失其制, 宮室失其度, 量
・鼎失其象, 味失其時, 樂失其節, 車失其式, 鬼神失其饗, 喪紀失
其哀, 辨說失其黨, 官失其體, 政事失其施, 加於身而錯於前, 凡衆
之動失其宜. 如此則無以祖洽於衆也." 〈007〉

공자가 말하길, "그렇다면 예라는 것은 무엇인가? 곧 일을 다스리는 것이

官治. 四曰官常, 以聽官治. 五曰官成, 以經邦治. 六曰官法, 以正邦治. 七曰官
刑, 以糾邦治. 八曰官計, 以弊邦治."라는 기록이 있다.
21) 『주례』「천관(天官)・대재(大宰)」: 乃施法于官府, 而建其正, 立其貳, 設其攷,
陳其殷, 置其輔.
22) 『중용』「31장」: 溥博淵泉, 而時出之.

다. 군자에게 어떠한 일이 있으면, 반드시 그에 따른 다스림이 있게 된다. 나라를 다스리는데 예가 없다면, 그것은 비유컨대 장님에게 부축해주는['相'자는 거성으로 읽는다.] 자가 없는 경우와 같을 것이다.['與'자는 평성으로 읽는다.] 이리저리 방황하게['倀'자의 음은 '昌(창)'이다.] 되는데, 어디로 갈 수 있단 말인가? 또 비유하자면 밤새도록 어두운 방안에서 무언가를 찾는 것과 같으니, 횃불이 없다면 무엇을 찾을 수 있겠는가? 따라서 예가 없다면 손과 발을 둘['錯'자의 음은 '措(조)'이다.] 곳이 없고, 귀와 눈을 둘 곳이 없으며, 나아가고 물러나며 읍하고 사양함에 있어서도 절제할 것이 없게 된다. 이러한 까닭으로 이를 통해 거처하게 되면 장유관계가 그 구별을 잃게 되고, 가정과 삼족은 화목함을 잃게 되며, 조정과 관직 및 작위에 있어서는 그 질서를 잃게 되고, 사냥 및 군대와 관련된 일은 그 방책을 잃게 되며, 군대와 무공도 제도를 잃게 되고, 궁실은 법도를 잃게 되며, 양(量)과 정(鼎)은 형상을 잃게 되고, 맛은 적절한 시기를 잃게 되며, 음악은 절도를 잃게 되고, 수레는 정해진 법식을 읽게 되며, 귀신은 흠향을 잃게 되고, 상례의 규정들은 알맞은 슬픔을 나타내지 못하게 되며, 변설은 때와 장소에 알맞지 않게 되고, 관부는 자신이 담당해야 할 본체를 잃게 되며, 정사는 적절하게 시행되지 못하니, 이러한 것들을 자신에게 부여하여 앞서 그것들을 시행하므로, 대중들의 행실이 그 마땅함을 잃게 된다. 이처럼 한다면 대중들을 선도하여 화합시킬 수 없게 된다."라고 했다.

集說 倀倀, 無定向之貌. 祖, 始也, 洽, 合也, 言無以率先天下而使之協合也.

'창창(倀倀)'은 정해진 방향이 없이 배회하는 모습이다. '조(祖)'자는 "시작하다."는 뜻이며, '흡(洽)'자는 "화합하다."는 뜻이니, 천하의 백성들을 선도하여 그들로 하여금 서로 화합하도록 할 수 없다는 의미이다.

[008]
子曰: "慎聽之, 女三人者. 吾語女禮猶有九焉, 大饗有四焉. 苟知此矣, 雖在畎畝之中, 事之, 聖人已. 兩君相見, 揖讓而入門, 入門而縣

[玄]興, 揖讓而升堂, 升堂而樂闋[缺], 下管象武, 夏籥序興, 陳其薦俎,
序其禮樂, 備其百官. 如此而後君子知仁焉. 行中[去聲]規, 還[旋]中矩,
和鸞中采齊[慈], 客出以雍, 徹振羽, 是故君子無物而不在禮矣. 入門
而金作, 示情也. 升歌淸廟, 示德也. 下而管象, 示事也. 是故古之君
子不必親相與言也, 以禮樂相示而已."〈008〉

공자가 말하길, "잘 듣거라, 너희 세 사람이여. 내가 너희들에게 예에 대해
설명하리니, 아직까지 설명하지 않은 것이 아홉 가지나 남아있고, 그 중에
서도 대향에 대한 것이 네 가지이다. 진실로 이것들을 안다면 비록 들판에
있더라도 사람들이 섬겨서 성인의 경지에 오를 수 있을 것이다. 두 나라의
제후가 서로 만나볼 때 읍과 사양을 하고 문으로 들어서며, 문으로 들어서
면 매달아둔['縣'자의 음은 '玄(현)'이다.] 악기를 연주하고, 읍과 사양을 하고 당
상으로 올라가며, 당상으로 올라가면 음악을 그치는데['闋'자의 음은 '缺(결)'이
다.] 주인이 빈객에게 술을 따라 주어 빈객이 술잔을 비우면 음악을 그치는
것이 첫 번째 절차이며 또한 대향에 해당하는 것이고, 빈객이 다시 주인에
게 술을 따라 주어 주인이 술잔을 비우면 음악을 그치는 것이 두 번째 절차
이며 또한 대향에 해당하는 것이다. 악공이 당상으로 올라와서 청묘(淸廟)
라는 시가를 노래로 부르는데 이것이 세 번째 절차이며 또한 대향에 해당
하는 것이다. 그 일이 끝나면 당상으로 내려와서 상(象)과 무(武)의 악곡을
관악기로 연주하고, 또 대하(大夏)라는 악곡을 피리로 번갈아가며 연주하
니, 이것이 네 번째 절차이며 또 대향에 해당하는 것이다. 고기를 담은 도
마를 진설하고 예약을 차례대로 시행하며, 백관을 갖춘다. 이처럼 한 뒤에
야 군자는 그 인함을 안다. 원형자에 맞춘['中'자는 거성으로 읽는다.] 것처럼 행
동하니, 이것이 다섯 번째 절차이다. 곱자에 맞춘 것처럼 돌아서니['還'자의
음은 '旋(선)'이다.] 이것이 여섯 번째 절차이다. 문밖에서 빈객을 맞이할 때,
타고 있는 수레의 방울 소리를 채자의['齊'자의 음은 '慈(자)'이다.] 시가에 맞게
하니, 이것이 일곱 번째 절차이다. 빈객이 문밖으로 나갈 때에는 옹(雍)이
라는 시가를 연주하니, 이것이 여덟 번째 절차이다. 의식이 모두 끝나서
기물을 치울 때에는 진로(振鷺)라는 시가를 연주하니, 이것이 아홉 번째
절차이다. 이러한 까닭으로 군자에게 있어서는 어떤 사물이건 예가 존재치
않은 것이 없다. 문으로 들어설 때 금속 악기를 연주하는 것은 그 정감을

드러내는 방법이다. 당상에 올라가서 청묘의 시가를 노래 부르는 것은 덕을 드러내는 방법이다. 당하로 내려와서 상(象)의 악곡을 관악기로 연주하는 것은 그 사안을 드러내는 방법이다. 이러한 까닭으로 고대의 군자는 반드시 직접 만나 함께 말할 필요가 없었으니, 예악을 통해 서로 드러내기 때문이다."라고 했다.

集說 知者, 知其理也. 事者, 習其儀也. 聖人已者, 言可以進於聖人禮樂之道也. 兩君相見, 諸侯相朝也. 縣, 樂器之懸於筍簴者也. 興, 作也. 升堂而樂闋者, 旣升堂, 主人獻賓酒, 賓卒爵而樂止也, 此饗禮之一節也. 賓酢主君, 又作樂, 主君飮畢則樂止, 此饗禮之二節也. 下管象 · 武之上, 缺升歌淸廟一句, 或記者略耳. 升堂而歌淸廟之詩, 是三節也. 堂下以管吹象 · 武之曲, 是四節也. 夏籥, 禹大夏之樂曲, 以籥吹之也, 與象 · 武次序更迭而作, 故云: "夏籥序興." 言禮而必曰君子知仁, 使三子求節文於天理之中也. 行中規, 第五節也. 還中矩, 第六節也. 采齊, 樂章名. 和鸞, 車上之鈴也. 車行整緩, 則鈴聲與樂聲相中, 蓋出門迎賓之時, 此第七節也. 客出之時, 歌雍詩以送之, 此第八節也. 振羽, 卽振鷺, 禮畢徹器, 則歌振鷺之詩, 九節也. 九者之禮, 大饗有其四, 一是賓卒爵而樂闋, 二是賓酢主卒爵則樂又闋, 三是升歌淸廟, 四是下管象 · 武, 餘五者則非饗禮所得專也.

'지(知)'는 그 이치를 안다는 뜻이다. '사(事)'는 해당 의례를 익힌다는 뜻이다. '성인이(聖人已)'는 성인이 제정한 예악의 도리로 나아갈 수 있다는 뜻이다. '양군상견(兩君相見)'은 제후들끼리 서로 조회하는 것이다. '현(縣)'은 받침대인 순거(筍簴)에 매달아둔 악기를 뜻한다. '흥(興)'자는 "연주한다."는 뜻이다. '승당이악결(升堂而樂闋)'은 이미 당상에 올라갔다면, 주인은 빈객에게 술을 따라서 주고, 빈객이 술잔을 비우면 음악을 그친다는 뜻이니, 이것이 향례의 첫 번째 절차이다. 빈객이 주군에게 술을 따라서 권하면 또한 음악을 연주하고, 주군이 술을 다 마시면 음악을 그치니, 이것이 향례의 두 번째 절차이다. "당하로 내려와서 상(象)과 무

(武)의 악곡을 관악기로 연주한다."라는 구문 앞에는 "당상에 올라가서 청묘(清廟)라는 시가를 노래 부른다."라는 한 구문이 빠져 있는데, 아마도 『예기』를 기록한 자가 문장을 생략했기 때문일 것이다. 당상에 올라가서 청묘의 시가를 노래로 부르는 것이 세 번째 절차이다. 당하로 내려와서 관악기로 상(象)과 무(武)의 악곡을 연주하는 것이 네 번째 절차이다. '하약(夏籥)'은 우임금에 대한 대하(大夏)[23]라는 악곡인데, 피리로 그것을 연주하기 때문에 이처럼 부르는 것이고, 상(象)·무(武)와 차례대로 번갈아가며 연주하기 때문에 "하약을 차례대로 연주한다."라고 했다. 예(禮)를 언급하며 기어코 "군자가 인(仁)을 안다."라고 말한 것은 세 제자로 하여금 천리의 중도에 따라 격식을 갖추도록 했기 때문이다. "행동함이 원형자에 맞다."는 것은 다섯 번째 절차이다. "돌아섬이 곱자에 맞다."는 것은 여섯 번째 절차이다. '채자(采齊)'는 악장의 이름이다. '화란(和鸞)'은 수레에 다는 방울이다. 수레의 이동이 정갈하고 느긋하다면 방울의 울림이 음악의 소리와 서로 맞게 되니, 무릇 문밖으로 나가서 빈객을 맞이하는 때에 해당하며, 이것은 일곱 번째 절차이다. 빈객이 밖으로 나갈 때 옹(雍)이라는 시를 노래로 불러서 그를 전송하는데, 이것은 여덟 번째 절차이다. '진우(振羽)'는 진로(振鷺)라는 시가로, 의례절차가 모두 끝나서 기물들을 치우게 된다면, 진로라는 시가를 노래로 부르니, 이것은 아홉 번째 절차이다. 아홉 가지의 예법 중 대향(大饗)에 해당하는 것이 그 중 네 가지이니, 첫 번째는 빈객이 술잔을 비워서 음악을 그치는 것이며, 두 번째는 빈객이 주인에게 술을 따라주어 술잔을 비우면 음악을 다시 그치는 것이고, 세 번째는 당상에 올라가서 청묘를 노래 부르는 것이며, 네 번째는 당하로 내려가서 상(象)과 무(武)의 악곡을 관악기로 연주하는 것이다. 나머지 다섯 가지는 향례(饗禮)에서만 할 수 있는 것이 아니다.

---

23) 대하(大夏)는 주(周)나라 때의 악무(樂舞) 중 하나이다. 하(夏)나라 우(禹)임금 때의 악무를 근간으로 삼아서 만든 악무이다.

集說 方氏曰: 雍, 禘太祖之詩也, 其用爲大, 故歌之以送客. 振鷺, 助祭之詩, 其用爲小, 故歌之以徹器而已. 二詩本主於禘太祖與助祭, 而又用之於此者, 猶鹿鳴本以燕群臣, 而又用於鄉飮也. 然論語言以雍徹其用, 與此不同, 又何也? 蓋彼言天子饗神之事, 此言諸侯饗賓之事, 重輕固可知矣. 示情者, 欲賓主以情相接也; 示德者, 欲賓主以德相讓也; 示事者, 欲賓主以事相成也.

방씨가 말하길, '옹(雍)'은 태조에게 체제사를 지낼 때 사용하는 시가인데, 그 쓰임이 성대하기 때문에 이 시가를 노래로 불러서 빈객을 전송한다. '진로(振鷺)'는 제사를 도울 때 사용하는 시가인데, 그 쓰임이 상대적으로 작기 때문에 이 시가를 노래로 불러서 기물들을 치울 따름이다. 두 시가는 본래 태조에게 체제사를 지내고 제사를 도울 때 주로 사용하지만, 또한 이러한 상황에도 사용하는 것은 녹명(鹿鳴)이라는 시가가 본래 뭇 신하들에게 연회를 베풀 때 사용하는 것이지만, 또한 향음주례에서도 사용하는 것과 같다. 그러나 『논어』에서는 "옹(雍)의 시가에 따라 철상을 한다."[24]라고 하여, 그 쓰임이 이곳의 기록과 다른데, 이것은 또한 어째서 인가? 무릇 『논어』에서는 천자가 신에게 제사지내는 사안을 언급한 것이고, 이곳의 기록은 제후가 빈객에게 연회를 베푸는 사안을 언급한 것이니, 경중의 차이가 있음을 알 수 있다. '시정(示情)'은 빈객과 주인이 정감에 따라 서로 교류하고자 하는 것이다. '시덕(示德)'은 빈객과 주인이 덕에 따라 서로에게 양보하고자 하는 것이다. '시사(示事)'는 빈객과 주인이 해당 사안에 따라 서로 완성시키고자 하는 것이다.

集說 劉氏曰: 仁者, 天下之正理, 禮序樂和, 天下之正理不外是矣, 故曰: "如此而後君子知仁."

유씨가 말하길, 인(仁)은 천하에 통용되는 바른 이치이며, 예(禮)는 질서

---

24) 『논어』「팔일(八佾)」: 三家者以雍徹. 子曰, "相維辟公, 天子穆穆', 奚取於三家之堂?"

를 세우고 악(樂)은 조화를 이루는데, 천하의 바른 이치는 여기에서 벗어나지 않는다. 그렇기 때문에 "이처럼 한 뒤에야 군자가 인함을 안다."라고 했다.

附註 禮猶有九大饗有四, 言禮有九分, 大饗占得四分, 註說恐鑿. '예유유구대향유사(禮猶有九大饗有四)'라는 말은 예에는 아홉 가지 구분이 있고 대향은 그 중에서 네 부분을 차지하고 있다는 뜻인데, 주의 설명은 아마도 천착에 지나지 않은 것 같다.

【009】

子曰: "禮也者, 理也. 樂也者, 節也, 君子無理不動, 無節不作. 不能詩, 於禮繆. 不能樂, 於禮素. 薄於德, 於禮虛."〈009〉

공자가 말하길, "예(禮)라는 것은 이치이다. 악(樂)이라는 것은 절도이다. 군자는 이치가 없으면 행동하지 않고, 절도가 없으면 어떤 것도 일으키지 않는다. 시를 잘하지 못한다면 예에 대해 어긋나게 된다. 또 악을 잘하지 못한다면 예에 대해 너무 질박하게 된다. 또 덕이 얕은 자는 예에 대해 공허하게 만든다."라고 했다.

集說 樂記言"樂者, 天地之和也; 禮者, 天地之序也." 此言禮者理也, 樂者節也, 蓋禮得其理, 則有序而不亂; 樂得其節, 則雖和而不流. 君子無理不動, 防其亂也; 無節不作, 防其流也. 人而不爲周南召南, 猶正墻面而立, 不能詩者, 能不繆於禮乎? 禮之用, 和爲貴, 不能樂, 則無從容委曲之度, 是達於禮而不達於樂, 謂之素也. 素, 謂質朴也, 忠信之人, 可以學禮, 薄於德者, 必不能充於禮也.

『예기』「악기(樂記)」편에서는 "악(樂)이라는 것은 천지의 조화로움에 해당하며, 예(禮)라는 것은 천지의 질서에 해당한다."라 했고, 이곳에서는 "예(禮)라는 것은 이치이며, 악(樂)이라는 것은 절도이다."라 했다. 무릇 예가 이치를 얻게 되면 질서가 생겨서 문란하게 되지 않고, 악이 절도를 얻으면 조화롭게 되더라도 방탕하게 흐르지 않는다. 군자가 이치가 없을 때 움직이지 않는 것은 문란하게 됨을 방지하기 위해서이며, 절도가 없을 때 일으키지 않는 것은 방탕하게 흐르는 것을 방지하기 위해서이다. 사람이 되고서 「주남(周南)」[1]이나 「소남(召南)」[2] 등의 시편을 익히지 않는

---

1) 『시』「주남(周南)」에 속한 시는 「관저(關雎)」, 「갈담(葛覃)」, 「권이(卷耳)」, 「규목(樛木)」, 「종사(螽斯)」, 「도요(桃夭)」, 「토저(兎罝)」, 「부이(芣苢)」, 「한광(漢廣)」, 「여분(汝墳)」, 「인지지(麟之趾)」편이다.

2) 『시』「소남(召南)」에 속한 시는 「작소(鵲巢)」, 「채번(采蘩)」, 「초충(草蟲)」, 「채빈(采蘋)」, 「감당(甘棠)」, 「행로(行露)」, 「고양(羔羊)」, 「은기뢰(殷其雷)」, 「표

다면, 마치 담벼락을 마주하고 서 있는 것과 같으니, 시를 잘하지 못하는 자가 예를 어기지 않을 수 있겠는가? 예의 쓰임은 조화로움을 귀하게 여기는데,[3] 악을 잘하지 못한다면 모습과 행동거지에 법도가 없으니, 이것은 예에만 달통하고 악에 달통하지 못한 것을 소(素)라고 부르는 이유이다. '소(素)'는 너무 질박하다는 뜻이다. 마음이 진실되고 신의가 있는 자는 예를 배울 수 있지만 덕이 엷은 자는 분명 예를 확충할 수 없다.

【010】

子曰: "制度在禮, 文爲在禮. 行之, 其在人乎." 子貢越席而對曰: "敢問夔其窮與?" 子曰: "古之人與[平聲]? 古之人也. 達於禮而不達於樂, 謂之素; 達於樂而不達於禮, 謂之偏. 夫夔達於樂而不達於禮, 是以傳於此名也, 古之人也." 〈010〉

공자가 말하길, "제도라는 것은 예에 달려 있는 것이며, 현격히 드러나는 형식과 격식은 예에 달려 있는 것이다. 그리고 예를 시행하는 것은 사람에게 달려 있다."라고 했다. 그러자 자공은 본래 있던 자리를 벗어나 대답을 하며, "감히 묻습니다. 기는 예에 달통하지 못한 자입니까?"라고 했다. 공자는 "그는 고대의 사람인가?['與'자는 평성으로 읽는다.] 고대의 사람이다. 예에는 달통했지만 악에 달통하지 못한 것을 소(素)라 부르고, 악에는 달통했지만 예에 달통하지 못한 것을 편(偏)이라 부른다. 기는 악에는 달통했지만 예에는 달통하지 못한 자이다. 이러한 까닭으로 그가 예에 달통하지 못했다는 오명이 후세에 전해진 것이지만, 그는 고대의 현자 중 한 사람이었다."라고 했다.

集說 文, 謂文章之顯設者. 苟非其人, 則禮不虛道, 是以行之在人

유매(摽有梅)」, 「소성(小星)」, 「강유사(江有汜)」, 「야유사균(野有死麕)」, 「하피농의(何彼襛矣)」, 「추우(騶虞)」편이다.

3) 『논어』「학이(學而)」 : 有子曰, "禮之用, 和爲貴. 先王之道, 斯爲美, 小大由之. 有所不行, 知和而和, 不以禮節之, 亦不可行也."

也. 子貢之意, 謂夔以樂稱, 而不言其知禮, 其不通於禮乎? 窮, 不通
也. 夫子再言古之人, 亦微示不可貶之意, 言夔以偏於知樂, 是以傳
此不達禮之名於後世耳, 然而畢竟是古之賢者也, 故又終之以"古之
人也"之言. 然則禮樂之道, 學者能知其相爲用之原, 則無素與偏之
失矣.

'문(文)'자는 형식과 격식 중에서도 현격히 드러난 것을 뜻한다. 진실로
그에 걸맞는 자가 아니라면 예는 허황된 도리로 할 수 없으니, 이러한
까닭으로 그것의 시행이 사람에게 달려 있는 것이다. 자공의 의도는 기는
악을 잘했다고 칭해지지만 그가 예를 잘 알고 있었다고는 말하지 않는데,
그가 예에 대해 달통하지 못했느냐는 뜻이다. '궁(窮)'자는 통하지 못했다
는 뜻이다. 공자는 재차 고대의 사람이라고 말했으니, 이것은 또한 폄하
만 할 수 없다는 뜻을 은미하게 드러낸 것이다. 즉 기는 악을 아는 것에만
치우쳤으므로, 이를 통해 후세에 예에 달통하지 못했다는 오명이 전해진
것일 뿐이다. 그러나 그는 고대의 현자 중 한 사람이다. 그렇기 때문에
재차 말을 끝맺으며 "고대의 사람이다."라고 말한 것이다. 그렇다면 예악
의 도리에 대해서, 학자는 그것이 상호 작용되는 근원을 알아야만 너무
소박하게 되거나 편향되는 잘못이 없을 수 있다.

類編 右子貢言游問禮.
여기까지는 '자공언유문례(子貢言游問禮)'에 대한 내용이다.

◇ 자장이 정치에 대해 물음[子張問政]

【011】

子張問政. 子曰: "師乎[句], 前吾語女乎? 君子明於禮樂, 擧而錯之而已." 〈011〉

자장이 정치에 대해 물었다. 공자는 "사야[乎'자에서 구문을 끊는다.] 내가 앞서 너에게 말해주지 않았던가? 군자는 예악을 해박하게 깨우치고서, 이것들을 정사에 적용할 따름이다."라고 했다.

集說 前吾語女, 謂昔者已嘗告汝矣. 擧而錯之, 謂擧禮樂之道而施之政事也.

'전오어녀(前吾語女)'는 이전에 이미 너에게 알려주었다는 뜻이다. '거이조지(擧而錯之)'는 예악의 도리를 들어서 정사에 시행한다는 뜻이다.

附註 師乎前者, 言使之來前聽言也.

'사호전(師乎前)'은 그로 하여금 앞으로 오게 해서 말을 듣게끔 했다는 뜻이다.

【012】

子張復[扶又反]問. 子曰: "師, 爾以爲必鋪几筵, 升降·酌獻·酬酢,
然後謂之禮乎? 爾以爲必行綴[拙兆, 興羽籥, 作鍾鼓, 然後謂之樂
乎? 言而履之, 禮也. 行而樂[洛]之, 樂也. 君子力此二者, 以南面而
立, 夫是以天下大[泰]平也. 諸侯朝, 萬物服體, 而百官莫敢不承事
矣."〈012〉 [以上本文.]

자장이 재차['復'자는 '扶(부)'자와 '又(우)'자의 반절음이다.] 질문하였다. 공자는 "사
야, 너는 안석과 자리를 펼치고 오르고 내리며 술을 따르고 바치며 술을
권하고 잔을 돌리게 된 뒤에야 그것을 예라 부른다고 여기느냐? 아니면
반드시 무용수들의 대열에['綴'자의 음은 '拙(졸)'이다.] 따라 움직이고, 무용도구
인 깃털이나 피리 등을 나부끼며, 종이나 북을 연주한 뒤에야 그것을 악이
라 부른다고 여기느냐? 자신이 말을 했다면 그것을 실천하는 것이 예이다.
시행하고서 그것을 즐거워하는['樂'자의 음은 '洛(락)'이다.] 것이 악이다. 군자는
이 두 가지에 힘써서 남면을 하고 서 있는 것이니, 이를 통해 천하가 태평
하게['大'자의 음은 '泰(태)'이다.] 되는 것이다. 이처럼 한다면 제후가 조회를 하
고, 모든 사물이 자신의 굽혀 그 도리에 따르며, 모든 관리들이 감히 그
일을 받들지 않음이 없게 된다."라고 했다. [여기까지는 「중니연거」편의 본문이
다.]

集說 筵, 席也. 綴兆, 舞者之行列也. 萬物服體, 謂萬事皆從其理.

'연(筵)'은 자리이다. '졸조(綴兆)'는 무용수들이 서는 대열과 자리이다.
'만물복체(萬物服體)'는 모든 사안이 모두 그 이치에 따른다는 뜻이다.

【013】

天子者, 與天地參, 故德配天地, 兼利萬物, 與日月竝明, 明照四海
而不遺微小. 其在朝廷, 則道仁聖禮義之序; 燕處, 則聽雅·頌之音;
行步, 則有環佩之聲; 升車, 則有鸞和之音. 居處有禮, 進退有度, 百
官得其宜, 萬事得其序. 詩云: "淑人君子, 其儀不忒, 其儀不忒, 正是

四國." 此之謂也.〈經解-002〉[本在"深於春秋者也"下.]

천자는 천지와 더불어 참여하는 자이다. 그렇기 때문에 그의 덕은 천지에 짝하고, 만물을 모두 이롭게 하며, 해 및 달과 더불어서 함께 밝으니, 그의 밝음은 사해를 비춰주되 미물이라도 빠트리지 않는다. 그가 조정에 있게 되면 인함과 성스러움, 예와 의의 질서를 말하고, 한가롭게 머물 때라면 아와 송의 음악을 들으며, 걸어 다닐 때에는 차고 있던 패옥의 소리가 들리고, 수레에 타게 되면 수레의 방울소리가 들린다. 따라서 그가 거처할 때에는 예가 있고 나아가고 물러남에는 법도가 있으니, 모든 관리들이 그것을 보고 합당함을 얻고, 모든 일들이 질서를 얻는다. 『시』에서 "선한 군자여, 그의 위엄스러운 행동이 어긋나지 않았으니, 위엄스러운 행동이 어긋나지 않아서 사방의 나라들을 바르게 하는구나."라고 했으니, 바로 이러한 뜻을 나타낸다. [본래는 "『춘추』에 조예가 깊은 자이다."라고 한 문장 뒤에 수록되어 있었다.]

集說 鸞·和, 皆鈴也, 鸞在衡, 和在軾前. 詩, 曹風·鳲鳩篇.

'난(鸞)'과 '화(和)'는 모두 방울이니, 난은 수레의 형(衡)에 달고, 화는 수레의 식(軾) 앞에 단다. 시는 『시』「조풍(曹風)·시구(鳲鳩)」편이다.[1]

集說 石梁王氏曰: 此段最粹.

석량왕씨가 말하길, 이 단락이 「경해」편의 핵심이다.

[014]

發號出令而民說[悅], 謂之和; 上下相親, 謂之仁; 民不求其所欲而得之, 謂之信; 除去[上聲]天地之害, 謂之義. 義與信, 和與仁, 霸王[去聲]之器也. 有治民之意而無其器, 則不成.〈經解-003〉

호령하고 명령을 내렸는데 백성들이 기뻐한다면['說'자의 음은 '悅(열)'이다.] 이

---

1) 『시』「조풍(曹風)·시구(鳲鳩)」: 鳲鳩在桑, 其子在棘. <u>淑人君子, 其儀不忒, 其儀不忒, 正是四國.</u>

것을 화(和)라 부른다. 상하계층이 서로 친애하는 것을 인(仁)이라 부른다. 백성들이 하고자 하는 것을 바라지 않더라도 얻게 되면 이것을 신(信)이라 부른다. 천지의 해악을 제거하면['去'자는 상성으로 읽는다.] 이것을 의(義)라 부른다. 의(義)·신(信)·화(和)·인(仁)은 패왕의['王'자는 거성으로 읽는다.] 도구이다. 백성들을 다스리려는 뜻이 있더라도 그 도구가 없다면 완성되지 않는다.

集說 馮氏曰: 論義·信·和·仁之道, 而以王霸竝言之, 豈孔子之言?

풍씨가 말하길, 의(義)·신(信)·화(和)·인(仁)의 도를 논하면서 패왕을 함께 언급했으니, 어찌 공자의 말이겠는가?

【015】

禮之於正國也, 猶衡之於輕重也, 繩墨之於曲直也, 規矩之於方圜也. 故衡誠縣[玄], 不可欺以輕重; 繩墨誠陳, 不可欺以曲直; 規矩誠設, 不可欺以方圜; 君子審禮, 不可誣以姦詐.〈經解-004〉

예가 나라를 바르게 하는 것은 저울이 경중을 헤아리고, 먹줄이 굽은 것과 곧은 것을 정하며, 원형자와 굽은자가 사각형과 원형을 가려내는 것과 같다. 그러므로 저울이 분명하다면['縣'자의 음은 '玄(현)'이다.] 경중을 가지고 속일 수 없으며, 먹줄이 분명하다면 굽은 것과 곧은 것으로 속일 수 없고, 원형자와 굽은자가 분명하다면 사각형과 원형으로 속일 수 없으니, 군자가 예를 잘 살피면 간사함으로 속일 수 없다.

集說 方氏曰: 輕者禮之小, 重者禮之大, 若大者不可損, 小者不可益, 是矣. 曲者, 禮之煩, 直者, 禮之簡, 若易則易, 于則于, 是矣. 方者, 禮之常, 圜者, 禮之變, 若以禮爲體者, 禮之常也; 以義起禮者, 禮之變也. 禮之用如是, 故君子審禮, 不可誣以姦詐也.

방씨가 말하길, '경(輕)'은 예 중에서도 작은 것이고, '중(重)'은 예 중에서도 큰 것이니, "본래부터 커야 하는 것은 덜어내서는 안 되고, 본래부터 작아야 하는 것은 보태서는 안 된다."는 말이 바로 이러한 뜻에 해당한다. '곡(曲)'은 예 중에서도 번잡한 것이고, '직(直)'은 예 중에서도 간략한 것이니, "그 사안이 간이한 경우라면, 간이한 예법을 시행하게 되고, 군주께서 찾아오셔서 그 사안이 커진 경우라면, 융성한 예법을 시행하게 된다."는 말이 바로 이러한 뜻에 해당한다. '방(方)'은 예 중에서도 상례(常禮)에 해당하고, '환(圜)'은 예 중에서도 변례(變禮)에 해당하는 것이니, 예를 본체로 삼는 것은 예 중에서도 상례가 되고, 의(義)에 따라 예를 일으킨 것은 예 중에서도 변례가 되는 것과 같다. 예의 운용이 이와 같기 때문에 군자가 예를 잘 살피면, 간사함으로 속일 수 없다.

【016】

是故隆禮由禮, 謂之有方之士; 不隆禮不由禮, 謂之無方之民, 敬讓之道也. 故以奉宗廟, 則敬; 以入朝廷, 則貴賤有位; 以處室家, 則父子親·兄弟和; 以處鄉里, 則長幼有序. 孔子曰: "安上治民, 莫善於禮." 此之謂也.〈經解-005〉

이러한 까닭으로 예를 융성하게 높이고 예에 따르는 자를 도를 갖춘 사라 부르고, 예를 융성하게 높이지 않고 예에 따르지 않는 자를 도가 없는 백성이라 부르니, 공경히 처신하며 겸양하는 도를 뜻한다. 그러므로 이를 통해 종묘의 제사를 받들게 되면 공경하게 되고, 이를 통해 조정에 들어가서 행동하게 되면 귀천의 등급에 합당한 지위가 생기며, 이를 통해 집에서 처신하게 되면 부자관계에서 친애하게 되고 형제관계에서 화목하게 되고, 이를 통해 마을에서 처신하게 되면 장유관계에 질서가 생긴다. 공자는 "위정자를 편안하게 만들고 백성들을 다스리는 것 중에서 예보다 좋은 것이 없다."라고 했으니, 바로 이러한 뜻을 나타낸다.

集說 篇首"孔子曰", 記者述孔子之言也. 是故以下, 疑是記者之言, 故引孝經孔子之言以結之也.

「경해」편의 첫 머리에서는 '공자왈(孔子曰)'이라고 했는데, 이것은 『예기』를 기록한 자가 공자의 말을 조술한 것이다. '시고(是故)' 이하의 말은 아마도 『예기』를 기록한 자의 말일 것이다. 그렇기 때문에 『효경』에 나오는 공자의 말을 인용하여 결론을 맺은 것이다.[2]

集說 方氏曰: 隆, 言隆之而高. 由, 言由乎其中. 隆禮所以極高明, 由禮所以道中庸; 極高明所以立本, 道中庸所以趨時. 立本趨時雖若不同, 要之不離於道而已, 故謂之有方之士也. 道無方也, 體之於禮則爲有方, 此以禮爲主, 故謂之方焉. 士志於道, 故於有方曰士; 民無常心, 故於無方曰民.

방씨가 말하길, '융(隆)'자는 융성하게 해서 높인다는 뜻이다. '유(由)'자는 그 안에서 따른다는 뜻이다. 예를 높이는 것은 높고 밝음을 지극히 하는 것이며, 예에 따르는 것은 중용에 따르는 것이다.[3] 높고 밝음을 지극히 하는 것은 근본을 세우는 것이며, 중용에 따르는 것은 시의를 쫓는 것이다. 근본을 세우고 시의를 쫓는 것이 비록 동일하지 않은 것처럼 보이지만, 요약해보면 모두 도에서 벗어나지 않을 따름이다. 그렇기 때문에 방(方)을 갖춘 선비라고 부른다. 도에는 본래 고정된 방소가 없지만, 그것을 예로 체현하게 되면 방소가 생긴다. 이곳의 기록은 예를 위주로 삼은 것이기 때문에 도(道)를 방(方)이라고 부른 것이다. 사는 도에 뜻을 두었기 때문에[4] 방소를 갖춘 자에 대해서 '사(士)'라고 말한 것이며, 백성들은 항상된 마음이 없기 때문에 방소가 없는 자에 대해서 '민(民)'이라고 말한 것이다.

附註 "孔子曰"三字, 衍文, 如坊記"論語曰"之例. 隆禮由禮, 猶言尊

---

2) 『효경』「광요도장(廣要道章)」 : 安上治民, 莫善於禮. 禮者, 敬而已矣.
3) 『중용』「27장」: 故君子尊德性而道問學, 致廣大而盡精微, 極高明而道中庸, 溫故而知新, 敦厚以崇禮.
4) 『논어』「이인(里仁)」 : 子曰, "士志於道, 而恥惡衣惡食者, 未足與議也."

禮行禮, 可以知行言. 方氏云高明・中庸, 失之迂. 方, 卽道也. 敬讓
之道也, 此句上疑有缺文, 今補"禮也者"三字.

'공자왈(孔子曰)' 세 글자는 연문에 해당하니, 『예기』「방기(坊記)」편에
서 '논어왈(論語曰)'5)이라고 한 용례와 같다. '융례유례(隆禮由禮)'는 예
를 존숭하고 예를 시행한다고 말함과 같으니, 이를 통해 행실과 말을 알
수 있다. 방씨가 '고명(高明)'과 '중용(中庸)'이라 한 말은 우활한 잘못을
범한 것이다. '방(方)'자는 도에 해당한다. '경양지도야(敬讓之道也)'라
했는데, 이 구문 앞에는 아마도 누락된 문장이 있는 것 같으니, 이제 '예
야자(禮也者)' 세 글자를 보충한다.

---

5) 『예기』「방기(坊記)」015장 : 子云: "君子弛其親之過, 而敬其美. 論語曰: '三年
無改於父之道, 可謂孝矣.' 高宗云: '三年其惟不言, 言乃讙.'"

【017】

故朝覲之禮, 所以明君臣之義也; 聘問之禮, 所以使諸侯相尊敬也; 喪祭之禮, 所以明臣子之恩也; 鄉飲酒之禮, 所以明長幼之序也; 昏姻之禮, 所以明男女之別也. 夫禮, 禁亂之所由生, 猶坊[防]止水之所自來也. 故以舊坊爲無所用而壞[怪]之者, 必有水敗; 以舊禮爲無所用而去[上聲]之者, 必有亂患.〈經解-006〉

그러므로 조근의 의례는 군신관계의 도의를 밝히는 방법이다. 빙문의 의례는 제후들끼리 서로 존경하도록 만드는 방법이다. 상례와 제례는 신하와 자식에게 있는 은정을 밝히는 방법이다. 향음주례는 장유관계의 질서를 밝히는 방법이다. 혼인의 의례는 남녀의 유별함을 밝히는 방법이다. 무릇 예라는 것은 혼란이 생겨나는 원인을 금지하는 것이니, 물이 넘치는 것을 제방이['坊'자의 음은 '防(방)'이다.] 방지함과 같다. 그러므로 예전의 제방을 쓸데없는 것이라 여겨서 무너트리는['壞'자의 음은 '怪(괴)'이다.] 자에게는 반드시 수재가 발생할 것이고, 예전의 예법을 쓸데없는 것이라 여겨서 없애는['去'자는 상성으로 읽는다.] 자에게는 반드시 혼란과 우환이 발생할 것이다.

集說 壻於婦家曰昏, 婦於壻家曰姻.

혼인에 있어서 아내 집안의 사위가 되는 것은 '혼(昏)'이라 부르고, 남편 집안의 며느리가 되는 것은 '인(姻)'이라 부른다.

集說 方氏曰: 君臣之亂, 生於無義, 故以朝覲之禮禁之; 諸侯之亂, 生於不和, 故以聘問之禮禁之; 臣子之亂, 生於無恩, 故以喪祭之禮禁之. 以至鄉飲之施於長幼, 昏姻之施於男女, 其義亦若是而已.

방씨가 말하길, 군신관계가 문란하게 되는 것은 의로움이 없는 데에서 생겨난다. 그렇기 때문에 조근(朝覲)의 예법으로 금지한다. 제후들이 문란하게 되는 것은 조화롭지 못한 데에서 생겨난다. 그렇기 때문에 빙문(聘問)의 예법으로 금지한다. 신하와 자식이 문란하게 되는 것은 은정이 없는 데에서 생겨난다. 그렇기 때문에 상례와 제례로 금지한다. 향음주례

를 장유관계에 적용하고, 혼인의 예법을 남녀관계에 적용하는 것에 있어
서도 그 의미가 또한 이와 같을 따름이다.

【018】

故昏姻之禮廢, 則夫婦之道苦, 而淫辟[僻]之罪多矣; 鄕飮酒之禮廢,
則長幼之序失, 而爭鬪之獄繁矣; 喪祭之禮廢, 則臣子之恩薄, 而倍
死忘生者衆矣; 聘覲之禮廢, 則君臣之位失, 諸侯之行[去聲]惡, 而倍
畔侵陵之敗起矣.〈經解-007〉1) [以上經解.]

그러므로 혼인의 의례가 폐지되면 부부의 도리가 고달프게 되고 음란하고
사벽한['辟'자의 음은 '僻(벽)'이다.] 죄악들이 많아진다. 향음주례가 폐지되면 장
유관계의 질서가 없어지고 서로 다투는 송사들이 많아진다. 상례와 제례가
폐지되면 신하와 자식의 은정이 옅어지고 죽은 자를 배반하고 살아있는
자들이 부모를 잊는 일이 많아진다. 빙문과 조근의 의례가 폐지되면 군주
와 신하의 지위가 어그러져서 제후는 나쁜 짓을 시행하고['行'자는 거성으로
읽는다.] 배반하고 침탈하며 업신여기는 폐단들이 발생한다. [여기까지는 「경해
」편의 문장이다.]

集說　此又自昏姻覆說至聘問朝覲, 以明上文之義.

이 또한 혼인으로부터 재차 설명하여 빙문과 조근에까지 이르렀으니, 이
를 통해 앞 문장의 뜻을 나타낸 것이다.

集說　鄭氏曰: 苦, 謂不至·不答之屬.

정현이 말하길, '고(苦)'자는 여자가 찾아오지 않고 남자가 답례를 하지

---

1) 『예기』「경해(經解)」 007장 : 故昏姻之禮廢, 則夫婦之道苦, 而淫辟之罪多矣;
鄕飮酒之禮廢, 則長幼之序失, 而爭鬪之獄繁矣; 喪祭之禮廢, 則臣子之恩薄,
而倍死忘生者衆矣; 聘覲之禮廢, 則君臣之位失, 諸侯之行惡, 而倍畔侵陵之敗
起矣. 故禮之敎化也微, 其止邪也於未形, 使人日徙善遠罪而不自知也, 是以先
王隆之也. 易曰: "君子愼始. 差若豪氂, 繆以千里." 此之謂也.

않는 부류들을 뜻한다.

夫婦之道苦, 如"器不苦窳"之苦, 言毁敗也.
'부부지도고(夫婦之道苦)'라 했는데, 이때의 '고(苦)'자는 "그릇이 조악하
지 않다."[2]고 했을 때의 고(苦)자와 같으니, 헐리고 부서진다는 뜻이다.

---

2) 『사기』 「오제본기(五帝本紀)」: 陶河濱, 河濱器皆<u>不苦窳</u>.

【019】

禮之所興, 衆之所治也. 禮之所廢, 衆之所亂也. 目巧之室, 則有奧
阼; 席則有上下, 車則有左右, 行則有隨, 立則有序, 古之義也. 〈013〉
[本在"承事矣"下.]

예가 흥성하게 되는 것은 백성들이 다스려지는 것이다. 반면 예가 폐지되
는 것은 백성들이 혼란스럽게 되는 것이다. 눈대중으로 지은 집이라도 아
랫목과 동쪽계단이 있고, 자리에는 상석과 하석이 있으며, 수레에는 좌측
과 우측이 있고, 길을 갈 때에는 그 뒤를 따라가는 등의 구분이 있으며,
서 있을 때에는 각각 정해진 차례가 있으니, 이러한 것들은 모두 고대 성인
이 예를 제정한 의미에 해당한다. [본래는 "그 일을 받든다.")라고 한 문장 뒤에
수록되어 있었다.]

集說 衆之治亂, 由禮之興廢, 此所以爲政先禮也. 目巧, 謂不用規
矩繩墨, 但據目力相視之巧也. 言雖苟簡爲之, 亦必有奧阼之處. 蓋
室之有奧, 所以爲尊者所處; 堂之有阼, 所以爲主人之位也. 席或以
南方爲上, 或以西方爲上, 詳見曲禮. 車之尊位在左, 父之齒隨行, 貴
賤長幼, 各有所立之位, 此皆古聖人制禮之義也.

백성들이 다스려지거나 혼란스럽게 되는 것은 예가 흥성하게 되느냐 폐
지되느냐에 달려 있으니, 이것이 바로 정치에서 예를 우선해야 하는 이유
이다. '목교(目巧)'는 원형자나 곱자 및 먹줄 등을 사용하지 않고, 단지
눈대중으로 가늠하여 치수를 맞춘 것이다. 즉 대충 만든 것일지라도 또한
반드시 아랫목과 동쪽계단을 둔다는 뜻이다. 무릇 실에 아랫목이 있는
것은 존귀한 자가 머물도록 하기 위해 만든 장소이고, 당에 동쪽계단이
있는 것은 주인이 서 있도록 하기 위해 만든 장소이다. 자리는 간혹 남쪽

---

1) 『예기』「중니연거」 012장 : 子張復問. 子曰: "師, 爾以爲必鋪几筵, 升降·酌
獻·酬酢, 然後謂之禮乎? 爾以爲必行綴兆, 興羽籥, 作鍾鼓, 然後謂之樂乎?
言而履之, 禮也. 行而樂之, 樂也. 君子力此二者, 以南面而立, 夫是以天下大
平也. 諸侯朝, 萬物服體, 而百官莫敢不承事矣."

방향을 상석으로 삼는 경우도 있고 서쪽 방향을 상석으로 삼는 경우도 있는데, 자세한 설명은 『예기』 「곡례(曲禮)」편에 나온다. 수레에서 존귀한 자가 타는 자리는 좌측에 있고, 부친의 연배에 해당하는 사람과 길을 갈 때에는 그 사람의 뒤를 따라가며, 귀천 및 장유의 관계에는 각각 서게 되는 위치가 있는 것이다. 이러한 것들은 모두 고대의 성인이 예를 제정한 뜻에 해당한다.

附註 目巧之, 註說牽强. 三字當爲衍文.

'목교지(目巧之)'에 대한 주의 설명은 견강부회이다. 세 글자는 마땅히 연문이 된다.

【020】

室而無奥・阼, 則亂於堂室也. 席而無上下, 則亂於席上也. 車而無
左右, 則亂於車也. 行而無隨, 則亂於塗也. 立而無序, 則亂於位也.
昔聖帝・明王・諸侯, 辨貴賤・長幼・遠近・男女・外內, 莫敢相踰
越, 皆由此塗出也.〈014〉1) [以上本文.]

공자가 계속하여 말하길, "집에 아랫목과 동쪽계단이 없다면 당과 실의 질
서가 혼란스럽게 된다. 자리에 상석과 하석의 구분이 없다면 자리 위에서
따라야 하는 질서가 혼란스럽게 된다. 수레에 좌우의 구분이 없다면 수레
를 타는 법도가 혼란스럽게 된다. 길을 갈 때 뒤따르는 법도가 없다면 길
위의 예법이 혼란스럽게 된다. 서 있을 때 서열에 따른 질서가 없다면 자리
에 적용되는 서열이 혼란스럽게 된다. 따라서 고대의 성왕과 명왕 및 제후
들은 귀천・장유・원근・남녀・외내를 변별하여, 감히 그것을 뛰어넘지
않았으니, 이 모두는 바로 이러한 도리에 따라 도출된 것이다."라고 했다.
세 제자는 공자로부터 이러한 말을 듣고서 마치 개안을 하는 것처럼 밝아
졌다. [여기까지는 「중니연거」편의 본문이다.]

集說 此言禮之爲用無所不在, 失之則隨事致亂, 爲政者可舍之而
他求乎? 貴賤以爵言, 長幼以齒言, 遠近以親疎言, 男女以同異言,
外內以位序言也.

이 문장은 예를 운용함에 그것이 적용되지 않는 곳이 없으니, 그것을 잃
게 되면 그 사안에 따라 문란하게 된다는 뜻으로, 정치를 시행하는 자가
이것을 내버리고 다른 것을 찾아서야 되겠는가? '귀천(貴賤)'은 작위를
기준으로 한 말이고, '장유(長幼)'는 나이를 기준으로 한 말이며, '원근(遠
近)'은 친하고 소원한 관계에 따라 한 말이고, '남녀(男女)'는 같고 다름

---

1) 『예기』「중니연거」014장: "室而無奥・阼, 則亂於堂室也, 席而無上下, 則亂於
席上也, 車而無左右, 則亂於車也, 行而無隨, 則亂於塗也, 立而無序, 則亂於
位也, 昔聖帝・明王・諸侯, 辨貴賤・長幼・遠近・男女・外內, 莫敢相踰越,
皆由此塗出也." 三子者旣得聞此言也於夫子, 昭然若發矇矣.

을 기준으로 한 말이며, '외내(外內)'는 자리의 서열에 따라 한 말이다.

【021】

故禮之敎化也微, 其止邪也於未形, 使人日徙善遠[去聲]罪而不自知
也, 是以先王隆之也. 易曰: "君子愼始. 差若豪氂, 繆以千里." 此之
謂也.〈經解-007〉2) [經解. 本在"侵陵之敗起矣"下.]

그러므로 예의 교화는 은미하니, 아직 구체적으로 드러나지 않은 상태에서
사벽한 것을 금지하여, 사람들로 하여금 날마다 선으로 옮겨가고 죄를 멀
리하도록[遠'자는 거성으로 읽는다.] 하면서도 스스로 그에 따르고 있는지도 알
아차리지 못하게 한다. 이러한 까닭으로 선왕은 예를 융성하게 높였던 것이
다. 『역』에서는 "군자는 시작을 신중히 한다. 그 차이가 처음에는 한 터
럭 정도였지만, 결국 천리나 되는 차이로 뒤틀리게 된다."라고 했으니, 바
로 이러한 뜻을 나타낸다. [「경해」편의 문장이다. 본래는 "침탈하며 업신여기는 폐단들
이 발생한다."라고 한 문장 뒤에 수록되어 있었다.]

集說 所引易曰, 緯書之言也. 若, 如也.

'역왈(易曰)'이라고 인용한 말은 위서(緯書)의 내용이다. '약(若)'자는 "~
와 같다."는 뜻이다.

附註 差若豪氂繆以千里, 朱子亦引之, 恐是易經正文之脫簡, 何可
斷爲緯書耶? 朱子封事, 此句上又有"正其本萬事理"六字, 甚純粹.

'차약호리무이천리(差若豪氂繆以千里)'라는 말은 주자 또한 인용했으
니, 아마도 이것은 『역경』 정문 중 탈간된 기록에 해당할 것인데, 어떻게

---

2) 『예기』「경해(經解)」007장 : 故昏姻之禮廢, 則夫婦之道苦, 而淫辟之罪多矣;
鄕飮酒之禮廢, 則長幼之序失, 而爭鬪之獄繁矣; 喪祭之禮廢, 則臣子之恩薄,
而倍死忘生者衆矣; 聘覲之禮廢, 則君臣之位失, 諸侯之行惡, 而倍畔侵陵之敗
起矣. 故禮之敎化也微, 其止邪也於未形, 使人日徙善遠罪而不自知也, 是以
王隆之也. 易曰: "君子愼始. 差若豪氂, 繆以千里." 此之謂也.

단정하여 위서라 할 수 있겠는가? 주자의 「봉사」에는 이 구문 앞에 또 "근본을 바로잡으면 만사가 다스려진다."는 여섯 글자가 더 있는데, 매우 순수한 기록이다.

【022】

三子者旣得聞此言也於夫子, 昭然若發矇矣.〈014〉1) [本在"此塗出也"下.]

세 제자는 공자로부터 이러한 말을 듣고서 마치 개안을 하는 것처럼 밝아졌다. [본래는 "이러한 도리에 따라 도출된 것이다."라고 한 문장 뒤에 수록되어 있었다.]

集說 方氏曰: 發矇者, 若目不明, 爲人所發而有所見也.

방씨가 말하길, '발몽(發矇)'은 마치 눈이 밝지 못하다가 남에 의해 개안되어 또렷이 보는 바가 생긴 것과 같다는 뜻이다.

集說 石梁王氏曰: 篇末二句, 是記者自作結語.

석량왕씨가 말하길, 「중니연거」편의 마지막 두 구문은 『예기』를 기록한자가 자신의 평가를 기록하여 결론을 맺은 말이다.

類編 右子張問政.

여기까지는 '자장문정(子張問政)'에 대한 내용이다.

---

1) 『예기』「중니연거」 014장 : "室而無奧·阼, 則亂於堂室也. 席而無上下, 則亂於席上也. 車而無左右, 則亂於車也. 行而無隨, 則亂於塗也. 立而無序, 則亂於位也. 昔聖帝·明王·諸侯, 辨貴賤·長幼·遠近·男女·外內, 莫敢相踰越, 皆由此塗出也." 三子者旣得聞此言也於夫子, 昭然若發矇矣.

◇ 자공이 옥에 대해 물음[子貢問玉]

【023】

子貢問於孔子曰: "敢問君子貴玉而賤碈者何也? 爲玉之寡而碈之多
與?" 孔子曰: "非爲碈之多故賤之也, 玉之寡故貴之也. 夫昔者君子
比德於玉焉: 溫潤而澤, 仁也; 縝密以栗, 知也; 廉而不劌[姑衛反], 義
也; 垂之如隊[墜], 禮也; 叩之其聲淸越以長, 其終詘[屈]然, 樂也; 瑕
不揜瑜, 瑜不揜瑕, 忠也; 孚[如字]尹[如字]旁達, 信也; 氣如白虹, 天也;
精神見于山川, 地也; 圭璋特達, 德也; 天下莫不貴者, 道也. 詩云:
'言念君子, 溫其如玉.' 故君子貴之也." 〈聘義-010〉 [聘義. 本在"順治而國安
也"下.]

자공이 공자에게 묻기를, "감히 묻겠습니다. 군자가 옥을 귀하게 여기고,
옥돌을 천시여기는 것은 어째서입니까? 혹시 옥은 희소하고 옥돌은 흔하기
때문입니까?"라고 했다. 그러자 공자는 "옥돌은 흔하기 때문에 천시하는
것이 아니며, 옥은 희소하기 때문에 귀하게 여기는 것이 아니다. 무릇 예로
부터 군자는 옥을 통해서 덕을 비견하였다. 옥이 매끈하면서도 윤택이 나
는 것은 인에 해당하고, 조밀하면서도 견고한 것은 지에 해당하며, 모가
났어도 상처를 입히지['劌'자는 '姑(고)'자와 '衛(위)'자의 반절음이다.] 않는 것은 의
에 해당하고, 옥 자체가 무거워서 매달게 되면 밑으로 드리우며 마치 떨어
질['隊'자의 음은 '墜(추)'이다.] 것 같은 것은 예에 해당하며, 그것을 두드리면
그 소리가 청아하게 일어나며 길게 퍼지고, 소리가 끝날 때에도 확연하게
맺음을 짓는['詘'자의 음은 '屈(굴)'이다.] 것은 악에 해당하고, 옥의 티가 그 아름
다움을 가리지 않고 옥의 아름다움도 티를 가리지 않으니 이것은 충에 해
당하며, 그 자체에 믿음과['孚'자는 글자대로 읽는다.] 올바름이['尹'자는 글자대로
읽는다.] 있으며 그것이 널리 퍼지는 것은 신에 해당하고, 그 기운이 무지개
와 같은 것은 천에 해당하며, 옥이 땅에 묻혀 있어서 그 맑고 밝은 정기가
산천에 드러나는 것은 지에 해당하고, 옥으로 만든 규와 장은 단독으로
전달할 수 있는데 이것은 덕에 해당하며, 천하에 옥을 귀하게 여기지 않는
자가 없는 것은 도에 해당한다. 『시』에서도 '군자를 생각함에 그 온화함이

옥과도 같다.'¹⁾라고 했다. 그렇기 때문에 군자는 옥을 귀하게 여기는 것이다."라고 대답해주었다. [「빙의」편의 문장이다. 본래는 "순종하며 다스려지게 되고 국가는 편안하게 된다."²⁾라고 한 문장 뒤에 수록되어 있었다.]

集說 鄭氏曰: 碈, 石似玉. 縝, 緻也. 栗, 堅貌. 劌, 傷也. 義者, 不苟傷人. 越, 猶揚也. 詘, 絶止貌. 樂記曰: "止如槀木." 瑕, 玉之病也. 瑜, 其中間美者.

정현이 말하길, 민(碈)은 돌 중에서 옥과 유사한 것이다. '진(縝)'자는 "조밀하다."는 뜻이다. '율(栗)'자는 견고한 모습을 뜻한다. '귀(劌)'자는 "상처를 내다."는 뜻이다. 의(義)는 구차하게 남을 해롭게 하지 않는다. '월(越)'자는 "오르다."는 뜻이다. '굴(詘)'자는 끊어지고 멈춘 모양을 뜻한다. 『예기』「악기(樂記)」편에서는 "멈추기를 말라죽은 나무처럼 한다."라고 했다. '하(瑕)'는 옥에 있는 흠을 뜻한다. '유(瑜)'자는 그 가운데 있는 아름다움을 뜻한다.

集說 陸氏曰: 尹, 正也. 孚尹, 猶言信正.

육씨³⁾가 말하길, '윤(尹)'자는 올바름을 뜻한다. '부윤(孚尹)'은 믿음직하

---

1) 『시』「진풍(秦風)·소융(小戎)」: <u>言念君子, 溫其如玉</u>. 在其板屋, 亂我心曲.
2) 『예기』「빙의(聘義)」009장 : 聘射之禮, 至大禮也. 質明而始行事, 日幾中而后禮成, 非强有力者弗能行也. 故强有力者, 將以行禮也, 酒淸, 人渴而不敢飮也; 肉乾, 人飢而不敢食也. 日莫人倦, 齊莊正齊, 而不敢解惰. 以成禮節, 以正君臣, 以親父子, 以和長幼. 此衆人之所難, 而君子行之, 故謂之有行. 有行之謂有義, 有義之謂勇敢. 故所貴於勇敢者, 貴其能以立義也; 所貴於立義者, 貴其有行也; 所貴於有行者, 貴其行禮也. 故所貴於勇敢者, 貴其敢行禮義也. 故勇敢强有力者, 天下無事, 則用之於禮義; 天下有事, 則用之於戰勝. 用之於戰勝則無敵, 用之於禮義則順治. 外無敵, 內順治, 此之謂盛德. 故聖王之貴勇敢强有力如此也. 勇敢强有力而不用之於禮義戰勝, 而用之於爭鬪, 則謂之亂人. 刑罰行於國, 所誅者亂人也. <u>如此則民順治而國安也</u>.
3) 육덕명(陸德明, A.D.550 ~ A.D.630) : =육원랑(陸元朗). 당대(唐代)의 경학자이다. 이름은 원랑(元朗)이고, 자(字)는 덕명(德明)이다. 훈고학에 뛰어났으며, 『경

며 올바르다고 말하는 것과 같다.

集說 應氏曰: 尹, 當作允. 孚·允, 皆信也.

응씨가 말하길, '윤(尹)'자는 윤자가 되어야 한다. 부(孚)자와 윤(允)자는 모두 신의를 뜻한다.

集說 疏曰: 圭璋特達, 謂行聘之時, 惟執圭璋, 特得通達, 不如餘幣也.

소에서 말하길, '규장특달(圭璋特達)'이라는 말은 빙례(聘禮)를 시행할 때에는 단지 규(圭)와 장(璋)만을 들게 되며, 이것 단독으로도 전달할 수 있어서 다른 예물을 더하지 않는다는 뜻이다.

集說 馬氏曰: 能柔能剛, 能抑能揚, 能斂能彰, 而能備精粗之美, 以全天人之道者, 玉之爲物也. 能柔則溫潤而澤, 所以爲仁; 能剛則廉而不劌, 所以爲義; 能抑則垂之如隊, 所以爲禮; 能揚則其聲淸越以長, 其終詘然, 所以爲樂; 能斂則縝密以栗, 所以爲智; 能彰則瑕不掩瑜, 瑜不揜瑕, 所以爲忠; 孚允於中, 旁達於外, 所以爲信. 始之以仁, 而成之以信. 凡此皆粗而爲人道也. 至於氣如白虹, 所以爲天; 精神見于山川, 所以爲地; 圭璋特達, 所以爲德; 天下莫不貴之, 所以爲道. 凡此皆精而爲天道也. 七者合而言之, 皆謂之德, 君子所貴以此德也. 溫者德之始, 言始所以見終. 論語言孔子之五德則始於溫, 夔敎胄子以四德亦始於溫. 詩亦曰: "溫溫恭人, 惟德之基." 古人用玉, 皆象其美. 若鎭圭以召諸侯, 以恤凶荒, 用其仁也. 齊有食玉, 用其智也. 牙璋以起軍旅, 用其義也. 國君相見以瑞, 相享以璧, 用其禮也. 樂有鳴球, 服有佩玉, 用其樂也. 邦國玉節, 用其信也. 琬以結好, 琰以除慝, 用其忠也. 兩圭祀地, 黃琮禮地, 用其能達於地也. 四圭

전석문(經典釋文)』 등을 남겼다.

祀天, 蒼璧禮天, 用其能達於天也. 圭璋特達, 用其能達於德也. 已
聘而還圭璋, 已朝而還瑞, 此皆古之爲器而用玉之美者也. 古之善比
君子於玉者, 曰言念君子, 溫其如玉, 曰追琢其章, 金玉其相; 曰如圭
如璧; 曰有美玉於斯, 韞匵而藏諸; 曰玉振終條; 曰瑾瑜匿瑕; 曰如玉
如瑩, 爰變丹靑. 此古人比君子於玉者也.

마씨가 말하길, 부드러울 수도 있고 굳셀 수도 있으며, 누를 수도 있고
드날릴 수도 있으며, 거둬들일 수도 있고 밝게 빛낼 수도 있는데, 조밀한
아름다움까지 갖추어서 하늘과 사람의 도리를 온전히 할 수 있는 것은
곧 옥(玉)이라는 사물의 성질이다. 옥은 유순하면서도 윤택이 나고 매끈
하니 이것이 인(仁)이 되는 이유이며, 강하게 할 수 있다면 곧게 되는데
해를 끼치지 않으니 이것이 의(義)가 되는 이유이고, 억누를 수 있다면
늘어트리게 되는데 마치 떨어질 것처럼 숙이게 되니 이것이 예(禮)가 되
는 이유이며, 드러낼 수 있다면 그 소리는 청아하게 울려서 길게 퍼지게
되는데, 그 소리가 마침에 있어서는 깔끔하니 이것이 악(樂)이 되는 이유
이고, 거둬들일 수 있다면 조밀하게 되는데 그러면서도 단단하니 이것이
지(智)가 되는 이유이며, 밝게 드러낼 수 있다면 그 흠이 아름다움을 가리
지 않고 아름다움이 흠을 가리지 않으니 이것이 충(忠)이 되는 이유이고,
그 속에 믿음을 갖추고 있는데 외적으로도 두루 통하게 되니 이것이 신
(信)이 되는 이유이다. 이처럼 인(仁)으로 시작하여 신(信)으로 완성을
이룬다. 무릇 이러한 것들은 모두 다소 거친 것으로 인도(人道)에 해당한
다. 그 기운에 있어서는 하얀 무지개와 같으니 이것이 천(天)이 되는 이유
이고, 그 정기는 산천에 드러나니 이것이 지(地)가 되는 이유이며, 규(圭)
와 장(璋)은 그것 자체로 전달할 수 있으니 이것이 덕(德)이 되는 이유이
고, 천하에 옥을 귀하게 여기지 않는 자가 없으니 이것이 도(道)가 되는
이유이다. 무릇 이러한 것들은 모두 정밀한 것으로 천도(天道)에 해당한
다. 이러한 7가지 덕목을 합하여 말한다면 모두 덕(德)이라 부를 수 있으
니, 군자가 귀하게 여기는 것은 이러한 덕 때문이다. 온화하다는 것은

덕의 시초가 되는데, 시초를 언급한 것은 곧 끝을 드러내는 것이다. 『논어』에서는 공자의 다섯 가지 덕을 언급하며 온화함에서 시작하고 있고,[4] 기가 주자(冑子)에게 네 가지 덕을 가르칠 때에도 또한 온화함에서 시작하고 있다.[5] 『시』에서도 "온순하고 온순하며 공손한 사람은 오직 덕의 기반이다."[6]라고 했다. 고대인들이 옥을 사용했던 것은 모두 그 아름다움을 형상화한 것이다. 진규(鎭圭)와 같은 것으로는 제후들을 불러서 그들의 재앙과 기근을 구휼했으니,[7] 그 인(仁)함에 따른 것이다. 재계를 할 때에는 옥의 가루를 먹는다고 했으니,[8] 그 지(智)함에 따른 것이다. 아장(牙璋)을 차고서는 군대를 일으켰으니,[9] 그 의(義)함에 따른 것이다. 제후들끼리 서로 만나볼 때에는 신표를 이용했고, 서로에게 선물을 전달할 때에는 벽(璧)을 이용했으니, 그 예(禮)함에 따른 것이다. 악기 중에는 명구(鳴球)가 있고, 복장을 갖출 때에는 패옥(佩玉)이 있으니, 이것은 그 악(樂)함에 따른 것이다. 나라에 있어서는 각 지방을 맡은 관리에게 옥을 갈라서 주는 부절이 있으니,[10] 그 신(信)함에 따른 것이다. 완(琬)으로는 우호를 다지고 염(琰)으로는 그 간특함을 제거하니,[11] 이것은 그 충(忠)함에 따른 것이다. 양규(兩圭)로는 땅에 제사를 지내고,[12] 황종(黃琮)으로는 땅을 예우하니, 이것은 옥이 땅과 소통할 수 있음에 따른 것이

---

4) 『논어』 「학이(學而)」 : 子禽問於子貢曰, "夫子至於是邦也, 必聞其政, 求之與? 抑與之與?" 子貢曰, "夫子溫良恭儉讓以得之. 夫子之求之也, 其諸異乎人之求之與?"

5) 『서』 「우서(虞書) · 순전(舜典)」 : 帝曰, 夔, 命汝典樂, 敎冑子, <u>直而溫</u>, 寬而栗, 剛而無虐, 簡而無傲, 詩言志, 歌永言, 聲依永, 律和聲, 八音克諧, 無相奪倫, 神人以和.

6) 『시』 「대아(大雅) · 억(抑)」 : 荏染柔木, 言緡之絲. <u>溫溫恭人, 維德之基</u>. 其維哲人, 告之話言, 順德之行. 其維愚人, 覆謂我僭. 民各有心.

7) 『주례』 「춘관(春官) · 전서(典瑞)」 : 珍圭以徵守, 以恤凶荒.

8) 『주례』 「천관(天官) · 옥부(玉府)」 : 王齊, 則共食玉.

9) 『주례』 「춘관(春官) · 전서(典瑞)」 : 牙璋以起軍旅, 以治兵守.

10) 『주례』 「지관(地官) · 장절(掌節)」 : 守邦國者用玉節, 守都鄙者用角節.

11) 『주례』 「춘관(春官) · 전서(典瑞)」 : 琬圭以治德以結好. 琰圭以易行以除慝.

12) 『주례』 「춘관(春官) · 전서(典瑞)」 : 兩圭有邸, 以祀地 · 旅四望.

다. 사규(四圭)로는 하늘에 제사를 지내고,[13] 창벽(蒼璧)으로는 하늘을 예우하니,[14] 이것은 옥이 하늘과 소통할 수 있음에 따른 것이다. 규(圭)와 장(璋)은 그것 단독으로 전달하니, 이것은 옥이 덕을 소통시킬 수 있음에 따른 것이다. 빙례(聘禮)를 끝내고서 규와 장을 되돌려주고, 조례(朝禮)를 끝내고서 서(瑞)를 나눠주니, 이것들은 모두 고대에 기물을 만들면서 옥의 아름다움을 사용했다는 사실에 해당한다. 고대에 옥에 대해 군자를 잘 비유한 말로는 "군자를 생각함에 그 온화함이 옥과도 같다."라는 말이 있고, "잘 다듬은 그 무늬여 금과 옥이 그 바탕이로구나."[15]라는 말이 있으며, "규와 같고 벽과 같구나."[16]라는 말이 있고, "여기에 아름다운 옥이 있다면, 함에 넣어서 감춰두어야 합니까?"[17]라는 말이 있으며, "옥으로 된 경(磬)을 쳐서 그 소리를 거둬들이는 것은 조리(條理)를 끝내는 것이다."[18]라는 말이 있고, "아름다운 옥은 티를 숨긴다."[19]라는 말이 있으며, "옥과 구슬처럼 밝게 빛나며, 단청(丹靑)으로 바뀐다."[20]라는 말이 있으니, 이러한 것들은 모두 고대인들이 옥을 통해 군자를 비유했던 말들이다.

集說 石梁王氏曰: 因聘禮用玉, 故論玉之德以結此篇.

---

13) 『주례』「춘관(春官)・전서(典瑞)」: 四圭有邸以祀天・旅上帝.
14) 『주례』「춘관(春官)・대종백(大宗伯)」: <u>以蒼璧禮天, 以黃琮禮地</u>, 以靑圭禮東方, 以赤璋禮南方, 以白琥禮西方, 以玄璜禮北方.
15) 『시』「대아(大雅)・역복(棫樸)」: <u>追琢其章, 金玉其相</u>. 勉勉我王, 綱紀四方.
16) 『시』「위풍(衛風)・기욱(淇奧)」: 瞻彼淇奧, 綠竹如簀. 有匪君子, 如金如錫, <u>如圭如璧</u>. 寬兮綽兮, 倚重較兮. 善戲謔兮, 不爲虐兮.
17) 『논어』「자한(子罕)」: 子貢曰, "<u>有美玉於斯, 韞匵而藏諸</u>? 求善賈而沽諸?" 子曰, "沽之哉! 沽之哉! 我待賈者也."
18) 『맹자』「만장하(萬章下)」: 孔子之謂集大成. 集大成也者, 金聲而玉振之也. 金聲也者, 始條理也, <u>玉振之也者, 終條理也</u>. 始條理者, 智之事也, 終條理者, 聖之事也.
19) 『춘추좌씨전』「선공(宣公) 15년」: 川澤納汚, 山藪藏疾, <u>瑾瑜匿瑕</u>, 國君含垢, 天之道也.
20) 『법언』「오자(吾子)」: 或問, 屈原智乎. 曰, <u>如玉如瑩, 爰變丹靑</u>. 如其智. 如其智.

석량왕씨가 말하길, 빙례(聘禮)에서 옥을 사용한다는 사안에 따랐기 때문에, 옥의 덕을 논의하여 「빙의」편의 내용을 결론 맺은 것이다.

類編 右子貢問玉. [附]

여기까지는 '자공문옥(子貢問玉)'에 대한 내용이다. [덧붙인 문장이다.]

◇ 孔子閒居第二十四 / 「공자한거」 24편

類編 此篇記子夏與夫子問答之言, 與齊論六蔽 · 五美之屬相類.

이 편은 자하가 공자와 문답한 말들을 기록하고 있는데,『제론』에 나온
육폐 및 오미 등의 부류와 유사하다.

「공자한거」편 문장 순서 비교		
『예기집설』	『예기유편대전』	
	구분	문장
001		001
002		002
003		003
004		004
005		005
006		006
007		007
008		008
009		009

【001】

孔子閒居, 子夏侍. 子夏曰: "敢問, 詩云: '凱弟君子, 民之父母', 何如
斯可謂民之父母矣?" 孔子曰: "夫民之父母乎, 必達於禮樂之原, 以
致五至, 而行三無, 以橫於天下. 四方有敗, 必先知之, 此之謂民之
父母矣."〈001〉

공자가 편히 머물러 있을 때 자하가 시중을 들었다. 자하는 "감히 묻겠습니
다. 『시』에서는 '화락하고 간이한 군자여, 백성들의 부모로다.'라고 했는
데, 어떻게 하면 백성의 부모라 할 수 있습니까?"라고 했다. 그러자 공자는
"무릇 백성의 부모란 반드시 예악(禮樂)의 근원에 통달하여, 이를 통해 오
지(五至)의 도를 지극히 하고 삼무(三無)의 도를 시행하여, 이것을 천하에
두루 펼친다. 또 사방에 재앙과 실패의 조짐이 발생하려고 할 때, 반드시
누구보다 먼저 그것을 안다. 이러한 자를 바로 백성들의 부모라고 부른다."
라 했다.

集說 詩, 大雅・泂酌之篇. 凱, 樂也. 弟, 易也. 橫者, 廣被之意. 言
三無・五至之道, 廣被於天下也. 四方將有禍敗之釁而必能先知者,
以其切於憂民, 是以能審治亂之幾也.

'시(詩)'는 『시』「대아(大雅)・형작(泂酌)」편이다.[1] '개(凱)'자는 "화락하
다."는 뜻이다. '제(弟)'자는 "간이하다."는 뜻이다. '횡(橫)'자는 널리 미
친다는 뜻이다. 즉 삼무(三無)와 오지(五至)의 도가 천하에 두루 펼쳐진
다는 의미이다. 사방에 재앙과 실패의 불씨가 발생하려고 하면 반드시
먼저 그것을 알아차릴 수 있어서, 이를 통해 백성들을 구휼하는데 절실히
노력하니, 이러한 까닭으로 다스려지거나 혼란스럽게 되는 기미를 잘 살
필 수 있다.

---

1) 『시』「대아(大雅)・형작(泂酌)」: 泂酌彼行潦, 挹彼注玆, 可以饋饎. 豈弟君子,
民之父母.

【002】

子夏曰: "民之父母旣得而聞之矣, 敢問, 何謂五至?" 孔子曰: "志之
所至, 詩亦至焉, 詩之所至, 禮亦至焉; 禮之所至, 樂亦至焉; 樂之所
至, 哀亦至焉. 哀樂[洛]相生, 是故正明目而視之, 不可得而見也; 傾
耳而聽之, 不可得而聞也. 志氣塞乎天地, 此之謂五至."〈002〉

자하가 말하길, "백성들의 부모가 된다는 말에 대해서는 이미 들어서 그
뜻을 알겠습니다. 그런데 감히 묻겠습니다. 무엇을 오지(五至)라고 합니
까?"라고 했다. 그러자 공자는 "뜻이 이른 것은 시 또한 이르고, 시가 이른
것은 예 또한 이르며, 예가 이른 것은 악 또한 이르고, 악이 이른 것은 슬픔
또한 이른다. 슬픔과 즐거움은['樂'자의 음은 '洛(락)'이다.] 상생하니, 이러한 까닭
으로 눈의 봄을 바르고 밝게 하더라도 볼 수 없고, 귀를 기울여도 들을
수 없다. 뜻과 기운이 천지에 충만하니, 이것을 오지라고 부른다."라고 했다.

集說 五至·三無者, 至則極盛而無以復加; 無則至微而不泥於迹
之謂也. 在心爲志, 發言爲詩, 志盛則言亦盛, 故曰: "志之所至, 詩亦
至焉." 詩有美刺, 可以興起好善惡惡之心, 興於詩者, 必能立於禮,
故曰: "詩之所至, 禮亦至焉." 禮貴於序, 樂貴於和, 有其序則有其和,
無其序則無其和, 故曰: "禮之所至, 樂亦至焉." 樂至則樂民之生, 而
哀民之死, 故曰: "樂之所至, 哀亦至焉." 君能如此, 故民亦樂君之生,
而哀君之死, 是哀樂相生也. 樂民之樂者, 民亦樂其樂; 憂民之憂者,
民亦憂其憂. 卽下文"無聲之樂, 無服之喪", 是也. 目正視則明全, 耳
傾聽則聽審, 今正視且不見, 傾聽且不聞, 是五至無體無聲, 而惟其
志氣之充塞乎天地也. 塞乎天地, 卽所謂"橫於天下"也.

'오지(五至)'와 '삼무(三無)'라고 했는데, 이르렀다면 지극하고 융성하여
재차 더할 것이 없고, 없다면 지극히 은미하여 자취에 구애되지 않음을
이른다. 마음에 있어서는 지(志)가 되는데, 그것이 말로 나타나면 시가
되니, 뜻이 융성하다면 말 또한 융성하게 된다. 그렇기 때문에 "뜻이 이른
것은 시 또한 이른 것이다."라고 했다. 시에는 찬미하는 것도 있고 비판하

는 것도 있어서, 선을 좋아하고 악을 싫어하는 마음을 흥기시킬 수 있으니, 시에서 흥성한 것은 반드시 예에서도 확립할 수 있다. 그렇기 때문에 "시가 이른 것은 예 또한 이른 것이다."라고 했다. 예는 질서가 있는 것을 존귀하게 여기고, 악은 조화로운 것을 존귀하게 여기는데, 질서가 생기면 조화가 생기고, 질서가 없으면 조화도 없다. 그렇기 때문에 "예가 이른 것은 악 또한 이른 것이다."라고 했다. 악이 이르게 되면 백성들이 생활하는 것을 즐겁게 여기고, 백성들이 죽는 것을 슬프게 여긴다. 그렇기 때문에 "악이 이른 것은 슬픔 또한 이른다."라고 했다. 군주가 이처럼 할 수 있기 때문에 백성들 또한 군주가 생활하는 것을 즐겁게 여기고, 군주가 죽는 것을 슬프게 여긴다. 이것은 슬픔과 즐거움이 상생하는 것이다. 백성들이 즐거워하는 것을 즐거워한다면 백성들 또한 군주의 즐거움을 즐거워하고, 백성들의 슬픔을 슬퍼한다면 백성들 또한 군주의 슬픔을 슬퍼하니, 아래문장에서 "소리가 없는 음악, 상복이 없는 상"이라고 한 말에 해당한다. 눈이 봄을 올바르게 한다면 눈의 밝음이 온전해지고, 귀를 기울여서 듣게 된다면 총명하고 자세히 듣게 되는데, 현재 봄을 바르게 했는데도 보지 못하고, 귀를 기울여도 듣지 못한다고 했으니, 오지(五至)는 형체도 없고 소리도 없으며 오직 뜻과 기운만이 천지에 충만하기 때문이다. 천지에 가득하다는 것은 바로 "천하에 두루 펼친다."는 뜻에 해당한다.

【003】

子夏曰: "五至旣得而聞之矣. 敢問, 何謂三無?" 孔子曰: "無聲之樂, 無體之禮, 無服之喪, 此之謂三無." 子夏曰: "三無旣得略而聞之矣. 敢問, 何詩近之?" 孔子曰: "'夙夜其[基]命宥密', 無聲之樂也; '威儀逮逮[棣], 不可選也', 無體之禮也; '凡民有喪, 匍匐救之', 無服之喪也." 〈003〉

자하가 말하길, "오지(五至)에 대해서는 이미 들어서 그 뜻을 알겠습니다. 그런데 감히 묻겠습니다. 무엇을 삼무(三無)라고 합니까?"라고 했다. 그러자 공자는 "소리가 없는 악(樂), 사물이 없는 예(禮), 상복이 없는 상(喪)이 바로 삼무이다."라고 했다. 자하는 계속하여, "삼무에 대해서는 이미 대략적인 내용을 들어서 알겠습니다. 그런데 감히 묻겠습니다. 어떠한 시가 삼무에 가깝습니까?"라고 했다. 그러자 공자는 "'밤낮으로 천명의 기틀을 세워['其'자의 음은 '基(기)'이다.] 관대하고 편안하게 한다.'라고 했는데, 이것이 바로 소리가 없는 악을 비유한다. '위엄스러운 거동이 융성하고 융성하니['逮'자의 음은 '棣(체)'이다.] 가릴 수가 없구나.'라고 했는데, 이것이 바로 사물이 없는 예를 비유한다. '백성들 중에 상사가 생기면 다급히 찾아가서 도와주는구나.'라고 했는데, 이것이 바로 상복이 없는 상을 비유한다."라고 했다.

集說 夙, 早也. 基, 始也. 宥, 寬也. 密, 寧也. 周頌·昊天有成命篇, 言文王·武王夙夜憂勤, 以肇基天命, 惟務行寬靜之政以安民, 孔子以喩無聲之樂者, 言人君政善, 則民心自然喜悅, 不在於鍾鼓管絃之聲也. 逮逮, 詩作棣棣, 盛也. 選, 擇也. 邶風·栢舟之篇, 言仁人威儀之盛, 自有常度, 不容有所選擇, 初不待因物以行禮而後可見, 故以喩無體之禮也. 手行爲匍, 伏地爲匐. 邶風·谷風之篇, 言凡人有死喪之禍, 必汲汲然往救助之, 此非爲有服屬之親, 特周救其急耳, 故以喩無服之喪也.

'숙(夙)'자는 아침이라는 뜻이다. '기(基)'자는 "시작하다."는 뜻이다. '유(宥)'자는 "관대하다."는 뜻이다. '밀(密)'자는 "편안하다."는 뜻이다. 『시』「주송(周頌)·호천유성명(昊天有成命)」편으로,[2] 문왕과 무왕이 밤낮으로 근심하고 노력하여 천명의 기틀을 세우고, 오직 관대하고 안정된 정사를 시행하는데 힘써서 백성들을 편안하게 했다는 뜻이니, 공자는 이를 통해 소리가 없는 음악을 비유한 것이다. 즉 군주가 시행하는 정치가 선하다면, 백성들의 마음은 자연히 기뻐하게 되니, 이러한 것들은 종이나 북 관악기나 현악기의 소리에 달려있지 않다는 의미이다. '체체(逮逮)'를 『시』에서는 체체(棣棣)라고 기록했으니, 융성하다는 뜻이다. '선(選)'자

---

2) 『시』「주송(周頌)·호천유성명(昊天有成命)」: 昊天有成命, 二后受之. 成王不敢康, <u>夙夜基命宥密</u>. 於緝熙, 單厥心. 肆其靖之.

는 "가리다."는 뜻이다. 『시』「패풍(邶風)・백주(栢舟)」편으로,[3] 인한 자의 위엄스러운 거동은 융성하여 그 자체로 일정한 법도가 있으니, 가려서 뽑을 것 자체가 없고, 애초에 어떤 사물에 따라 예를 시행한 이후에야 볼 수 있는 것을 기다리지 않는다. 그렇기 때문에 이를 통해 사물이 없는 예를 비유한 것이다. 손으로 기는 것은 '포(匍)'가 되고 땅에 엎드리는 것은 '복(匐)'이 된다. 『시』「패풍(邶風)・곡풍(谷風)」편으로,[4] 사람에게 상사의 재앙이 발생하면 반드시 다급히 찾아가서 도와주어야 한다는 뜻이고, 이것은 상복관계에 속한 친족이 아니더라도 단지 그의 다급함을 두루 구원해야 함을 뜻한다. 그렇기 때문에 이를 통해 상복이 없는 상을 비유한 것이다.

【004】

子夏曰: "言則大矣・美矣・盛矣, 言盡於此而已乎?" 孔子曰: "何爲其然也? 君子之服之也, 猶有五起焉."〈004〉

자하가 말하길, "말씀은 크고도 아름다우며 융성한데, 설명하는 말씀은 여기에서 끝날 뿐입니까?"라고 했다. 그러자 공자는 "어찌 그처럼만 하겠는가? 군자가 익혀야 할 것에는 아직도 오기(五起)가 있다."라고 했다.

集說 疏曰: 服, 習也. 言君子習此三無, 猶有五種起發其義.

소에서 말하길, '복(服)'자는 "익힌다."는 뜻이다. 즉 군자가 이러한 삼무(三無)를 익혔더라도, 여전히 그 뜻을 일으키는 다섯 가지 것들이 있다는 의미이다.

---

3) 『시』「패풍(邶風)・백주(栢舟)」: 我心匪石, 不可轉也. 我心匪席, 不可卷也. 威儀棣棣, 不可選也.
4) 『시』「패풍(邶風)・곡풍(谷風)」: 就其深矣, 方之舟之. 就其淺矣, 泳之游之. 何有何亡, 黽勉求之. 凡民有喪, 匍匐救之.

【005】

子夏曰: "何如?" 孔子曰: "無聲之樂, 氣志不違; 無體之禮, 威儀遲遲, 無服之喪, 內恕孔悲. 無聲之樂, 氣志旣得; 無體之禮, 威儀翼翼; 無服之喪, 施[異]及四國. 無聲之樂, 氣志旣從; 無體之禮, 上下和同; 無服之喪, 以畜萬邦. 無聲之樂, 日聞[去聲]四方; 無體之禮, 日就月將; 無服之喪, 純德孔明. 無聲之樂, 氣志旣起; 無體之禮, 施及四海; 無服之喪, 施于孫子." 〈005〉

자하가 말하길, "무엇을 오기(五起)라고 합니까?"라고 했다. 그러자 공자는 "소리가 없는 악(樂)은 뜻과 기운이 어긋나지 않고, 사물이 없는 예(禮)는 위엄스러운 거동이 느긋하고 여유로우며, 상복이 없는 상(喪)은 내적으로 관대하고 크게 슬퍼한다. 소리가 없는 악은 기운과 뜻을 이미 얻게 되고, 사물이 없는 예는 위엄스러운 거동이 엄숙하고 공경스러우며, 상복이 없는 상은 네 나라에 미치게['施'자의 음은 '異(이)'이다.] 된다. 소리가 없는 악은 기운과 뜻이 이미 따르고, 사물이 없는 예는 상하계층이 화합하며, 상복이 없는 상은 이로써 모든 나라를 기르게 된다. 소리가 없는 악은 날로 사방으로 소문이 퍼지고['聞'자는 거성으로 읽는다.] 사물이 없는 예는 날로 달로 성취되며, 상복이 없는 상은 순수한 덕이 크고도 밝게 된다. 소리가 없는 악은 기운과 뜻이 이미 일어나고, 사물이 없는 예는 사해에 두루 미치며, 상복이 없는 상은 자손들에게까지 미친다."라고 했다.

集說 方氏曰: 無聲之樂, 始之以氣志不違, 言內無所戾也. 無所戾, 則無所失, 故繼之以氣志旣得. 得之於身, 則人亦與之, 故繼之以氣志旣從. 人從之矣, 則聲聞于外, 故繼之以日聞四方. 日聞不已, 則方興而未艾, 故繼之以氣志旣起. 無體之禮, 始之以威儀遲遲者, 言緩而不迫也. 緩或失之於怠, 故繼之以威儀翼翼. 威儀得中, 則無乖離之心, 故繼之以上下和同. 和同而無乖離, 則久而愈大, 故繼之以日就月將. 愈大則不特施于近而可以及乎遠, 故終之以施及四海. 無服之喪, 始之以內恕孔悲者, 言其以仁存心也. 仁者愛人, 故繼之以施及四國. 以仁及人, 則所養者衆, 故繼之以以畜萬邦. 所養者衆則其德發揚于外, 故繼之以純德孔明. 德既發揚于外, 則澤足以被于後世, 故終之以施于孫子. 其序如此, 謂之五起, 不亦宜乎?

방씨가 말하길, 소리가 없는 악(樂)에 대해서 "기운과 뜻이 어기지 않는다."는 말로 시작을 한 것은 내적으로 어긋나는 점이 없다는 뜻이다. 어긋나는 것이 없게 된다면 잘못을 저지르는 것도 없게 된다. 그렇기 때문에 계속하여 "기운과 뜻을 이미 얻는다."라고 말한 것이다. 자신이 그것들을 터득한다면 남들 또한 함께 한다. 그렇기 때문에 계속하여 "기운과 뜻이 이미 따른다."라고 말한 것이다. 남들이 따른다면 소리가 밖에서 들려온다. 그렇기 때문에 계속하여 "날로 사방으로 소문이 퍼진다."라고 말한 것이다. 날로 늘어나는 소문이 그치지 않는다면 지역마다 흥성하게 되어 다하지 않는다. 그렇기 때문에 계속하여 "기운과 뜻이 이미 일어난다."라고 말한 것이다. 사물이 없는 예(禮)에 대해서 "위엄스러운 거동이 지지(遲遲)하다."는 말로 시작을 했는데, 느긋하고 급박하지 않다는 뜻이다. 느긋하게 되면 간혹 태만하게 구는 잘못을 범하기도 한다. 그렇기 때문에 계속하여 "위엄스러운 거동이 엄숙하고 공경스럽다."라고 말한 것이다. 위엄스러운 거동이 알맞음을 얻었다면 어긋나고 분리되는 마음이 없다. 그렇기 때문에 계속하여 "상하계층이 화합한다."라고 말한 것이다. 화합하여 어기거나 떠나지 않는다면 오래될수록 더욱 커지게 된다. 그렇기 때문에 계속하여 "날과 달로 성취한다."라고 말한 것이다. 더욱 커지게 된다면 단지 가까운 곳에만 베풀어지는 것이 아니며 멀리까지 미칠 수 있다. 그렇기 때문에 "사해에 미친다."라는 말로 결론을 맺었다. 상복이 없는 상(喪)에 대해서 "내적으로 관대하고 크게 슬퍼한다."는 말로 시작을 했는데, 인(仁)함을 마음에 보존하고 있기 때문이라는 뜻이다. 인(仁)은 남을 사랑하는 것이다. 그렇기 때문에 계속하여 "네 나라에 미친다."라고 말한 것이다. 인(仁)을 남에게 미칠 수 있다면 기를 바가 많아진다. 그렇기 때문에 계속하여 "이를 통해 모든 나라를 기른다."라고 말한 것이다. 기르는 것이 많다면 그 덕은 겉으로 드날리게 된다. 그렇기 때문에 계속하여 "순수한 덕이 크게 밝다."라고 말한 것이다. 덕이 이미 겉으로 드날리게 된다면 은택은 후세에까지 미치기에 충분하다. 그렇기 때문에 "자손에게까지 미친다."라는 말로 결론을 맺었다. 그 순서가 이와 같은데, 이것을 오기(五起)라고 부르는 것 또한 마땅하지 않겠는가?

集說 應氏曰: 大抵援詩句以發揚詠歎之, 蓋贊美之不已也.

응씨가 말하길, 대체로 『시』의 구문을 인용하여 그 뜻을 드러내고 읊조리며 탄식을 했으니, 무릇 찬미하길 그치지 않는 것이다.

集說 劉氏曰: 志氣塞乎天地, 則是君之志動天地之氣也; 氣志不違以下, 則是君心和樂之氣感天下之志也.

유씨가 말하길, 뜻과 기운이 천지에 충만하다면, 군주의 뜻이 천지의 기운을 움직이게 하는 것이며, 뜻과 기운이 어긋나지 않는다는 것으로부터 그 이하의 경우는 군주의 마음이 화락하여 나타난 기운이 천지의 뜻을 감동시키는 것이다.

【006】

子夏曰: "三王之德, 參於天地, 敢問, 何如斯可謂參天地矣?" 孔子曰: "奉三無私以勞[去聲]天下." 子夏曰: "敢問, 何謂三無私?" 孔子曰: "天無私覆, 地無私載, 日月無私照. 奉斯三者以勞天下, 此之謂三無私. 其在詩曰: '帝命不違, 至于湯齊[如字]. 湯降不遲, 聖敬日齊[躋]. 昭假[格]遲遲, 上帝是祇, 帝命式于九圍'. 是湯之德也."〈006〉

자하가 말하길, "옛 말 중에는 삼왕의 덕이 천지에 참여한다고 했는데, 감히 묻겠습니다. 어떻게 하는 것을 천지에 참여한다고 말할 수 있습니까?"라고 했다. 그러자 공자는 "삼무사(三無私)를 받들어서 천하를 위해 애쓰셨다.['勞'자는 거성으로 읽는다.]"라고 했다. 자하는 "감히 묻겠습니다. 무엇을 삼무사라고 합니까?"라고 했다. 그러자 공자는 "하늘은 사사롭게 덮어주는 것이 없으며, 땅은 사사롭게 실어주는 것이 없고, 해와 달은 사사롭게 비춰주는 것이 없다. 이러한 세 가지 뜻을 받들어서 천하를 위해 애쓰는 것을 삼무사라고 부른다. 『시』에서도 '상제의 명이 어그러지지 않아 탕임금에 이르러서 가지런히['齊'자는 글자대로 읽는다.] 되었다. 탕임금은 자신을 낮추는 데 더디게 하지 않았으니 성스럽고 공경스러운 덕이 날로 높아졌다.['齊'자의 음은 '躋(제)'이다.] 그 빛남이 하늘에 이르러['假'자의 음은 '格(격)'이다.] 매우 느긋하였으며, 상제도 이에 그를 공경하게 대해, 상제의 명으로 구위(九圍)5)에 모범이 되었다.'라고 했으니, 바로 탕임금의 덕을 나타내는 말이다."라고 했다.

集說 三王之德參於天地, 蓋古語, 故子夏擧以爲問. 詩, 商頌 · 長發之篇, 孔子引之以證湯無私之德.

"삼왕의 덕이 천지에 참여한다."는 말은 아마도 고대로부터 전해져 온 말일 것이다. 그렇기 때문에 자하가 이 말을 제시하여 질문한 것이다. 시는 『시』「상송(商頌) · 장발(長發)」편으로,6) 공자는 이 시를 인용하여 탕임금에게는 삿됨이 없는 덕이 있었음을 증명하였다.

集說 嚴氏曰: 商自契以來, 天命所嚮, 未嘗去之, 然至湯而後與天齊, 謂王業至此而成, 天命至此而集, 天人適相符合也. 湯之謙抑, 所以自降下者甚敏而不遲, 故聖敬之德, 日以躋升也. 敬爲聖人之敬, 言至誠也. 日躋, 言至誠無息也. 德日新, 又日新, 是聖敬日躋之盛, 卽文王之純亦不已也. 其昭格於天, 遲遲甚緩, 言湯無心於得天, 付之悠悠也. 湯無所覬倖, 故唯上帝是敬, 其誠專一, 然天自命之以爲法於天下, 使爲王也.

---

5) 구위(九圍)는 구주(九州)를 뜻한다. 천하를 아홉 권역으로 나눠서 천자의 수도를 둘러싸도록 했기 때문에 구주를 '구위'라고도 부른다.
6) 『시』「상송(商頌) · 장발(長發)」: 帝命不違, 至于湯齊. 湯降不遲, 聖敬日躋. 昭假遲遲, 上帝是祇, 帝命式于九圍.

엄씨가 말하길, 은나라는 설로부터 그 이래로 천명이 전해져서 일찍이 떠난 적이 없었는데, 탕임금에 이른 이후에는 하늘과 가지런히 되었으니, 천자의 과업이 이 시기에 이르러 완성되었고, 천명 또한 이 시기에 이르러 응집되어, 하늘과 사람이 때마침 서로 부합하게 되었다는 뜻이다. 탕임금은 겸손하여, 스스로 자신을 낮추는 것이 매우 민첩하였고 더디지 않았다. 그렇기 때문에 성스럽고 공경스러운 덕은 날로 상승하였다. 공경함은 성인의 공경함이 되니, 지극히 정성스러웠음을 뜻한다. '일제(日躋)'는 지극히 정성스럽고 그침이 없었음을 뜻한다. 그 덕이 날마다 새롭고 또 날마다 새로워졌으니,[7] 성스럽고 공경스러움이 날마다 상승하여 융성하게 된 것으로, 문왕의 순수한 덕 또한 그치지 않은 것에 해당한다. 그 밝음은 하늘에 이르렀으며 느긋하여 매우 여유로웠으니, 탕임금은 천명을 얻는데 사심이 없어서 그에 따르기를 여유롭게 했던 것이다. 탕임금은 요행을 바라는 마음이 없었기 때문에, 상제도 공경스럽게 대했으니, 그 성실함이 전일하여, 하늘이 스스로 그에게 명령을 내려 천하의 모범으로 삼아 그를 천자로 만든 것이다.

【007】

"天有四時, 春秋冬夏, 風雨霜露, 無非教也. 地載神氣, 神氣風霆, 風霆流形, 庶物露生, 無非教也."〈007〉

공자가 계속하여 말하길, "하늘에는 사계절이 있으니, 봄과 가을 겨울과 여름 및 바람과 비 서리와 이슬 중에는 하늘의 가르침이 아닌 것들이 없다. 또 땅은 신기를 받들고 있는데, 신기는 바람과 천둥을 일으키고, 바람과 천둥은 조화로운 운행을 통해 만물이 생겨나게 되니, 이것들 중에는 땅의 가르침이 아닌 것들이 없다."라고 했다.

---

7) 『대학』「전(傳) 2장」 : 湯之盤銘曰, "苟日新, 日日新, 又日新."

集說 上章引詩以明王道之無私, 此言天地之無私也, 春夏之啓, 秋冬之閉, 風雨之發生, 霜露之肅殺, 無非天道至公之敎也. 載, 猶承也, 由神氣之變化, 致風霆之顯設, 地順承天施, 故能發育群品; 形, 猶迹也, 流形, 所以運造化之迹, 而庶物因之以生. 此地道至公之敎也. 聖人之至德, 與天道之至敎, 均一無私而已.

앞의 문장에서는 시를 인용하여 왕도에는 삿됨이 없음을 나타내었다. 이곳에서는 천지에는 삿됨이 없음을 말하였는데, 봄과 여름이 열어주고 가을과 겨울이 닫아주며, 바람과 비가 발생시키고 서리와 이슬이 숙살시키는 것 등에는 천도의 지극히 공평한 가르침 아닌 것들이 없다. '재(載)'자는 "받들다."는 뜻이니, 신기의 변화에 따라서 바람과 천둥을 일으키게 하고, 땅은 하늘이 베푸는 것을 순종하고 받들기 때문에 뭇 사물들을 발생시키고 기를 수 있다. '형(形)'자는 자취를 뜻하니, '유형(流形)'은 조화로운 자취를 운행하여 만물이 그에 따라 생겨나게 하는 것이다. 이것은 땅의 도리가 지극히 공평한 가르침이 됨을 나타낸다. 성인의 지극한 덕은 천도의 지극한 가르침과 균일하여 삿됨이 없을 따름이다.

【008】

"淸明在躬, 氣志如神, 嗜[嗜]欲將至, 有開必先, 天降時雨, 山川出雲. 其在詩曰: '嵩高維嶽, 峻極于天. 維嶽降神, 生甫及申. 維申及甫, 爲周之翰. 四國于蕃, 四方于宣.' 此文·武之德也."〈008〉

공자가 계속하여 말하길, "맑고 밝음이 자신에게 있다면 그 기운과 뜻이 신과 같아지고, 바라고['嗜'자의 음은 '嗜(기)'이다.] 원하던 것이 장차 이르게 되면 반드시 그보다 앞서 그것을 열어주는 조짐이 나타나며, 하늘이 때에 맞는 비를 내리고자 하면 산천은 그보다 앞서 구름을 생성한다. 『시』에서도 '높고도 높구나 저 악이여, 그 높음이 하늘에 이르렀구나. 오직 이러한 악만이 신령을 내려서 중산보와 신백이 태어나도록 했다. 신백과 중산보는 주나라의 근간이 되었고, 사방의 나라는 그들을 환란을 막는 울타리로 삼고 은택을 펼치게 했도다.'라고 했으니, 바로 문왕과 무왕의 덕을 나타내는 말이다."라고 했다.

集說 淸明在躬, 氣志如神, 卽至誠前知之謂也. 耆欲, 所願欲之事也. 有開必先, 言先有以開發其兆朕者, 如將興必有禎祥, 若時雨將降, 山川必先爲之出雲也. 國家將興, 天必爲之豫生賢佐, 故引大雅·嵩高之篇, 言文武有此無私之德, 故天爲之生賢佐以興周, 而文·武無此詩, 故取宣王詩爲喩, 而曰此文·武之德也.

"청명이 자신에게 있으면 기운과 뜻이 신과 같다."라고 했는데, 지극히 정성스러워서 미리 알 수 있다는 뜻이다.[8] '기욕(耆欲)'은 원하고 바라는 사안을 뜻한다. '유개필선(有開必先)'은 먼저 그 조짐을 열어주는 일이 있다는 뜻이니, 마치 앞으로 흥성하게 될 때에는 반드시 경사스러운 조짐이 나타나고, 마치 때에 맞는 비가 내리려고 할 때 산천이 반드시 그보다 앞서 구름을 내놓는 것과 같다. 국가가 흥성하려고 하면 하늘은 반드시 그를 위해 현명한 신하를 태어나게 한다. 그렇기 때문에 『시』「대아(大雅)·숭고(嵩高)」편을 인용하였으니,[9] 문왕과 무왕에게는 이처럼 삿됨이 없는 덕이 있었기 때문에, 하늘이 그들을 위해 현명한 신하를 태어나게 하여 주나라를 흥기시켰다는 뜻이다. 그런데 문왕과 무왕 때에는 이러한 시가 없었기 때문에 선왕에 대해 읊조린 시를 가져다가 비유하고, "이것은 문왕과 무왕의 덕이다."라고 한 것이다.

集說 嚴氏曰: 嵩然而高竦者嶽也, 其山峻大, 極至于天, 維此嶽降其神靈, 以生仲山甫及申伯. 此申伯及山甫皆爲周室之翰榦, 四國則于以蕃蔽其患難, 四方則于以宣布其德澤.

---

8) 『중용』「24장」: 至誠之道可以前知. 國家將興, 必有禎祥. 國家將亡, 必有妖孽. 見乎蓍龜, 動乎四體. 禍福將至, 善必先知之, 不善必先知之. 故至誠如神.

9) 『시』「대아(大雅)·숭고(崧高)」: 崧高維嶽, 駿極于天. 維嶽降神, 生甫及申. 維申及甫, 維周之翰. 四國于蕃, 四方于宣.

엄씨가 말하길, 높고도 높아서 우뚝 솟아 있는 것은 악(嶽)인데, 그 산은 매우 높고도 커서 그 끝이 하늘에 이른 것이니, 오직 이러한 악만이 신령을 내려서 중산보와 신백이 태어나도록 한 것이다. 신백과 중산보는 모두 주나라의 근간이 된 신하들인데, 사방의 나라가 이들을 환란을 막는 울타리로 삼았고, 사방은 이들을 통해 은덕을 펼쳤다.

附註 耆欲將至有開必先, 朱子曰: "此八字, 家語作'有物將至, 其兆必先.' 篆文相似."

'기욕장지유개필선(耆欲將至有開必先)'에 대해 주자는 "이 여덟 글자를 『공자가어』에서는 '사물이 이르고자 할 때에는 그 조짐이 반드시 먼저 나타난다.'라 기록했다. '개(開)'자와 '조(兆)'자는 전문이 서로 유사하기 때문에 이처럼 기록된 것이다."라 했다.

【009】

"三代之王也, 必先其令聞[去聲]. 詩云: '明明天子, 令聞不已', 三代之德也. '弛其文德, 恊此四國', 大王之德也." 子夏蹶[鱖]然而起, 負墻而立曰: "弟子敢不承乎?"〈009〉

공자가 계속하여 말하길, "삼대 때 천자가 된 자들에게는 반드시 그보다 앞서 조상들이 쌓은 좋은 소문이['聞'자는 거성으로 읽는다.] 들렸다. 『시』에서 '밝고도 밝으신 천자여, 아름다운 소문이 그치지 않는구나.'라고 했는데, 바로 삼대 때 천자를 했던 자들의 덕이다. '그 문덕을 베풀어서 사방의 나라에 펼치셨도다.'라고 했는데, 바로 태왕의 덕에 해당한다."라고 했다. 자하는 기뻐하며 펄쩍 뛰듯이['蹶'자의 음은 '鱖(궐)'이다.] 일어나서 뒤로 물러나 벽을 등지고 서서 말하길, "제자가 감히 그 뜻을 받들지 않을 수 있겠습니까?"라고 했다.

集說 先其令聞者, 未王之先, 其祖宗積德, 已有令善之聲聞也. 詩, 大雅 · 江漢之篇. 弛, 猶施也, 詩作矢, 陳也. 恊, 詩作洽. 詩美宣王, 此亦取以爲喩. 子夏問三王之德, 夫子但擧殷周言之者, 禹以禪無可疑, 殷周放伐, 故特明其非私也. 蹶然, 喜躍之貌. 負墻而立者, 問竟則退後背壁而立, 以避進問之人也. 承者, 奉順不失之意.

'선기령문(先其令聞)'은 아직 천자가 되기 이전에 그의 조상들이 덕을 쌓아서 이미 좋은 소문과 평판이 들리게끔 한다는 뜻이다. 시는 『시』「대아(大雅) · 강한(江漢)」편이다.[1] '이(弛)'자는 "시행하다."는 뜻인데, 『시』에서는 '시(矢)'자로 기록했으니, "진열하다."는 뜻이다. '협(恊)'자를 『시』에서는 '흡(洽)'자로 기록했다. 이 시는 선왕을 찬미한 것인데, 이 또한 비슷한 시를 인용하여 비유로 삼은 것이다. 자하는 삼왕의 덕에 대해 물었고, 공자는 단지 은나라와 주나라의 경우만 제시하여 언급을 했는데, 우임금이 제위를 선양했던 것은 의심할 것이 없고, 은나라와 주나라는

---

1) 『시』「대아(大雅) · 강한(江漢)」: 虎拜稽首, 對揚王休, 作召公考, 天子萬壽. 明明天子, 令聞不已, 矢其文德, 洽此四國.

정벌을 하여 제위를 얻었기 때문에, 특별히 그것은 사사로움으로 한 것이 아님을 드러낸 것이다. '궐연(蹶然)'은 기뻐하며 펄쩍 뛰는 모습을 뜻한다. '부장이립(負牆而立)'은 질문이 끝나자 뒤로 물러나서 벽을 등지고 서 있다는 뜻이니, 질문을 하며 앞으로 나오는 자를 위해 자리를 피해준 것이다. '승(承)'자는 받들고 순종하여 잃어버리지 않는다는 뜻이다.

集說 應氏曰: 崧高生賢, 本於文武; 德洽四國, 始於大王, 其積累豈一日哉?

응씨가 말하길, 높고 높은 산이 현자를 태어나게 하는 것은 문왕과 무왕에 근본을 두고 있고, 덕이 사방의 나라에 퍼지게 한 것은 태왕으로부터 시작되었으니, 그 쌓임이 어찌 하루아침에 이루어지겠는가?

◇ 哀公問第二十五 / 「애공문」 25편

此篇記孔子對哀公之言道·言禮, 次論政, 仍及正家·敬身之道, 聖人之格言也.

이 편은 공자가 애공에게 대답하며 도와 예에 대해 언급하고, 그 다음으로 정치에 대해 논의하여, 집을 바르게 하고 자신을 공경되게 하는 도를 언급한 것을 기록하였는데, 성인의 격언에 해당한다.

本居經解之下. 凡二節.

본래는 『예기』 「경해(經解)」편 뒤에 수록되어 있었다. 모두 2개 절이다.

「애공문」편 문장 순서 비교		
『예기집설』	『예기유편대전』	
	구분	문장
001		001
002		002
003	專言禮	003
004		004
005		005
006		006
007		007
008		008
009		009
010		010
011		011
012	言禮爲政本	012
013		013
014		014
015		015
016		016
017		017
018		018

【001】

哀公問於孔子曰: "大禮何如? 君子之言禮, 何其尊也?" 孔子曰: "丘
也小人, 不足以知禮." 君曰: "否. 吾子言之也."〈001〉

노나라 애공이 공자에게 묻기를 "성대한 예는 어떤 것입니까? 군자가 예를
말하며 어찌 그리 칭송하고 찬양하는 것입니까?"라고 하자, 공자는 "저는
소인이라 예를 안다고 할 수 없습니다."라고 대답했다. 그러자 애공은 재차
"아닙니다. 그대가 말씀해주시오."라고 했다.

集說 哀公, 魯君, 名蔣. 大禮, 謂禮之大者. 何其尊, 言稱揚之甚.

'애공(哀公)'은 노나라 군주로, 이름은 장(蔣)이다. '대례(大禮)'는 예 중
에서도 성대한 것을 뜻한다. '하기존(何其尊)'은 칭송하고 찬양함이 깊다
는 뜻이다.

【002】

孔子曰: "丘聞之, 民之所由生, 禮爲大, 非禮無以節事天地之神也,
非禮無以辨君臣·上下·長幼之位也, 非禮無以別男女·父子·兄
弟之親, 昏姻·疏數[朔]之交也. 君子以此之爲尊敬然."〈002〉

공자가 말하길, "제가 듣기로, 백성들은 예를 통해 삶을 영위하므로, 이러
한 까닭으로 예는 성대한 것이 됩니다. 예가 아니라면 천지의 귀신을 섬기
는 일에 있어서 절제할 수 없습니다. 예가 아니라면 군주와 신하, 상하계
층, 장유관계의 지위를 변별할 수 없습니다. 예가 아니라면 남녀관계, 부자
관계, 형제관계에서의 친함과 혼인관계, 소원하고 친한['數'자의 음은 '朔(삭)'이
다.] 관계에서의 사귐을 구별할 수 없습니다. 따라서 군자는 이러한 것들을
존경의 이유로 삼아 높이는 것입니다."라고 했다.

集說 此皆禮之大者, 故不得不尊敬之也.

이러한 것들은 모두 예 중에서도 큰 것에 해당한다. 그렇기 때문에 존경하지 않을 수 없다.

【003】

"然後以其所能敎百姓, 不廢其會節."〈003〉

공자가 계속하여 말하길, "이처럼 한 뒤에야 잘 할 수 있는 것으로 백성들을 가르치고, 정해진 기한을 폐지하지 않습니다."라고 했다.

集說 禮本天秩, 聖人因人情而爲之節文, 非强之以甚高難行之事也, 故曰: "以其所能敎百姓." 會節, 謂行禮之期節, 如葬祭有葬祭之時, 冠昏有冠昏之時, 不可廢也.

예는 하늘의 질서에 근본을 두고 있고, 성인은 사람의 정감에 따라서 그것에 절차와 격식을 제정하니, 심원하고 시행하기 어려운 일을 억지로 시킨 것이 아니다. 그렇기 때문에 "잘 할 수 있는 것으로 백성들을 가르쳤다."고 했다. '회절(會節)'은 예를 시행하는 기한을 뜻하니, 예를 들어 장례나 제례에는 장례와 제례를 지내는 특정한 때가 있고, 관례나 혼례에는 관례와 혼례를 치르는 정해진 때가 있는 것과 같으니, 이러한 것들은 폐지할 수 없다.

【004】

"有成事, 然後治其雕鏤·文章·黼黻以嗣."〈004〉

공자가 계속하여 말하길, "제사를 성사시킬 수 있은 뒤에라야 제기의 장식 및 제복의 장식들을 다스려서 예가 끊어지지 않도록 할 수 있습니다."라고 했다.

集說 有成事, 謂諏日而得卜筮之吉, 事可成也. 雕鏤, 祭器之飾. 文章·黼黻, 祭服之飾也. 嗣者, 傳續不絶之義. 此器服常存, 則此禮必不泯絶矣.

'유성사(有成事)'는 날짜를 상의하여 거북점과 시초점을 통해 길한 점괘를 얻어 그 사안을 이룰 수 있다는 뜻이다. '조루(雕鏤)'는 제기의 장식을 뜻한다. '문장(文章)'과 '보불(黼黻)'은 제복의 장식을 뜻한다. '사(嗣)'자는 전수하여 연속되게 해서 끊어지지 않게 한다는 뜻이다. 제기나 제복들이 항상 보존된다면, 예는 반드시 없어지지 않게 된다.

【005】

"其順之, 然後言其喪筭, 備其鼎俎, 設其豕腊, 脩其宗廟, 歲時以敬祭祀, 以序宗族, 卽安其居, 節醜其衣服, 卑其宮室, 車不雕幾[析], 器不刻鏤, 食不貳味, 以與民同利. 昔之君子之行禮者如此."〈005〉

공자가 계속하여 말하길, "상하 계층이 모두 순종한 뒤에야 상장례의 기한을 드러내고, 솥이나 도마 등의 제기들을 갖추며, 돼지고기나 육포 등을 준비하고, 종묘 건물을 보수하여, 각 시기마다 이를 통해 제사를 공경스럽게 시행하고, 종족에 대해서는 서열에 따라 질서를 정하며, 처한 곳에 따라 편안하게 여기고, 의복을 검소하게 하며, 궁실의 건물을 낮게 하고, 수레에는 조각 장식을['幾'자의 음은 '析(석)'이다.] 하지 않으며, 음식을 먹을 때 사용하는 기물들에도 조각을 새기지 않고, 음식에 대해서는 맛을 두 가지 이상으로 내지 않음으로써 백성들과 이로움을 함께 나눕니다. 예전의 군자가 예를 시행했던 것은 이와 같습니다."라고 했다.

集說 順之, 謂上下皆無違心也. 言, 猶明也. 喪筭, 五服歲月之數, 殯葬久近之期也. 卽安其居者, 隨其所處而安之也. 節, 儉也. 醜, 猶惡也. 雕幾, 見郊特牲. 器, 養器也. 自奉如此其薄者, 蓋欲不傷財不害民, 而與民同其利也.

'순지(順之)'는 상하계층 모두 어기는 마음이 없다는 뜻이다. '언(言)'자는

"밝힌다."는 뜻이다. '상산(喪筭)'은 오복(五服)에 따른 기한의 수치와 빈소를 차리고 장례를 치를 때 적용되는 기한의 멀고 가까운 수치를 뜻한다. '즉안기거(卽安其居)'는 머무는 곳에 따라서 편안하게 여긴다는 뜻이다. '절(節)'자는 "검소하다."는 뜻이다. '추(醜)'자는 "조악하다."는 뜻이다. '조석(雕幾)'에 대한 설명은 『예기』「교특생(郊特牲)」편에 나온다. '기(器)'자는 음식을 먹을 때 사용하는 기물이다. 제 스스로를 이처럼 척박하게 받드는 것은 재물을 축내지 않고 백성들에게 해를 끼치지 않으며, 백성들과 이로움을 함께 누리고자 하기 때문이다.

附註 安其居節, 安, 猶定也. 居節, 居處之節也. 居字句, 未當. '안기거절(安其居節)'이라 했는데, '안(安)'자는 정한다는 뜻이다. '거절(居節)'은 거처할 때의 절도를 뜻한다. 따라서 '거(居)'자에서 구문을 끊는 것은 합당하지 않다.

【006】

公曰: "今之君子胡莫之行也?" 孔子曰: "今之君子好實無厭[去聲], 淫德不倦, 荒怠敖[去聲]慢, 固民是盡, 午[去聲]其衆以伐有道, 求得當[去聲]欲, 不以其所. 昔之用民者由前, 今之用民者由後, 今之君子莫爲禮也." 〈006〉

애공이 "오늘날의 군자들은 어찌하여 그러한 예를 시행하지 않는 것입니까?"라고 묻자, 공자는 "오늘날의 군자들은 재물을 좋아함에 끝이[厭'자는 거성으로 읽는다.] 없고, 방탕한 행실을 하면서도 싫증을 내지 않으며, 방만하고 나태하게['放'자는 거성으로 읽는다.] 행동하고, 백성들의 재물을 모두 고갈시키며, 백성들의 뜻을 어겨서['午'자는 거성으로 읽는다.] 도를 갖춘 자를 공격하고, 제 욕심 채우기만을['當'자는 거성으로 읽는다.] 구하며, 도리를 따지지 않습니다. 예전에 백성들을 부리던 군주는 앞서 언급한 대로 따랐지만, 오늘날의 군주들은 후자에 해당합니다. 이러한 까닭으로 오늘날의 군자들은 예를 시행하지 않는 것입니다."라고 했다.

集說 實, 貨財也. 淫德, 放蕩之行也. 固, 如固獲之固, 言取之力也. 盡, 謂竭其所有也. 午, 與迕同, 午其衆, 違逆衆心也. 求得當欲, 言不過求以稱其私欲而已. 不以其所, 不問其理之所在也. 由前, 由古之道. 由後, 由今之道也.

'실(實)'자는 재화를 뜻한다. '음덕(淫德)'은 방탕한 행실을 뜻한다. '고(固)'자는 "반드시 차지하려고 한다."고 했을 때의 고(固)자와 같으니, 뺏으려는 힘을 뜻한다. '진(盡)'자는 가지고 있는 것을 모두 소진한다는 뜻이다. '오(午)'자는 "거스른다."는 뜻의 오(迕)자와 같으니, '오기중(午其衆)'은 백성들의 마음을 거스른다는 의미이다. '구득당욕(求得當欲)'은 삿된 욕심을 채우고자 구하는 데에서 벗어나지 않는다는 뜻이다. '불이기소(不以其所)'는 이치가 있는 곳을 따지지 않는다는 뜻이다. '유전(由前)'은 고대의 도리를 따른다는 뜻이다. '유후(由後)'는 현재의 실태를 따른다는 뜻이다.

類編 右專言禮.

여기까지는 '전언례(專言禮)'에 대한 내용이다.

◇ 예가 정치의 근본임을 말함[言禮爲政本]

【007】

孔子侍坐於哀公. 哀公曰: "敢問人道誰爲大?" 孔子愀[七小反]然作色
而對曰: "君之及此言也, 百姓之德也, 固臣敢無辭而對, 人道政爲
大." 〈007〉

공자가 애공을 모시고 앉아 있었다. 애공은 "감히 묻겠으니, 사람의 도리
중 그 무엇이 큰 것이 됩니까?"라고 물었다. 그러자 공자는 송구스럽게['愀'
자는 '七(칠)'자와 '小(소)'자의 반절음이다.] 생각하며 낯빛을 고치고 "군주께서 이
러한 말까지 하신 것은 백성들에게 있어서는 참으로 행복한 일이 됩니다.
진실로 신이 감히 사양하지 않을 수 있겠습니까마는 대답을 드리겠으니,
사람의 도리 중에서는 정치가 큼이 됩니다."라고 대답했다.

集說 愀然, 悚動之貌. 作色, 變色也. 百姓之德, 猶言百姓之幸也.
敢無辭, 言豈敢無辭.

'초연(愀然)'은 송구스러워하는 모습이다. '작색(作色)'은 낯빛을 바꾼다
는 뜻이다. '백성지덕(百姓之德)'은 백성들의 행복이라고 한 말과 같다.
'감무사(敢無辭)'는 어찌 감히 사양함이 없을 수 있느냐는 뜻이다.

【008】

公曰: "敢問何謂爲政?" 孔子對曰: "政者, 正也. 君爲正, 則百姓從政
矣. 君之所爲, 百姓之所從也. 君所不爲, 百姓何從?" 公曰: "敢問爲
政如之何?" 孔子對曰: "夫婦別, 父子親, 君臣嚴, 三者正, 則庶物從
之矣." 公曰: "寡人雖無似也, 願聞所以行三言之道, 可得聞乎?" 〈008〉

애공이 "감히 묻겠으니, 무엇을 두고 정치를 시행한다고 말합니까?"라고
묻자 공자는 "정치라는 것은 바르게 한다는 뜻입니다. 군주가 바름을 시행
한다면 백성들은 정치를 따를 것입니다. 군주가 행동하는 바는 백성들이

따르는 대상입니다. 군주가 시행하지 않은 것을 백성들이 어떻게 따르겠습니까?"라고 대답했다. 애공은 "감히 묻겠으니, 정치를 시행하려면 어떻게 해야 합니까?"라고 묻자 공자는 "부부관계에 유별함이 있고, 부자관계에 친애함이 있으며, 군신관계에 엄격함이 있어야 하니, 이 세 가지 관계가 바르다면, 모든 사안이 그에 따를 것입니다."라고 대답했다. 애공은 "과인은 비록 부덕한 자이지만, 세 가지 말을 시행하는 도리에 대해서 듣고자 원하니, 들을 수 있겠습니까?"라고 물어보았다.

集說 夫婦・父子・君臣, 三綱也. 庶物, 衆事也. 無似, 無所肖似, 言無德也.

부부・부자・군신관계는 삼강령에 해당한다. '서물(庶物)'은 뭇 사안들을 뜻한다. '무사(無似)'는 닮은 점이 없다는 뜻이니, 덕이 없다는 의미이다.

【009】

孔子對曰: "古之爲政, 愛人爲大. 所以治愛人, 禮爲大. 所以治禮, 敬爲大. 敬之至矣, 大昏爲大, 大昏至矣. 大昏旣至, 冕而親迎[去聲], 親之也. 親之也者, 親之也. 是故君子興敬爲親, 舍敬是遺親也. 弗愛不親, 弗敬不正. 愛與敬, 其政之本與!"〈009〉

애공의 질문에 대해 공자는 "고대에 정치를 시행했을 때에는 사람을 사랑하는 것을 큼으로 삼았습니다. 사람을 사랑하는 일을 다스릴 때에는 예를 큼으로 삼았습니다. 예를 다스릴 때에는 공경함을 큼으로 삼았습니다. 공경함이 지극한 것 중에서는 성대한 혼례를 큼으로 삼았으니, 성대한 혼례는 지극한 것입니다. 성대한 혼례가 이미 지극한 것이므로, 천자나 제후도 면복을 착용하고 친영을['迎'자는 거성으로 읽는다.] 했으니, 친애하기 때문입니다. 친애한다는 것은 상대로 하여금 나를 친애하게 하는 것입니다. 그렇기 때문에 군자는 공경함을 일으켜서 친애함으로 삼았으니, 공경을 버린다는 것은 곧 친애함을 버리는 것입니다. 사랑하지 않는다면 친애하지 않게 되고, 공경하지 않는다면 바르지 않게 됩니다. 따라서 사랑함과 공경함은 정치의 근본일 것입니다."라고 대답했다.

集說 方氏曰: 夫婦有內外之位, 故曰別; 父子有慈孝之恩, 故曰親; 君臣有上下之分, 故曰嚴. 易曰: "有夫婦, 然後有父子; 有父子, 然後有君臣." 故先後之序如此. 三者之正, 一以夫婦爲之本, 故後言"大昏爲大也." 政在養人, 故古之爲政, 愛人爲大. 然而愛之無節, 則墨氏之兼愛矣, 安能無亂乎? 故曰: "所以治愛人禮爲大." 禮止於敬而已, 故曰: "所以治禮敬爲大." 禮以敬爲主, 而大昏又爲至焉, 故曰: "敬之至矣, 大昏爲大." 大昏旣爲敬之至, 故雖天子諸侯之尊, 亦必冕而親迎也. 己親其人, 乃所以使人之親己而已, 故曰: "親之也者親之也." 冕而親迎, 可謂敬矣, 故曰: "興敬爲親, 舍敬是遺親也." 弗愛則無以相合, 而其情疎, 故曰: "弗愛不親." 弗敬則無以相別, 而其情褻, 故曰: "弗敬不正." 愛敬之道, 其始本於閨門之內, 及擴而充之, 其愛至於不敢惡於人, 其敬至於不敢慢於人, 而德敎加於百姓, 刑于四海, 故曰: "愛與敬其政之本與."

방씨가 말하길, 부부 사이에는 내외의 구분에 따른 자리가 있다. 그렇기 때문에 구별이라고 했다. 부자관계에는 자애로움과 효의 은정이 있다. 그렇기 때문에 친애함이라고 했다. 군신관계에는 상하에 따른 구분이 있다. 그렇기 때문에 엄격함이라고 했다. 『역』에서는 "부부가 있은 뒤에야 부자관계가 생기고, 부자관계가 생긴 뒤에야 군신관계가 생긴다."[1]라 했기 때문에, 선후의 순서가 이와 같다. 세 가지의 올바름은 모두 부부관계를 근본으로 삼는다. 그렇기 때문에 그 뒤에서는 "성대한 혼례가 큼이 된다."라 말했다. 정치의 성패는 사람을 길러주는데 달려있다. 그렇기 때문에 고대에 정치를 시행할 때에는 사람을 사랑하는 것을 큼으로 삼았다.

---

1) 『역』「서괘전(序卦傳)」: 有天地然後有萬物, 有萬物然後有男女, 有男女然後有夫婦, <u>有夫婦然後有父子, 有父子然後有君臣</u>, 有君臣然後有上下, 有上下然後禮義有所錯.

그러나 사랑함에 절제가 없다면 묵자가 말한 겸애(兼愛)가 되는데, 어찌 혼란이 없을 수 있겠는가? 그러므로 "사람을 사랑함을 다스리는 것에서는 예를 큼으로 삼는다."라 말했다. 예는 공경일 따름이다. 그렇기 때문에 "예를 다스리는 것에서는 공경을 큼으로 삼는다."라고 말했다. 예는 공경을 위주로 삼는데, 성대한 혼례 또한 지극함이 된다. 그렇기 때문에 "공경이 지극한 것에서는 성대한 혼례를 큼으로 삼는다."라 했다. 성대한 혼례는 이미 공경함이 지극한 것이 되기 때문에, 비록 천자나 제후처럼 존귀한 자라 하더라도 반드시 면복을 갖춰 입고서 직접 부인을 맞이한다. 본인이 다른 사람을 친애한다면, 이것은 곧 다른 사람으로 하여금 본인을 친애하게 하는 방법일 따름이다. 그렇기 때문에 "친애한다는 것은 친애하도록 하는 것이다."라 했다. 면복을 착용하고 직접 맞이하는 것은 공경이라고 부를 수 있다. 그렇기 때문에 "공경을 일으켜서 친애함으로 삼으니, 공경을 버린다면 친애함을 버리는 것이다."라 했다. 사랑하지 않는다면 서로 합치될 수 없고 정감도 소원하게 된다. 그렇기 때문에 "사랑하지 않는다면 친애하지 않는 것이다."라 했다. 공경하지 않는다면 서로 구별할 수 없고 정감도 버릇없게 된다. 그렇기 때문에 "공경하지 않는다면 바르지 않은 것이다."라 했다. 사랑함과 공경함의 도리는 시작에 있어서 집안의 도리에 근본을 두고 있으며, 그것이 확장되면 사랑함이 함부로 남을 미워하지 않는 경지에 도달하게 되고, 공경함은 함부로 남에게 태만하게 굴지 않는 경지에 도달하게 되어, 덕과 교화를 백성들에게 베풀고 천하에 모범이 된다.[2] 그렇기 때문에 "사랑함과 공경함은 정치의 근본일 것이다."라고 했다.

---

2) 『효경』「천자장(天子章)」: 子曰, 愛親者, 不敢惡於人, 敬親者, 不敢慢於人. 愛敬盡於事親, 而德敎加於百姓, 刑于四海. 蓋天子之孝也. 甫刑云, 一人有慶, 兆民賴之.

【010】

公曰: "寡人願有言然. 冕而親迎, 不已重乎?" 孔子愀然作色而對曰: "合二姓之好, 以繼先聖之後, 以爲天地 · 宗廟 · 社稷之主, 君何謂已重乎?" 公曰: "寡人固[句]. 不固, 焉得聞此言也? 寡人欲問, 不得其辭, 請少進."〈010〉

애공이 "과인은 그에 대한 설명을 듣고자 원합니다. 그러나 면복을 입고 친영을 하는 것은 지나치게 중시 여기는 것이 아닙니까?"라고 묻자, 공자는 송구스럽게 생각하며 낯빛을 고치고 "두 성씨의 우호를 합하여, 선성의 후사를 잇고, 이를 통해 천지 · 종묘 · 사직의 제사를 지내는 주인으로 삼는 일인데, 군주께서는 어찌 지나치게 중시 여긴다고 하십니까?"라고 대답했다. 애공이 "과인은 고루한 사람입니다.['固'자에서 구문을 끊는다.] 만약 고루하지 않았다면 어찌 이러한 말을 들을 수 있었겠습니까? 과인은 묻고자 했는데 아직 그 말을 이해하지 못했으니, 청컨대 나를 가르쳐서 조금이라도 진척이 되도록 해주시오."라고 했다.

集說 已重, 大重也. 寡人固, 自言其固陋也. 不固焉得聞此言者, 言若不固陋, 則不以此爲問, 安得聞此言乎? 請少進者, 幸孔子更略有以進敎我也.

'이중(已重)'은 너무 중시한다는 뜻이다. '과인고(寡人固)'는 스스로 자신이 고루하다고 말한 것이다. "고루하지 않다면 어찌 이러한 말을 들을 수 있었겠는가."라는 말은 만약 본인이 고루하지 않았다면, 이러한 질문을 하지 않았을 것이니, 어찌 이에 대한 말을 들을 수 있었겠느냐는 뜻이다. '청소진(請少進)'은 공자가 재차 나를 가르쳐주길 바란다는 뜻이다.

集說 石梁王氏曰: 倂言天地, 非止諸侯之禮也.

석량왕씨가 말하길, '천지(天地)'에 대해서도 함께 언급했으니, 제후에게만 한정된 예법이 아니다.

【011】

孔子曰: "天地不合, 萬物不生. 大昏, 萬世之嗣也, 君何謂已重焉?"
孔子遂言曰: "內以治宗廟之禮, 足以配天地之神明. 出以治直言之
禮, 足以立上下之敬. 物恥足以振之, 國恥足以興之, 爲政先禮, 禮
其政之本與!"〈011〉

애공의 질문에 대해 공자는 "천지가 합치되지 않으면 만물이 생겨나지 않
습니다. 따라서 천지를 상징하는 남녀는 성대한 혼례를 치름으로써 만세를
잇게 되는데, 군주께서는 어찌하여 너무 중시 여긴다고 하십니까?"라고 대
답했다. 그리고 공자는 "안으로 종묘의 예를 다스리면 천지의 신명과 짝할
수 있습니다. 또 밖으로 조정의 예를 다스리면 상하계층의 공경함을 세울
수 있습니다. 사물의 치욕은 이를 통해 진작시켜 없앨 수 있으며, 나라의
치욕은 이를 통해 흥기시켜 없앨 수 있으니, 정치를 시행할 때에는 예가
급선무입니다. 따라서 예는 정치의 근본일 것입니다."라고 말했다.

集說　直言二字未詳, 或云當作朝廷.

'직언(直言)'이라는 두 글자의 뜻에 대해서는 잘 모르겠는데, 어떤 자는
마땅히 '조정(朝廷)'으로 기록해야 한다고 했다.

集說　陸氏曰: 物以不振爲恥, 國以不興爲恥.

육씨가 말하길, 사물은 진작되지 않음을 치욕으로 여기고, 나라는 흥성하
지 않음을 치욕으로 여긴다.

集說　應氏曰: 物恥, 謂事物之汙陋; 國恥, 謂國體之卑辱. 內外之禮
交治, 則國家安富尊榮, 何恥之不伸? 是時魯微弱, 哀公欲振而興之,
而不知禮之爲急, 故夫子以是告之.

응씨가 말하길, '물치(物恥)'는 사물의 더러움과 누추함을 뜻하며, '국치
(國恥)'는 국가의 본체가 낮고 욕됨을 뜻한다. 내외의 예에 따라 상호
다스리게 된다면 국가는 안정되고 부유해지며 존귀하고 영화롭게 되는

데, 어찌 치욕이 펼쳐질 수 있겠는가? 당시에 노나라는 힘이 미약하여 애공은 진작시키고 흥기시키려고 했지만 예가 급선무가 됨을 알지 못했다. 그렇기 때문에 공자가 이러한 사실을 알려준 것이다.

【012】

孔子遂言曰: "昔三代明王之政, 必敬其妻子也有道. 妻也者, 親之主也, 敢不敬與[平聲]? 子也者, 親之後也, 敢不敬與? 君子無不敬也, 敬身爲大. 身也者, 親之枝也, 敢不敬與? 不能敬其身, 是傷其親. 傷其親, 是傷其本. 傷其本, 枝從而亡. 三者, 百姓之象也. 身以及身, 子以及子, 妃以及妃, 君行此三者, 則愾[迄]乎天下矣, 大[泰]王之道也. 如此, 則國家順矣." 〈012〉

그리고 공자는 "예전 삼대 시대처럼 현명한 천자가 정치를 시행할 때에는 반드시 자신의 처와 자식을 공경함에도 도가 있었습니다. 처는 부모를 섬기는 집안의 주인이니, 감히 공경하지 않을 수 있겠습니까?['與'자는 평성으로 읽는다.] 또 자식은 부모의 후손이 되니, 감히 공경하지 않을 수 있겠습니까? 군자는 공경하지 않는 대상이 없지만, 자신을 공경하는 것을 큰 것으로 삼습니다. 그 이유는 본인은 부모의 몸에서 나온 가지가 되는데, 감히 공경하지 않을 수 있겠습니까? 자신을 공경할 수 없다면, 이것은 부모에 대해서도 해를 끼치는 것입니다. 부모에게 해를 끼치는 것은 근본을 해치는 일입니다. 근본을 해치게 되면 그에게서 파생된 가지 또한 뒤따라 망하게 됩니다. 그리고 이 세 가지는 백성들의 상이 됩니다. 따라서 자신에게 공경스럽게 대하여 백성들까지도 공경스럽게 대하고, 자신의 자식에게 공경스럽게 대하여 백성들의 자식까지도 공경스럽게 대하며, 자신의 부인에게 공경스럽게 대하여 백성들의 부인까지도 공경스럽게 대해야 하니, 군자가 이러한 세 가지 도의를 시행한다면, 그 교화가 천하의 두루 퍼지게['愾'자의 음은 '迄(흘)'이다.] 될 것이니, 이것은 태왕이['人'자의 음은 '泰(태)'이다.] 실천했던 도입니다. 따라서 이처럼 하게 된다면, 국가의 모든 사람들이 순종하게 됩니다." 라고 말했다.

集說 敬吾身以及百姓之身, 敬吾子以及百姓之子, 敬吾妻以及百姓之妻. 愾, 猶至也. 曁也, 如朔南曁聲敎之意. 太王, 愛民之君也, 嘗言不以養人者害人, 故曰太王之道也.

내 자신을 공경스럽게 대하여 백성들 자신을 공경스럽게 대하는 경지에 도달하고, 내 자식을 공경스럽게 대하여 백성의 자식들을 공경스럽게 대하는 경지에 도달하며, 내 처를 공경스럽게 대하여 백성의 처들을 공경스럽게 대하는 경지에 도달하는 것이다. '흘(愾)'자는 "~에 이르다."는 뜻이며, "~에 다다르다."는 뜻이니, "북쪽과 남쪽에 이르러 말씀과 교화가 퍼지다."[3]라고 했을 때의 뜻과 같다. 태왕은 백성들을 사랑했던 군주인데, 일찍이 사람을 길러주는 것으로 사람을 해치지 말라고 했다.[4] 그렇기 때문에 태왕의 도라고 말했다.

集說 方氏曰: 冕而親迎, 所以敬其妻也; 冠於阼階, 所以敬其子也. 爲主於內者, 妻也, 故曰親之主. 傳後於下者, 子也, 故曰親之後. 內非有主, 則外不足以治其國家矣; 下非有後, 則上不足以承其祖考矣. 此所以不敢不敬也. 君子雖無所不敬, 又以敬身爲大焉, 非苟敬身也, 以其爲親之枝故也. 身之於親, 猶木之有枝; 親之於身, 猶木之有本, 相須而共體, 又非特爲主爲後而已, 此尤不敢不敬也.

방씨가 말하길, 면복을 착용하고 친영을 하는 것은 처를 공경스럽게 대하는 방법이다. 동쪽 계단에서 관례를 치러주는 것은 자식을 공경스럽게 대하는 방법이다. 집안의 주인으로 삼는 대상은 처이다. 그렇기 때문에 "부모를 모시는 주인이다."라고 했다. 후사를 그 뒤로 전수하는 대상은 자식이다. 그렇기 때문에 "부모의 뒤이다."라고 했다. 안으로 주인으로

---

3) 『서』「하서(夏書)·우공(禹貢)」: 東漸于海, 西被于流沙, 朔南曁聲敎, 訖于四海. 禹錫玄圭, 告厥成功.

4) 『맹자』「양혜왕하(梁惠王下)」: 乃屬其耆老而告之曰, "狄人之所欲者, 吾土地也. 吾聞之也, 君子不以其所以養人者害人. 二三子何患乎無君? 我將去之."

삼는 대상이 없다면, 밖으로 국가를 다스리기에 부족하다. 아래로 후사로 삼는 대상이 없다면, 위로 조부와 부친을 계승하기에 부족하다. 이것이 바로 공경하지 않을 수 없는 이유이다. 군자는 비록 공경하지 않는 대상이 없지만, 또한 자신을 공경하는 것을 큼으로 삼는데, 단지 자신만을 공경하고자 해서가 아니며, 본인은 부모에게서 나온 가지가 되기 때문이다. 본인은 부모에 대해서 나무에 달려 있는 가지와 같고, 부모는 본인에 대해서 나무에 있는 뿌리와 같으니, 서로를 필요로 하는 공동체가 되므로, 또한 단지 부모를 섬기는 주인이 되고 후사가 되는 자만을 위해서 공경하는 것이 아니며, 자신에 대해서도 더욱 공경하지 않을 수 없다.

附註 春秋傳有宗人釁夏對哀公之言, 夫子以敬其妻子爲政之本, 其旨深切矣.

『춘추전』에는 종인인 흔하가 애공에게 대답하는 말이 나오는데,[5] 공자는 처자를 공경하는 것을 정치의 근본으로 삼았으니, 그 뜻이 깊고도 절실하다.

---

5) 『춘추좌씨전』「애공(哀公) 24년」: 公子荊之母嬖, 將以爲夫人, 使宗人釁夏獻其禮. 對曰, “無之.” 公怒曰, “女爲宗司, 立夫人, 國之大禮也, 何故無之?” 對曰, “周公及武公娶於薛, 孝·惠娶於商, 自桓以下娶於齊, 此禮也則有. 若以妾爲夫人, 則固無其禮也.” 公卒立之, 而以荊爲大子, 國人始惡之.

公曰: "敢問何謂敬身?" 孔子對曰: "君子過言則民作辭, 過動則民作
則. 君子言不過辭, 動不過則, 百姓不命而敬恭, 如是則能敬其身.
能敬其身, 則能成其親矣." 〈013〉

애공이 "감히 묻겠으니, 무엇을 두고 자신을 공경한다고 말합니까?"라고
묻자 공자가 대답하길, "군자가 말을 지나치게 하더라도 백성들은 그것을
말에 대한 규범으로 삼고, 행동을 지나치게 하더라도 백성들은 그것을 행
동에 대한 규범으로 삼습니다. 따라서 군자가 말에 있어서 규범을 벗어나
지 않게 하고 행동에 있어서 규범을 벗어나지 않게 한다면, 백성들은 따로
명령을 내리지 않더라도 저절로 공경하게 될 것이니, 이처럼 한다면 자신
에 대해서 공경할 수 있습니다. 자신에 대해 공경할 수 있다면, 부모의 명
성을 이룰 수 있습니다."라고 했다.

集說 君子, 以位言也. 在上者言雖過, 民猶以爲辭, 辭者, 言之成文
者也; 動雖過, 民猶以爲則, 則者, 動之成法也. 此所以君子之言動不
敢有過, 俱無過, 則民不待命令之及, 而自知敬其上矣. 民皆敬上, 則
君之身不爲人所辱, 方謂之能敬身. 成其親者, 不使親名爲人所毀也.

'군자(君子)'는 지위를 기준으로 한 말이다. 위정자가 말을 비록 지나치
게 하더라도 백성들은 오히려 그것을 사(辭)로 여기는데, '사(辭)'라는 것
은 말 중에서도 격식을 갖춘 것이다. 그리고 행동을 비록 지나치게 하더
라도 백성들은 오히려 그것을 칙(則)으로 삼는데, '칙(則)'은 행동 중에서
도 법도를 갖춘 것이다. 이것은 군자의 말과 행동에 감히 지나침이 생기
지 않게 하여, 모두 허물이 없게 된다면, 백성들은 명령이 도달할 때까지
기다리지 않고 스스로 위정자를 공경해야 할 줄 알게 된다는 뜻이다. 백
성들이 모두 위정자를 공경한다면, 군주 본인은 남들로부터 모욕을 당하
지 않으니, 이것을 두고 자신을 공경할 수 있다고 부른다. "부모를 이룬
다."는 말은 부모의 명성을 남들이 훼손시키지 못하도록 한다는 뜻이다.

【014】

公曰: "敢問何謂成親?" 孔子對曰: "君子也者, 人之成名也. 百姓歸
之名, 謂之君子之子, 是使其親爲君子也, 是爲成其親之名也已." 孔
子遂言曰: "古之爲政, 愛人爲大. 不能愛人, 不能有其身. 不能有其
身, 不能安土. 不能安土, 不能樂天. 不能樂天, 不能成其身."〈014〉

애공이 "감히 묻겠으니, 무엇을 부모의 명성을 이룬다고 말합니까?"라고
묻자 공자가 대답하길, "'군자(君子)'라는 단어는 사람들이 만들어준 명칭
입니다. 따라서 백성들이 그에게 명칭을 부여하며, '그는 군자의 자식이
다.'라고 말한다면, 이것은 자신의 부모를 군자로 만드는 것이니, 바로 부
모의 명성을 이루는 것일 따름입니다."라고 했다. 그리고 공자는 "고대에는
정치를 시행할 때 사람들을 사랑하는 것을 큼으로 삼았습니다. 따라서 남
을 사랑할 수 없다면, 자신을 보존할 수 없습니다. 자신을 보존할 수 없다
면, 국토를 편안하게 유지할 수 없습니다. 국토를 편안하게 유지할 수 없다
면, 천명에 대해 즐거워할 수 없습니다. 천명에 대해 즐거워할 수 없다면,
자신을 이룰 수 없습니다."라고 했다.

集說 方氏曰: 不能愛人, 則傷之者至矣, 故不能有其身. 不能有其
身, 則一身無所容矣, 故不能安土. 安土則所居無所擇; 樂天則所遭
無所怨. 俯能無所擇, 則仰亦無所怨矣. 故不能安土, 不能樂天. 能
樂天, 則於理無所不順, 成身之道, 亦順其理而已.

방씨가 말하길, 남을 사랑할 수 없다면 해침이 지극해진다. 그렇기 때문
에 자신을 보존할 수 없다. 자신을 보존할 수 없다면 자기 한 몸에 대해
받아들이는 곳이 없게 된다. 그렇기 때문에 국토를 편안하게 유지할 수
없다. 국토를 편안하게 유지한다면 머무는 곳에 대해 가릴 것이 없고,
천명을 즐거워한다면 접하는 것에 대해 원망함이 없다. 밑으로 가릴 것이
없을 수 있다면 위로도 원망할 것이 없게 된다. 그렇기 때문에 국토를
편안하게 유지할 수 없다면 천명을 즐거워할 수 없다. 천명을 즐거워할
수 있다면 이치에 대해 순응하지 못하는 것이 없는데, 자신을 이루는 도

는 또한 이치에 순응하는 것일 따름이다.

【015】
公曰: "敢問何謂成身?" 孔子對曰: "不過乎物."〈015〉

애공이 "감히 묻겠으니, 무엇을 두고 자신을 이룬다고 말합니까?"라고 묻자 공자가 대답하길, "사물의 마땅한 이치에서 벗어나지 않는 것입니다."라고 했다.

集說 應氏曰: 物者, 實然之理也. 性分之內, 萬物皆備, 仁人孝子不過乎物者, 卽其身之所履, 皆在義理之內而不過焉, 猶大學之止於仁·止於孝也. 違則過之, 止則不過矣. 夫物有定理, 理有定體, 雖聖賢豈能加毫末於此哉? 亦盡其當然而止耳.

응씨가 말하길, '물(物)'자는 확실히 그러한 이치를 뜻한다. 성명의 테두리 안에는 만물이 모두 갖춰져 있으니, 인자한 자와 효자가 사물의 이치에서 벗어나지 않는 것이 바로 자신이 실천해야 할 대상이다. 그러므로 이 모두는 의리의 테두리에 있으면서 벗어나지 않는 것으로, 『대학』에서 "인에 그치다."라 말하고, "효에 그치다."라 말한 것과 같다.6) 어기면 벗어나게 되고 그치면 벗어나지 않게 된다. 사물에게는 정해진 이치가 있고 이치에는 정해진 본체가 있으니, 비록 성현이라 하더라도 어찌 여기에 한 터럭이라고 추가할 수 있겠는가? 또한 마땅함을 다하고서 그칠 따름이다.

---

6) 『대학』「전(傳) 3장」: 詩云, "穆穆文王, 於緝熙敬止." 爲人君, <u>止於仁</u>, 爲人臣, <u>止於敬</u>. 爲人子, <u>止於孝</u>. 爲人父, 止於慈. 與國人交, 止於信.

【016】

公曰: "敢問君子何貴乎天道也?" 孔子對曰: "貴其不已, 如日月東西相從而不已也, 是天道也. 不閉其久, 是天道也. 無爲而物成, 是天道也. 已成而明, 是天道也."〈016〉

애공이 "감히 묻겠으니, 군자는 어찌하여 천도를 존귀하게 여깁니까?"라고 묻자 공자가 대답하길, "그치지 않는 작용을 존귀하게 여기는 것이니, 마치 해와 달이 동과 서로 서로 뒤따라 운행하며 그치지 않는 것이 바로 천도입니다. 또 오래되도록 닫히지 않는 것이 바로 천도입니다. 또 인위적으로 행위함이 없는데도 사물이 이루어지는 것이 바로 천도입니다. 이미 이루어지고서 밝게 빛나는 것이 바로 천도입니다."라고 했다.

集說 日月相從不已, 繼明照于四方也. 不閉其久, 窮則變, 變則通也. 無爲而成, 不言而信, 不怒而威也. 已成而明, 爲法於天下, 可傳於後世也.

해와 달이 서로 뒤따라 운행하며 그치지 않는 것은 연속하여 사방에 빛을 비춰준다는 뜻이다.[7] 오래됨을 폐지하지 않는 것은 다하게 되면 변하고 변하면 통한다는 뜻이다.[8] 인위적으로 행위함이 없는데도 이루는 것은 말을 하지 않아도 믿고 성내지 않아도 위엄을 갖춘다는 뜻이다.[9] 이미 이루어져서 밝다는 것은 천하에 모범이 되어 후세에 전할 수 있다는 뜻이다.[10]

---

7) 『역』「리괘(離卦)」: 象曰, 明兩作, 離, 大人以, 繼明照于四方.
8) 『역』「계사하(繫辭下)」: 易窮則變, 變則通, 通則久, 是以"自天祐之, 吉无不利".
9) 『예기』「악기(樂記)」 075장: 君子曰, "禮樂不可斯須去身." 致樂以治心, 則易直子諒之心油然生矣. 易直子諒之心生則樂, 樂則安, 安則久, 久則天, 天則神. 天則不言而信, 神則不怒而威, 致樂以治心者也.
10) 『맹자』「이루하(離婁下)」: 是故君子有終身之憂, 無一朝之患也. 乃若所憂則有之, 舜, 人也, 我, 亦人也. 舜爲法於天下, 可傳於後世, 我由未免爲鄕人也, 是則可憂也.

集說 劉氏曰: 天道至誠無息, 所謂維天之命, 於穆不已也. 君子貴之, 純亦不已焉. 然其不已者, 一動一靜互爲其根, 如日往則月來, 月往則日來, 是以不窮其久. 無恩無營, 而萬物自然各得其成, 及其旣成, 皆粲然可見也. 蓋其機緘密運而不已者, 雖若難名, 而成功則昭著也. 無爲而成者, 不見其爲之之迹, 而但見有成也. 此唯天爲大, 唯堯則之, 蕩蕩乎民無能名焉, 巍巍乎其有成功也, 煥乎其有文章之謂也.

유씨가 말하길, 천도는 지극히 성실하고 쉼이 없으니,11) 바로 "하늘의 명이 오! 심원하여 그치지 않는구나."12)라는 뜻에 해당한다. 군자가 존귀하게 여기는 것은 순수하고 또한 그치지 않기 때문이다.13) 그런데 그치지 않는 것은 한 번 움직이고 한 번 고요하여 서로에 대해 근원이 되는 것이니, 예를 들어 해가 지면 달이 떠오르고 달이 지면 해가 떠오르는 것과 같다. 이러한 까닭으로 오래됨을 다하지 않는다. 생각함도 없고 계획함도 없지만, 만물은 자연히 각각 완성됨을 얻게 되고, 이미 이루어지게 되면 모두 찬란하게 드러날 수 있다. 숨어서 은밀하게 운행하며 그치지 않는 것은 비록 이름을 붙이기가 어렵지만 공을 이루게 된다면 밝게 드러난다. 인위적으로 행위함이 없는데도 이루어지는 것은 실제로 시행하는 자취를 보지 못하고, 단지 이룬 것만을 볼 수 있기 때문이다. 이것은 "오직 하늘만이 위대한데 오직 요임금만이 그것을 본받아 넓고도 넓어 백성들이 이름을 붙일 수 없고, 높고도 높구나 그 공적을 이룸이여, 찬란하구나 그 문장을 갖춤이여."14)라고 한 말에 해당한다.

---

11) 『중용』「26장」: 故至誠無息.
12) 『시』「주송(周頌)·유천지명(維天之命)」: <u>維天之命, 於穆不已</u>. 於乎不顯, 文王之德之純. 假以溢我, 我其收之. 駿惠我文王, 曾孫篤之.
13) 『중용』「26장」: 曰, "惟天之命, 於穆不已." 蓋曰天之所以爲天也. "於乎不顯! 文王之德之純." 蓋曰文王之所以爲文也, <u>純亦不已</u>.
14) 『논어』「태백(泰伯)」: 子曰, "大哉堯之爲君也! 巍巍乎! <u>唯天爲大, 唯堯則之, 蕩蕩乎, 民無能名焉, 巍巍乎! 其有成功也, 煥乎其有文章</u>!"

【017】

公曰: "寡人憃[尸雍反]愚·冥煩, 子志[如字]之心也!"〈017〉

애공이 "과인은 기질에 가려['憃'자는 '尸(시)'자와 '雍(옹)'자의 반절음이다.] 우둔하고 이치에 어두우며 자질구레한 데에 얽매여 있어서, 그대가 가르쳐준 내용들을 깨우칠 수 없으니, 그대는 간략하고 핵심적인 말로 내 마음에 그것들을 새겨주시오.['志'자는 글자대로 읽는다.]"라고 했다.

集說 憃愚, 蔽於氣質也; 冥者, 暗於理; 煩者, 累於事. 志, 讀如字. 哀公自言其不能敏悟所敎, 欲孔子以簡切之語, 志記於我心. 故孔子下文所對, 是擧其要者言之.

'송우(憃愚)'는 기질에 가려져 있다는 뜻이며, '명(冥)'자는 이치에 어둡다는 뜻이고, '번(煩)'자는 자질구레한 사안들에 얽매여 있다는 뜻이다. '지(志)'자는 글자대로 읽는다. 애공 스스로 가르쳐준 내용들에 대해서 민첩히 깨달을 수 없다고 말하여, 공자가 간략하고 핵심적인 말로 자신의 마음에 새겨주길 바란 것이다. 그렇기 때문에 공자는 아래문장에서 대답을 하며, 핵심적인 사안을 제시하여 말한 것이다.

【018】

孔子蹴[戚]然辟[避]席而對曰: "仁人不過乎物, 孝子不過乎物. 是故仁人之事親也如事天, 事天如事親. 是故孝子成身." 公曰: "寡人旣聞此言也, 無如後罪何?" 孔子對曰: "君之及此言也, 是臣之福也."〈018〉

공자는 몸가짐을 고쳐 엄숙하고 공경스러운 태도를['蹴'자의 음은 '戚(척)'이다.] 취하고 자리를 피하여['辟'자의 음은 '避(피)'이다.] 대답하길, "인한 자는 사물의 이치에서 벗어나지 않고, 효자는 사물의 이치에서 벗어나지 않습니다. 이러한 까닭으로 인한 자는 부모를 섬길 때 하늘을 섬기는 것처럼 하고, 하늘을 섬길 때 부모를 섬기는 것처럼 합니다. 그러므로 효자는 자신을 이루게 됩니다."라고 했다. 애공은 "과인은 이미 이러한 말을 들었지만, 어쩔 수 없이 이후에 죄를 범하게 된다면 어찌하면 좋단 말이오?"라고 했고, 공자는 "군주께서 이러한 말씀을 하시게 된 것은 바로 신하의 복입니다."라고 대답했다.

集說 蹴然, 變容爲肅敬貌. 無如後罪何, 言雖聞此言, 然無奈後日過乎物而有罪何? 此言是有意於寡過矣, 故孔子以爲是臣之福.

'축연(蹴然)'은 몸가짐을 바꿔서 엄숙하고 공손한 모습을 취한다는 뜻이다. '무여후죄하(無如後罪何)'는 비록 이러한 말을 들었지만, 어쩔 수 없이 이후에 사물의 이치에서 벗어나서 죄를 짓게 된다면 어떻게 하느냐는 뜻이다. 이것은 과실을 줄이고자 하는데 뜻을 둔 것이기 때문에, 공자는 신하의 복이라고 여긴 것이다.

集說 方氏曰: 仁人者, 主事天言之也; 孝子者, 主事親言之也. 親則近而疑其不尊, 天則遠而疑其難格. 徒以近而不尊, 則父子之間, 或幾乎褻矣; 徒以遠而難格, 則天人之際, 或幾乎絶矣. 故事親如事天者, 所以致其尊而不欲其褻也; 事天如事親者, 所以求其格而不欲其疎也.

방씨가 말하길, '인인(仁人)'은 하늘을 섬기는 것을 위주로 한 말이며, '효자(孝子)'는 부모를 섬기는 것을 위주로 한 말이다. 부모에 대해서는 관계가 가까워서 존귀하게 높이지 않아도 된다는 의심을 하게 되고, 하늘에 대해서는 관계가 멀어서 이르게 하기가 어렵다는 의심을 하게 된다. 그러나 단지 가깝다는 이유로 존귀하게 높이지 않는다면, 부모와 자식의 관계는 간혹 너무 버릇없는 지경에 이르게 되고, 단지 멀다는 이유로 이르게 하기가 어렵다고 여긴다면, 하늘과 사람의 관계는 간혹 끊어지는 지경에 이르게 된다. 그렇기 때문에 부모를 섬기는 것을 하늘을 섬기는 것처럼 하는 것이 바로 존귀하게 높이는 것을 지극히 하면서도 버릇없는 지경에 이르지 않도록 하는 방법이며, 하늘을 섬기는 것을 부모를 섬기는 것처럼 하는 것이 바로 이르게 하기를 바라면서도 소원한 지경에 이르지 않고자 하는 방법이다.

石梁王氏曰: 仁人之事親也如事天, 事天如事親. 此兩句非聖人不能言.

석량왕씨가 말하길, 인한 자는 부모를 섬길 때 하늘을 섬기는 것처럼 하며, 하늘을 섬길 때 부모를 섬기는 것처럼 한다고 했다. 이 두 구문은 성인이 아니라면 할 수 없는 말이다.

右言禮爲政本.

여기까지는 '언례위정본(言禮爲政本)'에 대한 내용이다.

| 저자소개 |

최석정(崔錫鼎, 1646~1715)
· 조선 후기의 문신이자 학자이다.
· 본관은 전주(全州)이고 초명은 석만(錫萬)이며, 자는 여시(汝時) · 여화(汝和)이
고, 호는 명곡(明谷) · 존와(存窩)이며, 시호는 문정(文貞)이다.

| 역자소개 |

정병섭鄭秉燮
· 1979년 출생
· 2002년 성균관대학교 유교철학과 졸업
· 2004년 성균관대학교 대학원 유학과 석사
· 2013년 성균관대학교 대학원 유학과 철학박사
· 『역주 예기집설대전』 · 『역주 예기보주』 · 『역주 예기천견록』을 완역하였다.
· 『의례』, 『주례』, 『대대례기』 번역과 한국유학자들의 예학 관련 저작들의 번역
을 계획 중이다.

· 『예기유편대전(禮記類編大全)』의 표점과 원문은 한국유경편찬센터(http://ygc.
skku.edu)의 자료를 사용하였다.

譯註
禮記類編大全 ❺

초판 인쇄 2020년 2월 1일
초판 발행 2020년 2월 18일

저   자 | 최 석 정(崔錫鼎)
역   자 | 정 병 섭(鄭秉燮)
펴 낸 이 | 하 운 근
펴 낸 곳 | 學古房

주   소 | 경기도 고양시 덕양구 통일로 140 삼송테크노밸리 A동 B224
전   화 | (02)353-9908 편집부(02)356-9903
팩   스 | (02)6959-8234
홈페이지 | hakgobang.co.kr
전자우편 | hakgobang@naver.com, hakgobang@chol.com
등록번호 | 제311-1994-000001호

ISBN   979-11-6586-137-7 94150
         979-11-6586-132-2 (세트)

값 : 32,000원

※ 파본은 교환해 드립니다.